금융감독원

통합기본서

시대에듀

2025 최신판 시대에듀 금융감독원 통합기본서

Always **with you**

사람의 인연은 길에서 우연하게 만나거나 함께 살아가는 것만을 의미하지는 않습니다.
책을 펴내는 출판사와 그 책을 읽는 독자의 만남도 소중한 인연입니다.
시대에듀는 항상 독자의 마음을 헤아리기 위해 노력하고 있습니다. 늘 독자와 함께하겠습니다.

머리말 PREFACE

금융기관의 건전성을 확보하고 공정한 시장 질서를 확립하며 금융소비자를 보호하는 금융감독원은 2025년에 신입직원을 채용할 예정이다. 금융감독원의 채용절차는 「입사지원서 접수 ➡ 1차 필기전형 ➡ 2차 필기전형 ➡ 1차 면접전형 ➡ 2차 면접전형 ➡ 신원조사 · 신체검사 ➡ 최종 합격자 발표」 순서로 이루어진다. 필기전형은 1차의 경우 직업기초능력으로, 2차의 경우 전공평가 및 논술평가로 진행한다. 그중 직업기초능력은 의사소통능력, 수리능력, 문제해결능력 총 3개의 영역을 평가하며, 2024년에는 PSAT형으로 진행되었다. 또한 전공평가는 분야별 전공 지식을, 논술평가는 일반논술을 평가하므로 반드시 확정된 채용공고를 확인해야 한다. 따라서 필기전형에서 고득점을 받기 위해 다양한 유형에 대한 폭넓은 학습과 문제풀이능력을 높이는 등 철저한 준비가 필요하다.

금융감독원 합격을 위해 시대에듀에서는 금융감독원 판매량 1위의 출간 경험을 토대로 다음과 같은 특징을 가진 도서를 출간하였다.

도서의 특징

❶ **기출복원문제를 통한 출제 유형 파악!**
- 2024년 하반기 주요 공기업 NCS 기출문제를 복원하여 공기업별 NCS 필기 유형을 파악할 수 있도록 하였다.

❷ **금융감독원 필기전형 출제 영역 맞춤 문제를 통한 실력 상승**
- 직업기초능력 대표기출유형&기출응용문제를 수록하여 NCS 필기전형에 완벽히 대비할 수 있도록 하였다.
- 금융감독원 전공 및 논술 기출문제를 수록하여 2차 필기전형까지 완벽히 대비할 수 있도록 하였다.

❸ **최종점검 모의고사로 완벽한 실전 대비!**
- 철저한 분석을 통해 실제 유형과 유사한 최종점검 모의고사를 수록하여 자신의 실력을 점검할 수 있도록 하였다.

❹ **다양한 콘텐츠로 최종 합격까지!**
- 금융감독원 채용 가이드와 면접 기출질문을 수록하여 채용을 준비하는 데 부족함이 없도록 하였다.
- 온라인 모의고사를 무료로 제공하여 필기전형에 대비할 수 있도록 하였다.

끝으로 본 도서를 통해 금융감독원 채용을 준비하는 모든 수험생 여러분이 합격의 기쁨을 누리기를 진심으로 기원한다.

SDC(Sidae Data Center) 씀

◇ 설립 안내

···· '금융감독기구의 설치 등에 관한 법률'에 의거 전 은행감독원, 증권감독원, 보험감독원, 신용관리기금 등 4개 감독기관이 통합되어 설립됨(1999. 1. 2.)

···· 그 후 '금융위원회의 설치 등에 관한 법률'에 의거하여 현재의 금융감독원으로 거듭남

◇ 설립 목적

···· 금융기관에 대한 검사·감독업무 등의 수행을 통하여 건전한 신용질서와 공정한 금융거래관행을 확립하고 예금자 및 투자자 등 금융수요자를 보호함으로써 국민경제의 발전에 기여함

◇ 심벌

▶ 글로벌한 금융환경을 의미하는 입체의 원과 금융계를 상향적으로 발전시키는 감독기관으로서의 기능을 상징하는 빛의 이미지를 결합하여 표현함

▶ 단순한 형태와 엄정한 질서의 기하학적인 형태로 신뢰감과 권위를 강조하는 금융감독원의 심벌 마크는 입체의 원과 빛의 이미지가 결합된 형태로, 원은 균형과 완벽함을, 빛은 방향을 제시하고 계도하는 상징적 의미를 가짐

◇ 윤리경영 세부 추진계획

청렴성과 도덕성을 갖춘 신뢰받는 감독기구

친절교육 강화	사회 공헌활동 활성화	대내외 홍보
비리 유착 방지	청렴성 강화	투명성 제고
▸ 국민검사청구서 ▸ 청구인연명부 ▸ 개인정보 수집 · 이용 · 제3자 제공 동의서	▸ 임직원의 금융투자상품 거래신고 ▸ 소유재산등록제도 실시 ▸ 윤리의식 고취를 위한 윤리교육 강화	▸ 업무처리 시 담당자, 진행과정 공개 ▸ 금융감독법규 적용 및 해석의 투명성 제고 ▸ 투명성 규약관련 국제기구권고 철저이행 등

◇ 윤리헌장

우리는 금융산업의 건전한 발전과 금융시장의 안정을 통해 국민의 재산을 보호하고 국민경제에 이바지하고자 신명을 바쳐 주어진 소임을 다한다.

우리는 항상 금융소비자의 입장에서 생각하고 금융소비자의 권익보호를 위해 최선을 다한다.

우리는 높은 윤리의식을 바탕으로 지위나 권한을 남용하지 않으며 담당직무와 직위를 이용하여 부당한 이익을 추구하지 아니한다.

우리는 투철한 준법정신과 고도의 전문성을 바탕으로 투명하고 공정한 자세로 맡은 바 소명을 엄정하게 수행한다.

우리는 공무수행자로서 높은 사명감과 긍지를 가지고 사회공동체의 일원으로서 공익활동에 적극 참여하고 사회적 책임을 다한다.

우리는 변화와 혁신의 자세로 우리 스스로가 더욱 청렴하고 겸손하게 업무에 임한다.

우리는 금융시장의 법질서를 위반하는 행위에 대해서는 '법과 원칙'에 따라 엄정하게 조치하여 시장에서 금융윤리가 철저히 정립될 수 있도록 노력한다.

우리는 금융시장 상황에 대해 정보수집 및 분석능력을 함양하고 적극적으로 정보를 공유하며 금융시장의 문제점에 대해 보다 신속한 대응자세를 갖춘다.

신입 채용 안내 INFORMATION

◇ 지원자격(공통)

① 학력 · 연령 : 제한 없음
② 병역 : 남성의 경우 군필 또는 면제자
③ 금융감독원 인사관리규정에 따른 결격사유에 해당되지 않는 자

◇ 필기전형

구분		분야		내용	시간
1차	직업기초능력	전 분야		의사소통능력, 수리능력, 문제해결능력	90분
2차	전공평가	1차 합격자	경영학	경영학	90분
			법학	법학	
			경제학	경제학	
			IT	IT	
			통계학	통계학	
			금융공학	금융공학	
			소비자학	소비자학	
	논술평가	1차 합격자	전 분야	일반논술 2문항 중 1문항(계산문제 배제)	60분

◇ 면접전형

구분		내용
1차	개별면접	인성, 조직적응력, 직무수행능력 등을 평가
	집단토론	
2차	개별면접	인성 등을 종합적으로 평가

❖ 위 채용안내는 2024년에 발표된 채용공고를 기준으로 작성하였으므로 세부내용은 반드시 확정된 채용공고를 확인하기 바랍니다.

총평

금융감독원 직업기초능력(NCS) 시험은 전형적인 PSAT 유형으로 출제되었으며, 난이도는 예년과 비슷한 수준으로 평이했다는 의견이 다수였다. 또한 금융감독원과 관련한 지문과 주제에서 출제된 문제가 많았으며, 지문의 길이는 길지 않았다. 의사소통능력은 일치·불일치를 묻는 문제의 비중이 큰 편이었다. 수리능력은 복잡한 계산을 해야 하는 문제는 없었고, 문제에서 제시된 조건·단서를 활용해 푸는 유형이 많았다. 문제해결능력은 명제 추론과 문제 상황에 대한 해결안을 묻는 문제가 많았다. 전체적으로 90문항을 90분 안에 풀어야 했기 때문에 시간이 부족했다는 후기가 대부분이었으므로 평소에 PSAT 유형의 문제를 풀어보면서 시간 관리를 하는 연습이 필요해 보인다.

◇ **영역별 출제 비중**

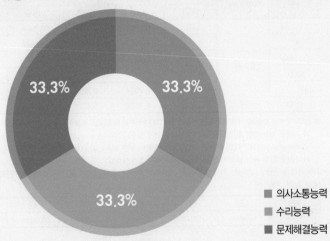

- ■ 의사소통능력
- ■ 수리능력
- ■ 문제해결능력

구분	출제 특징	출제 키워드
의사소통능력	• 일치·불일치를 묻는 문제가 다수였음 • 내용 추론, 글의 전개 방식, 문단 나열, 맞춤법, 속담, 단어의 의미 등을 묻는 문제가 출제됨 • 지문의 소재는 경영, 경제, 보도자료 등 금융감독원과 관련한 내용이 많았음	• 속담, 어휘의 사전적 의미, 보도자료 등
수리능력	• 자료 이해, 자료 계산 등의 문제가 출제됨 • 주어진 조건이나 단서를 활용해 계산해야 하는 문제가 출제됨	• 분수식 비교 등
문제해결능력	• 명제 추론 문제가 출제됨 • 금융감독원이 처한 문제적 상황을 제시하고, 이에 대한 해결안을 묻는 문제가 출제됨	• 명제, 문제 상황에 대한 해결책 등

NCS 문제 유형 소개 NCS TYPES

PSAT형

| 수리능력

04 다음은 신용등급에 따른 아파트 보증률에 대한 사항이다. 자료와 상황에 근거할 때, 갑(甲)과 을(乙)의 보증료의 차이는 얼마인가?(단, 두 명 모두 대지비 보증금액은 5억 원, 건축비 보증금액은 3억 원이며, 보증서 발급일로부터 입주자 모집공고 안에 기재된 입주 예정 월의 다음 달 말일까지의 해당 일수는 365일이다)

- (신용등급별 보증료)=(대지비 부분 보증료)+(건축비 부분 보증료)
- 신용평가 등급별 보증료율

구분	대지비 부분	건축비 부분				
		1등급	2등급	3등급	4등급	5등급
AAA, AA		0.178%	0.185%	0.192%	0.203%	0.221%
A$^+$		0.194%	0.208%	0.215%	0.226%	0.236%
A$^-$, BBB$^+$	0.138%	0.216%	0.225%	0.231%	0.242%	0.261%
BBB$^-$		0.232%	0.247%	0.255%	0.267%	0.301%
BB$^+$~CC		0.254%	0.276%	0.296%	0.314%	0.335%
C, D		0.404%	0.427%	0.461%	0.495%	0.531%

※ (대지비 부분 보증료)=(대지비 부분 보증금액)×(대지비 부분 보증료율)×(보증서 발급일로부터 입주자 모집공고 안에 기재된 입주 예정 월의 다음 달 말일까지의 해당 일수)÷365
※ (건축비 부분 보증료)=(건축비 부분 보증금액)×(건축비 부분 보증료율)×(보증서 발급일로부터 입주자 모집공고 안에 기재된 입주 예정 월의 다음 달 말일까지의 해당 일수)÷365

- 기여고객 할인율 : 보증료, 거래기간 등을 기준으로 기여도에 따라 6개 군으로 분류하며, 건축비 부분 요율에서 할인 가능

구분	1군	2군	3군	4군	5군	6군
차감률	0.058%	0.050%	0.042%	0.033%	0.025%	0.017%

〈상황〉

- 갑 : 신용등급은 A$^+$이며, 3등급 아파트 보증금을 내야 한다. 기여고객 할인율에서는 2군으로 선정되었다.
- 을 : 신용등급은 C이며, 1등급 아파트 보증금을 내야 한다. 기여고객 할인율은 3군으로 선정되었다.

① 554,000원
② 566,000원
③ 582,000원
④ 591,000원
⑤ 623,000원

특징
▶ 대부분 의사소통능력, 수리능력, 문제해결능력을 중심으로 출제(일부 기업의 경우 자원관리능력, 조직이해능력을 출제)
▶ 자료에 대한 추론 및 해석 능력을 요구

대행사
▶ 엑스퍼트컨설팅, 커리어넷, 태드솔루션, 한국행동과학연구소(행과연), 휴노 등

모듈형

│ 문제해결능력

41 문제해결절차의 문제 도출 단계는 (가)와 (나)의 절차를 거쳐 수행된다. 다음 중 (가)에 대한 설명으로 적절하지 않은 것은?

(가)	→	(나)
전체 문제를 개별화된 이슈들로 세분화		문제에 영향력이 큰 핵심이슈를 선정

① 문제의 내용 및 영향 등을 파악하여 문제의 구조를 도출한다.
② 본래 문제가 발생한 배경이나 문제를 일으키는 메커니즘을 분명히 해야 한다.
③ 현상에 얽매이지 말고 문제의 본질과 실제를 봐야 한다.
④ 눈앞의 결과를 중심으로 문제를 바라봐야 한다.
⑤ 문제 구조 파악을 위해서 Logic Tree 방법이 주로 사용된다.

특징
▶ 이론 및 개념을 활용하여 푸는 유형
▶ 채용 기업 및 직무에 따라 NCS 직업기초능력평가 10개 영역 중 선발하여 출제
▶ 기업의 특성을 고려한 직무 관련 문제를 출제
▶ 주어진 상황에 대한 판단 및 이론 적용을 요구

대행사 ▶ 인트로맨, 휴스테이션, ORP연구소 등

피듈형(PSAT형 + 모듈형)

│ 자원관리능력

07 다음 자료를 근거로 판단할 때, 연구모임 A ~ E 중 세 번째로 많은 지원금을 받는 모임은?

〈지원계획〉

• 지원을 받기 위해서는 한 모임당 5명 이상 9명 미만으로 구성되어야 한다.
• 기본지원금은 모임당 1,500천 원을 기본으로 지원한다. 단, 상품개발을 위한 모임의 경우는 2,000천 원을 지원한다.
• 추가지원금

등급	상	중	하
추가지원금(천 원/명)	120	100	70

※ 추가지원금은 연구 계획 사전평가결과에 따라 달라진다.
• 협업 장려를 위해 협업이 인정되는 모임에는 위의 두 지원금을 합한 금액의 30%를 별도로 지원한다.

〈연구모임 현황 및 평가결과〉

특징
▶ 기초 및 응용 모듈을 구분하여 푸는 유형
▶ 기초인지모듈과 응용업무모듈로 구분하여 출제
▶ PSAT형보다 난도가 낮은 편
▶ 유형이 정형화되어 있고, 유사한 유형의 문제를 세트로 출제

대행사 ▶ 사람인, 스카우트, 인크루트, 커리어케어, 트리피, 한국사회능력개발원 등

금융감독원

일치 · 불일치 ▶ 유형

01 다음 글을 통해 알 수 있는 내용으로 적절하지 않은 것은?

인간의 사유는 특정한 기준을 바탕으로 다른 것과의 차이를 인식하는 것이라 할 수 있다. 이때의 기준을 이루는 근간(根幹)은 당연히 현실 세계의 경험과 인식이다. 하지만 인간은 현실적 경험으로 인식되지 않는 대상을 사유하기도 하는데, 그중 하나가 신화적 사유이고 이는 상상력의 산물이다. 상상력은 통념(通念)상 현실과 대립되는 위치에 속한다. 또한, 현대 문명에서 상상력은 과학적 · 합리적 사고와 반대되는 사유 체계로 간주되기도 한다. 그러나 신화적 사유를 떠받치고 있는 상상력은 '현실적 – 비현실적', '논리적 – 비논리적', '합리적 – 비합리적' 등과 같은 단순한 양항 체계 속으로 환원될 수 없다.

초기 인류학에서는 근대 문명과 대비시켜 신화적 사유를 미개한 존재들의 미숙한 단계의 사고로 간주(看做)했었다. 이러한 입장을 대표하는 레비브릴에 따르면 미개인은 논리 이전의 사고방식과 비현실적 감각을 가진 존재이다. 그러나 신화 연구에 적지 않은 영향을 끼쳤고 오늘날에도 여전히 유효한 레비스트로스의 논의에 따르면 미개인과 문명인의 사고방식은 사물을 분류하는 방식과 주된 관심 영역 등이 다를 뿐, 어느 것이 더 합리적이거나 논리적이라고 할 수는 없다. 또한, 그것은 세계를 이해하는 두 가지의 서로 다른 방식 혹은 태도일 뿐이다. 신화적 사유를 비롯한 이른바 미개인의 사고방식을 가리키는 레비스트로스가 말하는 '야생의 사고'는 이러한 사고방식이 근대인 혹은 문명인 못지않게 질서와 체계에 민감하고 그 나름의 현실적, 논리적, 합리적 기반을 갖추고 있음을 함축하고 있는 개념이다.

레비스트로스의 '야생의 사고'는 신화시대와 신화적 사유를 근대적 문명에 입각한 발전론적 시각이 아닌 상대주의적 시각으로 바라보았다는 점에서 의미가 크다. 그러나 그가 신화 자체의 사유 방식이나 특성을 특정 시대의 것으로 한정(限定)하는 오류를 범하고 있다는 점에 유의해야 한다. 과거 신화시대에 생겨난 신화적 사유는 신화가 재현되고 재생되는 한 여전히 시간과 공간을 뛰어넘어 현재화되고 있기 때문이다.

이상에서 보듯이 신화적 사유는 현실적 · 경험적 차원의 '진실'이나 '비진실'로 구분될 수 없다. 신화는 허구적이거나 진실한 것 모두를 '재료'로 사용할 수 있으며, 이러한 재료들은 신화적 사유 고유의 규칙과 체계에 따라 배열된다. 그러므로 신화 텍스트에서 이러한 재료들의 구성 원리를 밝히는 것은 그 신화에 반영된 신화적 사유 체계를 밝히는 것이라 할 수 있다. 또한, 이는 신화를 공유하고 전승(傳承)해 왔던 집단의 원형적 사유 체계에 접근하는 작업이라고도 할 수 있다.

명제 추론 ▶ 유형

01 G공사의 A대리는 다음과 같이 보고서 작성을 위한 방향을 구상 중이다. 주어진 명제가 모두 참일 때, 공장을 짓는다는 결론을 얻기 위해 빈칸에 필요한 명제는?

- 재고가 있다.
- 설비 투자를 늘리지 않는다면, 재고가 있지 않다.
- 건설투자를 늘릴 때에만, 설비 투자를 늘린다.
- _____

① 설비 투자를 늘린다.
② 건설투자를 늘리지 않는다.
③ 재고가 있거나 설비 투자를 늘리지 않는다.
④ 건설투자를 늘린다면, 공장을 짓는다.

HUG 주택도시보증공사

확률 ▶ 유형

06 두 자연수 a, b에 대하여 a가 짝수일 확률은 $\frac{2}{3}$, b가 짝수일 확률은 $\frac{3}{5}$이다. 이때 a와 b의 곱이 짝수일 확률은?

① $\frac{11}{15}$

② $\frac{4}{5}$

③ $\frac{13}{15}$

④ $\frac{14}{15}$

⑤ $\frac{1}{3}$

신용보증기금

한 명을 뽑을 확률 ▶ 키워드

11 다음은 K기업의 마케팅부 직원 40명을 대상으로 1년 동안 이수한 마케팅 교육의 이수 시간을 조사한 도수분 포표이다. 직원들 중 임의로 한 명을 뽑을 때, 뽑힌 직원의 1년 동안의 교육 이수 시간이 40시간 이상일 확률은?

교육 이수 시간	도수
20시간 미만	3
20시간 이상 30시간 미만	4
30시간 이상 40시간 미만	9
40시간 이상 50시간 미만	12
50시간 이상 60시간 미만	a
합계	40

① $\frac{2}{5}$

② $\frac{3}{5}$

③ $\frac{3}{10}$

④ $\frac{7}{10}$

⑤ $\frac{17}{30}$

주요 공기업 적중 문제 TEST CHECK

코레일 한국철도공사

교통사고 ▶ 키워드

2025년 적중

※ 다음은 K국의 교통사고 사상자 2,500명에 대해 조사한 자료이다. 이어지는 질문에 답하시오. **[3~4]**

〈교통사고 현황〉

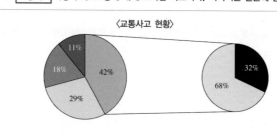

- ■ 사륜차와 사륜차　■ 사륜차와 이륜차　■ 사망자　■ 부상자
- ■ 사륜차와 보행자　■ 이륜차와 보행자

※ 사상자 수와 가해자 수는 같다.

〈교통사고 가해자 연령〉

구분	20대	30대	40대	50대	60대 이상
비율	38%	21%	11%	8%	( )

※ 교통사고 가해자 연령 비율의 합은 100%이다.

지하철 요금 ▶ 키워드

2025년 적중

※ 수원에 사는 H대리는 가족들과 가평으로 여행을 가기로 하였다. 다음은 가평을 가기 위한 대중교통 수단별 운행요금 및 소요시간과 자가용 이용 시 현황에 대한 자료이다. 이어지는 질문에 답하시오. **[26~28]**

〈대중교통수단별 운행요금 및 소요시간〉

구분	운행요금			소요시간		
	수원역 ~ 서울역	서울역 ~ 청량리역	청량리역 ~ 가평역	수원역 ~ 서울역	서울역 ~ 청량리역	청량리역 ~ 가평역
기차	2,700원	–	4,800원	32분	–	38분
버스	2,500원	1,200원	3,000원	1시간 16분	40분	2시간 44분
지하철	1,850원	1,250원	2,150원	1시간 03분	18분	1시간 17분

※ 운행요금은 어른 편도 요금이다.

〈자가용 이용 시 현황〉

구분	통행료	소요시간	거리
A길	4,500원	1시간 49분	98.28km
B길	4,400원	1시간 50분	97.08km
C길	6,600원	1시간 49분	102.35km

※ 거리에 따른 주유비는 124원/km이다.

조건

- H대리 가족은 어른 2명, 아이 2명이다.
- 아이 2명은 각각 만 12세, 만 4세이다.
- 어린이 기차 요금(만 13세 미만)은 어른 요금의 50%이고, 만 4세 미만은 무료이다.

국민건강보험공단

예금 ▶ 키워드

03 다음은 K손해보험 보험금 청구 절차 안내문이다. 이를 토대로 고객들의 질문에 답변하려고 할 때, 적절하지 않은 것은?

〈보험금 청구 절차 안내문〉

단계	구분	내용
Step 1	사고 접수 및 보험금 청구	피보험자, 가해자, 피해자가 사고발생 통보 및 보험금 청구를 합니다. 접수는 가까운 영업점에 관련 서류를 제출합니다.
Step 2	보상팀 및 보상담당자 지정	보상처리 담당자가 지정되어 고객님께 담당자의 성명, 연락처를 SMS로 전송해 드립니다. 자세한 보상 관련 문의사항은 보상처리 담당자에게 문의하시면 됩니다.
Step 3	손해사정법인 (현장확인자)	보험금 지급여부 결정을 위해 사고현장조사를 합니다. (병원 공인된 손해사정법인에게 조사업무를 위탁할 수 있음)
Step 4	보험금 심사 (심사자)	보험금 지급 여부를 심사합니다.
Step 5	보험금 심사팀	보험금 지급 여부가 결정되면 피보험자 예금통장에 보험금이 입금됩니다.

※ 3만 원 초과 10만 원 이하 소액통원의료비를 청구할 경우 보험금 청구서와 병원영수증, 질병분류기호(질병명)가 기재된 처방전만으로 접수가 가능합니다.
※ 의료기관에서는 환자가 요구할 경우 처방전 발급 시 질병분류기호(질병명)가 기재된 처방전 2부 발급이 가능합니다.
※ 온라인 접수 절차는 K손해보험 홈페이지에서 확인하실 수 있습니다.

① Q : 자전거를 타다가 팔을 다쳐서 병원비가 56,000원이 나왔습니다. 보험금을 청구하려고 하는데 제출할 서류는 어떻게 되나요?
 A : 고객님의 의료비는 10만 원이 넘지 않는 관계로 보험금 청구서와 병원영수증, 진단서가 필요합니다.

서울교통공사

전결 ▶ 키워드

02 직무 전결 규정상 전무이사가 전결인 '과장의 국내출장 건'의 결재를 시행하고자 한다. 박기수 전무이사가 해외출장으로 인해 부재중이어서 직무대행자인 최수영 상무이사가 결재하였다. 다음 〈보기〉 중 이에 대한 설명으로 적절하지 않은 것을 모두 고르면?

보기
ㄱ. 최수영 상무이사가 결재한 것은 전결이다.
ㄴ. 공문의 결재표 상에는 '과장 최경옥, 부장 김석호, 상무이사 전결, 전무이사 최수영'이라고 표시되어 있다.
ㄷ. 박기수 전무이사가 출장에서 돌아와서 해당 공문을 검토하는 것은 후결이다.
ㄹ. 위임 전결받은 사항에 대해서는 원결재자인 대표이사에게 후결을 받는 것이 원칙이다.

① ㄱ, ㄴ
② ㄱ, ㄹ
③ ㄱ, ㄴ, ㄹ
④ ㄴ, ㄷ, ㄹ
⑤ ㄱ, ㄴ, ㄷ, ㄹ

도서 200% 활용하기 STRUCTURES

1 기출복원문제로 출제경향 파악

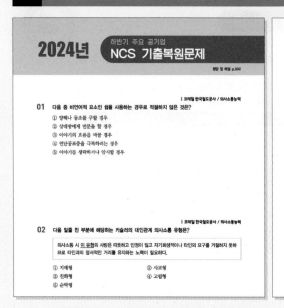

▶ 2024년 하반기 주요 공기업 NCS 기출문제를 복원하여 공기업별 NCS 필기 유형을 파악할 수 있도록 하였다.

2 대표기출유형 + 기출응용문제로 1차 필기전형 완벽 대비

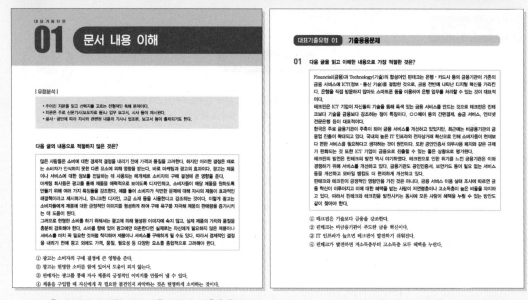

▶ NCS 출제 영역에 대한 대표기출유형과 기출응용문제를 수록하여 NCS 문제에 대한 접근 전략을 익히고 점검할 수 있도록 하였다

3 최종점검 모의고사 + OMR을 활용한 실전 연습

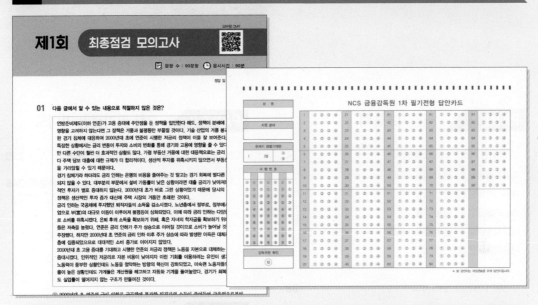

▶ 최종점검 모의고사와 OMR 답안카드를 수록하여 실제로 시험을 보는 것처럼 마무리 연습을 할 수 있도록 하였다.
▶ 모바일 OMR 답안채점/성적분석 서비스를 통해 필기전형에 대비할 수 있도록 하였다.

4 전공 및 논술 기출문제로 2차 필기전형 완벽 대비

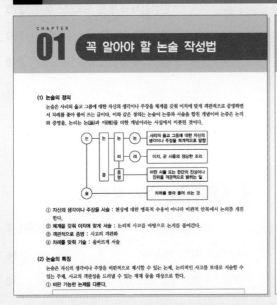

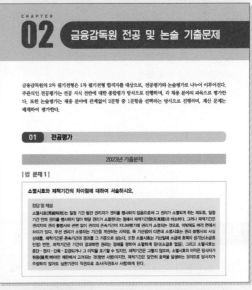

▶ 꼭 알아야 할 논술 작성법을 수록하여 논술 작성 요령을 익힐 수 있도록 하였다.
▶ 금융감독원 전공 및 논술 기출문제를 수록하여 2차 필기전형의 출제경향을 파악하고 대비할 수 있도록 하였다.

이 책의 차례 CONTENTS

Add+

2024년 하반기 주요 공기업
NCS 기출복원문제

┃ 코레일 한국철도공사 / 의사소통능력

01 다음 중 비언어적 요소인 쉼을 사용하는 경우로 적절하지 않은 것은?

① 양해나 동조를 구할 경우

② 상대방에게 반문을 할 경우

③ 이야기의 흐름을 바꿀 경우

④ 연단공포증을 극복하려는 경우

⑤ 이야기를 생략하거나 암시할 경우

┃ 코레일 한국철도공사 / 의사소통능력

02 다음 밑줄 친 부분에 해당하는 키슬러의 대인관계 의사소통 유형은?

> 의사소통 시 이 유형의 사람은 따뜻하고 인정이 많고 자기희생적이나 타인의 요구를 거절하지 못하므로 타인과의 정서적인 거리를 유지하는 노력이 필요하다.

① 지배형   ② 사교형

③ 친화형   ④ 고립형

⑤ 순박형

03 다음 글을 통해 알 수 있는 철도사고 발생 시 행동요령으로 적절하지 않은 것은?

철도사고는 지하철, 고속철도 등 철도에서 발생하는 사고를 뜻한다. 많은 사람이 한꺼번에 이용하며 무거운 전동차가 고속으로 움직이는 특성상 철도사고가 발생할 경우 인명과 재산에 큰 피해가 발생한다.

철도사고는 다양한 원인에 의해 발생하며 사고 유형 또한 다양하게 나타나는데, 대표적으로는 충돌사고, 탈선사고, 열차화재사고가 있다. 이 사고들은 철도안전법에서 철도교통사고로 규정되어 있으며, 많은 인명피해를 야기하므로 철도사업자는 반드시 이를 예방하기 위한 조치를 취해야 한다. 또한 승객들은 위험으로부터 빠르게 벗어나기 위해 사고 시 대피요령을 파악하고 있어야 한다.

국토교통부는 철도사고 발생 시 인명과 재산을 보호하기 위한 국민행동요령을 제시하고 있다. 이 행동요령에 따르면 지하철에서 사고가 발생할 경우 가장 먼저 객실 양 끝에 있는 인터폰으로 승무원에게 사고를 알려야 한다. 만약 화재가 발생했다면 곧바로 119에 신고하고, 여유가 있다면 객실 양 끝에 비치된 소화기로 불을 꺼야 한다. 반면 화재의 진화가 어려울 경우 입과 코를 젖은 천으로 막고 화재가 발생하지 않은 다른 객실로 이동해야 한다. 전동차에서 대피할 때는 안내방송과 승무원의 안내에 따라 질서 있게 대피해야 하며, 이때 부상자·노약자·임산부가 먼저 대피할 수 있도록 배려하고 도와주어야 한다. 만약 전동차의 문이 열리지 않으면 반드시 열차가 멈춘 후에 안내방송에 따라 비상핸들이나 비상콕크를 돌려 문을 열고 탈출해야 한다. 전동차가 플랫폼에 멈췄을 경우 스크린도어를 열고 탈출해야 하는데, 손잡이를 양쪽으로 밀거나 빨간색 비상바를 밀고 탈출해야 한다. 반대로 역이 아닌 곳에서 멈췄을 경우 감전의 위험이 있으므로 반드시 승무원의 안내에 따라 반대편 선로의 열차 진입에 유의하며 대피 유도등을 따라 침착하게 비상구로 대피해야 한다.

이와 같이 승객들은 철도사고 발생 시 신고, 질서 유지, 빠른 대피를 중점적으로 유념하여 행동해야 한다. 철도사고는 사고 자체가 일어나지 않도록 철저한 안전관리와 예방이 필요하지만, 다양한 원인으로 예상치 못하게 발생한다. 따라서 철도교통을 이용하는 승객 또한 평소에 안전 수칙을 준수하고 비상 상황에서 침착하게 대처하는 훈련이 필요하다.

① 침착함을 잃지 않고 승무원의 안내에 따라 대피해야 한다.
② 화재사고 발생 시 규모가 크지 않다면 빠르게 진화 작업을 해야 한다.
③ 선로에서 대피할 경우 승무원의 안내와 대피 유도등을 따라 대피해야 한다.
④ 열차에서 대피할 때는 탈출이 어려운 사람부터 대피할 수 있도록 도와야 한다.
⑤ 열차사고 발생 시 탈출을 위해 우선 비상핸들을 돌려 열차의 문을 개방해야 한다.

04 다음 글을 읽고 알 수 있는 하향식 읽기 모형의 사례로 적절하지 않은 것은?

글을 읽는 것은 단순히 책에 쓰인 문자를 해독하는 것이 아니라 그 안에 담긴 의미를 파악하는 과정이다. 그렇다면 사람들은 어떤 방식으로 글의 의미를 파악할까? 세상의 모든 어휘를 알고 있는 사람은 없을 것이다. 그러나 대부분의 사람들, 특히 고등교육을 받은 성인들은 자신이 잘 모르는 어휘가 있더라도 글의 전체적인 맥락과 의미를 파악할 수 있다. 이를 설명해 주는 것이 바로 하향식 읽기 모형이다.

하향식 읽기 모형은 독자가 이미 알고 있는 배경지식과 경험을 바탕으로 글의 전체적인 맥락을 먼저 파악하는 방식이다. 하향식 읽기 모형은 독자의 능동적인 참여를 활용하는 읽기로, 여기서 독자는 단순히 글을 받아들이는 수동적인 존재가 아니라 자신의 지식과 경험을 활용하여 글의 의미를 구성해 나가는 주체적인 역할을 한다. 이때 독자는 글의 내용을 예측하고 추론하며, 심지어 자신의 생각을 더하여 글에 대한 이해를 넓혀갈 수 있다.

하향식 읽기 모형의 장점은 빠르고 효율적인 독서가 가능하다는 것이다. 글의 전체적인 맥락을 먼저 파악하기 때문에 글의 핵심 내용을 빠르게 파악할 수 있고, 배경지식을 활용하여 더 깊이 있는 이해를 얻을 수 있다. 또한 예측과 추론을 통한 능동적인 독서는 독서에 대한 흥미를 높여 주는 효과도 있다.

그러나 하향식 읽기 모형은 독자의 배경지식에 의존하여 읽는 방법이므로 배경지식이 부족한 경우 글의 의미를 정확하게 파악하기 어려울 수 있으며, 배경지식에 의존하여 오해를 할 가능성도 크다. 또한 글의 내용이 복잡하다면 많은 배경지식을 가지고 있더라도 글의 맥락을 적극적으로 가정하거나 추측하기 어려운 것 또한 하향식 읽기 모형의 단점이 된다.

하향식 읽기 모형은 글의 내용을 빠르게 이해하고 독자 스스로 내면화할 수 있으므로 독서 능력 향상에 유용한 방법이다. 그러나 모든 글에 동일하게 적용할 수 있는 읽기 모형은 아니므로 글의 종류와 독자의 배경지식에 따라 적절한 읽기 전략을 사용해야 한다. 따라서 하향식 읽기 모형과 함께 상향식 읽기(문자의 정확한 해독), 주석 달기, 소리 내어 읽기 등 다양한 읽기 전략을 활용하여야 한다.

① 회의 자료를 읽기 전 회의 주제를 먼저 파악하여 회의 안건을 예상하였다.
② 기사의 헤드라인을 먼저 읽어 기사의 내용을 유추한 뒤 상세 내용을 읽었다.
③ 제품 설명서를 읽어 제품의 기능과 각 버튼의 용도를 파악하고 기계를 작동시켰다.
④ 요리법의 전체적인 조리 과정을 파악하고 단계별로 필요한 재료와 순서를 확인하였다.
⑤ 서문이나 목차를 통해 책의 전체적인 흐름을 파악하고 관심 있는 부분을 집중적으로 읽었다.

05 농도가 15%인 소금물 200g과 농도가 20%인 소금물 300g을 섞었을 때, 섞인 소금물의 농도는?

① 17% ② 17.5%

③ 18% ④ 18.5%

⑤ 19%

06 남직원 A ~ C, 여직원 D ~ F 6명이 일렬로 앉고자 한다. 동성끼리 인접하지 않고, 여직원 D와 남직원 B가 서로 인접하여 앉는 경우의 수는?

① 12가지 ② 20가지

③ 40가지 ④ 60가지

⑤ 120가지

07 다음과 같이 일정한 규칙으로 수를 나열할 때, 빈칸에 들어갈 수는?

-23	-15	-11	5	13	25	( )	45	157	65

① 49 ② 53

③ 57 ④ 61

⑤ 65

08 다음은 K시의 유치원, 초·중·고등학교, 고등교육기관의 취학률 및 초·중·고등학교의 상급학교 진학률에 대한 자료이다. 이에 대한 설명으로 옳지 않은 것은?

〈유치원, 초·중·고등학교, 고등교육기관 취학률〉

(단위 : %)

구분	2014년	2015년	2016년	2017년	2018년	2019년	2020년	2021년	2022년	2023년
유치원	45.8	45.2	48.3	50.6	51.6	48.1	44.3	45.8	49.7	52.8
초등학교	98.7	99	98.6	98.9	99.3	99.6	98.1	98.1	99.5	99.9
중학교	98.5	98.6	98.1	98	98.9	98.5	97.1	97.6	97.5	98.2
고등학교	95.3	96.9	96.2	95.4	96.2	94.7	92.1	93.7	95.2	95.6
고등교육기관	65.6	68.9	64.9	66.2	67.5	69.2	70.8	71.7	74.3	73.5

〈초·중·고등학교 상급학교 진학률〉

(단위 : %)

구분	2014년	2015년	2016년	2017년	2018년	2019년	2020년	2021년	2022년	2023년
초등학교	100	100	100	100	100	100	100	100	100	100
중학교	99.7	99.7	99.7	99.7	99.7	99.7	99.7	99.7	99.7	99.6
고등학교	93.5	91.8	90.2	93.2	91.7	90.5	91.4	92.6	93.9	92.8

① 중학교의 취학률은 매년 97% 이상이다.
② 매년 취학률이 가장 높은 기관은 초등학교이다.
③ 고등교육기관의 취학률이 70%를 넘긴 해는 2020년부터이다.
④ 2023년에 중학교에서 고등학교로 진학하지 않은 학생의 비율은 전년 대비 감소하였다.
⑤ 고등교육기관의 취학률이 가장 낮은 해와 고등학교의 상급학교 진학률이 가장 낮은 해는 같다.

09 다음은 A기업과 B기업의 2024년 1 ~ 6월 매출액에 대한 자료이다. 이를 그래프로 옮겼을 때의 개형으로 옳은 것은?

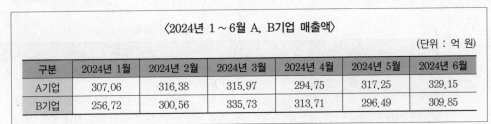

〈2024년 1 ~ 6월 A, B기업 매출액〉

(단위 : 억 원)

구분	2024년 1월	2024년 2월	2024년 3월	2024년 4월	2024년 5월	2024년 6월
A기업	307.06	316.38	315.97	294.75	317.25	329.15
B기업	256.72	300.56	335.73	313.71	296.49	309.85

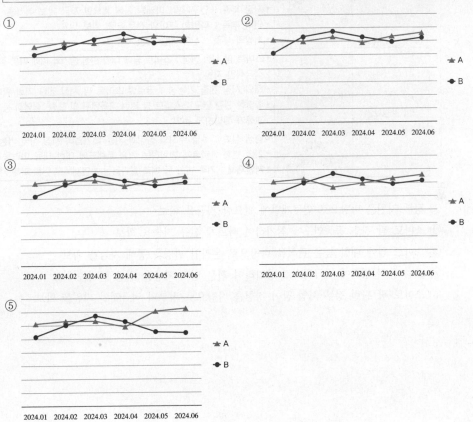

10 다음은 스마트 팜을 운영하는 K사에 대한 SWOT 분석 결과이다. 이에 따른 전략이 나머지와 다른 것은?

〈K사 스마트 팜 SWOT 분석 결과〉

구분		분석 결과
내부환경요인	강점 (Strength)	• 차별화된 기술력 : 기존 스마트 팜 솔루션과 차별화된 센서 기술, AI 기반 데이터 분석 기술 보유 • 젊고 유연한 조직 : 빠른 의사결정과 시장 변화에 대한 적응력 • 정부 사업 참여 경험 : 스마트 팜 관련 정부 사업 참여 가능성
	약점 (Weakness)	• 자금 부족 : 연구개발, 마케팅 등에 필요한 자금 확보 어려움 • 인력 부족 : 다양한 분야의 전문 인력 확보 필요 • 개발력 부족 : 신규 기술 개발 속도 느림
외부환경요인	기회 (Opportunity)	• 스마트 팜 시장 성장 : 스마트 팜에 대한 관심 증가와 이에 따른 정부의 적극적인 지원 • 해외 시장 진출 가능성 : 글로벌 스마트 팜 시장 진출 기회 확대 • 활발한 관련 연구 : 스마트 팜 관련 공동연구 및 포럼, 설명회 등 정보 교류가 활발하게 논의
	위협 (Threat)	• 경쟁 심화 : 후발 주자의 등장과 기존 대기업의 시장 장악 가능성 • 기술 변화 : 빠르게 변화하는 기술 트렌드에 대한 대응 어려움 • 자연재해 : 기후 변화 등 예측 불가능한 자연재해로 인한 피해 가능성

① 정부 지원을 바탕으로 연구개발에 필요한 자금을 확보
② 스마트 팜 관련 공동연구에 참가하여 빠르게 신규 기술을 확보
③ 스마트 팜에 대한 높은 관심을 바탕으로 온라인 펀딩을 통해 자금을 확보
④ 포럼 등 설명회에 적극적으로 참가하여 전문 인력 확충을 위한 인맥을 확보
⑤ 스마트 팜 관련 정부 사업 참여 경험을 바탕으로 정부의 적극적인 지원을 확보

11 다음 대화에서 공통적으로 나타나는 논리적 오류로 가장 적절한 것은?

> A : 반려견 출입 금지라고 쓰여 있는 카페에 갔는데 거절당했어. 반려견 출입 금지면 고양이는 괜찮은 거 아니야?
> B : 어제 직장 동료가 "조심히 들어가세요."라고 했는데, 집에 들어갈 때만 조심하라는 건가?
> C : 친구가 비가 와서 우울하다고 했는데, 비가 안 오면 행복해지겠지?
> D : 이웃을 사랑하라는 선생님의 가르침을 실천하기 위해 사기를 저지른 이웃을 숨겨 주었어.
> E : 의사가 건강을 위해 채소를 많이 먹으라고 하던데, 앞으로는 채소만 먹으면 되겠어.
> F : 긍정적인 생각을 하면 좋은 일이 생기니까 아무리 나쁜 일이 있어도 긍정적으로만 생각하면 될 거야.

① 무지의 오류
② 연역법의 오류
③ 과대해석의 오류
④ 허수아비 공격의 오류
⑤ 권위나 인신공격에 의존한 논증

12 A ~ E열차를 운행거리가 가장 긴 순서대로 나열하려고 한다. 운행시간 및 평균 속력이 다음과 같을 때, C열차는 몇 번째로 운행거리가 긴 열차인가?(단, 열차 대기시간은 고려하지 않는다)

〈A ~ E열차 운행시간 및 평균 속력〉

구분	운행시간	평균 속력
A열차	900분	50m/s
B열차	10시간 30분	150km/h
C열차	8시간	55m/s
D열차	720분	2.5km/min
E열차	10시간	2.7km/min

① 첫 번째
② 두 번째
③ 세 번째
④ 네 번째
⑤ 다섯 번째

13 다음 글에서 나타난 문제해결 절차의 단계로 가장 적절한 것은?

> K대학교 기숙사는 최근 학생들의 불만이 끊이지 않고 있다. 특히 식사의 질이 낮고 시설이 노후화
> 되었으며, 인터넷 연결 상태가 불안정하다는 의견이 많았다. 이에 K대학교 기숙사 운영위원회는 문
> 제해결을 위해 긴급회의를 소집했다.
>
> 회의에서 학생 대표들은 식단의 다양성 부족, 식재료의 신선도 문제, 식당 내 위생 상태 불량 등을
> 지적했다. 또한 시설 관리 담당자는 건물 외벽의 균열, 낡은 가구, 잦은 누수 현상 등 시설 노후화
> 문제를 강조했다. IT 담당자는 기숙사 내 와이파이 연결 불안정, 인터넷 속도 저하 등 통신환경 문
> 제를 제기했다.
>
> 운영위원회는 이러한 다양한 의견을 종합하여 문제를 더욱 구체적으로 분석하기로 결정했다. 먼저,
> 식사 문제의 경우 학생들의 식습관 변화에 따른 메뉴 구성의 문제점 식자재 조달 과정의 비효율성,
> 조리 시설의 부족 등의 문제점을 파악했다. 시설 문제는 건물의 노후화로 인한 안전 문제, 에너지
> 효율 저하, 학생들의 편의성 저하 등으로 세분화했다. 마지막으로 통신환경 문제는 기존 네트워크
> 장비의 노후화, 학생 수 증가에 따른 네트워크 부하 증가 등의 세부 문제가 제시되었다.

① 문제 인식
② 문제 도출
③ 원인 분석
④ 해결안 개발
⑤ 실행 및 평가

14 다음 중 빈칸에 들어갈 단어로 가장 적절한 것은?

> 감사원의 조사 결과 J공사는 공공사업을 위해 투입된 세금을 본래의 목적에 사용하지 않고 무단으
> 로 _____했음이 밝혀졌다.

① 전용(轉用)
② 남용(濫用)
③ 적용(適用)
④ 활용(活用)
⑤ 준용(遵用)

15 다음 중 비행을 하기 위한 시조새의 신체 조건으로 가장 적절한 것은?

> 시조새(Archaeopteryx)는 약 1억 5천만 년 전 중생대 쥐라기 시대에 살았던 고대 생물로, 조류와 공룡의 중간 단계에 위치한 생물이다. 1861년 독일 바이에른 지방에 있는 졸른호펜 채석장에서 화석이 발견된 이후, 시조새는 조류의 기원과 공룡에서 새로의 진화 과정을 밝히는 데 중요한 단서를 제공해 왔다. '시조(始祖)'라는 이름에서 알 수 있듯이 시조새는 현대 조류의 조상으로 여겨지며 고생물학계에서 매우 중요한 연구 대상으로 취급된다.
>
> 시조새는 오늘날의 새와는 여러 가지 차이점이 있다. 이빨이 있는 부리, 긴 척추뼈로 이루어진 꼬리, 그리고 날개에 있는 세 개의 갈고리 발톱은 공룡의 특징을 잘 보여준다. 비록 현대 조류처럼 가슴뼈가 비행에 최적화된 형태로 발달되지는 않았지만, 갈비뼈와 팔에 강한 근육이 붙어 있어 짧은 거리를 활강하거나 나뭇가지 사이를 오르내리며 이동할 수 있었던 것으로 추정된다.
>
> 한편, 시조새는 비대칭형 깃털을 가진 최초의 동물 중 하나로, 이는 비행을 하기에 적합한 형태이다. 시조새의 깃털은 현대의 날 수 있는 조류처럼 바람을 맞는 곳의 깃털은 짧고 뒤쪽은 긴 형태인데, 이러한 비대칭형 깃털은 양력을 제공해 짧은 거리의 활강을 가능하게 했으며, 새의 조상으로서 비행의 초기 형태를 보여준다. 이로 인해 시조새는 공룡에서 새로 이어지는 진화 과정을 이해하는 데 있어 중요한 생물학적 증거로 여겨지고 있다.
>
> 시조새의 화석 연구는 당시의 생태계에 대한 정보도 제공하고 있다. 시조새는 열대 우림이나 활엽수림 근처에서 생활하며 나뭇가지를 오르내렸을 가능성이 큰 것으로 추정된다. 시조새의 이동 방식에 대해서는 여러 가설이 존재하지만, 짧은 거리의 활강을 통해 먹이를 찾고 이동했을 것이라는 주장이 유력하다.
>
> 결론적으로 시조새는 공룡과 새의 특성을 모두 가진 중간 단계의 생물로, 진화의 과정을 이해하는 데 핵심적인 역할을 한다. 시조새의 다양한 신체적 특징들은 공룡에서 새로 이어지는 진화의 연결고리를 보여주며, 조류 비행의 기원을 이해하는 중요한 증거로 평가된다.

① 날개 사이에 근육질의 익막이 있다.
② 날개에는 세 개의 갈고리 발톱이 있다.
③ 날개의 깃털이 비대칭 구조로 형성되어 있다.
④ 척추뼈가 꼬리까지 이어지는 유선형 구조이다.
⑤ 현대 조류처럼 가슴뼈가 비행에 최적화된 구조이다.

16 다음 글의 주제로 가장 적절한 것은?

사람들에게 의학을 대표하는 인물을 물어본다면 대부분 히포크라테스(Hippocrates)를 떠올릴 것이다. 히포크라테스는 당시 신의 징벌이나 초자연적인 힘으로 생각되었던 질병을 관찰을 통해 자연적 현상으로 이해하였고, 당시 마술이나 철학으로 여겨졌던 의학을 분리하였다. 이에 따라 의사라는 직업이 과학적인 기반 위에 만들어지게 되었다. 현재에는 의학의 아버지로 불리며 히포크라테스 선서라고 불리는 의사의 윤리적 기준을 저술한 것으로 알려져 있다. 이처럼 히포크라테스는 서양의학의 상징으로 받아들여지지만, 서양의학에 절대적인 영향을 준 사람은 클라우디오스 갈레노스(Claudios Galenos)이다.

갈레노스는 로마 시대 검투사 담당의에서 황제 마르쿠스 아우렐리우스의 주치의로 활동한 의사로, 해부학·생리학·병리학에 걸친 방대한 의학 체계를 집대성하여 이후 1,000년 이상 서양의학의 토대를 닦았다. 당시에는 인체의 해부가 금지되어 있었기 때문에 갈레노스는 원숭이·돼지 등을 이용하여 해부학적 지식을 쌓았으며, 임상 실험을 병행하여 의학적 지식을 확립하였다. 이러한 해부 및 실험을 통해 갈레노스는 여러 장기의 기능을 밝히고, 근육과 뼈를 구분하였으며, 심장의 판막이나 정맥과 동맥의 차이점 등을 밝혀내거나, 혈액이 혈관을 통해 신체 말단까지 퍼져나가며 신진대사를 조절하는 물질을 운반한다고 밝혀냈다. 물론 갈레노스도 히포크라테스가 주장한 4원소에 따른 4체액설(혈액, 담즙, 황담즙, 흑담즙)을 믿거나 피를 뽑아 치료하는 사혈법을 주장하는 등 현대 의학과는 거리가 있지만, 당시에 의학 이론을 해부와 실험을 통해 증명하고 방대한 저술을 남겼다는 놀라운 업적을 가지고 있으며, 이것이 실제로 가장 오랫동안 서양의학을 실제로 지배하는 토대가 되었다.

① 갈레노스의 생애와 의학의 발전
② 고대에서 현대까지 해부학의 발전 과정
③ 히포크라테스 선서에 의한 전문직의 도덕적 기준
④ 히포크라테스와 갈레노스가 서양의학에 끼친 영향과 중요성
⑤ 히포크라테스와 갈레노스의 4체액설이 현대 의학에 끼친 영향

17 다음 중 제시된 단어와 가장 비슷한 단어는?

비상구

① 진입로   ② 출입구
③ 돌파구   ④ 여울목
⑤ 탈출구

18 A열차가 어떤 터널을 진입하고 5초 후 B열차가 같은 터널에 진입하였다. 이후 B열차가 터널을 빠져나왔고 5초 후 A열차가 터널을 빠져나왔다. A열차가 터널을 빠져나오는 데 걸린 시간이 14초 일 때, B열차는 A열차보다 몇 배 빠른가?(단, A열차와 B열차 모두 속력의 변화는 없으며, 두 열차 의 길이는 서로 같다)

① 2배   ② 2.5배
③ 3배   ④ 3.5배
⑤ 4배

19 A팀은 5일부터 5일마다 회의실을 사용하고, B팀은 4일부터 4일마다 회의실을 사용하기로 하였으 며, 두 팀이 사용하고자 하는 날이 겹칠 경우에는 A, B팀이 번갈아가며 사용하기로 하였다. 어느 날 A팀과 B팀이 사용하고자 하는 날이 겹쳤을 때, 겹친 날을 기준으로 A팀이 9번, B팀이 8번 회의실을 사용했다면, 이때까지 A팀은 회의실을 최대 몇 번 이용하였는가?(단, 회의실 사용일이 첫 번째로 겹친 날에는 A팀이 먼저 사용하였으며, 회의실 사용일은 주말 및 공휴일도 포함한다)

① 61회   ② 62회
③ 63회   ④ 64회
⑤ 65회

20 다음 모스 굳기 10단계에 해당하는 광물 A ~ C가 〈조건〉을 만족할 때, 이에 대한 설명으로 옳은 것은?

〈모스 굳기 10단계〉

단계	1단계	2단계	3단계	4단계	5단계
광물	활석	석고	방해석	형석	인회석
단계	6단계	7단계	8단계	9단계	10단계
광물	정장석	석영	황옥	강옥	금강석

• 모스 굳기 단계의 단계가 낮을수록 더 무른 광물이고, 단계가 높을수록 단단한 광물이다.
• 단계가 더 낮은 광물로 단계가 더 높은 광물을 긁으면 긁힘 자국이 생기지 않는다.
• 단계가 더 높은 광물로 단계가 더 낮은 광물을 긁으면 긁힘 자국이 생긴다.

> **조건**
> • 광물 A로 광물 B를 긁으면 긁힘 자국이 생기지 않는다.
> • 광물 A로 광물 C를 긁으면 긁힘 자국이 생긴다.
> • 광물 B로 광물 C를 긁으면 긁힘 자국이 생긴다.
> • 광물 B는 인회석이다.

① 광물 C는 석영이다.
② 광물 A는 방해석이다.
③ 광물 A가 가장 무르다.
④ 광물 B가 가장 단단하다.
⑤ 광물 B는 모스 굳기 단계가 7단계 이상이다.

21 J공사는 지방에 있는 지점 사무실을 공유 오피스로 이전하고자 한다. 다음 사무실 이전 조건을 참고할 때, 〈보기〉 중 이전할 오피스로 가장 적절한 곳은?

〈사무실 이전 조건〉

• 지점 근무 인원 : 71명
• 사무실 예상 이용 기간 : 5년
• 교통 조건 : 역이나 버스 정류장에서 도보 10분 이내
• 시설 조건 : 자사 홍보영상 제작을 위한 스튜디오 필요, 회의실 필요
• 비용 조건 : 다른 조건이 모두 가능한 공유 오피스 중 가장 저렴한 곳(1년 치 비용 선납 가능)

보기

구분	가용 인원수	보유시설	교통 조건	임대비용
A오피스	100인	라운지, 회의실, 스튜디오, 복사실, 탕비실	A역에서 도보 8분	1인당 연간 600만 원
B오피스	60인	회의실, 스튜디오, 복사실	B정류장에서 도보 5분	1인당 월 40만 원
C오피스	100인	라운지, 회의실, 스튜디오	C역에서 도보 7분	월 3,600만 원
D오피스	90인	회의실, 복사실, 탕비실	D정류장에서 도보 4분	월 3,500만 원 (1년 치 선납 시 8% 할인)
E오피스	80인	라운지, 회의실, 스튜디오	E역과 연결된 사무실	월 3,800만 원 (1년 치 선납 시 10% 할인)

① A오피스   ② B오피스
③ C오피스   ④ D오피스
⑤ E오피스

※ 다음은 에너지바우처 사업에 대한 자료이다. 이어지는 질문에 답하시오. [22~23]

<에너지바우처>

1. 에너지바우처란?

국민 모두가 시원한 여름, 따뜻한 겨울을 보낼 수 있도록 에너지 취약계층을 위해 에너지바우처(이용권)를 지급하여 전기, 도시가스, 지역난방, 등유, LPG, 연탄을 구입할 수 있도록 지원하는 제도

2. 신청대상 : 소득기준과 세대원 특성기준을 모두 충족하는 세대

• 소득기준 : 국민기초생활 보장법에 따른 생계급여 / 의료급여 / 주거급여 / 교육급여 수급자

• 세대원 특성기준 : 주민등록표 등본상 기초생활수급자(본인) 또는 세대원이 다음 중 어느 하나에 해당하는 경우

 − 노인 : 65세 이상

 − 영유아 : 7세 이하의 취학 전 아동

 − 장애인 : 장애인복지법에 따라 등록한 장애인

 − 임산부 : 임신 중이거나 분만 후 6개월 미만인 여성

 − 중증질환자, 희귀질환자, 중증난치질환자 : 국민건강보험법 시행령에 따라 보건복지부장관이 정하여 고시하는 중증질환, 희귀질환, 중증난치질환을 가진 사람

 − 한부모가족 : 한부모가족지원법에 따른 '모' 또는 '부'로서 아동인 자녀를 양육하는 사람

 − 소년소녀가정 : 보건복지부에서 정한 아동분야 지원대상에 해당하는 사람(아동복지법에 의한 가정위탁보호 아동 포함)

• 지원 제외 대상 : 세대원 모두가 보장시설 수급자

• 다음의 경우 동절기 에너지바우처 중복 지원 불가

 − 긴급복지지원법에 따라 동절기 연료비를 지원받은 자(세대)

 − 한국에너지공단의 등유바우처를 발급받은 자(세대)

 − 한국광해광업공단의 연탄쿠폰을 발급받은 자(세대)

 ※ 하절기 에너지바우처를 사용한 수급자가 동절기에 위 사업들을 신청할 경우 동절기 에너지바우처를 중지 처리한 후 신청함(중지 사유 : 타동절기 에너지이용권 수급)

 ※ 동절기 에너지바우처를 일부 사용한 경우 위 사업들은 신청 불가함

3. 바우처 지원금액

구분	1인 세대	2인 세대	3인 세대	4인 이상 세대
하절기	55,700원	73,800원	90,800원	117,000원
동절기	254,500원	348,700원	456,900원	599,300원
총액	310,200원	422,500원	547,700원	716,300원

4. 지원방법

• 요금차감

 − 하절기 : 전기요금 고지서에서 요금을 자동으로 차감

 − 동절기 : 도시가스 / 지역난방 중 하나를 선택하여 고지서에서 요금을 자동으로 차감

• 실물카드 : 동절기 도시가스, 등유, LPG, 연탄을 실물카드(국민행복카드)로 직접 결제

22 다음 중 에너지바우처에 대한 설명으로 옳지 않은 것은?

① 36개월의 아이가 있는 의료급여 수급자 A는 에너지바우처를 신청할 수 있다.

② 혼자서 아이를 3명 키우는 교육급여 수급자 B는 1년에 70만 원을 넘게 지원받을 수 있다.

③ 보장시설인 양로시설에 살면서 생계급여를 받는 70세 독거노인 C는 에너지바우처를 신청할 수 있다.

④ 에너지바우처 기준을 충족하는 D는 겨울에 연탄보일러를 사용하므로 실물카드를 받는 방법으로 지원을 받아야 한다.

⑤ 희귀질환을 앓고 있는 어머니와 함께 단둘이 사는 생계급여 수급자 E는 에너지바우처를 통해 여름에 전기비에서 73,800원이 차감될 것이다.

23 다음은 A, B가족의 에너지바우처 정보이다. A, B가족이 올해 에너지바우처를 통해 지원받는 금액의 총합은 얼마인가?

〈A, B가족의 에너지바우처 정보〉

구분	세대 인원	소득기준	세대원 특성기준	특이사항
A가족	5명	의료급여 수급자	영유아 2명	연탄쿠폰 발급받음
B가족	2명	생계급여 수급자	소년소녀가정	지역난방 이용

① 190,800원

② 539,500원

③ 948,000원

④ 1,021,800원

⑤ 1,138,800원

24 다음 C 프로그램을 실행하였을 때의 결과로 옳은 것은?

```
#include 〈stdio.h〉
int main() {
    int result=0;
    while (result<2) {
        result=result+1;
        printf("%d\n",result);
        result=result-1;
    }
}
```

① 실행되지 않는다.

② 0
   1

③ 0
   −1

④ 1
   1

⑤ 1이 무한히 출력된다.

25 다음은 A국과 B국의 물가지수 동향에 대한 자료이다. [E2] 셀에 「=ROUND(D2,−1)」를 입력하였을 때, 출력되는 값은?

	A	B	C	D	E
		A국	B국	평균 판매지수	
1					
2	2024년 1월	122.313	112.36	117.3365	
3	2024년 2월	119.741	110.311	115.026	
4	2024년 3월	117.556	115.379	116.4675	
5	2024년 4월	124.739	118.652	121.6955	
6	⋮	⋮	⋮	⋮	
7					

〈A, B국 물가지수 동향〉

① 100

② 105

③ 110

④ 115

⑤ 120

26 다음 글의 빈칸에 들어갈 내용으로 가장 적절한 것은?

> 주의력 결핍 과잉행동장애(ADHD)는 학령기 아동에게 흔히 나타나는 질환으로, 주의력 결핍, 과잉행동, 충동성의 증상을 보인다. 이는 아동의 학교 및 가정생활에 큰 영향을 미치며, 적절한 치료와 관리가 필요하다. ADHD의 원인은 신경화학적 요인과 유전적 요인이 복합적으로 작용하는 것으로 여겨진다. 도파민과 노르에피네프린 같은 신경전달물질의 불균형이 주요 원인으로 지목되며, 가족력이 있는 경우 ADHD 발병 확률이 높아진다. 연구에 따르면, ADHD는 상당한 유전적 연관성을 보이며, 부모나 형제 중에 ADHD를 가진 사람이 있을 경우 그 위험이 증가한다.
>
> 환경적 요인도 ADHD 발병에 영향을 미칠 수 있다. 임신 중 음주, 흡연, 약물 사용 등이 위험을 높일 수 있으며, 조산이나 저체중 출산도 연관성이 있다. 이러한 환경적 요인들은 태아의 뇌 발달에 영향을 미쳐 ADHD 발병 가능성을 증가시킬 수 있다. 그러나 이러한 요인들이 단독으로 ADHD를 유발하는 것은 아니며, 다양한 요인이 복합적으로 작용하여 증상이 나타난다.
>
> ADHD 치료법은 약물요법과 비약물요법으로 나뉜다. 약물요법에서는 메틸페니데이트 같은 중추신경 자극제가 널리 사용된다. 이 약물은 도파민과 노르에피네프린의 재흡수를 억제해 증상을 완화한다. 이러한 약물은 주의력 향상과 충동성 감소에 효과적이며, 많은 연구에서 그 효능이 입증되었다. 비약물요법으로는 행동개입 요법과 심리사회적 프로그램이 있다. 이는 구조화된 환경에서 집중을 방해하는 요소를 최소화하고, 연령에 맞는 개입 방법을 적용한다. 예를 들어, 학령기 아동에게는 그룹 부모훈련과 교실 내 행동개입 프로그램이 추천된다.
>
> 가정에서는 부모가 아이가 해야 할 일을 목록으로 작성하도록 돕고, 한 번에 한 가지씩 처리하도록 지도해야 한다. 특히 아이의 바람직한 행동에는 칭찬하고, 잘못된 행동에는 책임을 지도록 하는 것이 중요하다. 이러한 방법은 아이의 자존감을 높이고 긍정적인 행동을 강화하는 데 도움이 된다. 학교에서는 과제를 짧게 나누고, 수업이 지루하지 않도록 하며, 규칙과 보상을 일관되게 유지해야 한다. 교사는 ADHD 아동이 주의가 산만해질 수 있는 환경적 요소를 제거하고, 많은 격려와 칭찬을 통해 학습 동기를 유발해야 한다.
>
> ADHD는 완치가 어려운 만성 질환이지만 적절한 치료와 관리를 통해 증상을 개선할 수 있다. 약물 치료와 비약물 치료를 병행하고 가정과 학교에서 적절한 지원이 이루어지면 ADHD 아동도 건강하고 행복한 삶을 영위할 수 있다. 결론적으로, ADHD는 ＿＿＿＿＿＿＿＿＿＿＿＿＿＿＿＿＿ 따라서 다양한 원인에 부합하는 맞춤형 치료와 환경 조성을 통해 아동의 잠재력을 최대한 발휘할 수 있도록 지원해야 한다. 이는 아동이 자신의 능력을 충분히 발휘하고 성공적인 삶을 살아가는 데 중요한 역할을 한다.

① 완벽한 치료가 불가능한 불치병이다.

② 약물 치료를 통해 쉽게 치료가 가능하다.

③ 다양한 원인이 복합적으로 작용하는 질환이다.

④ 아동에게 적극적으로 개입해 충동성을 감소시켜야 하는 질환이다.

27 다음 중 밑줄 친 부분의 맞춤법이 옳지 않은 것은?

① 김주임은 지난 분기 매출을 조사하여 증가량을 <u>백분율</u>로 표기하였다.

② 젊은 세대를 중심으로 빠른 이직 트렌드가 형성되어 <u>이직률</u>이 높아지고 있다.

③ 이번 학기 <u>출석율</u>이 이전보다 크게 향상되어 학생들의 참여도가 높아지고 있다.

④ 이번 시험의 <u>합격률</u>이 역대 최고치를 기록하며 수험생들에게 희망을 안겨주었다.

28 S공사는 2024년 상반기에 신입사원을 채용하였다. 전체 지원자 중 채용에 불합격한 남성 수와 여성 수의 비율은 같으며, 합격한 남성 수와 여성 수의 비율은 2 : 3이라고 한다. 남성 전체 지원자 와 여성 전체 지원자의 비율이 6 : 7일 때, 합격한 남성 수가 32명이면 전체 지원자는 몇 명인가?

① 192명

② 200명

③ 208명

④ 216명

29 다음은 직장가입자 보수월액보험료에 대한 자료이다. A씨가 〈조건〉에 따라 장기요양보험료를 납부할 때, A씨의 2023년 보수월액은?(단, 소수점 첫째 자리에서 반올림한다)

〈직장가입자 보수월액보험료〉

• 개요 : 보수월액보험료는 직장가입자의 보수월액에 보험료율을 곱하여 산정한 금액에 경감 등을 적용하여 부과한다.

• 보험료 산정 방법

– 건강보험료는 다음과 같이 산정한다.

　(건강보험료)=(보수월액)×(건강보험료율)

　※ 보수월액 : 동일사업장에서 당해 연도에 지급받은 보수총액을 근무월수로 나눈 금액

– 장기요양보험료는 다음과 같이 산정한다.

　2022.12.31. 이전 : (장기요양보험료)=(건강보험료)×(장기요양보험료율)

　2023.01.01. 이후 : $(장기요양보험료)=(건강보험료) \times \dfrac{(장기요양보험료율)}{(건강보험료율)}$

〈2020 ~ 2024년 보험료율〉

(단위 : %)

구분	2020년	2021년	2022년	2023년	2024년
건강보험료율	6.67	6.86	6.99	7.09	7.09
장기요양보험료율	10.25	11.52	12.27	0.9082	0.9182

조건

• A씨는 K공사에서 2011년 3월부터 2023년 9월까지 근무하였다.

• A씨는 3개월 후 2024년 1월부터 S공사에서 현재까지 근무하고 있다.

• A씨의 2023년 장기요양보험료는 35,120원이었다.

① 3,866,990원　　　　　　　② 3,974,560원

③ 4,024,820원　　　　　　　④ 4,135,970원

30 다음 중 개인정보보호법에서 사용하는 용어에 대한 정의로 옳지 않은 것은?

① '가명처리'란 추가 정보 없이도 특정 개인을 알아볼 수 있도록 처리하는 것을 말한다.

② '정보주체'란 처리되는 정보에 의하여 알아볼 수 있는 사람으로서 그 정보의 주체가 되는 사람을 말한다.

③ '개인정보'란 살아 있는 개인에 관한 정보로서 성명, 주민등록번호 및 영상 등을 통하여 개인을 알아볼 수 있는 정보를 말한다.

④ '처리'란 개인정보의 수집, 생성, 연계, 연동, 기록, 저장, 보유, 가공, 편집, 검색, 출력, 정정, 복구, 이용, 제공, 공개, 파기, 그 밖에 이와 유사한 행위를 말한다.

31 다음은 생활보조금 신청자의 소득 및 결과에 대한 자료이다. 월 소득이 100만 원 이하인 사람은 보조금 지급이 가능하고, 100만 원을 초과한 사람은 보조금 지급이 불가능할 때, 보조금 지급을 받는 사람의 수를 구하는 함수로 옳은 것은?

〈생활보조금 신청자 소득 및 결과〉

	A	B	C	D	E
1	지원번호	소득(만 원)	결과		
2	1001	150	불가능		
3	1002	80	가능		보조금 지급 인원 수
4	1003	120	불가능		
5	1004	95	가능		
6	⋮	⋮	⋮		
7					

① =COUNTIF(A:C,"<=100")

② =COUNTIF(A:C,<=100)

③ =COUNTIF(B:B,"<=100")

④ =COUNTIF(B:B,<=100)

32 다음은 초등학생의 주차별 용돈에 대한 자료이다. 빈칸에 들어갈 함수를 바르게 짝지은 것은?(단, 한 달은 4주로 한다)

<초등학생 주차별 용돈>

	A	B	C	D	E	F
1	학생번호	1주	2주	3주	4주	합계
2	1	7,000	8,000	12,000	11,000	(A)
3	2	50,000	60,000	45,000	55,000	
4	3	70,000	85,000	40,000	55,000	
5	4	10,000	6,000	18,000	14,000	
6	5	24,000	17,000	34,000	21,000	
7	6	27,000	56,000	43,000	28,000	
8	한 달 용돈이 150,000원 이상인 학생 수					(B)

(A) (B)

① $=SUM(B2:E2)$ $=COUNTIF(F2:F7, ">=150,000")$

② $=SUM(B2:E2)$ $=COUNTIF(B2:E2, ">=150,000")$

③ $=SUM(B2:E2)$ $=COUNTIF(B2:E7, ">=150,000")$

④ $=SUM(B2:E7)$ $=COUNTIF(F2:F7, ">=150,000")$

33 다음 중 빅데이터 분석 기획 절차를 순서대로 바르게 나열한 것은?

① 범위 설정 → 프로젝트 정의 → 위험 계획 수립 → 수행 계획 수립

② 범위 설정 → 프로젝트 정의 → 수행 계획 수립 → 위험 계획 수립

③ 프로젝트 정의 → 범위 정의 → 위험 계획 수립 → 수행 계획 수립

④ 프로젝트 정의 → 범위 설정 → 수행 계획 수립 → 위험 계획 수립

34 다음 중 밑줄 친 부분의 단어가 어법상 옳은 것은?

K씨는 항상 ⊙ 짜깁기 / 짜집기한 자료로 보고서를 작성했다. 처음에는 아무도 눈치채지 못했지만, 시간이 지나면서 K씨의 작업이 다른 사람들의 것과 비교해 질적으로 떨어지는 것이 분명해졌다. K씨는 결국 동료들 사이에서 ⓛ 뒤처지기 / 뒤쳐지기 시작했고, 격차를 좁히기 위해 더 많은 시간을 투자해야 했다.

	⊙	ⓛ
①	짜깁기	뒤처지기
②	짜깁기	뒤쳐지기
③	짜집기	뒤처지기
④	짜집기	뒤쳐지기

35 다음 중 공문서 작성 시 유의해야 할 점으로 적절하지 않은 것은?

① 한 장에 담아내는 것이 원칙이다.
② 부정문이나 의문문의 형식은 피한다.
③ 마지막엔 반드시 '끝'자로 마무리한다.
④ 날짜 다음에 괄호를 사용할 경우에는 반드시 마침표를 찍는다.

36 영서가 어머니와 함께 40분 동안 만두를 60개 빚었다고 한다. 어머니가 혼자서 1시간 동안 만두를 빚을 수 있는 개수가 영서가 혼자서 1시간 동안 만두를 빚을 수 있는 개수보다 10개 더 많을 때, 영서는 1시간 동안 만두를 몇 개 빚을 수 있는가?

① 30개
② 35개
③ 40개
④ 45개

37 대칭수는 순서대로 읽은 수와 거꾸로 읽은 수가 같은 수를 가리키는 말이다. 예컨대, 121, 303, 1,441, 85,058 등은 대칭수이다. 1,000 이상 50,000 미만의 대칭수는 모두 몇 개인가?

① 180개   ② 325개
③ 405개   ④ 490개

38 어떤 자연수 '25□'가 3의 배수일 때, □에 들어갈 수 있는 모든 자연수의 합은?

① 12   ② 13
③ 14   ④ 15

39 바이올린, 호른, 오보에, 플루트 4가지의 악기를 다음 〈조건〉에 따라 좌우로 4칸인 선반에 각각 1대씩 보관하려 한다. 각 칸에는 한 대의 악기만 배치할 수 있을 때, 왼쪽에서 두 번째 칸에 배치할 수 없는 악기는?

> **조건**
> • 호른은 바이올린 바로 왼쪽에 위치한다.
> • 오보에는 플루트 왼쪽에 위치하지 않는다.

① 바이올린   ② 호른
③ 오보에   ④ 플루트

40 다음 중 비영리 조직에 해당하지 않는 것은?

① 교육기관   ② 자선단체
③ 비정부기구   ④ 사회적 기업

41 다음은 D기업의 분기별 재무제표에 대한 자료이다. 2022년 4분기의 영업이익률은 얼마인가?

〈D기업 분기별 재무제표〉

(단위 : 십억 원, %)

구분	2022년 1분기	2022년 2분기	2022년 3분기	2022년 4분기	2023년 1분기	2023년 2분기	2023년 3분기	2023년 4분기
매출액	40	50	80	60	60	100	150	160
매출원가	30	40	70	80	100	100	120	130
매출총이익	10	10	10	( )	−40	0	30	30
판관비	3	5	5	7	8	5	7.5	10
영업이익	7	5	5	( )	−8	−5	22.5	20
영업이익률	17.5	10	6.25	( )	−80	−5	15	12.5

※ (영업이익률)=(영업이익)÷(매출액)×100
※ (영업이익)=(매출총이익)−(판관비)
※ (매출총이익)=(매출액)−(매출원가)

① −30% ② −45%

③ −60% ④ −75%

42 5km/h의 속력으로 움직이는 무빙워크를 이용하여 이동하는 데 36초가 걸렸다. 무빙워크 위에서 무빙워크와 같은 방향으로 4km/h의 속력으로 걸어 이동할 때 걸리는 시간은?

① 10초 ② 15초

③ 20초 ④ 25초

43 다음 순서도에서 출력되는 result 값은?

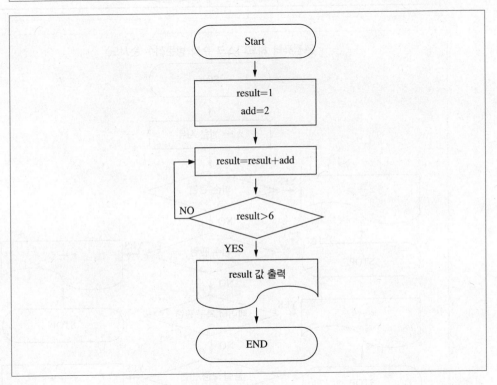

〈순서도 기호〉			
기호	설명	기호	설명
	시작과 끝을 나타낸다.		어느 것을 택할 것인지 판단한다.
	데이터를 입력하거나 계산하는 등의 처리를 한다.		선택한 값을 출력한다.

Start

result=1
add=2

result=result+add

result>6

NO / YES

result 값 출력

END

① 11   ② 10

③ 9   ④ 8

⑤ 7

44 다음은 A컴퓨터 A/S센터의 하드디스크 수리 방문접수 과정에 대한 순서도이다. 하드디스크 데이터 복구를 문의할 때, 출력되는 도형은 무엇인가?

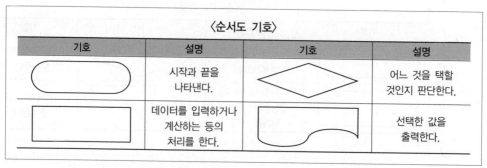

〈순서도 기호〉

기호	설명	기호	설명
	시작과 끝을 나타낸다.		어느 것을 택할 것인지 판단한다.
	데이터를 입력하거나 계산하는 등의 처리를 한다.		선택한 값을 출력한다.

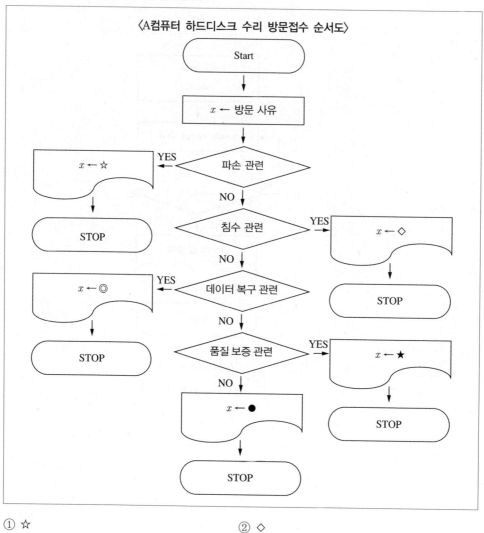

〈A컴퓨터 하드디스크 수리 방문접수 순서도〉

① ☆

② ◇

③ ◎

④ ★

⑤ ●

45 다음은 EAN-13 바코드 부여 규칙에 대한 자료이다. 상품코드의 맨 앞 자릿수가 9일 때, 2 ~ 7번째 자릿수가 '387655'라면 이를 이진코드로 바르게 변환한 것은?

〈EAN-13 바코드 부여 규칙〉

1. 13자리 상품코드의 맨 앞 자릿수에 따라 다음과 같이 변환한다.

상품코드 번호	2 ~ 7번째 자릿수	8 ~ 13번째 자릿수
0	AAAAAA	CCCCCC
1	AABABB	CCCCCC
2	AABBAB	CCCCCC
3	AABBBA	CCCCCC
4	ABAABB	CCCCCC
5	ABBAAB	CCCCCC
6	ABBBAA	CCCCCC
7	ABABAB	CCCCCC
8	ABABBA	CCCCCC
9	ABBABA	CCCCCC

2. A, B, C는 다음과 같이 상품코드 번호를 이진코드로 변환한 값이다.

상품코드 번호	A	B	C
0	0001101	0100111	1110010
1	0011001	0110011	1100110
2	0010011	0011011	1101100
3	0111101	0100001	1000010
4	0100011	0011101	1011100
5	0110001	0111001	1001110
6	0101111	0000101	1010000
7	0111011	0010001	1000100
8	0110111	0001001	1001000
9	0001011	0010111	1110100

	2번째 수	3번째 수	4번째 수	5번째 수	6번째 수	7번째 수
①	0111101	0001001	0010001	0101111	0111001	0110001
②	0100001	0001001	0010001	0000101	0111101	0111101
③	0111101	0110111	0111011	0101111	0111001	0111101
④	0100001	0101111	0010001	0010111	0100111	0001011
⑤	0111101	0011001	0010001	0101111	0011001	0111001

※ 다음은 청소 유형별 청소기 사용 방법 및 고장 유형별 확인 사항에 대한 자료이다. 이어지는 질문에 답하시오. [46~47]

〈청소 유형별 청소기 사용 방법〉

유형	사용 방법
일반 청소	1. 기본형 청소구를 장착해 주세요. 2. 작동 버튼을 눌러 주세요.
틈새 청소	1. 기본형 청소구의 입구 돌출부를 누르고 잡아당기면 좁은 흡입구를 꺼낼 수 있습니다. 반대로 돌출부를 누르면서 밀어 넣으면 좁은 흡입구를 안쪽으로 정리할 수 있습니다. 2. 1.의 좁은 흡입구를 꺼낸 상태에서 돌출부를 시계 방향으로 돌리면 돌출부를 고정할 수 있습니다. 3. 좁은 흡입구를 고정한 후 작동 버튼을 눌러 주세요. (좁은 흡입구에는 솔이 함께 들어 있습니다)
카펫 청소	1. 별도의 돌기 청소구로 교체해 주세요. (기본형으로도 카펫 청소를 할 수 있으나, 청소 효율이 떨어집니다) 2. 작동 버튼을 눌러 주세요.
스팀 청소	1. 별도의 스팀 청소구로 교체해 주세요. 2. 스팀 청소구의 물통에 물을 충분히 채운 후 뚜껑을 잠가 주세요. 　※ 반드시 전원을 분리한 상태에서 진행해 주세요. 3. 걸레판에 걸레를 부착한 후 스팀 청소구의 노즐에 장착해 주세요. 　※ 반드시 전원을 분리한 상태에서 진행해 주세요. 4. 스팀 청소 버튼을 누르고 안전 스위치를 눌러 주세요. 　※ 안전을 위해 안전 스위치를 누르는 동안에만 스팀이 발생합니다. 　※ 스팀 청소 작업 도중 및 완료 직후에 청소기를 거꾸로 세우거나 스팀 청소구를 눕히면 뜨거운 물이 새어 나와 화상을 입을 수 있습니다. 5. 스팀 청소 완료 후 물이 충분히 식은 후 물통 및 스팀 청소구를 분리해 주세요. 　※ 충분히 식지 않은 상태에서 분리 시 뜨거운 물이 새어 나와 화상의 위험이 있습니다.

〈고장 유형별 확인 사항〉

유형	확인 사항
흡입력 약화	• 흡입구, 호스, 먼지통, 먼지분리기에 크기가 큰 이물질이 걸려 있는지 확인해 주세요. • 필터를 교체해 주세요. • 먼지통, 먼지분리기, 필터의 조립 상태를 확인해 주세요.
청소기 미작동	• 전원이 제대로 연결되어 있는지 확인해 주세요.
물 보충 램프 깜빡임	• 물통에 물이 충분한지 확인해 주세요. • 물이 충분히 채워졌어도 꺼질 때까지 시간이 다소 걸립니다. 잠시 기다려 주세요.
스팀 안 나옴	• 물통에 물이 충분한지 확인해 주세요. • 안전 스위치를 눌렀는지 확인해 주세요.
바닥에 물이 남음	• 스팀 청소구를 너무 자주 좌우로 기울이면 물이 소량 새어 나올 수 있습니다. • 걸레가 많이 젖었으므로 걸레를 교체해 주세요.
악취 발생	• 제품 기능상 문제는 아니므로 고장이 아닙니다. • 먼지통 및 필터를 교체해 주세요. • 스팀 청소구의 물통 등 청결 상태를 확인해 주세요.
소음 발생	• 흡입구, 호스, 먼지통, 먼지분리기에 크기가 큰 이물질이 걸려 있는지 확인해 주세요. • 먼지통, 먼지분리기, 필터의 조립 상태를 확인해 주세요.

46 다음 중 청소 유형별 청소기 사용 방법에 대한 설명으로 옳지 않은 것은?

① 기본형 청소구로 카펫 청소가 가능하다.

② 스팀 청소 직후 통을 분리하면 화상의 위험이 있다.

③ 기본형 청소구를 이용하여 좁은 틈새를 청소할 수 있다.

④ 안전 스위치를 1회 누르면 별도의 외부 입력 없이 스팀을 지속하여 발생시킬 수 있다.

⑤ 스팀 청소 시 물 보충 및 걸레 부착 작업은 반드시 전원을 분리한 상태에서 진행해야 한다.

47 다음 중 고장 유형별 확인 사항이 바르게 연결되어 있지 않은 것은?

① 물 보충 램프 깜빡임 : 잠시 기다리기

② 악취 발생 : 스팀 청소구의 청결 상태 확인하기

③ 흡입력 약화 : 먼지통, 먼지분리기, 필터 교체하기

④ 바닥에 물이 남음 : 물통에 물이 너무 많이 있는지 확인하기

⑤ 소음 발생 : 흡입구, 호스, 먼지통, 먼지분리기의 이물질 걸림 확인하기

48 다음 중 동료의 피드백을 장려하기 위한 방안으로 적절하지 않은 것은?

① 행동과 수행을 관찰한다.

② 즉각적인 피드백을 제공한다.

③ 뛰어난 수행성과에 대해서는 인정한다.

④ 간단하고 분명한 목표와 우선순위를 설정한다.

⑤ 긍정적인 상황에서는 피드백을 자제하는 것도 나쁘지 않다.

49 다음 중 내적 동기를 유발하는 방법으로 적절하지 않은 것은?

① 변화를 두려워하지 않는다.

② 업무 관련 교육을 생략한다.

③ 주어진 일에 책임감을 갖는다.

④ 창의적인 문제해결법을 찾는다.

⑤ 새로운 도전의 기회를 부여한다.

50 다음은 갈등 정도와 조직 성과의 관계에 대한 그래프이다. 이에 대한 설명으로 옳지 않은 것은?

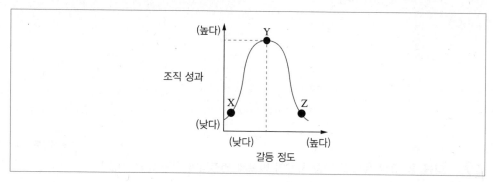

① 갈등이 없을 경우 낮은 조직 성과를 얻을 수 있다.

② 갈등이 잦을 경우 낮은 조직 성과를 얻을 수 있다.

③ 적절한 갈등이 있을 경우 가장 높은 조직 성과를 얻을 수 있다.

④ Y점에서는 갈등의 순기능, Z점에서는 갈등의 역기능이 작용한다.

⑤ 갈등이 없을수록 조직 내부가 결속되어 높은 조직 성과를 보인다.

PART 1

직업기초능력

CHAPTER 01
의사소통능력

의사소통능력은 평가하지 않는 공사·공단이 없을 만큼 필기시험에서 중요도가 높은 영역으로, 세부 유형은 문서 이해, 문서 작성, 의사 표현, 경청, 기초 외국어로 나눌 수 있다. 문서 이해·문서 작성과 같은 지문에 대한 주제 찾기, 내용 일치 문제의 출제 비중이 높으며, 문서의 특성을 파악하는 문제도 출제되고 있다.

01 문제에서 요구하는 바를 먼저 파악하라!

의사소통능력에서 가장 중요한 것은 제한된 시간 안에 빠르고 정확하게 답을 찾아내는 것이다. 의사소통능력에서는 지문이 아니라 문제가 주인공이므로 지문을 보기 전에 문제를 먼저 파악해야 하며, 문제에 따라 전략적으로 빠르게 풀어내는 연습을 해야 한다.

02 잠재되어 있는 언어 능력을 발휘하라!

세상에 글은 많고 우리가 학습할 수 있는 시간은 한정적이다. 이를 극복할 수 있는 방법은 다양한 글을 접하는 것이다. 실제 시험장에서 어떤 내용의 지문이 나올지 아무도 예측할 수 없으므로 평소에 신문, 소설, 보고서 등 여러 글을 접하는 것이 필요하다.

03 상황을 가정하라!

업무 수행에 있어 상황에 따른 언어 표현은 중요하다. 같은 말이라도 상황에 따라 다르게 해석될 수 있기 때문이다. 그런 의미에서 자신의 의견을 효과적으로 전달할 수 있는 능력을 평가하는 것이다. 업무를 수행하면서 발생할 수 있는 여러 상황을 가정하고 그에 따른 올바른 언어표현을 정리하는 것이 필요하다.

04 말하는 이의 입장에서 생각하라!

잘 듣는 것 또한 하나의 능력이다. 상대방의 이야기에 귀 기울이고 공감하는 태도는 업무를 수행하는 관계 속에서 필요한 요소이다. 그런 의미에서 다양한 상황에서의 듣는 능력을 평가하는 것이다. 말하는 이가 요구하는 듣는 이의 태도를 파악하고, 이에 따른 판단을 할 수 있도록 언제나 말하는 사람의 입장이 되는 연습이 필요하다.

01 문서 내용 이해

| 유형분석 |

- 주어진 지문을 읽고 선택지를 고르는 전형적인 독해 문제이다.
- 지문은 주로 신문기사(보도자료 등)나 업무 보고서, 시사 등이 제시된다.
- 공사·공단에 따라 자사와 관련된 내용의 기사나 법조문, 보고서 등이 출제되기도 한다.

다음 글의 내용으로 적절하지 않은 것은?

> 많은 사람들은 소비에 대한 경제적 결정을 내리기 전에 가격과 품질을 고려한다. 하지만 이러한 결정은 때로는 소비자가 인식하지 못한 다른 요소에 의해 영향을 받는다. 바로 마케팅과 광고의 효과이다. 광고는 제품이나 서비스에 대한 정보를 전달하는 데 사용되는 매개체로 소비자의 구매 결정에 큰 영향을 준다.
>
> 마케팅 회사들은 광고를 통해 제품을 매력적으로 보이도록 디자인하고, 소비자들이 해당 제품을 원하도록 만들기 위해 여러 가지 특징들을 강조한다. 예를 들어 소비자가 직면한 문제에 대해 자사의 제품이 효과적인 해결책이라고 제시하거나, 유니크한 디자인, 고급 소재 등을 사용한다고 강조하는 것이다. 이렇게 광고는 소비자들에게 제품에 대한 긍정적인 이미지를 형성하게 하여 구매 욕구를 자극해 제품의 판매량을 증가시키는 데 도움이 된다.
>
> 그러므로 현명한 소비를 하기 위해서는 광고에 의해 형성된 이미지에 속지 않고, 실제 제품의 가치와 품질을 충분히 검토해야 한다. 소비를 함에 있어 광고에만 의존한다면 실제로는 자신에게 필요하지 않은 제품이나 서비스를 마치 꼭 필요한 것처럼 착각하여 제품이나 서비스를 구매하게 될 수도 있다. 따라서 경제적인 결정을 내리기 전에 광고 외에도 가격, 품질, 필요성 등 다양한 요소를 종합적으로 고려해야 한다.

① 광고는 소비자의 구매 결정에 큰 영향을 준다.

② 광고는 현명한 소비를 함에 있어서 도움이 되지 않는다.

③ 판매자는 광고를 통해 자사 제품의 긍정적인 이미지를 만들어 낼 수 있다.

④ 제품을 구입할 때 자신에게 꼭 필요한 물건인지 파악하는 것은 현명하게 소비하는 것이다.

정답 ②

광고는 해당 제품이 가진 여러 가지 정보를 담고 있다. 따라서 현명한 소비를 하기 위해서 광고에 의존해서는 안 되지만, 기본적인 정보 습득에 있어 전혀 도움이 되지 않는 것은 아니다.

풀이 전략!

주어진 선택지에서 키워드를 체크한 후, 지문의 내용과 비교해 가면서 내용의 일치 유무를 빠르게 판단한다.

대표기출유형 01   기출응용문제

01   다음 글을 읽고 이해한 내용으로 가장 적절한 것은?

> Financial(금융)과 Technology(기술)의 합성어인 핀테크는 은행·카드사 등의 금융기관이 기존의 금융 서비스에 ICT(정보·통신 기술)를 결합한 것으로, 금융 전반에 나타난 디지털 혁신을 가리킨다. 은행을 직접 방문하지 않아도 스마트폰 등을 이용하여 은행 업무를 처리할 수 있는 것이 대표적이다.
>
> 테크핀은 ICT 기업이 자신들의 기술을 통해 특색 있는 금융 서비스를 만드는 것으로 테크핀은 핀테크보다 기술을 금융보다 강조하는 점이 특징이다. ○○페이 등의 간편결제, 송금 서비스, 인터넷 전문은행 등이 대표적이다.
>
> 한국은 주로 금융기관이 주축이 되어 금융 서비스를 개선하고 있었지만, 최근에는 비금융기관의 금융업 진출이 확대되고 있다. 국내의 높은 IT 인프라와 전자상거래 확산으로 인해 소비자들이 현재보다 편한 서비스를 필요하다고 생각하는 것이 원인이다. 또한 공인인증서 의무사용 폐지와 같은 규제가 완화되는 것 또한 ICT 기업이 금융으로 진출할 수 있는 좋은 상황으로 평가된다.
>
> 테크핀의 발전은 핀테크의 발전 역시 야기하였다. 테크핀으로 인한 위기를 느낀 금융기관은 이와 경쟁하기 위해 서비스를 개선하고 있다. 금융기관도 공인인증서, 보안카드 등이 필요 없는 서비스 등을 개선하고 모바일 뱅킹도 더 편리하게 개선하고 있다.
>
> 핀테크와 테크핀이 긍정적인 영향만을 가진 것은 아니다. 금융 서비스 이용 실태 조사에 따르면 금융 혁신이 이루어지고 이에 대한 혜택을 받는 사람이 저연령층이나 고소득층이 높은 비율을 차지하고 있다. 따라서 핀테크와 테크핀을 발전시키는 동시에 모든 사람이 혜택을 누릴 수 있는 방안도 같이 찾아야 한다.

① 테크핀은 기술보다 금융을 강조한다.

② 핀테크는 비금융기관이 주도한 금융 혁신이다.

③ IT 인프라가 높으면 테크핀이 발전하기 쉬워진다.

④ 핀테크가 발전하면 저소득층부터 고소득층 모두 혜택을 누린다.

02 다음 글에 나타난 '키덜트'에 대한 설명으로 적절하지 않은 것은?

'키덜트(Kidult)'란 'Kid(아이)'와 'Adult(성인)'의 합성어로, 20 ~ 40대의 어른이 되었음에도 불구하고 여전히 어린이의 분위기와 감성을 간직하고 추구하는 성인들을 일컫는 말이다. 한때 이들은 책임감 없고 보호받기만을 바라는 피터팬 증후군이라는 말로 표현되기도 하였으나, 이와 달리 키덜트는 각박한 현대인의 생활 속에서 마음 한구석에 어린이의 심상을 유지하는 사람들로 긍정적인 이미지를 가지고 있다.

이들의 특징은 무엇보다 진지하고 무거운 것 대신 유치하고 재미있는 것을 추구한다는 점이다. 예를 들어 대학생이나 직장인들이 앙증맞은 인형을 가방이나 휴대전화에 매달고 다니는 것, 회사 책상 위에 인형을 올려놓는 것 등이다. 키덜트들은 이를 통해 얻은 영감이나 에너지가 일에 도움이 된다고 말한다.

이렇게 생활하면 정서 안정과 스트레스 해소에 도움이 된다는 긍정적인 의견이 나오면서 키덜트 특유의 감성이 반영된 트렌드가 유행하고 있다. 기업들은 키덜트족(族)을 타깃으로 하는 상품과 서비스를 만들어내고 있으며, 엔터테인먼트 쇼핑몰과 온라인 쇼핑몰도 쇼핑과 놀이를 동시에 즐기려는 키덜트족의 욕구를 적극 반영하고 있는 추세이다.

① 키덜트는 현대 사회와 밀접한 관련이 있다.
② '피터팬 증후군'과 '키덜트'는 혼용하여 사용된다.
③ 키덜트의 행위가 긍정적인 영향을 끼치기도 한다.
④ 키덜트도 시장의 수요자의 한 범주에 속한다.

03 다음 중 '등대공장'에 대한 설명으로 적절하지 않은 것은?

스마트 팩토리는 인공지능(AI) · 빅데이터 · 사물인터넷(IoT) 등 4차 산업혁명의 핵심 기술을 적용해 생산성, 품질, 고객 만족도를 향상시키는 지능형 생산 공장을 말한다. 지난해 국내 최초로 K기업이 스마트 팩토리를 성공적으로 구축한 공로를 인정받아 세계경제포럼(WEF)으로부터 '등대공장'에 선정되었다. 등대공장은 어두운 밤하늘에 등대가 빛을 밝혀 배를 안내하듯 사물인터넷, 인공지능 등 4차 산업혁명의 핵심 기술을 도입하여 제조업의 미래를 이끄는 공장을 일컫는 말로, 세계경제포럼이 2018년부터 매년 선정하고 있다. K기업은 딥러닝(Deep Learning)에 기반을 둔 AI 기술로 용광로의 가동 상황을 자동 제어함으로써 기존 기술로는 개선이 어려운 원가 절감, 품질 향상 등을 이루어냈다.

딥러닝은 방대한 자료에서 패턴을 감지하고 학습하여 더 복잡한 패턴을 찾아내는 인공 신경망으로, 인간의 신경 시스템을 모방한 알고리즘을 말한다. 데이터에 기반을 두고 예측하는 기술로, 얼굴 인식, 번역, 추천 알고리즘 등의 기술이 발전하는 데 바탕이 되었다. 따라서 현재의 인공지능을 뒷받침하는 기술이라고 할 수 있다.

① 주로 밤바다에 빛을 밝혀 배의 항로를 안내한다.
② 2018년부터 시작되었으며, 매년 세계경제포럼(WEF)이 선정한다.
③ 국내에서는 K기업의 스마트 팩토리가 최초로 등대공장에 선정되었다.
④ 국내 K기업의 등대공장에는 딥러닝에 기반을 둔 AI 기술이 도입되었다.

04 다음 글에서 알 수 있는 자원의 특징으로 가장 적절한 것은?

> 1492년 10월 12일은 스페인 왕실의 후원을 받은 이탈리아 출신 탐험가 크리스토퍼 콜럼버스가 그
> 해 8월 3일, 서쪽으로 가는 인도 항로를 개척하러 떠났다가 신대륙, 정확히는 산살바도르섬을 발견
> 한 날이다. 구대륙에 국한됐던 유럽인의 시야가 신대륙 아메리카로 확장된 결정적인 순간이다.
> 그러나 콜럼버스는 아메리카 대륙에 첫발을 내디딘 유럽인이 아니었고, 1506년 죽을 때까지 자신이
> 발견한 땅을 인도로 알았다. 아메리고 베스푸치가 1507년 두 차례 항해한 끝에 그 땅이 유럽인들이
> 몰랐던 신대륙이라는 것을 확인했다. 그래서 신대륙은 아메리고의 이름을 따 아메리카로 불리게 되
> 었다. 하지만 콜럼버스가 남긴 업적 하나는 분명하다. 콜럼버스의 발견 이후 유럽인의 세계관이 이
> 전과는 완전히 달라졌다는 것이다.
> 동떨어져 살던 문명 간의 접촉은 다양한 교류와 교환으로 이어진다. 콜럼버스의 신대륙 발견 이후
> 일어난 생물과 인구의 급격한 이동을 '콜럼버스의 교환'이라고 부른다. 신대륙에서만 자라던 옥수
> 수, 감자, 고구마, 강낭콩, 땅콩, 고추 등이 유럽으로 전해졌다. 특히 감자는 유럽인의 주식 중 하나
> 가 되었다. 감자가 유럽인의 식탁에 올라오면서 감자 의존도가 높아져 생긴 비극이 아일랜드의 '감
> 자 대기근'이다. 1845 ~ 1852년 감자가 말라죽는 역병이 돌아 수확을 망치자 아일랜드에서 약 100
> 만 명이 굶어 죽었다.
> 구대륙에서 신대륙으로 전해진 것도 많다. 밀, 쌀, 보리, 양파, 당근, 올리브, 후추, 계피, 사과, 복
> 숭아, 배, 바나나, 오렌지, 레몬, 키위, 커피 등은 신대륙에 없었다. '콜럼버스의 교환'이 가져온 최
> 대 이점은 인류를 기아에서 구한 것이다.
> 낙타과 동물인 알파카 외에는 이렇다 할 가축이 없었던 신대륙은 콜럼버스 이후에 천혜의 가축 사육
> 지로 떠올랐다. 구대륙의 소, 말, 돼지, 염소, 양, 닭, 토끼, 낙타 등이 신대륙으로 전파됐다. 이를
> 통해 원주민들은 동물 고기를 먹을 수 있을 뿐만 아니라 운송 및 이동 수단으로 활용하게 됐다.

① 자원의 가치는 지역과 문화에 따라 달라진다.
② 대부분의 자원은 재생 불가능한 고갈 자원으로 가채 연수가 짧다.
③ 자원의 가치는 고정된 것이 아니라 과학 기술의 발달에 따라 달라진다.
④ 자원을 이용하는 속도에 비해 자원이 생성되어 보충되는 속도가 느리다.

05

생물 농약이란 농작물에 피해를 주는 병이나 해충, 잡초를 제거하기 위해 자연에 있는 생물로 만든 천연 농약을 뜻한다. 생물 농약을 개발한 것은 흙 속에 사는 병원균으로부터 식물을 보호할 목적에서였다. 뿌리를 공격하는 병원균은 땅속에 살고 있으므로 병원균을 제거하기에는 어려움이 있었다. 게다가 화학 농약의 경우 그 성분이 토양에 달라붙어 제 기능을 발휘하지 못했기 때문에 식물 성장을 돕고 항균 작용을 할 수 있는 미생물에 주목하기 시작한 것이다.

식물 성장을 돕고 항균 작용을 하는 미생물 집단을 '근권미생물'이라 하는데, 여러 종류의 근권미생물 중 농약으로 쓰기에 가장 좋은 것은 뿌리에 잘 달라붙는 것들이다. 근권미생물의 입장에서 뿌리 주변은 사막의 오아시스와 비슷한 조건이다. 뿌리 주변은 뿌리에서 공급되는 양분과 안락한 서식 환경을 제공받지만, 뿌리 주변에서 멀리 떨어진 곳은 황량한 지역이어서 먹을 것을 찾기가 어렵기 때문이다. 따라서 뿌리 주변에서는 좋은 위치를 선점하기 위해 미생물 간에 치열한 싸움이 벌어진다. 얼마나 뿌리에 잘 정착하느냐가 생물 농약으로 사용되는 미생물을 결정하는 데 중요한 기준이 되는 셈이다.

생물 농약으로 쓰이는 미생물은 식물 성장을 돕는 성질을 포함한다. 미생물이 만든 항균 물질은 농작물의 뿌리에 침입하려는 곰팡이나 병원균의 성장을 억제하거나 죽게 한다. 그리고 병원균이나 곤충, 선충에 기생하는 종들을 사용한 생물 농약은 유해 병원균이나 해충을 직접 공격하기도 한다. 예를 들어 흰가루병은 채소 대부분에 생겨나는 곰팡이 때문에 발생하는데, 흰가루병을 일으키는 곰팡이의 영양분을 흡수해 죽이는 천적 곰팡이(Ampelomyces Quisqualis)를 이용한 생물 농약이 만들어졌다.

① 화학 농약은 화학 성분이 토양에 달라붙어 제 기능을 발휘하지 못한다.
② 생물 농약으로 쓰이는 미생물들은 유해 병원균이나 해충을 직접 공격하지는 못한다.
③ '근권미생물'이란 식물의 성장에 도움을 주는 미생물이다.
④ 뿌리에 잘 정착하는지의 여부가 미생물의 생물 농약 사용 기준이 된다.

경제학에서는 가격이 한계 비용과 일치할 때를 가장 이상적인 상태라고 본다. '한계 비용'이란 재화의 생산량을 한 단위 증가시킬 때 추가되는 비용을 말한다. 한계 비용 곡선과 수요 곡선이 만나는 점에서 가격이 정해지면 재화의 생산 과정에 들어가는 자원이 낭비 없이 효율적으로 배분되며, 이때 사회 전체의 만족도가 가장 커진다. 가격이 한계 비용보다 높아지면 상대적으로 높은 가격으로 인해 수요 량이 줄면서 거래량이 따라 줄고, 결과적으로 생산량도 감소한다. 이는 사회 전체의 관점에서 볼 때 자원이 효율적으로 배분되지 못하는 상황이므로 사회 전체의 만족도가 떨어지는 결과를 낳는다.

위에서 설명한 일반 재화와 마찬가지로 수도, 전기, 철도와 같은 공익 서비스도 자원 배분의 효율성 을 생각하면 한계 비용 수준으로 가격(공공요금)을 결정하는 것이 바람직하다. 대부분의 공익 서비 스는 초기 시설 투자 비용은 막대한 반면 한계 비용은 매우 적다. 이러한 경우, 한계 비용으로 공공 요금을 결정하면 공익 서비스를 제공하는 기업은 손실을 볼 수 있다.

예컨대 초기 시설 투자 비용이 6억 달러이고, 톤당 1달러의 한계 비용으로 수돗물을 생산하는 상수 도 서비스를 가정해보자. 이때 수돗물 생산량을 '1톤, 2톤, 3톤, …'으로 늘리면 총비용은 '6억 1달 러, 6억 2달러, 6억 3달러, …'로 늘어나고, 톤당 평균 비용은 '6억 1달러, 3억 1달러, 2억 1달러, …'로 지속적으로 줄어든다. 그렇지만 평균 비용이 계속 줄어들더라도 한계 비용 아래로는 결코 내 려가지 않는다. 따라서 한계 비용으로 수도 요금을 결정하면 총비용보다 총수입이 적으므로 수도 사업자는 손실을 보게 된다.

이를 해결하는 방법에는 크게 두 가지가 있다. 하나는 정부가 공익 서비스 제공 기업에 손실분만큼 보조금을 주는 것이고, 다른 하나는 공공요금을 평균 비용 수준으로 정하는 것이다. 전자의 경우 보조금을 세금으로 충당한다면 다른 부문에 들어갈 재원이 줄어드는 문제가 있다. 평균 비용 곡선과 수요 곡선이 교차하는 점에서 요금을 정하는 후자의 경우에는 총수입과 총비용이 같아져 기업이 손 실을 보지는 않는다. 그러나 요금이 한계 비용보다 높기 때문에 사회 전체의 관점에서 자원의 효율 적 배분에 문제가 생긴다.

① 평균 비용이 한계 비용보다 큰 경우, 공공요금을 평균 비용 수준에서 결정하면 자원의 낭비를 방지할 수 있다.

② 가격이 한계 비용보다 높은 경우에는 한계 비용과 같은 경우에 비해 결국 그 재화의 생산량이 줄어든다.

③ 공익 서비스와 일반 재화의 생산 과정에서 자원을 효율적으로 배분하기 위한 조건은 서로 같다.

④ 정부는 공공요금을 한계 비용 수준으로 유지하기 위하여 보조금 정책을 펼 수 있다.

02 문단 나열

| 유형분석 |

- 각 문단의 내용을 파악하고 논리적 순서에 맞게 배열하는 복합적인 문제이다.
- 전체적인 글의 흐름을 이해하는 것이 중요하며, 각 문장의 지시어나 접속어에 주의한다.

다음 문단을 논리적 순서대로 바르게 나열한 것은?

(가) 이 방식을 활용하면 공정의 흐름에 따라 제품이 생산되므로 자재의 운반 거리를 최소화할 수 있어 전체 공정 관리가 쉽다.

(나) 그러나 기계 고장과 같은 문제가 발생하면 전체 공정이 지연될 수 있고, 규격화된 제품 생산에 최적화된 설비 및 배치 방식을 사용하기 때문에 제품의 규격이나 디자인이 변경되면 설비 배치 방식을 재조정해야 한다는 문제가 있다.

(다) 제품을 효율적으로 생산하기 위해서는 생산 설비의 효율적인 배치가 중요하다. 설비의 효율적인 배치란 자재의 불필요한 운반을 최소화하고, 공간을 최대한 활용하면서 적은 노력으로 빠른 시간에 목적하는 제품을 생산할 수 있도록 설비를 배치하는 것이다.

(라) 그중에서도 제품별 배치(Product Layout) 방식은 생산하려는 제품의 종류는 적지만 생산량이 많은 경우에 주로 사용된다. 제품별로 완성품이 될 때까지의 공정 순서에 따라 설비를 배열해 부품 및 자재의 흐름을 단순화하는 것이 핵심이다.

① (다) – (가) – (나) – (라)

② (다) – (가) – (라) – (나)

③ (다) – (라) – (가) – (나)

④ (다) – (라) – (나) – (가)

정답 ②

제시문은 효율적 제품 생산을 위한 한 방법인 제품별 배치 방법의 장단점에 대한 내용의 글이다. 따라서 (다) 효율적 제품 생산을 위해 필요한 생산 설비의 효율적 배치 → (라) 효율적 배치의 한 방법인 제품별 배치 방식 → (가) 제품별 배치 방식의 장점 → (나) 제품별 배치 방식의 단점의 순서로 연결하는 것이 적절하다.

풀이 전략!

상대적으로 시간이 부족하다고 느낄 때는 선택지를 참고하여 문장의 순서를 생각해 본다.

01 다음 문단을 논리적 순서대로 바르게 나열한 것은?

> (가) 그렇다면 어떻게 블록체인(Block Chain) 기술은 시스템 해킹 및 변조를 막을 수 있을까? 그답은 블록체인의 이름에 있다. 블록체인 방식으로 거래를 하기 위해서는 먼저 네트워크에 포함된 모든 사람들이 똑같은 데이터를 가진 블록을 가지고 있어야 한다. 새로운 거래가 생길 경우 네트워크에 포함된 모든 사람들은 블록을 서로 비교하여 현재의 정보에 변조가 없는지 확인하게 된다. 무결성이 확인되었다면 새로운 거래가 담긴 블록을 기존의 블록과 연결하여 서로 체인을 이루게 된다. 이후 다른 거래가 생길 때마다 동일한 방식으로 네트워크 구성원 사이에서 데이터를 비교하고, 새로운 블록을 쌓는 방식으로 진행된다.
>
> (나) 이처럼 블록체인 기술은 거래를 할 때, 중앙은행의 중계 없이 사용자끼리 직접 거래하면서 해킹이나 변조에서 비교적 안전하고, 거래자의 개인정보도 보호할 수 있어 다양한 장점을 지닌 기술이다. 하지만 탈중앙화라는 특징으로 인해 범죄와 연관될 가능성이 높으며, 금융 사고로 인한 손실을 복구하기도 어렵다. 또한 해싱(Hashing)으로 인해 개인정보를 보호할 수 있지만, 로그 등의 데이터 자체는 여전히 모든 이용자에게 공개되므로 지나친 투명성에 의한 단점도 생길 수 있다.
>
> (다) 데이터의 집합체인 블록에는 정보들이 해싱되어 저장된다. 해싱은 다양한 길이를 가진 데이터를 고정된 길이를 가진 데이터로 매핑하는 것으로, 블록에 저장되는 데이터는 16진수 숫자(1~F)로 암호화된다. 해싱 이전의 데이터가 조금이라도 바뀔 경우, 해싱 이후의 데이터가 크게 변하는 특징이 있으므로 블록 간 데이터의 무결성을 비교할 때, 해시 데이터를 비교하여 쉽게 판독할 수 있다. 또한 해시값을 기존의 데이터로 복구하는 것이 불가능하다는 특징이 있어 투명하면서 개인정보 또한 보호할 수 있다.
>
> (라) 블록체인 기술은 B코인, E코인 등 암호화폐나, 대체 불가능 토큰(NFT; Non Fungible Token)의 핵심 기술이다. 블록체인이란 P2P(Peer to Peer) 네트워크를 통해서 관리되는 분산 데이터베이스로 거래 정보를 중앙 서버 한 곳에 저장하는 것이 아니라 블록체인 네트워크에 연결된 여러 컴퓨터에 저장 및 보관하는 기술로, 시스템을 해킹하거나 변조하는 것을 사실상 불가능하게 만드는 탈중앙화 방식으로 정보를 기록하는 디지털 장부이다.

① (다) – (나) – (가) – (라)

② (다) – (라) – (가) – (나)

③ (라) – (가) – (나) – (다)

④ (라) – (가) – (다) – (나)

02 다음 글을 〈보기〉와 같은 순서로 재구성하려고 할 때, 논리적 순서대로 바르게 나열한 것은?

(가) 최근 전자 상거래 시장에서 소셜 커머스 열풍이 거세게 불고 있다. 할인율 50%라는 파격적인 조건으로 검증된 상품을 구매할 수 있다는 입소문이 나면서 국내 소셜 커머스 시장의 규모가 급성장하고 있다. 시장 규모가 커지다 보니 개설된 소셜 커머스 사이트가 수백 개에 달하고, 소셜 커머스 모임 사이트까지 등장할 정도로 소셜 커머스의 인기가 날로 높아지고 있다.

(나) 현재 국내 소셜 커머스는 일정 수 이상의 구매자가 모일 경우 파격적인 할인가로 상품을 판매하는 방식의 소셜 쇼핑이 주를 이루고 있다. 그러나 소셜 쇼핑 외에도 SNS상에 개인화된 쇼핑 환경을 만들거나 상거래 전용 공간을 여는 방식의 소셜 커머스도 등장하고 있다. 소셜 커머스의 소비자는 판매자(생산자)의 상품을 구입하는 데서 그치지 않고 판매자들로 하여금 자신들이 원하는 물건을 판매하도록 유도할 수 있으며, 자신들 스스로가 새로운 소비자를 끌어모을 수도 있다. 이러한 소비자의 변모는 소비자의 역할뿐만 아니라 상거래 지형이 크게 변화할 것임을 시사한다. 소셜 커머스 시대에는 소비자가 상거래의 주도권을 쥐는 일이 가능해진 것이다.

(다) 소셜 커머스란 소셜 네트워크 서비스(SNS)를 통하여 이루어지는 전자 상거래를 가리키는 말이다. 소셜 커머스는 상품의 구매를 원하는 사람들이 할인을 성사하기 위하여 공동 구매자를 모으는 과정에서 주로 SNS를 이용하는 데서 그 명칭이 유래되었다. 소셜 커머스는 2005년 '야후(Yahoo)'의 장바구니 공유 서비스인 '쇼퍼스피어(Shopersphere)'와 같은 사이트를 통하여 처음 소개되었다.

보기

국내 소셜 커머스의 현황 → 소셜 커머스의 명칭 유래 및 등장 배경 → 소셜 커머스의 유형 및 전망

---

① (가) - (나) - (다)
② (가) - (다) - (나)
③ (나) - (가) - (다)
④ (나) - (다) - (가)

03 다음 문단을 논리적 순서대로 바르게 나열한 것은?

(가) 칸트의 '무관심성'에 대한 논의에서 이에 대한 단서를 얻을 수 있다. 칸트는 미적 경험의 주체가 '객체가 존재한다.'는 사실성 자체로부터 거리를 둔다고 주장한다. 이에 따르면, 영화관에서 관객은 영상의 존재 자체에 대해 '무관심한' 상태에 있다. 영상의 흐름을 냉정하고 분석적인 태도로 받아들이는 것이 아니라, 영상의 흐름이 자신에게 말을 걸어오는 듯이, 자신이 미적 경험의 유희에 초대된 듯이 공감하며 체험하고 있다. 미적 거리 두기와 공감적 참여의 상태를 경험하는 것이다. 주체와 객체가 엄격하게 분리되거나 완전히 겹쳐지는 것으로 이해하는 통상적인 동일시 이론과 달리, 칸트는 미적 지각을 지각 주체와 지각 대상 사이의 분리와 융합의 긴장감 넘치는 '중간 상태'로 본 것이다.

(나) 관객은 영화를 보면서 영상의 흐름을 어떻게 지각하는 것일까? 그토록 빠르게 변화하는 앵글, 인물, 공간, 시간 등을 어떻게 별 어려움 없이 흥미진진하게 따라가는 것일까? 흔히 영화의 수용에 대해 설명할 때 관객의 눈과 카메라의 시선 사이에 일어나는 동일시 과정을 내세운다. 그러나 동일시 이론은 어떠한 조건을 기반으로, 어떠한 과정을 거쳐서 동일시가 일어나는지, 영상의 흐름을 지각할 때 일어나는 동일시의 고유한 방식이 어떤 것인지에 대해 의미 있는 설명을 제시하지 못하고 있다.

(다) 이렇게 볼 때 영화 관객은 자신의 눈을 단순히 카메라의 시선과 직접적으로 동일시하는 것이 아니다. 관객은 영화를 보면서 영화 속 공간, 운동의 양상 등을 유희적으로 동일시하며, 장소 공간이나 '방향 공간' 등 다양한 공간의 층들을 동시에 인지할 뿐만 아니라 '감정 공간'에서 나오는 독특한 분위기의 힘을 감지하고, 이를 통해 영화 속의 공간과 공감하며 소통하고 있는 것이다.

(라) 관객이 영상의 흐름을 생동감 있게 체험할 수 있는 이유는 영화 속의 공간이 단순한 장소로서의 공간이기보다는 방향 공간이기 때문이다. 카메라의 다양한 앵글 선택과 움직임, 자유로운 시점 선택이 방향 공간적 표현을 용이하게 해 준다. 두 사람의 대화 장면을 보여 주는 장면을 생각해 보자. 관객은 단지 대화에 참여한 두 사람의 존재와 위치만 확인하는 것이 아니라, 두 사람의 시선 자체가 지닌 방향성의 암시, 즉 두 사람의 얼굴과 상반신이 서로를 향하고 있는 방향 공간적 상황을 함께 지각하고 있는 것이다.

(마) 영화의 매체적 강점은 방향 공간적 표현이라는 데만 그치지 않는다. 영상의 흐름에 대한 지각은 언제나 생생한 느낌을 동반한다. 관객은 영화 속 공간과 인물의 독특한 감정에서 비롯된 분위기의 힘을 늘 느끼고 있다. 따라서 영화 속 공간은 근본적으로 이러한 분위기의 힘을 느끼도록 해 주는 감정 공간이라 할 수 있다.

① (가) – (라) – (나) – (마) – (다)
② (나) – (가) – (라) – (마) – (다)
③ (나) – (다) – (가) – (라) – (마)
④ (라) – (다) – (마) – (나) – (가)

04 다음 제시된 문장에 이어질 문단을 논리적 순서대로 바르게 나열한 것은?

> 청화백자란 초벌구이한 백자에 코발트 안료를 사용하여 장식한 후 백자 유약을 시유(施釉)하여 구운 그릇을 말한다.

(가) 원대(元代)에 제작된 청화백자는 잘 정제되고 투명한 색상을 보이며, 이슬람의 문양과 기형을 중국의 기술과 전통적인 도자(陶瓷) 양식에 결합시킨 전 세계인의 애호품이자 세계적인 무역품이었다. 이러한 청화백자는 이전까지 유행하던 백자 바탕에 청자 유약을 입혀 청백색을 낸 청백자를 밀어내고 중국 최고의 백자로 자리매김하였다.

(나) 조선시대 청화백자의 특징은 문양의 주제와 구도, 필치(筆致) 등에서 찾을 수 있다. 조선시대 청화백자는 19세기 이전까지 대부분 조선 최고의 도화서 화원들이 그림을 담당한 탓에 중국이나 일본과 비교할 때 높은 회화성을 유지할 수 있었다. 또한 여백을 중시한 구도와 농담(濃淡) 표현이 자연스러운 놀라운 필치, 그리고 여러 상징 의미를 재현한 문양 주제들도 볼 수 있었다. 청화백자에 사용된 여러 문양들은 단지 장식적인 효과를 고려하여 삽입된 것도 있지만, 대부분은 그 상징 의미를 고려한 경우가 많았다.

(다) 청화백자가 우리나라에서 제작된 것은 조선시대부터였다. 전 세계적인 도자 상품인 청화백자에 대한 정보와 실제 작품이 유입되자, 청화백자에 대한 소유와 제작의 열망이 점차 커지게 되었고, 이후 제작에도 성공하게 되었다. 청화백자의 유입 시기는 세종과 세조 연간에 집중되었으며, 본격적으로 코발트 안료를 찾기 위한 탐색을 시작했고, 그 이후 수입된 청화 안료로 도자 장인과 화원들의 손으로 결국 조선에서도 청화백자 제작이 이루어지게 되었다.

(라) 청화백자의 기원은 멀리 9세기 중동의 이란 지역에서 비롯되는데, 이때는 자기(瓷器)가 아닌 굽는 온도가 낮은 하얀 도기(陶器) 위에 코발트를 사용하여 채색을 시도하였다. 이러한 시도가 백자 위에 결실을 맺은 것은 14세기 원대에 들어서의 일이다. 이전 당·송대에도 여러 차례 시도는 있었지만 오늘날과 같은 1,250℃ 이상 높은 온도의 백자가 아닌 1,000℃ 이하의 낮은 온도의 채색 도기여서 일반적으로 이야기하는 청화백자로 보기에는 부족함이 많았다.

① (다) – (나) – (라) – (가)
② (다) – (라) – (가) – (나)
③ (라) – (가) – (다) – (나)
④ (라) – (다) – (가) – (나)

※ 다음 문단을 논리적 순서대로 바르게 나열한 것을 고르시오. [5~6]

05

(가) 인간의 도덕적 자각과 사회적 실천을 강조한 개인 윤리로 '충서(忠恕)'가 있다. 충서란 공자의 모든 사상을 꿰뚫고 있는 도리로, 인간 개인의 자아 확립과 이를 통한 만물일체의 실현을 위한 것이다.

(나) 또한 '서(恕)'란 '여심(如心)'이다. '내 마음과 같이 한다.'는 말이다. '공자는 내가 하고자 하지 않는 것을 남에게 베풀지 말라. 내가 서고자 하면 남도 서게 하고 내가 이루고자 하면 남도 이루게 하라.'라고 하였다.

(다) 이때, '충(忠)'이란 '중심(中心)'이다. 주희는 충을 '자기의 마음을 다하는 것'이라고 설명하였다. 이것은 자신의 내면에 대한 충실을 의미한다. 이는 자아의 확립이며 본성에 대한 깨달음이다.

(라) 즉, 역지사지(易地思之)의 마음을 지닌 상태가 '서'의 상태이며 인간의 자연스러운 마음이라는 것이다.

① (가) – (다) – (나) – (라)
② (가) – (라) – (나) – (다)
③ (가) – (라) – (다) – (나)
④ (다) – (가) – (나) – (라)

06

(가) 그런데 자연의 일양성(一樣性)은 선험적으로 알 수 있는 것이 아니라 경험에 기대어야 알 수 있는 것이다. 즉, '귀납이 정당한 추론이다.'라는 주장은 '자연은 일양적이다.'라는 다른 지식을 전제로 하는데, 그 지식은 다시 귀납에 의해 정당화되어야 하는 경험 지식이므로 귀납의 정당화는 순환 논리에 빠져 버린다는 것이다. 이것이 귀납의 정당화 문제이다.

(나) 귀납은 논리학에서 연역이 아닌 모든 추론, 즉 전제가 결론을 개연적으로 뒷받침하는 모든 추론을 가리킨다. 귀납은 기존의 정보나 관찰 증거 등을 근거로 새로운 사실을 추가하는 지식 확장적 특성을 지닌다.

(다) 이와 관련하여 흄은 과거의 경험을 근거로 미래를 예측하는 귀납이 정당한 추론이 되려면 미래의 세계가 과거에 우리가 경험해 온 세계와 동일하다는 자연의 일양성, 곧 한결같음이 가정되어야 한다고 보았다.

(라) 이 특성으로 인해 귀납은 근대 과학 발전의 방법적 토대가 되었지만, 한편으로 귀납 자체의 논리 한계를 지적하는 문제들에 부딪히기도 한다.

① (가) – (나) – (다) – (라)
② (나) – (가) – (다) – (라)
③ (나) – (다) – (가) – (라)
④ (나) – (라) – (다) – (가)

03 내용 추론

| 유형분석 |

- 주어진 지문을 바탕으로 도출할 수 있는 내용을 찾는 문제이다.
- 선택지의 내용을 정확하게 확인하고 지문의 정보와 비교하여 추론하는 능력이 필요하다.

다음 글을 읽고 추론한 내용으로 적절하지 않은 것은?

비체계적 위험이란 종업원의 파업, 경영 실패, 판매의 부진 등 개별 기업의 특수한 상황과 관련이 있는 것으로 '기업 고유 위험'이라고도 한다. 기업의 특수 사정으로 인한 위험은 예측하기 어려운 상황에서 돌발적으로 일어날 수 있는 것들로, 여러 주식에 분산 투자함으로써 제거할 수 있다. 즉, 어느 회사의 판매 부진에 의한 투자 위험은 다른 회사의 판매 신장으로 인한 투자 수익으로 상쇄할 수가 있으므로, 서로 상관관계가 없는 종목이나 분야에 나누어 투자해야 한다. 따라서 여러 종목의 주식으로 이루어진 포트폴리오(개개의 금융 기관이나 개인이 보유하는 각종 금융 자산의 집합)를 구성하는 경우, 그 종목 수가 증가함에 따라 비체계적 위험은 점차 감소하게 된다. 반면에 체계적 위험은 시장의 전반적인 상황과 관련한 것으로, 예를 들면 경기 변동, 인플레이션, 이자율의 변화, 정치・사회적 환경 등 여러 기업들에게 공통적으로 영향을 주는 요인들에서 기인한다. 체계적 위험은 주식 시장 전반에 관한 위험이기 때문에 비체계적 위험에 대응하는 분산 투자의 방법으로도 감소시킬 수 없으므로 '분산 불능 위험'이라고도 한다.

① 비체계적 위험은 분산 투자를 통해 제거 가능하다.
② 기업들은 공통적으로 체계적 위험의 영향을 받는다.
③ 포트폴리오를 구성하는 종목 수가 많아질수록 비체계적 위험은 감소한다.
④ 체계적 위험을 줄이기 위해서는 상관관계가 없는 종목에 나누어 투자해야 한다.

정답 ④
분산 투자 방식으로는 체계적 위험을 제거할 수 없다.

오답분석
① 기업의 특수 사정으로 인한 위험은 예측이 곤란한 상황에서 돌발적으로 발생할 수 있으며, 이러한 위험을 비체계적 위험이라 하는데, 여러 주식에 분산 투자함으로써 비체계적 위험을 제거할 수 있다.
② 체계적 위험은 시장의 전반적인 상황과 관련한 것으로, 예를 들면 경기 변동, 인플레이션, 이자율의 변화, 정치・사회적 환경 등 여러 기업들에게 공통적으로 영향을 주는 요인들에서 기인한다.
③ 포트폴리오의 종목 수가 증가함에 따라 비체계적 위험은 점차 감소하게 된다.

풀이 전략!
주어진 지문이 어떠한 내용을 다루고 있는지 파악한 후 선택지의 키워드를 확실하게 체크하고, 지문의 정보에서 도출할 수 있는 내용을 찾는다.

※ 다음 글을 토대로 〈보기〉를 바르게 판단한 것을 고르시오. [1~2]

01

1930년대 대공황 상황에서 케인스(John M. Keynes)는 당시 영국과 미국에 만연한 실업의 원인을 총수요의 부족이라고 보았다. 그는 총수요가 증가하면 기업의 생산과 고용이 촉진되고 가계의 소득이 늘어 경기를 부양할 수 있다고 주장했다. 따라서 정부의 재정 정책을 통해 총수요를 증가시킬 필요성을 제기하였다.

케인스는 총수요를 늘리기 위해서 총수요 중 많은 부분을 차지하는 가계의 소비에 주목하였고, 소비는 소득과 밀접한 관련이 있다고 생각했다. 케인스는 절대소득 가설을 내세워, 소비를 결정하는 요인들 중에서 가장 중요한 것은 현재의 소득이라고 하였다. 그리고 소득이 없더라도 생존을 위해 꼭 필요한 소비인 기초 소비가 존재하며, 소득이 증가함에 따라 일정 비율로 소비도 증가한다고 주장했다. 이러한 절대소득 가설은 1950년대까지 대표적인 소비결정 이론으로 사용되었다.

그러나 쿠즈네츠(Simon S. Kuznets)는 절대소득 가설로는 설명하기 어려운 소비 행위가 이루어지고 있음에 주목하였다. 쿠즈네츠는, 미국에서 장기간에 걸쳐 일어난 각 가계의 실제 소비 행위를 분석한 결과 저소득층의 소득 중 소비가 차지하는 비율이 고소득층보다 높다는 것을 발견하였다. 이러한 실증 분석 결과는 절대소득 가설로는 명확히 설명하기 어려운 것이었다.

이러한 현상을 설명하기 위해 프리드먼(Milton Friedman)은 소비는 장기적인 기대소득으로서의 항상소득에 의존한다는 항상소득 가설을 내세웠다. 프리드먼은 실제로 측정되는 소득을 실제소득이라 하고, 실제소득은 항상소득과 임시소득으로 구성된다고 보았다. 항상소득이란 평생 동안 벌어들일 것으로 기대되는 소득의 매기 평균 또는 장기적 평균 소득이다. 임시소득은 장기적으로 예견되지 않은 일시적인 소득으로서 양(+)일 수도, 음(−)일 수도 있다. 프리드먼은 소비가 임시소득과는 아무런 상관관계가 없고 오직 항상소득에만 의존한다고 보았으며, 임시소득의 대부분은 저축된다고 설명했다. 사람들은 월급과 같이 자신이 평균적으로 벌어들이는 돈을 고려하여 소비를 하지, 예상치 못한 복권 당첨이나 주가 하락에 의한 손실을 고려하여 소비하지는 않는다는 것이다.

항상소득 가설을 바탕으로 프리드먼은 쿠즈네츠가 발견한 현상을, 단기적인 소득의 증가는 임시소득이 증가한 것에 해당하므로 소비가 늘어나지 않은 것이라고 설명했다. 항상소득 가설에 따른다면 소비를 늘리려면 단기적인 재정 정책보다는 장기적인 재정 정책을 펴는 것이 바람직하다. 가령 정부가 일시적으로 세금을 줄여 가계의 소득을 증가시키고 그에 따른 소비 진작을 기대한다 해도 가계는 일시적인 소득의 증가를 항상소득의 증가로 받아들이지 않아 소비를 늘리지 않기 때문이다.

> **보기**
>
> 전국적으로 유행 중인 전염병 때문에 위축된 경제 상황을 극복하기 위해, 정부는 소득 하위 80% 국민에게 1인당 25만 원의 재난지원금을 지급하기로 하였다.

① 케인스에 따르면 재난지원금은 일시적 소득으로 대부분 저축될 것이다.

② 케인스에 따르면 재난지원금과 같은 단기적 재정 정책보다는 장기적인 재정 정책을 펴야 한다고 주장할 것이다.

③ 프리드먼에 따르면 재난지원금은 항상소득이 아니기 때문에 소비에 영향을 주지 않을 것이다.

④ 프리드먼에 따르면 재난지원금을 받은 국민들은 늘어난 소득만큼 소비를 늘릴 것이다.

콘텐츠는 미디어를 필요로 한다. 미디어는 기술의 발현물이다. 텔레비전이라는 미디어는 기술의 산물이지만 여기에는 프로그램 영상물이라는 콘텐츠를 담고 있으며, 책이라는 기술 미디어에는 지식 콘텐츠를 담고 있다. 결국 미디어와 콘텐츠는 분리될 수 없는 결합물이다.

시대가 시대이니만큼 콘텐츠의 중요함은 새삼 강조할 필요가 없어 보인다. 그러나 콘텐츠만 강조하는 것은 의미가 없다. 콘텐츠는 본질적으로 내용일 터인데, 그 내용은 결국 미디어라는 형식이나 도구를 빌려 표현될 수밖에 없기 때문이다. 그러므로 아무리 우수한 콘텐츠를 가지고 있더라도 미디어의 발전이 없다면 콘텐츠는 표현의 한계를 가질 수밖에 없다.

문화도 마찬가지이다. 문화의 내용이나 콘텐츠는 중요하다. 하지만 일반적으로 사람들은 문화를 향유할 때, 콘텐츠를 선택하기에 앞서 미디어를 먼저 결정한다. 전쟁물, 공포물을 감상할까 아니면 멜로나 판타지를 감상할까를 먼저 결정하는 것이 아니라, 영화를 볼까 연극을 볼까 아니면 TV를 볼까 하는 선택이 먼저라는 것이다. 그런 다음, 영화를 볼 거면 어떤 영화를 볼까를 결정한다. 어떤 내용이냐도 중요하지만 어떤 형식이냐가 먼저이다.

미디어는 단순한 기술이나 도구가 아니다. 미디어는 콘텐츠를 표현하고 실현하는 최종적인 창구이다. 시대적으로 콘텐츠의 중요성이 강조되고 있지만, 이에 못지않게 미디어의 중요성이 부각되어야 할 것이다. 콘텐츠가 아무리 좋아도 이를 문화 예술적으로 완성시켜 줄 미디어 기술이 없으면 콘텐츠는 대중적인 반향을 불러일으킬 수 없고 부가가치를 창출할 수도 없기 때문이다.

> **보기**
>
> '○○○ 휘날리며'라는 대중적인 흥행물은 영화라는 미디어를 통해 메시지를 전달하고 있다. '○○○ 휘날리며'는 책으로 읽을 수도 있고, 연극으로 감상할 수도 있다. 하지만 흥행에 성공한 것은 영화였다.

① 문화적 콘텐츠가 훌륭하다면 이를 표현하는 형식은 중요하지 않다.
② 콘텐츠의 차이가 미디어를 수용하는 대중의 태도 차이로 나타난다.
③ 미래의 문화 산업에서는 미디어의 발전보다 콘텐츠의 개발이 더 중요하다.
④ 동일한 콘텐츠더라도 어떤 미디어를 선택하느냐에 따라 대중의 선호가 달라질 수 있다.

03 다음 글을 읽고 추론한 내용으로 옳은 것을 〈보기〉에서 모두 고르면?

민주주의 사회에서 정치적 의사 결정은 투표에 의해서 이루어진다. 이 경우 구성원들은 자신의 경제력에 관계없이 똑같은 정도의 결정권을 가지고 참여한다. 즉, 의사 결정 과정에서의 민주적 절차와 형평성을 중시하는 것이다. 그러나 시장적 의사 결정에서는 자신의 경제력에 비례하여 차별적인 결정권을 가지고 참여하며, 철저하게 수요 – 공급의 원칙에 따라 의사 결정이 이루어진다. 경제적인 효율성이 중시되는 것이다.

정치적 의사 결정은 다수결과 강제성을 전제로 하지만, 시장적 의사 결정은 완전 합의와 자발성을 근간으로 한다. 투표를 통한 결정이든 선거에 의해 선출된 사람들의 합의에 의한 결정이든 민주주의 제도하에서 의사 결정은 다수결로 이루어지며, 이 과정에서 반대를 한 소수도 결정이 이루어진 뒤에는 그 결정에 따라야 한다. 그러나 시장적 의사 결정에서는 시장 기구가 제대로 작동하는 한, 거래를 원하는 사람만이 자발적으로 의사 결정에 참여하며 항상 모든 당사자의 완전 합의에 의해서만 거래가 이루어진다.

물론 민주주의와 시장경제가 전적으로 상치(相値)되는 것은 아니다. 이 둘은 공통적으로 개인의 자유, 책임, 경쟁, 참여, 법치 등의 가치를 존중하는 자유주의 사상에 바탕을 두고 있기 때문에 병행하여 발전하는 속성도 지니고 있다. 민주주의는 정치권력의 남용을 차단하고 자유로운 분위기를 조성함으로써 시장경제의 성장과 발전에 기여한다. 또한 시장경제는 각자의 능력과 노력에 따라 정당한 보상을 받게 함으로써 민주주의의 발전에 필요한 물적 기반을 제공하며 정치적 안정에도 기여한다.

> **보기**
>
> ㉠ 정치적 의사 결정에서는 구성원의 경제력과 결정권이 반비례한다.
> ㉡ 시장적 의사 결정에서는 당사자 간에 완전한 합의가 없다면 거래도 이루어질 수 없다.
> ㉢ 정치적 의사 결정 과정에서는 소수의 의견이 무시될 수 있다는 문제점이 있다.

① ㉠

② ㉡

③ ㉠, ㉢

④ ㉡, ㉢

04 다음 글에서 도킨스의 논리에 대한 필자의 문제 제기로 가장 적절한 것은?

도킨스는 인간의 모든 행동이 유전자의 자기 보존 본능에 따라 일어난다고 주장했다. 사실 도킨스는 플라톤에서부터 쇼펜하우어에 이르기까지 통용되던 철학적 생각을 유전자라는 과학적 발견을 이용하여 반복하고 있을 뿐이다. 이에 따르면 인간 개체는 유전자라는 진정한 주체의 매체에 지나지 않게 된다. 그런데 이러한 도킨스의 논리에 근거하면 우리 인간은 이제 자신의 몸과 관련된 모든 행동에 대해 면죄부를 받게 된다. 모든 것이 이미 유전자가 가진 이기적 욕망으로부터 나왔다고 볼 수 있기 때문이다. 그래서 도킨스의 생각에는 살아가고 있는 구체적 생명체를 경시하게 되는 논리가 잠재되어 있다.

① 고대의 철학은 현대의 과학과 양립할 수 있는가?

② 유전자의 자기 보존 본능이 초래하게 되는 결과는 무엇인가?

③ 인간을 포함한 생명체는 진정한 주체가 아니란 말인가?

④ 생명 경시 풍조의 근원이 되는 사상은 무엇인가?

05 다음 글의 주장을 반박하는 내용으로 적절하지 않은 것은?

> 윤리와 관련하여 가장 광범위하게 받아들여진 사실 가운데 하나는 옳은 것과 그른 것에 대한 광범위한 불일치가 과거부터 현재까지 항상 있었고, 아마도 앞으로도 계속 있을 것이라는 점이다. 가령 육식이 올바른지를 두고 한 문화에 속해 있는 사람들의 판단은 다른 문화에 속해 있는 사람들의 판단과 굉장히 다르다. 그뿐만 아니라 한 문화에 속한 사람들의 판단은 시대마다 아주 다르기도 하다. 심지어 우리는 동일한 문화와 시대 안에서도 하나의 행위에 대해 서로 다른 윤리적 판단을 하는 경우를 볼 수 있다.
> 이러한 사실이 의미하는 바는 사람들의 윤리적 기준이 시간과 장소 그리고 그들이 사는 상황에 따라 달라진다는 것이다. 그러므로 올바른 윤리적 기준은 그것을 적용하는 사람에 따라 상대적이다. 이것이 바로 윤리적 상대주의의 핵심 논지이다. 따라서 우리는 윤리적 상대주의가 참이라는 결론을 내려야 한다.

① 사람들의 윤리적 판단은 그들이 사는 지역에 따라 크게 다르지 않다.

② 윤리적 상대주의가 옳다고 해서 사람들의 윤리적 판단이 항상 서로 다른 것은 아니다.

③ 윤리적 판단이 다르다고 해서 윤리적 기준도 반드시 달라지는 것은 아니다.

④ 인류학자들에 따르면 문화에 따른 판단의 차이에도 불구하고 일부 윤리적 기준은 보편적으로 신봉되고 있다.

06 다음 글에 대한 반박으로 가장 적절한 것은?

> 한국 사회의 행복 수준은 단순히 풍요의 역설로 설명할 수 없다. 행복에 대한 심리학적 연구에 따르면 타인과 비교하는 성향이 강한 사람일수록 행복감이 낮아지게 된다. 비교 성향이 강한 사람은 사회적 관계에서 자신보다 우월한 사람들을 준거집단으로 삼아 비교하기 쉽고, 이로 인해 상대적 박탈감이 커질 수 있기 때문이다. 한국과 같은 경쟁 사회에서는 진학이나 구직 등에서 과열 경쟁이 벌어지고, 등수에 의해 승자와 패자가 구분된다. 이 과정에서 비교 우위를 차지하지 못한 사람들은 좌절을 경험하기 쉬운데, 비교 성향이 강할수록 좌절감은 더 크다. 따라서 한국 사회의 행복감이 낮은 이유는 한국 사람들이 다른 사람들과 비교하는 성향이 매우 높은 데서 찾을 수 있다.

① 한국 사회는 1인당 소득 수준이 비슷한 다른 나라와 비교했을 때 행복감의 수준이 상당히 낮다.

② 준거집단을 자기보다 우월한 사람들로 삼지 않는 나라라고 하더라도 행복감이 높지 않은 나라가 있다.

③ 자신보다 우월한 사람들을 준거집단으로 삼는 경향이 한국보다 강해도 행복감은 더 높은 나라가 있다.

④ 한국보다 소득 수준이 높고 대학 입학을 위한 입시 경쟁이 매우 치열한 나라도 있다.

07 다음 글을 읽고 밑줄 친 ㉠과 같은 현상이 나타나게 된 이유를 추론한 내용으로 적절하지 않은 것은?

> 고려와 조선은 국가적으로 금속화폐의 통용을 추진한 적이 있다. 화폐 주조권을 장악하여 세금을 효과적으로 징수하고 효율적으로 저장하려는 것이 그 목적이었다. 그러나 물품화폐에 익숙한 농민들은 금속화폐를 불편하게 여겼으며 금속화폐의 유통 범위는 한정되고 끝내는 삼베를 비롯한 물품화폐에 압도당하고 말았다. ㉠ 조선 태종 때와 세종 때에도 동전의 유통을 시도하였지만 실패하였다. 조선 전기 은화(銀貨)는 서울을 중심으로 유통되었고, 주로 왕실과 관청, 지배층과 상인, 역관(譯官) 등이 이용한 '돈'이었다. 그러나 은화(銀貨)는 고액 화폐였다. 그 때문에 서민의 경제생활에서는 여전히 무명 옷감이 화폐의 기능을 담당하였다.
> 그러한 가운데서도 농업생산력의 발전과 인구의 증가, 17세기 이후 지방 시장의 성장은 금속화폐 통용을 위한 여건이 마련되었음을 뜻하였다. 17세기 전반 이미 개성에서는 모든 거래가 동전으로 이루어지고 있었다. 이러한 여건 아래에서 1678년(숙종 4년)부터 강력한 통용책이 추진되면서 금속화폐가 널리 보급될 수 있었다. 동전인 상평통보 1개는 1푼(分)이었다. 10푼이 1전(錢), 10전이 1냥(兩), 10냥이 1관(貫)이다. 대원군이 집권할 때 주조된 당백전(當百錢)과 1883년 주조된 당오전(當五錢)은 1개가 각각 100푼과 5푼의 가치를 가지는 동전이었다. 동전 주조가 늘면서 그 유통 범위가 경기, 충청 지방으로부터 점차 확산되었고, 18세기 초에는 전국에 미칠 정도였다. 동전을 시전(市廛)에 무이자로 대출하고, 관리의 녹봉을 동전으로 지급하고, 일부 세금을 동전으로 거두어들이는 등의 국가 정책도 동전의 통용을 촉진하였다. 화폐경제의 성장은 상업적 동기를 촉진시키고 경제생활, 나아가 사회생활에 변화를 주었다.
> 이러한 가운데 일부 위정자들은 화폐경제로 인한 부작용을 우려했는데, 특히 농촌 고리대금업(高利貸金業)의 성행을 가장 심각한 문제로 생각했다. 그래서 동전의 폐지를 주장하는 이도 있었다. 1724년 등극한 영조는 이 주장을 받아들여 동전 주조를 정지하였다. 그런데 당시에 동전은 이미 일상생활로 퍼졌기 때문에 동전의 수요에 비해 공급이 부족한 현상이 일어나 동전 주조의 정지는 화폐 유통 질서와 상품경제에 타격을 가하였다. 돈이 매우 귀하여 농민과 상인의 교역에 불편을 가져다준 것이다. 또한 소수의 부유한 상인이 동전을 집중적으로 소유하여 고리대금업 활동을 강화함에 따라 오히려 농민 몰락이 조장되었다. 결국 영조 7년 이후 동전은 다시 주조되기 시작했다.

① 화폐가 통용될 시장이 발달하지 않았다.
② 화폐가 주로 일부 계층 위주로 통용되었다.
③ 백성들이 화폐보다 물품화폐를 선호하였다.
④ 국가가 화폐 수요량에 맞추어 원활하게 공급하지 못했다.

04 글의 주제·제목

| 유형분석 |

- 주어진 지문을 파악하여 전달하고자 하는 핵심 주제를 고르는 문제이다.
- 정보를 종합하고 중요한 내용을 구별하는 능력이 필요하다.
- 설명문부터 주장, 반박문까지 다양한 성격의 지문이 제시되므로 글의 성격별 특징을 알아두는 것이 좋다.

다음 글의 제목으로 가장 적절한 것은?

> 감시용으로만 사용되는 CCTV가 최근에 개발된 신기술과 융합되면서 그 용도가 점차 확대되고 있다. 대표적인 것이 인공지능(AI)과의 융합이다. CCTV가 지능을 가지게 되면 단순 행동 감지에서 벗어나 객체를 추적해 행위를 판단할 수 있게 된다. 단순히 사람의 눈을 대신하던 CCTV가 사람의 두뇌를 대신하는 형태로 진화하고 있는 셈이다.
>
> 인공지능을 장착한 CCTV는 범죄 현장에서 이상 행동을 하는 사람을 선별하고, 범인을 추적하거나 도주 방향을 예측해 통합관제센터로 통보할 수 있다. 또한 수상한 사람의 행동 패턴에 따라 지속적인 추적이나 감시를 수행하고, 차량번호 및 사람 얼굴 등을 인식해 관련 정보를 분석해 제공할 수 있다.
>
> 한국전자통신연구원(ETRI)에서는 CCTV 등의 영상 데이터를 활용해 특정 인물이 어떤 행동을 할지를 사전에 예측하는 영상 분석 기술을 연구 중인 것으로 알려져 있다. 인공지능 CCTV는 범인 추적뿐만 아니라 자연재해를 예측하는 데 사용할 수도 있다. 장마철이나 국지성 집중호우 때 홍수로 범람하는 하천의 수위를 감지하는 것은 물론 산이나 도로 등의 붕괴 예측 등 다양한 분야에 적용될 수 있기 때문이다.

① AI와 융합한 CCTV의 진화
② 범죄를 예측하는 CCTV
③ CCTV와 AI의 현재와 미래
④ 인공지능과 사람의 공존

정답 ①

제시문은 CCTV가 인공지능(AI)과 융합되면 기대할 수 있는 효과들(범인 추적, 자연재해 예측)에 대해 말하고 있다. 따라서 'AI와 융합한 CCTV의 진화'가 제목으로 가장 적절하다.

풀이 전략!

'결국, 즉, 그런데, 그러나, 그러므로' 등의 접속어 뒤에 주제가 드러나는 경우가 많다는 것에 주의하면서 지문을 읽는다.

01　다음 글의 제목으로 가장 적절한 것은?

> 20세기 한국 사회는 내부 노동시장에 의존한 '평생직장' 개념을 갖고 있었으나, 1997년 외환 위기 이후 인력 관리의 유연성이 향상되면서 그것은 사라지기 시작하였다. 기업은 필요한 우수 인력을 외부 노동시장에서 적기에 채용하고, 저숙련 인력은 주변화하여 비정규직을 계속 늘려간다는 전략을 구사하고 있다. 이러한 기업의 인력 관리 방식에 따라서 실업률은 계속 하락하는 동시에 주당 18시간 미만으로 일하는 불완전 취업자가 많이 증가하고 있다.
>
> 이러한 현상은 우리나라의 경제가 지식 기반 산업 위주로 점차 바뀌고 있음을 말해 준다. 지식 기반 산업이 주도하는 경제 체제에서는 고급 지식을 갖거나 숙련된 노동자는 더욱 높은 임금을 받게 된다. 다시 말해, 지식 기반 경제로의 이행은 지식 격차에 의한 소득 불평등의 심화를 의미한다. 우수한 기술과 능력을 갖춘 핵심 인력은 능력 개발 기회를 얻게 되어 '고급 기술 → 높은 임금 → 양질의 능력 개발 기회'의 선순환 구조를 갖지만, 비정규직·장기 실업자 등 주변 인력은 악순환을 겪을 수밖에 없다. 이러한 '양극화' 현상을 국가가 적절히 통제하지 못할 경우, 사회 계급 간의 간극은 더욱 확대될 것이다. 결국 고도 기술 사회가 온다고 해도 자본주의 사회 체제가 지속되는 한, 사회 불평등 현상은 여전히 계급 간 균열선을 따라 존재하게 될 것이다. 국가가 포괄적 범위에서 강력하게 사회 정책적 개입을 추진하면 계급 간 차이를 현재보다는 축소시킬 수 있겠지만 아주 없어지는 못할 것이다.
>
> 사회 불평등 현상은 나라들 사이에서도 발견된다. 각국 간 발전 격차가 지속적으로 확대되면서 전 지구적 생산의 재배치는 이미 20세기 중엽부터 진행됐다. 정보통신 기술은 지구의 자전 주기와 공간적 거리를 '장애물'에서 '이점'으로 변모시켰다. 그 결과, 전 지구적 노동시장이 탄생하였다. 기업을 비롯한 각 사회 조직은 국경을 넘어 인력을 충원하고, 재화와 용역을 구매하고 있다. 개인들도 인터넷을 통해 이러한 흐름에 동참하고 있다. 생산 기능은 저개발국으로 이전되고, 연구·개발·마케팅 기능은 선진국으로 모여드는 경향이 지속·강화되어, 국가 간 정보 격차가 확대되고 있다. 유비쿼터스 컴퓨팅 기술에 의거하여 전 지구 사회를 잇는 지역 간 분업은 앞으로 더욱 활발해질 것이다. 국가 간의 경제적 불평등 현상은 국제 자본 이동과 국제 노동 이동으로 표출되고 있다. 노동 집약적 부문의 국내 기업이 해외로 생산 기지를 옮기는 현상에서 나아가, 초국적 기업화 현상이 본격적으로 대두되고 있다. 전 지구에 걸친 외부 용역 대치가 이루어지고, 콜센터를 외국으로 옮기는 현상도 보편화될 것이다.

① 국가 간 노동 인력의 이동이 가져오는 폐해
② 사회 계급 간 불평등 심화 현상의 해소 방안
③ 지식 기반 산업 사회에서의 노동시장의 변화
④ 저개발국에서 나타나는 사회 불평등 현상

02 다음 (가) ~ (라) 문단의 주제로 적절하지 않은 것은?

> (가) 우리는 최근 '사회가 많이 깨끗해졌다.'라는 말을 많이 듣는다. 실제 우리의 일상생활은 정말 많이 깨끗해졌다. 과거에 비하면 일상생활에서 뇌물이 오가는 경우가 거의 없어진 것이다. 그런데 왜 부패인식지수가 나아지기는커녕 도리어 나빠지고 있을까? 일상생활과 부패인식지수가 전혀 다른 모습을 보이는 이유는 어디에 있을까?
>
> (나) 부패인식지수가 산출되는 과정에서 그 물음의 답을 찾을 수 있다. 부패인식지수는 국제투명성기구에서 매년 조사하여 발표하고 있는 세계적으로 가장 권위 있는 부패 지표로, 지수는 국제적인 조사 및 평가를 실시하고 있는 여러 기관의 조사 결과를 바탕으로 산출된다. 각 기관의 조사 항목과 조사 대상은 서로 다르지만, 주요 항목은 공무원의 직권 남용 억제 기능, 공무원의 공적 권력의 사적 이용, 공공서비스와 관련한 뇌물 등으로 공무원의 뇌물과 부패에 초점이 맞추어져 있다.
>
> (다) 부패인식지수를 이해하는 데에 주목하여야 할 또 하나의 중요한 점은 부패인식지수 계산에 사용된 각 지수의 조사 대상이다. 조사에 따라 약간의 차이가 있기는 하지만, 조사는 주로 해당 국가나 해당 국가와 거래하고 있는 고위 기업인과 전문가들을 대상으로 이루어진다. 일반 시민이 아닌 기업 활동에서 공직자들과 깊숙한 관계를 맺고 있어 공직자들의 행태를 누구보다 잘 알고 있을 것으로 추정되는 사람들의 의견을 대상으로 하는 것이다. 결국 부패인식지수는 고위 기업 경영인과 전문가들의 공직 사회의 뇌물과 부패에 대한 평가라 할 수 있다.
>
> (라) 그렇다면 부패인식지수를 없애는 방법은 무엇일까? 그간 정부는 공무원행동강령, 청탁금지법, 부패방지기구 설치 등 많은 제도적인 노력을 기울여왔다. 이러한 정부의 노력에도 불구하고 정부 반부패정책은 대부분 효과가 없는 것으로 보인다. 정부 노력에 대한 일반 시민들의 시선도 차갑기만 하다. 결국 법과 제도적 장치는 우리 사회에 만연한 연줄 문화 앞에서 힘을 쓰지 못하고 있는 것으로 해석할 수 있다.

① (가) : 일상생활에서 부패에 대한 인식과 부패인식지수의 상반되는 경향에 대한 의문
② (나) : 공공 분야에 맞추어진 부패인식지수의 산출 과정
③ (다) : 특정 계층으로 집중된 부패인식지수의 조사 대상
④ (라) : 부패인식지수의 효과적인 개선 방안

03 다음 글의 요지로 가장 적절한 것은?

대부분의 동물에게 후각은 생존에 필수적인 본능으로 진화되었다. 수컷 나비는 몇 킬로미터 떨어진 곳에 있는 암컷 나비의 냄새를 맡을 수 있고, 돼지는 15cm 깊이의 땅 속에 숨어 있는 송로버섯의 냄새를 맡을 수 있다. 그중에서도 가장 예민한 후각을 가진 동물은 개나 다람쥐처럼 냄새 분자가 가라앉은 땅에 코를 바짝 댄 채 기어 다니는 짐승이다. 이 때문에 지구상의 거의 모든 포유류의 공통점은 '후각'의 발달이라고 할 수 있다.

여기서 주목할 만한 점은 만물의 영장이라 하는 인간이 후각 기능만큼은 대부분의 포유류보다 한참 뒤떨어진 수준이라는 사실이다. 개는 2억 2,000만 개의 후각세포를 갖고 있고, 토끼는 1억 개를 갖고 있는 반면, 인간은 500만 개의 후각세포를 갖고 있을 뿐이며, 그마저도 실제로 기능하는 것은 평균 375개 정도라고 알려져 있다.

이처럼 인간의 진화 과정에서 유독 후각이 퇴화한 이유는 무엇일까? 새는 지면에서 멀리 떨어진 곳에 활동 영역이 있기 때문에 맡을 수 있는 냄새가 제한적이다. 자연스레 그들은 후각기관을 퇴화시키는 대신 시각기관을 발달시켰다. 인간 역시 직립보행 이후에는 냄새를 맡고 구별하는 능력보다는 시야의 확보가 생존에 더 중요해졌고, 점차 시각 정보에 의존하기 시작하면서 후각은 자연스레 퇴화한 것이다.

따라서 인간의 후각 정보를 관장하는 후각 중추는 이처럼 대폭 축소된 후각 기능을 반영이라도 하듯 아주 작다. 뇌 전체의 0.1% 정도에 지나지 않는 후각 중추는 감정을 관장하는 변연계의 일부이고, 언어 중추가 있는 대뇌 지역과는 직접적인 연결이 없다. 따라서 후각은 시각이나 청각을 통해 감지한 요소에 비해 언어로 분석해서 묘사하기가 어려우며, 감정이 논리적 사고와 같이 정밀하고 체계적이지 못한 것처럼 후각도 체계적이지 않다. 인간이 후각을 언어로 표현하는 것은 시각을 언어로 표현하는 것보다 세밀하지 못하며, 동일한 냄새에 대한 인지도 현저히 떨어진다는 사실은 이미 다양한 연구를 통해 증명되었다.

그러나 후각과 대뇌변연계의 연결고리는 여전히 제법 강력하다. 냄새는 감정과 욕망을 넌지시 암시하고 불러일으킨다. 또한 냄새는 일단 우리의 뇌 속에 각인되면 상당히 오랫동안 지속되고, 이와 관련된 기억들을 상기시킨다. 언어로 된 기억은 기록의 힘을 빌리지 않고 오래 남겨두기 어렵지만, 냄새로 이루어진 기억은 작은 단서만 있으면 언제든 다시 꺼낼 수 있다. 그뿐만 아니라 후각은 청각이나 시각과 달리, 차단할 수 없는 유일한 감각이기도 하다. 하루에 2만 번씩 숨을 쉴 때마다 후각은 계속해서 작동하고 있고, 지금도 우리에게 영향을 끼치고 있다.

① 후각은 다른 모든 감각을 지배하는 상위 기능을 담당한다.
② 인간은 선천적인 뇌 구조로 인해 후각이 발달하지 못했다.
③ 모든 동물은 정밀한 감각을 두 가지 이상 갖기 어렵다.
④ 인간은 진화하면서 필요에 따라 후각을 퇴화시켰다.

04

임신 중 고지방식 섭취가 태어날 자식의 생식기에서 종양의 발생 가능성을 높일 수 있다는 것이 밝혀졌다. 이 결과는 임신한 암쥐 261마리 중 130마리의 암쥐에게는 고지방식을, 131마리의 암쥐에게는 저지방식을 제공한 연구를 통해 얻었다. 실험 결과, 고지방식을 섭취한 암쥐에게서 태어난 새끼 가운데 54%가 생식기에 종양이 생겼지만, 저지방식을 섭취한 암쥐가 낳은 새끼 중에서 그러한 종양이 생긴 것은 21%였다.

한편, 사지 중 하나 이상의 절단 수술이 심장병으로 사망할 가능성을 증가시킬 수 있다는 것이 밝혀졌다. 이것은 제2차 세계대전 중에 부상을 당한 9,000명의 군인에 대한 진료 기록을 조사한 결과이다. 이들 중 4,000명은 사지 중 하나 이상의 절단 수술을 받은 사람이었고, 5,000명은 사지 절단 수술을 받지 않았지만 중상을 입은 사람이었다. 이들에 대한 기록을 추적 조사한 결과, 사지 중 하나 이상의 절단 수술을 받은 사람이 심장병으로 사망한 비율은 그렇지 않은 사람의 1.5배였다. 즉, 사지 중 하나 이상의 절단 수술을 받은 사람 중 600명은 심장병으로 사망하였고, 그렇지 않은 사람 중 500명이 심장병으로 사망하였다.

① 발생 부위에 따른 뇌종양 증상
② 염색체 이상 유전병의 위험을 높이는 요인
③ 절단 수술과 종양의 상관관계
④ 의외의 질병 원인과 질병 사이의 상관관계

05

'새'는 하나의 범주이다. [+동물], [+날 것]과 같이 성분 분석을 한다면 우리 머릿속에 떠오른 '새'의 의미를 충분히 설명했다고 보기 어렵다. 성분 분석 이론의 의미 자질 분석은 단순할 뿐이다. 이것이 실망스런 이유는 성분 분석 이론의 '새'에 대한 의미 기술이 고작해야 다른 범주, 즉 조류가 아닌 다른 동물 범주와 구별해 주는 정도밖에 되지 못했기 때문이다. 아리스토텔레스 이래로 하나의 범주는 경계가 뚜렷한 실재물이며, 범주의 구성원은 서로 동등한 자격을 가지고 있다고 믿어 왔다. 그리고 범주를 구성하는 단위는 자질들의 집합으로 설명될 수 있다고 생각해 왔다. 앞에서 보여 준 성분 분석 이론 역시 그런 고전적인 범주 인식에 바탕을 두고 있다. 어휘의 의미는 의미 성분, 곧 의미 자질들의 총화로 기술될 수 있다고 믿는 것이고, 하나의 범주가 필요충분조건으로 이루어져 있다는 가정에서만이 가능한 것이었다. 그러나 '새'의 범주를 떠올려 보면 범주의 구성원들끼리 결코 동등한 자격을 가지고 있지 않다. 가장 원형적인 구성원이 있는가 하면 덜 원형적인 것, 주변적인 것도 있는 것이다. 이렇게 고전 범주화 이론과 차별되는 범주에 대한 새로운 인식은 인지 언어학에서 하나의 혁명으로 간주되었다.

① 고전 범주화 이론의 한계
② '새'가 갖는 성분 분석의 이론적 의미
③ '새'의 성분 분석 결과
④ 성분 분석 이론의 바탕

06 다음 글의 제목으로 적절하지 않은 것은?

대·중소기업 간 동반성장을 위한 '상생'이 산업계의 화두로 조명받고 있다. 4차 산업혁명 시대 도래 등 글로벌 시장에서의 경쟁이 날로 치열해지는 상황에서 대기업과 중소기업이 힘을 합쳐야 살아남을 수 있다는 위기감이 상생의 중요성을 부각하고 있다고 분석된다. 재계 관계자는 "그동안 반도체, 자동차 등 제조업에서 세계적인 경쟁력을 갖출 수 있었던 배경에는 대기업과 협력업체 간 상생의 역할이 컸다."라며 "고속 성장기를 지나 지속 가능한 구조로 한 단계 더 도약하기 위해 상생경영이 중요하다."라고 강조했다.

우리 기업들은 협력사의 경쟁력 향상이 곧 기업의 성장으로 이어질 것으로 보고 2·3차 중소 협력업체들과의 상생경영에 힘쓰고 있다. 단순히 갑을 관계에서 대기업을 서포트해야 하는 존재가 아니라 상호 발전을 위한 동반자라는 인식이 자리 잡고 있다는 분석이다. 이에 따라 협력사들에 대한 지원도 거래대금 현금 지급 등 1차원적인 지원 방식에서 벗어나 경영 노하우 전수, 기술 이전 등을 통한 '상생 생태계' 구축에 도움을 주는 방향으로 초점이 맞춰지는 추세다.

특히 최근에는 상생 협력이 대기업이 중소기업에 주는 일시적인 시혜 차원의 문제가 아니라 경쟁에서 살아남기 위한 생존 문제와 직결된다는 인식이 강하다. 협약을 통해 협력업체를 지원해준 대기업이 업체의 기술력 향상으로 더 큰 이득으로 보상받고, 이를 통해 우리 산업의 경쟁력이 강화될 것이란 설명이다.

경제 전문가는 "대·중소기업 간의 상생 협력이 강제 수단이 아니라 문화적으로 자리 잡아야 할 시기"라며 "대기업, 특히 오너 중심의 대기업들도 단기적인 수익이 아닌 장기적인 시각에서 질적 평가를 통해 협력업체의 경쟁력을 키울 방안을 고민해야 한다."라고 강조했다.

이와 관련해 국내 주요 기업들은 대기업보다 연구개발(R&D) 인력과 관련 노하우가 부족한 협력사들을 위해 각종 노하우를 전수하는 프로그램을 운영 중이다. A전자는 협력사들에 기술 노하우를 전수하기 위해 경영관리, 제조·개발, 품질 등 해당 전문 분야에서 20년 이상 노하우를 가진 A전자 임원과 부장급 100여 명으로 '상생컨설팅팀'을 구성했다. 지난해부터는 해외에 진출한 국내 협력사에도 노하우를 전수하고 있다.

① 지속 가능한 구조를 위한 상생 협력의 중요성
② 상생경영, 함께 가야 멀리 간다.
③ 대기업과 중소기업, 상호 발전을 위한 동반자로
④ 시혜적 차원에서의 대기업 지원의 중요성

05 빈칸 삽입

| 유형분석 |

- 주어진 지문을 바탕으로 빈칸에 들어갈 내용을 찾는 문제이다.
- 선택지의 내용을 정확하게 확인하고 빈칸 앞뒤 문맥을 파악하는 능력이 필요하다.

다음 글의 빈칸에 들어갈 내용으로 가장 적절한 것은?

국내 여가 활동을 개인 활동, 사회성 여가 활동, 동호회 활동으로 분류하여 유형별 참여율을 비교하였더니 전체 응답자 중 개인 활동 참여에 응답한 사람이 52.1%로 가장 높았고, 사회성 여가 활동인 자원봉사 활동은 11.9%, 동호회 활동은 10.1%로 저조했다. 국내 여가 자원을 여가 시간과 비용 측면에서 살펴보았을 때 2024년 15세 이상 국민들의 하루 평균 여가 시간은 평일 3.3시간, 휴일 5.1시간으로 2022년 평일 4시간, 휴일 7시간보다 평일 여가 시간이 0.7시간, 휴일 여가 시간이 1.9시간 감소하였음을 확인할 수 있었고, 여가 비용은 2024년 한 달 평균 125,000원 정도로 2022년의 168,000원보다 43,000원 정도 감소한 것으로 나타났다. 이 자료는 여가 자원이 충분하지 않고, 국내 여가 생활 만족도를 파악하는 자료로 활용할 수 있다. 현재 국내에서 행해지고 있는 여가 자원 정책을 살펴보면 주 40시간 근무제의 경우 여가 만족도는 긍정적이지만, 2022년부터 다소 낮아져 2024년에는 36.4%가 실시하고 있다고 응답하였다. 주5일 수업제는 실시 후 평균 46.5%가 만족하고 있다고 응답했다. 종합하면 활발한 여가 활동을 저해하는 원인으로 여가 자원과 여가 활동 지원 정책의 부족을 들 수 있다. 여가 생활의 질을 높이기 위해 여가를 개인적인 문제로 볼 것이 아니라 _____ 체계적인 정책과 계획 수립을 이룩해야 할 것이다.

① 다양한 지원 방안을 고려하여
② 삶의 질 향상을 위한 수단으로
③ 공적인 정책 과제라는 태도로
④ 국민의 권익 보장 수단으로

정답 ③

여가 생활의 질을 높이기 위한 문제를 개인적인 차원으로 보지 말자는 빈칸 앞에 제시된 내용을 고려하였을 때 국가적인 문제로 보자는 내용이 들어가는 것이 적절함을 알 수 있다.

풀이 전략!

빈칸 앞뒤의 문맥을 파악한 후 선택지에서 가장 어울리는 내용을 찾는다. 빈칸 앞에 접속사가 있다면 이를 활용한다.

※ 다음 빈칸에 들어갈 내용으로 가장 적절한 것을 고르시오. **[1~5]**

01

스마트 팩토리는 인공지능(AI), 사물인터넷(IoT) 등 다양한 기술이 융합된 자율화 공장으로, 제품 설계와 제조, 유통, 물류 등의 산업 현장에서 생산성 향상에 초점을 맞췄다. 이곳에서는 기계, 로봇, 부품 등의 상호 간 정보 교환을 통해 제조 활동을 하고, 모든 공정 이력이 기록되며, 빅데이터 분석으로 사고나 불량을 예측할 수 있다. 스마트 팩토리에서는 컨베이어 생산 활동으로 대표되는 산업 현장의 모듈형 생산이 컨베이어를 대체하고 IoT가 신경망 역할을 한다. 센서와 기기 간 다양한 데이터를 수집하고, 이를 서버에 전송하면 서버는 데이터를 분석해 결과를 도출한다. 서버는 AI 기계학습 기술이 적용돼 빅데이터를 분석하고 생산성 향상을 위한 최적의 방법을 제시한다.

스마트 팩토리의 대표 사례로는 고도화된 시뮬레이션 '디지털 트윈'을 들 수 있다. 디지털 트윈은 데이터를 기반으로 가상공간에서 미리 시뮬레이션하는 기술이다. 시뮬레이션을 위해 빅데이터를 수집하고 분석과 예측을 위한 통신·분석 기술에 가상현실(VR), 증강현실(AR)과 같은 기술을 더한다. 이를 통해 산업 현장에서 작업 프로세스를 미리 시뮬레이션하고, VR·AR로 검증함으로써 실제 시행에 따른 손실을 줄이고, 작업 효율성을 높일 수 있다.

한편 '에지 컴퓨팅'도 스마트 팩토리의 주요 기술 중 하나이다. 에지 컴퓨팅은 산업 현장에서 발생하는 방대한 데이터를 클라우드로 한 번에 전송하지 않고, 에지에서 사전 처리한 후 데이터를 선별해서 전송한다. 서버와 에지가 연동해 데이터 분석 및 실시간 제어를 수행하여 산업 현장에서 생산되는 데이터가 기하급수로 늘어도 서버에 부하를 주지 않는다. 현재 클라우드 컴퓨팅이 중앙 데이터센터와 직접 소통하는 방식이라면 에지 컴퓨팅은 기기 가까이에 위치한 일명 '에지 데이터센터'와 소통하며, 저장을 중앙 클라우드에 맡기는 형식이다. 이를 통해 데이터 처리 지연 시간을 줄이고 즉각적인 현장 대처를 가능하게 한다.

이러한 스마트 팩토리의 발전은 _____ 최근 선진국에서 나타나는 주요 현상 중의 하나는 바로 '리쇼어링'의 가속화이다. 리쇼어링이란 인건비 등 각종 비용 절감을 이유로 해외에 나간 자국 기업들이 다시 본국으로 돌아오는 현상을 의미하는 용어이다. 2000년대 초반까지는 국가적 차원에서 세제 혜택 등의 회유책을 통해 추진되어 왔지만, 스마트 팩토리의 등장으로 인해 자국 내 스마트 팩토리에서의 제조 비용과 중국이나 멕시코와 같은 제3국에서 제조 후 수출 비용에 큰 차이가 없어 리쇼어링 현상은 더욱 가속화되고 있다.

① 공장의 제조 비용을 절감시키고 있다.

② 공장의 세제 혜택을 사라지게 하고 있다.

③ 수출 비용을 줄이는 데 도움이 된다.

④ 공장의 위치를 변화시키고 있다.

02

최근 경제·시사 분야에서 자주 등장하는 단어인 탄소배출권(CER; Certified Emission Reduction)에 대한 개념을 이해하기 위해서는 먼저 교토 메커니즘(Kyoto Mechanism)과 탄소배출권 거래제(Emission Trading)를 알아둘 필요가 있다.

교토 메커니즘은 지구 온난화의 규제 및 방지를 위한 국제 협약인 기후변화협약의 수정안인 교토 의정서에서, 온실가스를 보다 효과적이고 경제적으로 줄이기 위해 도입한 세 유연성 체제인 '공동이행 제도', '청정개발 체제', '탄소배출권 거래제'를 묶어 부르는 것이다.

이 중 탄소배출권 거래제는 교토 의정서 6대 온실가스인 이산화탄소, 메테인, 아산화질소, 과불화탄소, 수소불화탄소, 육불화황의 배출량을 줄여야 하는 감축의무국가가 의무감축량을 초과 달성하였을 경우에 그 초과분을 다른 국가와 거래할 수 있는 제도로, _____

결국 탄소배출권이란 현금화가 가능한 일종의 자산이자 가시적인 자연보호 성과인 셈이며, 이에 따라 많은 국가 및 기업에서 탄소의 배출을 줄임과 동시에 탄소 감축 활동을 통해 탄소배출권을 획득하기 위해 동분서주하고 있다. 특히 기업들은 탄소배출권을 확보하는 주요 수단인 청정개발 체제 사업을 확대하는 추세인데, 청정개발 체제 사업은 개발도상국에 기술과 자본을 투자해 탄소배출량을 줄였을 경우에 이를 탄소배출량 감축 목표 달성에 활용할 수 있도록 한 제도이다.

① 다른 국가를 도왔을 경우에 그로 인해 줄어든 탄소배출량을 감축 목표량에 더할 수 있는 것이 특징이다.

② 교토 메커니즘의 세 유연성 체제 중에서도 가장 핵심이 되는 제도라고 할 수 있다.

③ 의무감축량을 준수하지 못한 경우에도 다른 국가로부터 감축량을 구입할 수 있는 것이 특징이다.

④ 다른 감축의무국가를 도움으로써 획득한 탄소배출권이 사용되는 배경이 되는 제도이다.

03

포논(Phonon)이라는 용어는 소리(Pho-)라는 접두어에 입자(-non)라는 접미어를 붙여 만든 단어로, 실제로 포논이 고체 안에서 소리를 전달하기 때문에 이런 이름이 붙었다. 어떤 고체의 한쪽을 두드리면 포논이 전파해 반대쪽에서 소리를 들을 수 있다.

아인슈타인이 새롭게 만든 고체의 비열 공식(아인슈타인 모형)은 실험 결과와 상당히 잘 맞았다. 그런데 그의 성공은 고체 내부의 진동을 포논으로 해석한 데에만 있지 않다. 그는 포논이 보손(Boson) 입자라는 사실을 간파하고, 고체 내부의 세상에 보손의 물리학(보스 – 아인슈타인 통계)을 적용했다. 비로소 고체의 비열이 온도에 따라 달라진다는 결론을 얻을 수 있었다.

양자역학의 세계에서 입자는 스핀 상태에 따라 분류된다. 스핀이 2분의 1의 홀수배(1/2, 3/2, …)인 입자들은 원자로를 개발한 유명한 물리학자 엔리코 페르미의 이름을 따 '페르미온'이라고 부른다. 오스트리아의 이론물리학자 볼프강 파울리는 페르미온들은 같은 에너지 상태를 가질 수 없고 서로 배척한다는 사실을 알아냈다(즉, 같은 에너지 상태에서는 + / – 반대의 스핀을 갖는 페르미온끼리만 같이 존재할 수 있다). 이를 '파울리의 배타 원리'라고 한다. 페르미온은 대개 양성자, 중성자, 전자 같은 물질을 구성하며, 파울리의 배타 원리에 따라 페르미온 입자로 이뤄진 물질은 우리가 손으로 만질 수 있다.

스핀이 0, 1, 2, … 등 정수 값인 입자도 있다. 바로 보손이다. 인도의 무명 물리학자였던 사티엔드라 나트 보스의 이름을 본떴다. 보스는 페르미가 개발한 페르미 통계를 공부하고 보손의 물리학을 정리했다. 당시 그는 박사학위도 없는 무명의 물리학자여서 논문을 작성한 뒤 아인슈타인에게 편지로 보냈다. 다행히 아인슈타인은 그 논문을 쓰레기통에 넣지 않고 꼼꼼히 읽어본 뒤 자신의 생각을 첨가하고 독일어로 번역해 학술지에 제출했다. 바로 보손 입자의 물리학(보스 – 아인슈타인 통계)이다. 이에 따르면, 보손 입자는 페르미온과 달리 파울리의 배타 원리를 따르지 않는다. 따라서 같은 에너지 상태를 지닌 입자라도 서로 겹쳐서 존재할 수 있다. 만져지지 않는 에너지 덩어리인 셈이다. 이들 보손 입자는 대개 힘을 매개한다.

빛 알갱이, 즉 _____ 빛은 실험을 해보면 입자의 특성을 보이지만, 질량이 없고 물질을 투과하며 만져지지 않는다. 포논은 어떨까? 원자 사이의 용수철 진동을 양자화한 것이므로 물질이 아니라 단순한 에너지의 진동으로서 파울리의 배타 원리를 따르지 않는다. 즉, 포논은 광자와 마찬가지로 스핀이 0인 보손 입자다.

① 광자는 보손의 대표적인 예다.
② 광자는 파울리의 배타 원리를 따른다.
③ 광자는 스핀 상태에 따라 분류할 수 없다.
④ 광자는 스핀이 2분의 1의 홀수배인 입자의 대표적인 예다.

04

_____는 슬로건이 대두되는 이유는 우리가 작품의 맥락과 내용에 대한 지식에 의존하여 작품을 감상하는 일이 자주 있기 때문이다. 맥락에 있어서든 내용에 있어서든 지식이 작품의 가치 평가에서 하는 역할이란 작품의 미적인 측면과는 관련이 없는 것처럼 보인다. 단토는 일찍이 '어떤 것을 예술로 보는 것은 눈이 알아보지 못하는 무엇[예술 이론의 분위기와 예술사에 대한 지식, 즉 예술계(Artworld)]을 요구한다.'라고 주장했다. 그가 드는 고전적인 예는 앤디 워홀이 복제한 브릴로 상자들인데, 이 상자들은 1960년대의 평범한 슈퍼마켓에 깔끔하게 쌓아올려진 채 진열되어 있었던 그런 종류의 물건이었다. 어떤 의도와 목적을 가지고 보든지 워홀의 브릴로 상자들은 그것이 모사하는 일상의 대상인 실제 브릴로 상자들과 조금도 달라 보이지 않지만, 그래도 우리는 워홀의 상자는 예술로 대하고 가게에 있는 상자들은 그렇게 대하지 않는다. 그 차이는 워홀이 만든 대상이 지닌 아름다움으로는 설명될 수 없다. 이 측면에서라면 두 종류의 상자가 지닌 특질은 동일하다고 볼 수 있기 때문이다. 그렇다면 우리는 워홀의 브릴로 상자가 지닌 아름다움에 대해 그것은 그 작품의 예술로서의 본성과 의미와 관련하여 외적이라고 말할 수 있을 것이다.

① 의미가 중요하다
② 대중성이 중요하다
③ 실천이 중요하다
④ 지식이 중요하다

05

최근 미국 국립보건원은 벤젠 노출과 혈액암 사이에 연관이 있다고 보고했다. 직업안전보건국은 작업장에서 공기 중 벤젠 노출 농도가 1ppm을 넘지 말아야 한다는 한시적 긴급 기준을 발표했다. 당시 법규에 따른 기준은 10ppm이었는데, 직업안전보건국은 이 엄격한 새 기준이 영구적으로 정착되길 바랐다. 그런데 벤젠 노출 농도가 10ppm 이상인 작업장에서 인명 피해가 보고된 적은 있지만, 그보다 낮은 노출 농도에서 인명 피해가 있었다는 검증된 데이터는 없었다. 그럼에도 불구하고 직업안전보건국은 벤젠이 발암 물질이라는 이유를 들어 당시 통용되는 기기로 쉽게 측정할 수 있는 최소치인 1ppm을 기준으로 삼아야 한다고 주장했다. 직업안전보건국은 직업안전보건법의 구체적 실행에 관여하는 핵심 기관인데, 이 법은 '직장 생활을 하는 동안 위험 물질에 업무상 주기적으로 노출되더라도 그로 인해 어떤 피고용인도 육체적 손상이나 작업 능력의 손상을 입어서는 안 된다.'라고 규정하고 있다.

이후 대법원은 직업안전보건국이 제시한 1ppm의 기준이 지나치게 엄격하다고 판결하였다. 대법원은 '직업안전보건법이 비용 등 다른 조건은 무시한 채 전혀 위험이 없는 작업장을 만들기 위한 표준을 채택하도록 직업안전보건국에게 무제한의 재량권을 준 것은 아니다.'라고 밝혔다. _____

직업안전보건국은 과학적 불확실성에도 불구하고 사람의 생명이 위험에 처할 수 있는 경우에는 더욱 엄격한 기준을 시행하는 것이 옳다면서 자신들에게 책임을 전가하는 것에 반대했다. 직업안전보건국은 노동자를 생명의 위협이 될 수 있는 화학 물질에 노출시키는 사람들이 그 안전성을 입증해야 한다고 보았다.

① 여러 가지 과학적 불확실성으로 인해 직업안전보건국의 기준이 합당하다는 것을 대법원이 입증할 수 없으므로 이를 수용할 수 없다는 것이다.

② 대법원은 벤젠의 노출 수준이 1ppm을 초과할 경우 노동자의 건강에 실질적으로 위험하다는 것을 직업안전보건국이 입증해야 한다고 주장했다.

③ 대법원은 재량권의 범위가 클수록 그만큼 더 신중하게 사용해야 한다는 점을 환기시키면서 10ppm 수준의 벤젠 농도가 노동자의 건강에 정확히 어떤 손상을 가져오는지를 직업안전보건국이 입증해야 한다고 주장했다.

④ 직업안전보건국은 발암 물질이 함유된 공기가 있는 작업장들 가운데서 전혀 위험이 없는 환경과 미미한 위험이 있는 환경을 구별해야 한다고 주장했는데, 대법원은 이것이 무익하고 무책임한 일이라고 지적했다.

06 다음 빈칸에 들어갈 적절한 내용을 〈보기〉에서 찾아 순서대로 바르게 나열한 것은?

먹을거리가 풍부한 현대인의 가장 큰 관심사 중 하나는 웰빙과 다이어트일 것이다. 현대인은 날씬한 몸매에 대한 열망이 지나쳐서 비만인 사람들이 나태하다고 생각하기도 하고, 심지어는 거식증으로 인해 사망한 패션모델까지 있었다. _____ 물론 과도한 지방 섭취, 특히 몸에 좋지 않은 지방은 비만의 원인이 되고 당뇨병, 심장병, 고혈압과 같은 각종 성인병을 유발하지만, 사실 지방은 우리 몸이 정상적으로 활동하는 데 필수적인 성분이다.

사실 비만과 다이어트의 문제는 찰스 다윈(Charles R. Darwin)의 진화론과 밀접한 관련이 있다. 찰스 다윈은 19세기 영국의 생물학자로, 『종의 기원』이라는 책을 써서 자연선택을 통한 생물의 진화 과정을 설명하였다. 생물체가 살아남고 번식을 해서 자손을 남길 수 있느냐 하는 것은 주위 환경과의 관계가 중요한 역할을 하는데, 자연선택이란 주위 환경에 따라 생존하기에 적합한 성질 또는 기능을 가진 종들이 그렇지 못한 종들보다 더 잘 살아남게 되어 자손을 남기게 된다는 개념이다. 약 100년 전만 해도 우리나라를 비롯한 전 세계 대부분의 국가는 식량이 그리 풍족하지 않았다. 실제로 수십만 년 지속된 인류의 역사에서 인간이 매일 끼니 걱정을 하지 않고 살게 된 것은 최근 수십 년의 일이다. _____ 그러므로 인류는 이러한 축적 능력이 유전적으로 뛰어난 사람들이 그렇지 않은 사람들보다 상대적으로 더 잘 살아남았을 것이다. 그렇게 살아남은 자들의 후손인 현대인들이 달거나 기름진 음식을 본능적으로 좋아하게 된 것은 진화의 당연한 결과였다. _____ 지방이 풍부한 음식을 찾는 경향은 지나치게 지방을 축적하게 했고, 결국 부작용으로 이어졌다.

보기

㉠ 그리하여 음식이 풍부한 현대 사회에서는 이러한 유전적 특성은 단점으로 작용하게 되었다.

㉡ 이러한 사회적 경향 때문에 우리가 먹는 음식물에 포함된 지방이나 기름 성분은 몸에 좋지 않은 '나쁜 성분'으로 매도당하기도 한다.

㉢ 먹을 것이 풍족하지 않은 상황에서 생존에 필수적인 능력은 다름 아닌 에너지를 몸 안에 축적하는 능력이었다.

① ㉠, ㉡, ㉢   ② ㉠, ㉢, ㉡
③ ㉡, ㉢, ㉠   ④ ㉢, ㉠, ㉡

07 다음 글의 빈칸에 들어갈 내용으로 가장 적절한 것은?

미학은 자연·인생·예술에 담긴 아름다움의 현상이나 가치 그리고 체험 등을 연구하는 학문으로, 미적 현상이 지닌 본질이나 법칙성을 명백히 밝히는 학문이다. 본래 미학은 플라톤에서 비롯되었지만, 오늘날처럼 미학이 독립된 학문으로 불린 것은 18세기 중엽 독일의 알렉산더 고틀리프 바움가르텐(Alexander Gottlieb Baumgarten)의 저서 『미학』에서 시작된다. 바움가르텐은 '미(美)'란 감성적 인식의 완전한 것으로, 감성적 인식의 학문은 미의 학문이라고 생각했다. 여기서 근대 미학의 방향이 개척되었다.

미학에 대한 연구는 심리학·사회학·철학 등 다양한 각도에서 시도할 수 있다. 또한 미적 사실을 어떻게 보느냐에 따라서 미학의 성향도 달라지며, _____ 예컨대 고전 미학은 영원히 변하지 않는 초감각적 존재로서의 미의 이념을 추구하고, 근대 미학은 감성적 인식 때문에 포착된 현상으로서 미적인 것을 대상으로 한다. 여기서 미적인 것은 우리들의 인식에 비치는 아름다움을 말한다.

미학을 연구하는 사람들은 이러한 미적 의식 및 예술의 관계를 해명하는 것을 주된 과제로 삼는다. 그들에게 '아름다움'을 성립시키는 주관적 원리는 가장 중요한 것이다. 미학은 우리에게 즐거움과 기쁨을 안겨주며, 인생을 충실하고 행복하게 해준다. 더 나아가 오늘날에는 이러한 미적 현상의 해명에 사회학적 방법을 적용하려는 '사회학적 미학'이나 분석 철학의 언어 분석 방법을 미학에 적용하려고 하는 '분석미학' 등 다채로운 연구 분야가 개척되고 있다.

① 최근에는 미학의 새로운 분야를 개척하고 있다.
② 추구하는 이념과 대상도 시대에 따라 다르다.
③ 미학은 이분법적인 원리로 적용할 수 없다.
④ 다른 학문과 달리 미학의 경계는 모호하다.

CHAPTER 02

수리능력

합격 CHEAT KEY

수리능력은 사칙 연산·통계·확률의 의미를 정확하게 이해하고 이를 업무에 적용하는 능력으로, 기초 연산과 기초 통계, 도표 분석 및 작성의 문제 유형으로 출제된다. 수리능력 역시 채택하지 않는 공사·공단이 거의 없을 만큼 필기시험에서 중요도가 높은 영역이다.

특히, 난이도가 높은 공사·공단의 시험에서는 도표 분석, 즉 자료 해석 유형의 문제가 많이 출제되고 있고, 응용 수리 역시 꾸준히 출제하는 공사·공단이 많기 때문에 기초 연산과 기초 통계에 대한 공식의 암기와 자료 해석 능력을 기를 수 있는 꾸준한 연습이 필요하다.

01 응용 수리의 공식은 반드시 암기하라!

응용 수리는 공사·공단마다 출제되는 문제는 다르지만, 사용되는 공식은 비슷한 경우가 많으므로 자주 출제되는 공식을 반드시 암기하여야 한다. 문제에서 묻는 것을 정확하게 파악하여 그에 맞는 공식을 적절하게 적용하는 꾸준한 노력과 공식을 암기하는 연습이 필요하다.

02 **자료의 해석은 자료에서 즉시 확인할 수 있는 지문부터 확인하라!**

수리능력 중 도표 분석, 즉 자료 해석 능력은 많은 시간을 필요로 하는 문제가 출제되므로, 증가·감소 추이와 같이 눈으로 확인이 가능한 지문을 먼저 확인한 후 복잡한 계산이 필요한 지문을 확인하는 방법으로 문제를 풀이한다면 시간을 조금이라도 아낄 수 있다. 또한, 여러 가지 보기가 주어진 문제 역시 지문을 잘 확인하고 문제를 풀이한다면 불필요한 계산을 생략할 수 있으므로 항상 지문부터 확인하는 습관을 들여야 한다.

03 **도표 작성에서는 지문에 작성된 도표의 제목을 반드시 확인하라!**

도표 작성은 하나의 자료 혹은 보고서와 같은 수치가 표현된 자료를 도표로 작성하는 형식으로 출제되는데, 대체로 표보다는 그래프를 작성하는 형태로 많이 출제된다. 지문을 살펴보면 각 지문에서 주어진 도표에도 소제목이 있는 경우가 대부분이다. 이때, 자료의 수치와 도표의 제목이 일치하지 않는 경우 함정이 존재하는 문제일 가능성이 높으므로 도표의 제목을 반드시 확인하는 것이 중요하다.

01 응용 수리

| 유형분석 |

- 문제에서 제공하는 정보를 파악한 뒤, 사칙연산을 활용하여 계산하는 전형적인 수리문제이다.
- 문제를 풀기 위한 정보가 산재되어 있는 경우가 많으므로 주어진 조건 등을 꼼꼼히 확인해야 한다.

A씨는 올해 초에 3,000만 원짜리 자동차를 구입하였다. 처음에 현금 1,200만 원을 내고 나머지 금액은 올해 말부터 매년 말마다 일정한 금액으로 6회에 걸쳐 갚으려고 한다. 이때 매년 얼마씩 갚아야 하는가? (단, $1.01^6 = 1.06$, 연이율 1%, 1년마다 복리로 계산한다)

① 300만 원
② 306만 원
③ 312만 원
④ 318만 원

정답 ④

매년 a원씩 일정하게 돈을 지불할 때의 원리 합계는 다음과 같다.

$$(1.8 \times 10^7) \times (1+0.01)^6 = \frac{a(1.01^6 - 1)}{1.01 - 1}$$

$$\rightarrow (1.8 \times 10^7) \times 1.06 = \frac{a(1.06 - 1)}{0.01}$$

$$\therefore a = 3.18 \times 10^6$$

따라서 매년 318만 원씩 갚아야 한다.

풀이 전략!

문제에서 묻는 바를 정확하게 확인한 후, 필요한 조건 또는 정보를 구분하여 신속하게 풀어 나간다. 단, 계산에 착오가 생기지 않도록 유의한다.

01 현수가 연이율 2.4%인 월복리 적금 상품에 원금 총 2,400만 원을 납입하고자 한다. 2년 만기 적금 상품에 매월 초 100만 원씩 납입할 때 만기 시 원리합계와 1년 만기 적금 상품에 매월 초에 200만 원씩 납입할 때 만기 시 원리합계의 차이는?(단, $1.002^{12}=1.024$, $1.002^{24}=1.049$로 계산하며, 이자 소득에 대한 세금은 고려하지 않는다)

① 50.1만 원   ② 50.2만 원

③ 50.3만 원   ④ 50.4만 원

02 한 도로에 신호등이 연속으로 2개가 있다. 첫 번째 신호등은 6초 동안 불이 켜져 있다가 10초 동안 꺼진다. 두 번째 신호등은 8초 동안 불이 켜져 있다가 4초 동안 꺼진다. 두 신호등이 동시에 불이 들어왔을 때, 다시 동시에 불이 켜지는 순간은 몇 초 후인가?

① 44초 후   ② 46초 후

③ 48초 후   ④ 50초 후

03 어느 고등학교에서 열린 수학 경시 대회에서 1학년의 평균은 20점, 2학년의 평균은 13점, 3학년의 평균은 20점이었다. 대회에 참가한 1학년 학생 수는 2학년 학생 수의 2배이고, 3학년 학생 수의 4배이다. 이때 참가 학생 전체의 평균은?

① 15점   ② 16점

③ 17점   ④ 18점

04 영희는 회사에서 150km 떨어져 있는 지역에 운전하여 출장을 가게 되었다. 회사에서 출발하여 일정한 속력으로 가던 중 회사로부터 60km 떨어진 곳에서 차에 이상이 생겨 원래 속력에서 50%만큼 느리게 운전했다. 목적지에 도착하는 데 총 1시간 30분이 걸렸다면 고장이 나기 전 처음 속력은 얼마인가?

① 180km/h

② 160km/h

③ 140km/h

④ 120km/h

05 50명의 남학생 중에서 24명, 30명의 여학생 중에서 16명이 뮤지컬을 좋아한다고 한다. 전체 80명의 학생 중에서 임의로 선택한 한 명이 뮤지컬을 좋아하지 않는 학생이었을 때, 그 학생이 여학생일 확률은?

① $\dfrac{3}{20}$

② $\dfrac{1}{4}$

③ $\dfrac{3}{10}$

④ $\dfrac{7}{20}$

06 A지역 유권자의 $\dfrac{3}{5}$과 B지역 유권자의 $\dfrac{1}{2}$이 헌법 개정에 찬성하였다. A지역 유권자가 B지역 유권자의 4배일 때, A와 B 두 지역 유권자의 헌법 개정 찬성률은 얼마인가?

① 54%

② 56%

③ 58%

④ 60%

07 비누를 생산할 수 있는 두 종류의 기계 A, B가 있다. A기계 1대와 B기계 4대를 동시에 5분 동안 가동하면 100개의 비누를 생산할 수 있고, A기계 2대와 B기계 3대를 동시에 4분 동안 가동하면 100개의 비누를 생산할 수 있다. 이때 A기계 3대와 B기계 2대를 동시에 가동하여 비누 100개를 생산하는 데 걸리는 시간은?

① $\dfrac{10}{3}$ 시간

② $\dfrac{10}{7}$ 시간

③ $\dfrac{11}{3}$ 시간

④ $\dfrac{11}{5}$ 시간

08 남자 5명과 여자 3명 중에서 4명의 대표를 선출할 때, 적어도 1명의 여자가 포함되도록 선출하는 경우의 수는?

① 55가지

② 60가지

③ 65가지

④ 70가지

09 K기업은 전 직원을 대상으로 유연근무제에 대한 찬반투표를 진행하였다. 그 결과 전체 직원의 80%가 찬성하였고, 20%는 반대하였다. 전 직원의 40%는 여직원이고, 유연근무제에 찬성한 직원의 70%는 남직원이었다. 여직원 한 명을 뽑았을 때, 이 직원이 유연근무제에 찬성했을 확률은?(단, 모든 직원은 찬성이나 반대의 의사표시를 하였다)

① $\dfrac{1}{5}$

② $\dfrac{2}{5}$

③ $\dfrac{3}{5}$

④ $\dfrac{4}{6}$

02 통계 분석

- 통계와 관련한 이론을 활용하여 계산하는 문제이다.
- 중·고등학교 수준의 통계 이론은 숙지하고 있어야 하며, 주로 상대도수, 평균, 표준편차, 최댓값, 최솟값, 가중치 등이 활용된다.

다음은 2024 ~ 2025년 4월 국제공항 운항 통계이다. 2024년 대비 2025년 운항편의 증감률을 구할 때, 빈칸 ㉠ ~ ㉣에 들어갈 값으로 옳지 않은 것은?(단, 증감률은 소수점 둘째 자리에서 반올림한다)

〈2024 ~ 2025년 4월 국제공항 운항 통계〉

구분	운항		증감률
	2024년 4월	2025년 4월	
일본	5,826편	5,706편	−2.1%
중국	6,853편	7,322편	㉠
미국	2,567편	2,632편	㉡
프랑스	193편	225편	㉢
인도네시아	309편	289편	㉣

① ㉠ : 6.8%

② ㉡ : 2.5%

③ ㉢ : 16.6%

④ ㉣ : −6.8%

정답 ④

$$\frac{289 - 309}{309} \times 100 ≒ -6.5\%$$

오답분석

㉠ : $\frac{7,322 - 6,853}{6,853} \times 100 ≒ 6.8\%$

㉡ : $\frac{2,632 - 2,567}{2,567} \times 100 ≒ 2.5\%$

㉢ : $\frac{225 - 193}{193} \times 100 ≒ 16.6\%$

풀이 전략!

통계와 관련된 기본적인 공식은 반드시 암기해 두도록 하며, 이를 활용한 다양한 문제를 풀어보면서 풀이 방법을 습득하는 연습이 필요하다.

01 다음은 K기업의 사내전화 평균 통화시간을 조사한 자료이다. 평균 통화시간이 6 ~ 9분인 여성의 수는 12분 이상인 남성의 수의 몇 배인가?

〈K기업의 사내전화 평균 통화시간〉

평균 통화시간	남성	여성
3분 미만	33%	26%
3 ~ 6분	25%	21%
6 ~ 9분	18%	18%
9 ~ 12분	14%	16%
12분 초과	10%	19%
대상 인원수	600명	400명

① 1.1배   ② 1.2배

③ 1.3배   ④ 1.4배

02 다음은 2015년부터 2024년까지 매년 지진 강도 3 이상 발생 건수에 대한 표이다. 지진 발생 건수의 중앙값은 얼마인가?

〈2015 ~ 2024년 강도 3 이상 지진 발생 건수〉

(단위 : 년, 건)

구분	2015	2016	2017	2018	2019	2020	2021	2022	2023	2024
발생 건수	11	5	7	8	3	4	6	7	12	10

① 5건   ② 7건

③ 9건   ④ 11건

03 다음은 의약품 종류별 가격 및 상자 수에 대한 자료이다. 종류별 상자 수를 가중치로 적용하여 가격에 대한 가중평균을 구하면 66만 원이다. 이때, 빈칸에 들어갈 수치로 옳은 것은?

〈의약품 종류별 가격 및 상자 수〉

(단위 : 만 원, 개)

구분	A	B	C	D
가격	( )	70	60	65
상자 수	30	20	30	20

① 60
③ 70

② 65
④ 75

04 다음은 행정업무용 물품의 조달단가와 구매 효용성을 나타낸 자료이다. 20억 원 이내에서 구매예산을 집행한다고 할 때, 정량적 기대효과 총합의 최댓값은?

〈물품별 조달단가와 구매 효용성〉

(단위 : 억 원)

구분	A	B	C	D	E	F	G	H
조달단가	3	4	5	6	7	8	10	16
구매 효용성	1	0.5	1.8	2.5	1	1.75	1.9	2

※ (구매 효용성)＝(정량적 기대효과)÷(조달단가)
※ 각 물품은 구매하지 않거나, 1개만 구매 가능함

① 35
③ 37

② 36
④ 38

44 · 금융감독원

05 다음은 K공사 인턴사원들의 최종 평가 점수를 나타낸 표이다. 최종 평가 점수의 중앙값과 최빈값은 얼마인가?

〈최종 평가 점수〉

(단위 : 점)

구분	A	B	C	D	E	F
점수	12	17	15	13	20	17

	중앙값	최빈값
①	14점	13점
②	15점	15점
③	15점	17점
④	16점	17점

06 K공사에서는 직원들의 통근시간을 조사하여 집에서 회사까지 1시간 이내로 통근하는 20명을 다음 과 같이 정리하였다. 이때 20명의 통근시간의 중위값은 얼마인가?

〈통근시간 현황〉

(단위 : 분)

이름	A	B	C	D	E	F	G	H	I	J
시간	45	41	44	30	21	25	33	55	19	14
이름	K	L	M	N	O	P	Q	R	S	T
시간	50	48	39	36	28	25	52	37	33	30

① 33.5분
② 34.0분
③ 34.5분
④ 35.0분

03 자료 이해

- 제시된 자료를 분석하여 선택지의 정답 유무를 판단하는 문제이다.
- 자료의 수치 등을 통해 변화량이나 증감률, 비중 등을 비교하여 판단하는 문제가 자주 출제된다.
- 지원하고자 하는 기업이나 산업과 관련된 자료 등이 문제의 자료로 많이 다뤄진다.

다음은 우편 매출액에 대한 자료이다. 이에 대한 설명으로 옳지 않은 것은?

〈우편 매출액〉

(단위 : 만 원)

구분	2020년	2021년	2022년	2023년	2024년				
					소계	1분기	2분기	3분기	4분기
일반통상	11,373	11,152	10,793	11,107	10,899	2,665	2,581	2,641	3,012
특수통상	5,418	5,766	6,081	6,023	5,946	1,406	1,556	1,461	1,523
소포우편	3,390	3,869	4,254	4,592	5,017	1,283	1,070	1,292	1,372
합계	20,181	20,787	21,128	21,722	21,862	5,354	5,207	5,394	5,907

① 매년 매출액이 가장 높은 분야는 일반통상 분야이다.

② 2023년에는 일반통상 분야의 매출액이 전체의 50% 이상을 차지하고 있다.

③ 2024년 소포우편 분야의 2020년 대비 매출액 증가율은 70% 이상이다.

④ 2024년 1분기 특수통상 분야의 매출액이 차지하고 있는 비율은 20% 이상이다.

정답 ③

2024년 소포우편 분야의 2020년 대비 매출액 증가율은 $\frac{5,017-3,390}{3,390} \times 100 ≒ 48.0\%$이므로 옳지 않은 설명이다.

오답분석

① 매년 매출액이 가장 높은 분야는 일반통상 분야인 것을 확인할 수 있다.

② 2023년에는 일반통상 분야의 매출액이 전체의 $\frac{11,107}{21,722} \times 100 ≒ 51.1\%$이므로 옳은 설명이다.

④ 2024년 1분기 특수통상 분야의 매출액이 차지하고 있는 비율은 $\frac{1,406}{5,354} \times 100 ≒ 26.3\%$이므로 20% 이상이다.

풀이 전략!

평소 변화량이나 증감률, 비중 등을 구하는 공식을 알아두고 있어야 하며, 지원하는 기업이나 산업에 관한 자료 등을 확인하여 비교하는 연습 등을 한다.

01 다음은 2015년부터 2024년까지 10년 동안의 원·엔·달러의 환율표이다. 〈보기〉에서 옳은 것을 모두 고르면?

〈2015 ~ 2024년 환율표〉

구분	한국(원/달러)			일본(엔/달러)	
	연말	절상률	연평균	연말	절상률
2015년	788.7	2.46	803.62	99.75	12.13
2016년	774.7	1.81	771.04	103.4	▽3.53
2017년	844.2	▽8.23	804.78	116.2	▽11.02
2018년	1,415.20	▽40.35	951.11	130.1	▽10.68
2019년	1,207.80	17.17	1,398.88	114.65	13.48
2020년	1,145.40	5.45	1,189.48	102.1	12.29
2021년	1,259.70	▽9.07	1,130.61	114.36	▽10.72
2022년	1,326.10	▽5.01	1,290.83	131.38	▽12.95
2023년	1,200.40	10.47	1,251.24	118.52	10.85
2024년	1,197.80	0.22	1,191.89	106.99	10.78

보기

㉠ 연말을 기준으로 한국의 환율은 2018년에 가장 높았고, 일본은 2022년에 가장 높았다.

㉡ 연말을 기준으로 전년 대비 원화의 대미 환율 상승률이 가장 큰 해는 2018년이고, 하락률이 가장 작은 해는 2016년이다.

㉢ 2022년에 원화는 달러에 대하여 5.01% 절하되었고, 엔화는 달러에 대하여 12.95% 절하되었다. 달러에 대한 엔화의 절하율이 더 크기 때문에 엔화 대비 원화 환율은 상승하였다.

㉣ 2016년을 제외하고 원화와 엔화의 대미 달러에 대한 연말환율은 같은 방향으로 움직였다.

① ㉠, ㉡

② ㉠, ㉣

③ ㉠, ㉢, ㉣

④ ㉡, ㉢, ㉣

02 다음은 은행별 고객만족도 조사 결과이다. 이에 대한 설명으로 옳은 것은?

〈A ~ H은행 고객만족도 조사 결과〉

(단위 : 점 / 5점 만점 기준)

구분	시설 및 직원 서비스	금융상품 다양성	지점·ATM 이용 편리성	이자율·수수료	서비스 호감도
A은행	3.73	3.29	3.53	3.57	3.58
B은행	3.71	3.28	3.56	3.56	3.57
C은행	3.67	3.22	3.55	3.48	3.56
D은행	3.67	3.28	3.59	3.52	3.55
E은행	3.63	3.22	3.57	3.51	3.56
F은행	3.64	3.23	3.50	3.55	3.53
G은행	3.67	3.19	3.53	3.51	3.51
H은행	3.60	3.21	3.46	3.54	3.51

① 금융상품 다양성 부분의 경우, A ~ H은행의 평균점수보다 점수가 높은 은행은 2개이다.

② 지점·ATM 이용 편리성 부분에서 가장 높은 점수의 은행은 이자율·수수료 부분의 점수도 가장 높다.

③ 평가항목 중 A ~ H은행의 평균점수가 가장 낮은 항목은 이자율·수수료 부분이다.

④ 시설 및 직원 서비스 부분에서 가장 낮은 점수의 은행은 지점·ATM 이용 편리성 부분의 점수도 가장 낮다.

03 다음은 출생, 사망 추이를 나타낸 자료이다. 이에 대한 설명으로 옳지 않은 것은?

〈출생, 사망 추이〉

구분		2018년	2019년	2020년	2021년	2022년	2023년	2024년
출생아 수(명)		490,543	472,761	435,031	448,153	493,189	465,892	444,849
사망자 수(명)		244,506	244,217	243,883	242,266	244,874	246,113	246,942
기대수명(년)		77.44	78.04	78.63	79.18	79.56	80.08	80.55
수명	남자(년)	73.86	74.51	75.14	75.74	76.13	76.54	76.99
	여자(년)	80.81	81.35	81.89	82.36	82.73	83.29	83.77

① 출생아 수는 2018년 이후 감소하다가 2021년, 2022년에 증가 이후 다시 감소하고 있다.

② 매년 기대수명은 증가하고 있다.

③ 남자와 여자의 수명은 매년 5년 이상의 차이를 보이고 있다.

④ 매년 출생아 수는 사망자 수보다 20만 명 이상 더 많으므로 매년 총 인구는 20만 명 이상씩 증가한다고 볼 수 있다.

04 다음은 은행마다 다른 은행으로 10만 원을 송금할 때 부과되는 수수료를 비교한 자료이다. 이에 대한 설명으로 옳은 것은?

〈은행별 송금 수수료〉

(단위 : 원)

은행	창구 이용	자동화 기기		인터넷뱅킹	텔레뱅킹 (ARS 이용 시)	모바일뱅킹
		마감 전	마감 후			
A은행	1,000	700	1,000	500	500	500
B은행	1,000	800	1,000	500	500	500
C은행	1,000	500	750	500	500	500
D은행	500	500	500	500	500	500
E은행	500	500	500	500	500	500
F은행	600	600	650	면제	면제	면제
G은행	600	500	650	500	500	500
H은행	500	500	800	500	500	500
I은행	1,000	700	950	500	500	500
J은행	1,000	500	700	500	600	500
K은행	600	800	1,000	500	500	500
L은행	600	500	600	500	500	500
M은행	600	500	750	500	500	500
N은행	800	800	1,000	500	500	500
O은행	800	600	700	500	500	500
P은행 (인터넷뱅크)	운영하지 않음	면제	면제	면제	운영하지 않음	면제
Q은행	1,000	면제	면제	면제	500	면제
R은행 (인터넷뱅크)	운영하지 않음	면제	면제	운영하지 않음	운영하지 않음	면제

① 자동화 기기의 마감 전 수수료가 700원 이상인 은행은 총 6곳이다.

② '운영하지 않음'을 제외한 A∼R은행의 창구 이용 수수료의 평균은 800원보다 크다.

③ '면제'를 제외한 A∼R은행의 자동화 기기의 마감 전 수수료 평균이 마감 후 수수료 평균보다 크다.

④ A∼O은행 중 창구 이용, 자동화 기기(마감 전과 후 모두)의 총 수수료 평균이 가장 큰 은행은 B은행이다.

다음은 어느 학원의 강사 A ~ E의 시급과 수강생 만족도에 대한 자료이다. 이에 대한 설명으로 옳은 것은?

〈강사의 시급 및 수강생 만족도〉

(단위 : 원, 점)

구분	2023년		2024년	
	시급	수강생 만족도	시급	수강생 만족도
강사 A	50,000	4.6	55,000	4.1
강사 B	45,000	3.5	45,000	4.2
강사 C	52,000	( )	54,600	4.8
강사 D	54,000	4.9	59,400	4.4
강사 E	48,000	3.2	( )	3.5

〈수강생 만족도 점수별 시급 인상률〉

수강생 만족도	인상률
4.5점 이상	10% 인상
4.0점 이상 4.5점 미만	5% 인상
3.0점 이상 4.0점 미만	동결
3.0점 미만	5% 인하

※ 당해 연도 시급 대비 다음 연도 시급의 인상률은 당해 연도 수강생 만족도에 따라 결정됨
※ 강사가 받을 수 있는 시급은 최대 60,000원임

① 강사 E의 2024년 시급은 45,600원이다.
② 2025년 시급은 강사 D가 강사 C보다 높다.
③ 2024년과 2025년 시급 차이가 가장 큰 강사는 C이다.
④ 강사 C의 2023년 수강생 만족도 점수는 4.5점 이상이다.

06 다음은 당뇨병 환자에 대한 자료이다. 이에 대한 설명으로 옳지 않은 것은?

<당뇨병 환자수>

(단위 : 명)

나이 \ 당뇨병	경증		중증	
	여자	남자	여자	남자
50세 미만	9	13	8	10
50세 이상	10	18	8	24

① 여자 환자 중 중증인 환자의 비율은 $\dfrac{16}{35}$ 이다.

② 경증 환자 중 남자 환자의 비율은 중증 환자 중 남자 환자의 비율보다 높다.

③ 50세 이상의 환자 수는 50세 미만 환자 수의 1.5배이다.

④ 중증인 여자 환자의 비율은 전체 당뇨병 환자의 16%이다.

07 다음은 성별 국민연금 가입자 현황이다. 이에 대한 설명으로 옳은 것은?

<성별 국민연금 가입자 수>

(단위 : 명)

구분	사업장가입자	지역가입자	임의가입자	임의계속가입자	합계
남자	8,059,994	3,861,478	50,353	166,499	12,138,324
여자	5,775,011	3,448,700	284,127	296,644	9,804,482
합계	13,835,005	7,310,178	334,480	463,143	21,942,806

① 남자 사업장가입자 수는 남자 지역가입자 수의 2배 미만이다.

② 여자 사업장가입자 수는 이를 제외한 항목의 여자 가입자 수를 모두 합친 것보다 적다.

③ 전체 지역가입자 수는 전체 사업장가입자 수의 50% 미만이다.

④ 전체 가입자 중 여자 가입자 수의 비율은 40% 이상이다.

08 다음은 비만도 측정에 대한 자료와 3명의 학생 신체조건이다. 3명 학생의 비만도 측정에 대한 설명으로 옳지 않은 것은?(단, 비만도는 소수점 첫째 자리에서 반올림한다)

〈비만도 측정법〉

- (표준체중)$=[(신장)-100]\times0.9$
- (비만도)$=\dfrac{(현재체중)}{(표준체중)}\times100$

〈비만도 구분〉

구분	조건
저체중	90% 미만
정상체중	90% 이상 110% 이하
과체중	110% 초과 120% 이하
경도비만	120% 초과 130% 이하
중등도비만	130% 초과 150% 이하
고도비만	150% 이상 180% 이하
초고도비만	180% 초과

〈신체조건〉

- 혜지 : 키 158cm, 몸무게 58kg
- 기원 : 키 182cm, 몸무게 71kg
- 용준 : 키 175cm, 몸무게 96kg

① 혜지의 표준체중은 52.2kg이고, 기원이의 표준체중은 73.8kg이다.

② 기원이가 과체중이 되기 위해선 5kg 이상 체중이 증가해야 한다.

③ 3명의 학생 중 정상체중인 학생은 기원이뿐이다.

④ 용준이가 약 22kg 이상 체중을 감량하면 정상체중 범주에 포함된다.

09 석유 정제업을 하는 K기업의 신사업추진위원회는 유망한 새로운 에너지 부문으로 진출할 계획을 세우고 있다. 다음 자료에 대한 설명으로 옳지 않은 것은?

〈국내 최종에너지원별 소비량〉

(단위 : 천 TOE)

구분	4월	5월	6월	7월	8월
합계	19,051	17,902	17,516	18,713	19,429
석탄	2,661	2,694	2,641	2,655	2,747
석유	9,520	9,115	9,045	10,028	10,305
천연가스	179	156	181	209	206
도시가스	2,135	1,580	1,311	1,244	1,157
전력	3,650	3,501	3,493	3,695	4,090
열	193	100	73	75	65
신재생	713	756	772	807	859

〈K기업의 에너지 신사업추진 평가 결과〉

부문	진입 시 추가확충 필요자금	규제 완화 정도	1위 기업의 현재 시장점유율	진입 후 흑자전환 소요기간
석탄	600억 원	84점	55%	4년
천연가스	1,240억 원	37점	72%	5년
열	360억 원	22점	66%	3년
신재생	430억 원	48점	35%	6년

※ 규제 완화 정도는 점수가 높을수록 자유도가 높은 것임

① 열 에너지 부문으로 진출하는 경우, 신재생 에너지로 진출하는 경우에 비해 소비량이 적을 것이다.

② 진입 시 제도적 장애물에 가장 자주 부딪히게 될 부문은 열 에너지이다.

③ 진입 시 K기업이 추가로 확충해야 하는 자금의 규모가 작을수록 흑자전환에 소요되는 기간도 짧을 것이다.

④ 신재생 에너지 부문보다는 천연가스 에너지 부문에 진입 시 초기 시장점유율을 확보하기 어려울 것이다.

04 자료 계산

| 유형분석 |

- 문제에 주어진 자료를 분석하여 각 선택지의 값을 계산해 정답 유무를 판단하는 문제이다.
- 주로 그래프와 표로 제시되며, 경영·경제·산업 등과 관련된 최신 이슈를 많이 다룬다.

A씨는 출국하기 전 K은행의 인천국제공항지점에서 달러 및 유로 환전 신청을 하였다. 다음 자료를 참고할 때, A씨가 내야 할 환전 수수료 총액은 얼마인가?

- 신청 금액 : 미화 660달러, EUR 550유로
- 환전 우대율 : 미화 70%, EUR 50%
- 신청 날짜 : 2025년 5월 1일
- 장소 : K은행 인천국제공항지점
- 환율 고시표

구분	현금	
	매수	매도
원/달러	1,300	1,100
원/100엔	1,120	1,080
원/유로	1,520	1,450

- 환전 수수료=(매수매도 차액)×(1-우대율)×(환전금액)

① 56,650원
② 57,250원
③ 58,150원
④ 58,850원

정답 ④

환전 수수료 공식을 달러 및 유로에 적용한다.
- 환전 수수료=(매수매도 차액)×(1-우대율)×(환전금액)
- 달러 : (1,300-1,100)×(1-0.7)×660=39,600원이다.
- 유로 : (1,520-1,450)×(1-0.5)×550=19,250원이다.
따라서 A씨가 내야 할 총환전 수수료는 39,600+19,250=58,850원이다.

풀이 전략!

선택지를 먼저 읽고 필요한 정보를 도표에서 확인하도록 하며, 계산이 필요한 경우에는 실제 수치를 사용하여 복잡한 계산을 하는 대신, 대소 관계의 비교나 선택지의 옳고 그름만을 판단할 수 있을 정도로 간소화하여 계산해 풀이시간을 단축할 수 있도록 한다.

01 수연이는 뉴욕 여행 전에 은행마다 환율 우대사항을 찾아보고, K은행에서 환율 우대 조건으로 우대환율 70%를 적용받아 9월 14일에 500달러, 9월 15일에 300달러를 환전하였다. 하지만 여행에서 카드만 사용하였고, 환전한 현금은 K은행에서 10월 16일부터 20일까지 환율 이벤트로 우대환율 20%가 추가 적용되기 때문에 이때 팔려고 한다. 현금을 모두 팔 때, 날짜별 이익 및 손해 금액이 바르게 나열된 것은?(단, 다른 수수료는 적용하지 않는다)

〈일일 달러 환율 금액〉

(단위 : 원/달러)

구분	9월 14일	9월 15일	10월 16일	10월 19일	10월 20일
매매기준 환율	1,140	1,145	1,158	1,150	1,143
현찰 살 때	1,152	1,155	1,170	1,160	1,155
현찰 팔 때	1,128	1,135	1,146	1,140	1,131

[환율 우대 적용]
- 현찰 살 때 적용환율 : (살 때 환율)－{(살 때 환율)－(매매기준율)×(우대환율)}
- 현찰 팔 때 적용환율 : (팔 때 환율)＋{(매매기준율)－(팔 때 환율)×(우대환율)}

	날짜	차액
①	10월 16일	3,000원 이익
②	10월 19일	9,240원 이익
③	10월 20일	3,000원 손해
④	10월 20일	2,760원 손해

02 다음은 K은행 2024년도 3 ～ 4분기 부분별 민원 건수 및 해결률을 나타낸 자료이다. 2024년 4분기 금융 부분 민원 해결 건수는 전 분기의 $\dfrac{5}{7}$이다. 2024년 4분기 서비스 부분 민원 해결 건수가 97건이고, 2024년 3분기 총민원 건수 해결률이 (다)라고 할 때, (가)+(나)+(다)의 값을 구하면? (단, 민원 건수 및 해결률은 소수점 첫째 자리에서 반올림한다)

〈K은행 2024년도 3 ～ 4분기 부분별 민원 건수 및 해결률〉

(단위 : 건, %)

구분		민원건수	
		2024년 3분기	2024년 4분기
금융	전체 민원 건수	102	72
	해결률	96	(가)
서비스	전체 민원 건수	20	(나)
	해결률	100	(가)

※ (총민원 건수)=(금융 부분 전체 민원 건수)+(서비스 부분 전체 민원 건수)
※ 해결률은 항목별 전체 민원 건수 중 해결된 건수의 비율이다.

① 290
② 292
③ 294
④ 296

03 다음은 우리나라에서 3년 동안 생산한 의류의 생산량 및 가격에 대한 자료이다. 우리나라에서 의류만 생산했다고 할 때, 2023년 명목 GDP와 2023년 기준 2024년 GDP 디플레이터는 얼마인가?(단, 소수점 둘째 자리에서 반올림한다)

〈의류 생산량 및 가격〉

(단위 : 벌, 원)

구분	원피스	가격	티셔츠	가격	바지	가격
2022년	300	120,000	500	23,000	490	34,000
2023년	400	124,000	450	24,000	380	38,000
2024년	250	132,000	480	22,000	500	41,000

• 위의 표에서 가격은 한 벌 가격임
• 명목 GDP는 당해 생산량과 당해 가격을 곱한 값들의 합으로 계산함
• GDP 디플레이터는 실질 GDP 대비 명목 GDP의 비율임
• 실질 GDP는 기준 연도의 가격으로 당해 생산량을 곱해 계산함
• (GDP 디플레이터)$=\dfrac{(\text{명목 GDP})}{(\text{실질 GDP})}\times100$

	2023년 명목 GDP	2024년 GDP 디플레이터
①	73,840,000원	102.1%
②	73,840,000원	103.2%
③	74,840,000원	103.2%
④	74,840,000원	104.1%

04 운송업자인 K씨는 15t 화물트럭을 이용하여 목적지까지 화물을 운송하고 있다. 다음 중 K씨의 차량 운행기록에 따라 K씨가 지불해야 하는 고속도로 통행요금을 바르게 구한 것은?(단, 원 단위 미만은 버림한다)

〈고속도로 통행요금〉

구분	폐쇄식	개방식
기본요금	900원(2차로 50% 할인)	720원
요금산정	(기본요금)+[(주행거리)×(차종별 km당 주행요금)]	(기본요금)+[(요금소별 최단 이용거리)×(차종별 km당 주행요금)]

※ km당 주행요금 단가 : 1종 44.3원, 2종 45.2원, 3종 47.0원, 4종 62.9원, 5종 74.4원(2차로는 50% 할인, 6차로 이상은 20% 할증)

〈차종 분류 기준〉

차종	분류 기준	적용 차량
1종	2축 차량, 윤폭 279.4mm 이하	승용차, 16인승 이하 승합차, 2.5t 미만 화물차
2종	2축 차량, 윤폭 279.4mm 초과, 윤거 1,800mm 이하	승합차 17~32인승, 2.5t~5.5t 화물차
3종	2축 차량, 윤폭 279.4mm 초과, 윤거 1,800mm 초과	승합차 33인승 이상, 5.5t~10t 화물차
4종	3축 차량	10t~20t 화물차
5종	4축 이상 차량	20t 이상 화물차

〈K씨의 차량 운행기록〉

• 목적지 : 서울 → 부산(경유지 영천)
• 총거리 : 374.8km(경유지인 영천까지 330.4km)
• 이용 도로 정보
  – 서울~영천 : 2개 톨게이트(개방식 6차로 거리 180km, 폐쇄식 4차로 거리 150.4km)
  – 영천~부산 : 1개 톨게이트(폐쇄식 2차로 44.4km)
※ 주어진 정보 외의 비용 및 거리는 고려하지 않음
※ 거리는 주행거리 또는 요금소별 최단 이용거리임

① 18,965원
② 21,224원
③ 23,485원
④ 26,512원

05 다음은 한국생산성본부에서 작성한 혁신클러스터 시범단지 현황이다. 반월시화공단과 울산공단의 업체당 평균 고용인원의 차이는 얼마인가?(단, 업체당 평균 고용인원은 소수점 둘째 자리에서 반올림한다)

<혁신클러스터 시범단지 현황>

단지명	특화업종	입주기업 (개사)	생산규모 (억 원)	수출액 (백만 불)	고용인원 (명)	지정시기
창원	기계	1,893	424,399	17,542	80,015	2023년
구미	전기전자	1,265	612,710	36,253	65,884	2023년
반월시화	부품소재	12,548	434,106	6,360	195,635	2023년
울산	자동차	1,116	1,297,185	57,329	101,677	2023년

① 83.1명
② 75.5명
③ 71.4명
④ 68.6명

06 다음은 2024년 우리나라의 LPCD(Liter Per Capita Day)에 대한 자료이다. 1인 1일 사용량에서 영업용 사용량이 차지하는 비중과 1인 1일 가정용 사용량의 하위 두 항목이 차지하는 비중을 순서대로 나열한 것은?(단, 소수점 셋째 자리에서 반올림한다)

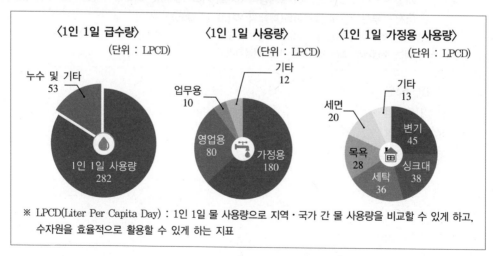

※ LPCD(Liter Per Capita Day) : 1인 1일 물 사용량으로 지역·국가 간 물 사용량을 비교할 수 있게 하고, 수자원을 효율적으로 활용할 수 있게 하는 지표

① 27.57%, 16.25%
② 27.57%, 19.24%
③ 28.37%, 18.33%
④ 28.37%, 19.24%

07 다음은 2024년 방송산업 종사자 수를 나타낸 자료이다. 2024년 추세에 언급되지 않은 분야의 인원은 고정되어 있었다고 할 때, 2023년 방송산업 종사자 수는 모두 몇 명인가?

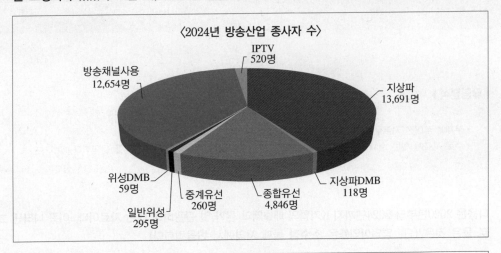

〈2024년 방송산업 종사자 수〉

IPTV 520명
방송채널사용 12,654명
지상파 13,691명
위성DMB 59명
일반위성 295명
중계유선 260명
종합유선 4,846명
지상파DMB 118명

〈2024년 추세〉

지상파 방송사(지상파DMB 포함)는 전년보다 301명(2.2%p)이 증가한 것으로 나타났다. 직종별로 방송직에서는 PD(1.4%p 감소)와 아나운서(1.1%p 감소)·성우·작가·리포터·제작지원 등의 기타 방송직(5%p 감소)이 감소했으나, 카메라·음향·조명·미술·편집 등의 제작관련직(4.8%p 증가)과 기자(0.5%p 증가)는 증가하였다. 그리고 영업홍보직(13.5%p 감소)·기술직(6.1%p 감소)·임원(0.7%p 감소)은 감소했으나, 연구직(11.7%p 증가)과 관리행정직(5.8%p 증가)은 증가했다.

① 20,081명
② 24,550명
③ 32,142명
④ 36,443명

05 자료 변환

| 유형분석 |

- 문제에 주어진 자료를 도표로 변환하는 문제이다.
- 주로 자료에 있는 수치와 그래프 또는 표에 있는 수치가 서로 일치하는지의 여부를 판단한다.

다음은 2020년부터 2024년까지 K기업의 매출액과 원가 및 판관비에 대한 자료이다. 이를 나타낸 그래프로 옳은 것은?(단, 영업이익률은 소수점 둘째 자리에서 반올림한다)

〈K기업 매출액과 원가·판관비〉

(단위 : 억 원)

구분	2020년	2021년	2022년	2023년	2024년
매출액	1,485	1,630	1,410	1,860	2,055
매출원가	1,360	1,515	1,280	1,675	1,810
판관비	30	34	41	62	38

※ (영업이익)=(매출액)-[(매출원가)+(판관비)]
※ (영업이익률)=(영업이익)÷(매출액)×100

① 2020 ~ 2024년 영업이익

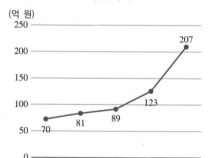

② 2020 ~ 2024년 영업이익

③ 2020 ~ 2024년 영업이익률

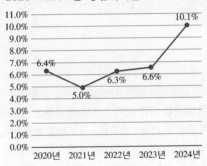

④ 2020 ~ 2024년 영업이익률

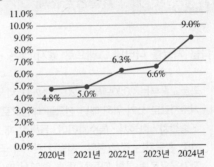

정답 ③

연도별 영업이익과 영업이익률은 다음과 같다.

구분	2020년	2021년	2022년	2023년	2024년
매출액	1,485억 원	1,630억 원	1,410억 원	1,860억 원	2,055억 원
매출원가	1,360억 원	1,515억 원	1,280억 원	1,675억 원	1,810억 원
판관비	30억 원	34억 원	41억 원	62억 원	38억 원
영업이익	95억 원	81억 원	89억 원	123억 원	207억 원
영업이익률	6.4%	5.0%	6.3%	6.6%	10.1%

따라서 해당 자료를 나타낸 그래프로 옳은 것은 ③이다.

풀이 전략!

각 선택지에 있는 도표의 제목을 먼저 확인한다. 그다음 제목에서 어떠한 정보가 필요한지 확인한 후, 문제에서 주어진 자료를
빠르게 확인하여 일치 여부를 판단한다.

01 다음 자료를 나타낸 그래프로 옳지 않은 것은?

국토교통부는 2020년부터 2024년까지 시·도별 등록된 자동차의 제반 사항을 파악해 교통행정의 기초자료로 쓰기 위해 매년 전국을 대상으로 자동차 등록 통계를 시행 중이다. 자동차 종류는 승용차·승합차·화물차·특수차이며, 등록할 때 사용 목적에 따라 자가용·영업용·관용차로 분류된다. 그중 관용차는 정부(중앙, 지방)기관이나 국립 공공기관 등에 소속돼 운행되는 자동차를 말한다.

자가용으로 등록한 자동차 종류 중에서 매년 승용차의 수가 가장 많았으며, 2020년 16.5백만 대, 2021년 17.1백만 대, 2022년 17.6백만 대, 2023년 18백만 대, 2024년 18.1백만 대로 2021년부터 전년 대비 증가하는 추세이다. 다음으로 화물차가 많았고, 승합차·특수차 순으로 등록 수가 많았다. 가장 등록 수가 적은 특수차의 경우 2020년에 2만 대였고, 2022년까지 4천 대씩 증가했으며, 2023년 3만 대, 2024년에는 전년 대비 700대 증가했다.

관용차로 등록된 승용차 및 화물차 수는 각각 2021년부터 3만 대를 초과하였다. 승합차의 경우 2020년 20,260대, 2021년 21,556대, 2022년 22,540대, 2023년 23,014대, 2024년에 22,954대가 등록되었다. 특수차는 매년 2,500대 이상 등록되고 있는 현황이다.

특수차가 가장 많이 등록되는 영업용에서 특수차 수는 2020년 57,277대, 2021년 59,281대로 6만 대 미만이었지만, 2022년에는 60,902대, 2023년 62,554대, 2024년에 62,946대였으며, 승합차는 매년 약 12.5만 대를 유지하고 있다. 승용차와 화물차는 2021년부터 2024년까지 전년 대비 영업용으로 등록되는 자동차 수가 계속 증가하는 추세이다.

① 자가용으로 등록된 연도별 특수차 수

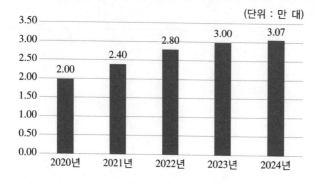

(단위 : 만 대)

② 자가용으로 등록된 연도별 승용차 수

(단위 : 백만 대)

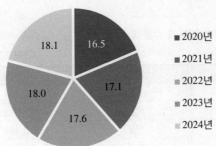

- 2020년
- 2021년
- 2022년
- 2023년
- 2024년

③ 영업용으로 등록된 연도별 특수차 수

(단위 : 대)

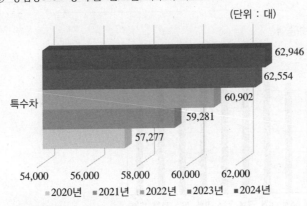

④ 2021 ~ 2024년 영업용으로 등록된 특수차의 전년 대비 증가량

(단위 : 대)

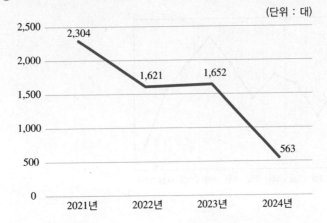

02 다음은 K국가의 2024년 월별 반도체 수출 동향을 나타낸 표이다. 이를 나타낸 그래프로 옳지 않은 것은?(단, 그래프 단위는 모두 '백만 달러'이다)

〈2024년 월별 반도체 수출액 동향〉

(단위 : 백만 달러)

기간	수출액	기간	수출액
1월	9,681	7월	10,383
2월	9,004	8월	11,513
3월	10,804	9월	12,427
4월	9,779	10월	11,582
5월	10,841	11월	10,684
6월	11,157	12월	8,858

① 2024년 월별 반도체 수출액

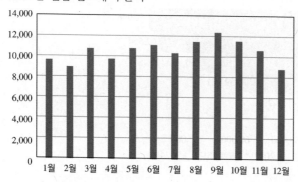

② 2024년 월별 반도체 수출액

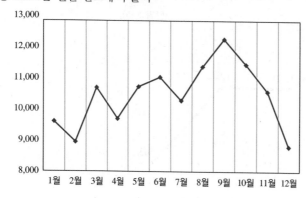

③ 2024년 월별 반도체 수출액

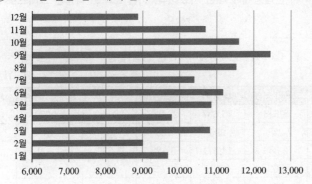

④ 2~12월의 전월 대비 반도체 수출 증감액

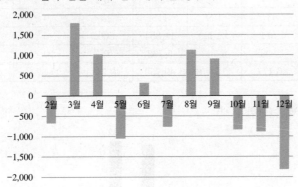

03 다음은 2024년 신재생에너지 산업통계에 대한 자료이다. 이를 토대로 작성한 그래프로 옳지 않은 것은?

〈2024년 신재생에너지원별 산업 현황〉

(단위 : 억 원)

구분	기업체 수(개)	고용인원(명)	매출액	내수	수출액	해외공장매출	투자액
태양광	127	8,698	75,637	22,975	33,892	18,770	5,324
태양열	21	228	290	290	0	0	1
풍력	37	2,369	14,571	5,123	5,639	3,809	583
연료전지	15	802	2,837	2,143	693	0	47
지열	26	541	1,430	1,430	0	0	251
수열	3	46	29	29	0	0	0
수력	4	83	129	116	13	0	0
바이오	128	1,511	12,390	11,884	506	0	221
폐기물	132	1,899	5,763	5,763	0	0	1,539
합계	493	16,177	113,076	49,753	40,743	22,579	7,966

① 신재생에너지원별 기업체 수(단위 : 개)

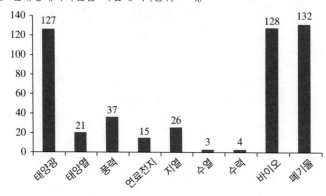

② 신재생에너지원별 고용인원(단위 : 명)

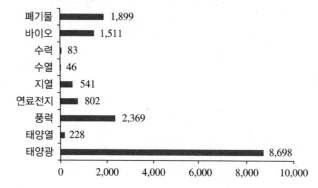

③ 신재생에너지원별 고용인원 비율

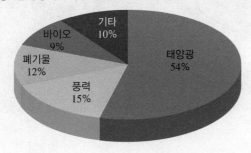

④ 신재생에너지원별 내수 현황(단위 : 억 원)

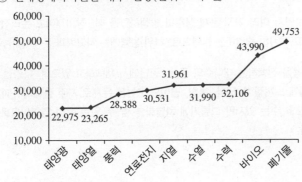

CHAPTER 03
문제해결능력

문제해결능력은 업무를 수행하면서 여러 가지 문제 상황이 발생하였을 때, 창의적이고 논리적인 사고를 통하여 이를 올바르게 인식하고 적절히 해결하는 능력으로, 하위 능력에는 사고력과 문제처리능력이 있다.

문제해결능력은 NCS 기반 채용을 진행하는 대다수의 공사·공단에서 채택하고 있으며, 다양한 자료와 함께 출제되는 경우가 많아 어렵게 느껴질 수 있다. 특히, 난이도가 높은 문제로 자주 출제되기 때문에 다른 영역보다 더 많은 노력이 필요할 수는 있지만 그렇기에 차별화를 할 수 있는 득점 영역이므로 포기하지 말고 꾸준하게 노력해야 한다.

01 질문의 의도를 정확하게 파악하라!

문제해결능력은 문제에서 무엇을 묻고 있는지 정확하게 파악하여 먼저 풀이 방향을 설정하는 것이 가장 중요하다. 특히, 조건이 주어지고 답을 찾는 창의적·분석적인 문제가 주로 출제되고 있기 때문에 처음에 정확한 풀이 방향이 설정되지 않는다면 문제를 제대로 풀지 못하게 되므로 첫 번째로 출제 의도 파악에 집중해야 한다.

02 중요한 정보는 반드시 표시하라!

출제 의도를 정확히 파악하기 위해서는 문제의 중요한 정보를 반드시 표시하거나 메모하여 하나의 조건, 단서도 잊고 넘어가는 일이 없도록 해야 한다. 실제 시험에서는 시간의 압박과 긴장감으로 정보를 잘못 적용하거나 잊어버리는 실수가 많이 발생하므로 사전에 충분한 연습이 필요하다.

03 반복 풀이를 통해 취약 유형을 파악하라!

문제해결능력은 특히 시간관리가 중요한 영역이다. 따라서 정해진 시간 안에 고득점을 할 수 있는 효율적인 문제 풀이 방법을 찾아야 한다. 이때, 반복적인 문제 풀이를 통해 자신이 취약한 유형을 파악하는 것이 중요하다. 정확하게 풀 수 있는 문제부터 빠르게 풀고 취약한 유형은 나중에 푸는 효율적인 문제 풀이를 통해 최대한 고득점을 맞는 것이 중요하다.

01 명제 추론

| 유형분석 |

- 주어진 문장을 토대로 논리적으로 추론하여 참 또는 거짓을 구분하는 문제이다.
- 대체로 연역추론을 활용한 문제가 출제된다.

김대리는 체육대회에 참여할 직원 명단을 작성하고자 한다. A ~ F 6명의 직원들이 다음 〈조건〉에 따라 참여한다고 할 때, 체육대회에 반드시 참여하는 직원의 수는?

조건

- A가 참여하면 F는 참여하지 않고, B는 체육대회에 참여한다.
- C가 체육대회에 참여하면 D는 체육대회에 참여하지 않는다.
- E가 체육대회에 참여하지 않으면 C는 체육대회에 참여한다.
- B와 E 중 1명만 체육대회에 참여한다.
- D는 체육대회에 참여한다.

① 2명   ② 3명

③ 4명   ④ 5명

정답 ①

제시된 조건을 기호화하여 나타내면 다음과 같다.

- A → ~F & B
- C → ~D
- ~E → C
- B or E
- D

다섯 번째 조건에 의해 D가 참여하므로 두 번째 조건의 대우인 D → ~C에 의해 C는 참여하지 않고, 세 번째 조건의 대우인 ~C → E에 의해 E는 참여한다. E가 참여하므로 네 번째 조건에 의해 B는 참여하지 않는다. 또한 첫 번째 조건의 대우인 F or ~B → ~A에 의해 A는 참여하지 않는다. 그리고 F는 제시된 조건으로는 반드시 참여하는지 알 수 없다. 따라서 반드시 체육대회에 참여하는 직원은 D와 E 2명이다.

풀이 전략!

명제와 관련한 삼단 논법 등에 대해서는 미리 학습해 두며, 이를 바탕으로 각 문장에 있는 핵심단어를 기호화하여 정리한 후, 선택지와 비교하여 참 또는 거짓을 판단한다.

01 다음 〈조건〉에 따라 K공사 발전처의 부장, 과장, 대리, 주임, 사원이 농구, 축구, 야구, 테니스, 자전거, 영화 동호회에 참여할 때, 직급과 성별 및 동호회가 바르게 연결되지 않은 것은?(단, 모든 직원은 반드시 동호회 1곳에 참여한다)

> **조건**
> • 남성 직원은 3명, 여성 직원은 2명이다.
> • 모든 동호회의 참여 가능 인원은 팀내 최대 2명이다.
> • 모든 여성 직원은 자전거 동호회에 참여하지 않았다.
> • 여성 직원 중 1명은 농구, 축구, 야구, 테니스 동호회 중 하나에 참여했다.
> • 대리, 주임, 사원은 자전거 동호회 또는 영화 동호회에 참여하지 않았다.
> • 참여 직원이 없는 동호회는 2개이다.
> • 야구, 자전거, 영화 동호회에 참여한 직원은 각각 1명이다.
> • 주임은 야구 동호회에 참여했고 부장은 영화 동호회에 참여했다.
> • 축구 동호회에 참석한 직원은 남성뿐이다.

	직급	성별	참여 동호회
①	부장	여성	영화
②	대리	남성	추구
③	주임	여성	야구
④	사원	남성	테니스

02 K기업에 근무 중인 A ~ D는 돌아가며 당직근무를 한다. 다음 〈조건〉에 따라 당직근무를 배정받는다고 할 때, 1월 11일에 당직근무를 하는 사람은?(단, 1월 1일은 일요일이다)

> **조건**
> • 당직근무자는 주중, 주말 무관하게 투입일 18시부터 다음날 09시까지 당직을 선다. 당직근무는 투입일을 기준으로 배정한다(월요일 당직근무 배정 시, 월요일 18시 ~ 화요일 09시).
> • 당직근무에는 1명씩만 배정된다.
> • 오늘은 1월 3일이다.
> • A는 주말에 당직근무를 한다.
> • D는 어제 당직근무를 하였다.
> • C는 홀수인 월요일, 목요일에만 당직근무를 한다.
> • B는 A, C, D의 당직근무 배정 후 남는 날에 당직근무를 한다.
> • D는 격일로 당직근무를 한다. 단, 당직근무일이 금요일·일요일인 경우에는 근무하지 않고, 그날로부터 이틀째 되는 날 근무한다.
> • D의 당직근무 배정은 다른 사람들보다 우선한다.

① A   ② B
③ C   ④ D

03 이번 학기에 4개의 강좌 A ~ D가 새로 개설되는데, 강사 갑 ~ 무 중 4명이 한 강좌씩 맡으려 한다. 배정 결과를 궁금해 하는 5명은 다음과 같이 예측했다. 배정 결과를 보니 갑 ~ 무의 진술 중 한 명의 진술만이 거짓이고 나머지는 참임이 드러났을 때, 다음 중 바르게 추론한 것은?

> 갑 : 을이 A강좌를 담당하고 병은 강좌를 담당하지 않을 것이다.
> 을 : 병이 B강좌를 담당할 것이다.
> 병 : 정은 D강좌가 아닌 다른 강좌를 담당할 것이다.
> 정 : 무가 D강좌를 담당할 것이다.
> 무 : 을의 말은 거짓일 것이다.

① 갑은 A강좌를 담당한다.
② 을은 C강좌를 담당한다.
③ 병은 강좌를 담당하지 않는다.
④ 정은 D강좌를 담당한다.

04 어떤 고고학 탐사대가 발굴한 네 개의 유물 A ~ D에 대하여 다음과 같은 사실을 알게 되었다. 발굴된 유물을 시대 순으로 오래된 유물부터 순서대로 나열한 것은?

> • B보다 시대가 앞선 유물은 두 개다.
> • C는 D보다 시대가 앞선 유물이다.
> • A는 C에 비해 최근의 유물이다.
> • D는 B가 만들어진 시대 이후에 제작된 유물이다.

① C - A - B - D
② C - B - D - A
③ C - D - A - B
④ C - D - B - A

05 다음 명제가 모두 참일 때, 반드시 참인 것은?

> • 김팀장이 이번 주 금요일에 월차를 쓴다면, 최대리는 이번 주 금요일에 월차를 쓰지 못한다.
> • 최대리가 이번 주 금요일에 월차를 쓰지 못한다면, 강사원의 프로젝트 마감일은 이번 주 금요일이다.

① 강사원의 프로젝트 마감일이 이번 주 금요일이 아니라면, 김팀장은 이번 주 금요일에 월차를 쓰지 않을 것이다.
② 강사원의 프로젝트 마감일이 금요일이라면, 최대리는 이번 주 금요일에 월차를 쓰지 않을 것이다.
③ 강사원의 프로젝트 마감일이 금요일이라면, 김팀장은 이번 주 금요일에 월차를 쓰지 않을 것이다.
④ 최대리가 이번 주 금요일에 월차를 쓰지 않는다면, 김팀장은 이번 주 금요일에 월차를 쓸 것이다.

06 다음 글의 내용이 참일 때, 반드시 채택되는 업체의 수는?

> K기업에서는 신제품에 들어갈 부품을 조달할 업체를 채택하려고 한다. 예비 후보로 A ~ E 5개 업체가 선정되었으며, 그 외에 다른 업체가 채택될 가능성은 없다. 각각의 업체에 대해 K기업은 채택하거나 채택하지 않거나 어느 하나의 결정만을 내린다.
> 기업 내부방침에 따라, 일정 규모 이상의 중견기업인 A가 채택되면 소기업인 B도 채택된다. A가 채택되지 않으면 D와 E 역시 채택되지 않는다. 그리고 K기업의 생산공장과 동일한 단지에 속한 업체인 B가 채택된다면, 같은 단지의 업체인 C가 채택되거나 혹은 타지역 업체인 A는 채택되지 않는다. 마지막으로 부품 공급위험을 분산하기 위해 D가 채택되지 않는다면, A는 채택되지만 C는 채택되지 않는다.

① 1곳   ② 2곳
③ 3곳   ④ 4곳

02 상황 판단

| 유형분석 |

- 주어진 상황과 조건을 종합적으로 활용하여 풀어가는 문제이다.
- 일정, 비용, 순서 등 다양한 내용을 다루고 있어 유형을 한 가지로 단일화하기 어렵다.

K공사에서는 인건비를 줄이기 위해 다양한 방식을 고민하고 있다. 다음 자료를 참고할 때, 가장 적절한 방법은 무엇인가?(단, 한 달은 4주이다)

- 정직원은 오전 8시부터 오후 7시까지 평일·주말 상관없이 주 6일 일하며, 1인당 월급은 220만 원이다.
- 계약직원은 오전 8시부터 오후 7시까지 평일·주말 상관없이 주 5일 일하며, 1인당 월급은 180만 원이다.
- 아르바이트생은 평일 3일, 주말 2일로 하루 9시간씩 근무하며, 평일은 시급 9,000원, 주말은 시급 12,000 원이다.
- 현재 정직원 5명, 계약직원 3명, 아르바이트생 3명이 근무 중이며, 전체 인원을 줄일 수는 없다.

① 계약직원을 정직원으로 전환한다.
② 계약직원을 아르바이트생으로 전환한다.
③ 아르바이트생을 정직원으로 전환한다.
④ 아르바이트생을 계약직원으로 전환한다.

정답 ④

B현재 아르바이트생의 월 급여는 (평일)+(주말)=(3×9×4×9,000)+(2×9×4×12,000)=1,836,000원이므로, 월 급여는 정직원>아르바이트생>계약직원 순서이다. 따라서 전체 인원을 줄일 수 없으므로 현재 상황에서 인건비를 가장 많이 줄일 수 있는 방법은 아르바이트생을 계약직원으로 전환하는 것이다.

풀이 전략!

문제에 제시된 상황을 정확히 파악한 후, 조건이나 선택지를 꼼꼼하게 확인하면서 문제를 풀어나간다.

01 A ~ D부서는 내일 있을 부서별 회의에서 필요한 사항을 충족하도록 회의실을 예약하고자 한다. 회의실 현황과 부서별 회의 정보가 다음과 같을 때, 부서별로 예약할 회의실이 바르게 연결되지 않은 것은?

〈회의실 현황〉

회의실	최대수용인원	화이트보드	빔 프로젝터	화상회의 시스템	이용가능시간
가	9	×	○	×	09:00 ~ 16:00
나	6	○	×	○	10:00 ~ 14:30
다	8	○	×	×	10:00 ~ 17:00
라	8	×	×	○	11:30 ~ 19:00
마	10	×	○	×	08:30 ~ 12:00

〈부서별 회의 정보〉

• 각 부서는 서로 다른 회의실을 예약한다.
• A부서는 총 8명이며, 전원 회의에 참석할 예정이다. 빔 프로젝터를 이용할 예정이며, 오전과 오후로 세션을 나누어 동일한 회의실을 각 2시간씩 사용하고자 한다.
• B부서는 총 7명이며, 전원이 회의에 참석하여 오후 4시부터 2시간 동안 싱가포르 지부와 화상회의를 진행할 예정이다.
• C부서는 총 10명이며, 3명은 출장으로 인해 불참할 예정이다. 회의는 오전 11시부터 2시간 동안 진행될 예정이며, 회의 시 화이트보드를 사용하고자 한다.
• D부서는 총 4명이며, 전원이 회의에 참석하여 빔 프로젝터를 이용하여 오전 중 3시간 반 동안 신상품 사전협의 회의를 진행하고자 한다.

	부서	회의실
①	A	가
②	B	라
③	C	나
④	D	마

02 A씨가 6월 중 부서 중요업무가 있는 날을 제외한 날에 하루 휴가를 신청하고자 한다. 부서 중요업무가 다음과 같을 때, A씨가 휴가를 신청하기에 가장 적절한 날은?(단, 6월 1일은 목요일이고 6월 6일은 공휴일이며, 주말 및 공휴일에는 휴가를 사용하지 않는다)

- 매주 수요일과 금요일에 회의를 진행한다.
- 6월 22 ~ 26일에 내부품질검증 TF에 참여한다.
- 매월 두 번째, 네 번째 주 월요일에 회식을 진행한다.
- 매주 금요일 오전에 본부장 대상 주간보고를 진행한다.
- 6월 13 ~ 16일에 본부에서 주관하는 세미나에 참석한다.

① 6월 12일
② 6월 15일
③ 6월 22일
④ 6월 29일

03 영업사원 K가 다음 〈조건〉에 따라 A ~ F도시를 방문할 때, 도시 방문의 방법은 모두 몇 가지인가?

조건
- 출발지에 상관없이 세 도시를 방문해야 한다.
- 같은 도시를 방문하지 않는다.
- 선 위에 있는 숫자는 거리(km)이다.
- 도시를 방문하는 순서 및 거리가 다르더라도 동일 도시를 방문하면 한 가지 방법이다.
- 도시를 방문하는 거리는 80km를 초과할 수 없다.
- 도시를 방문하는 방법 중 최소 거리로만 계산한다.

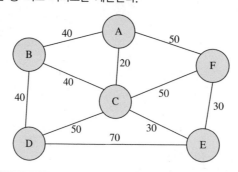

① 9가지
② 10가지
③ 11가지
④ 12가지

04 다음 글과 〈조건〉에 근거할 때, 이에 대한 설명으로 가장 적절한 것은?

환경오염 및 예방 대책의 추진(제○○조)
환경부장관 및 시장·군수·구청장 등은 국가산업단지의 주변지역에 대한 환경기초조사를 정기적으로 실시하여야 하며 이를 기초로 하여 환경오염 및 예방 대책을 수립·시행하여야 한다.

환경기초조사의 방법·시기 등(제○○조)
전조(前條)에 따른 환경기초조사의 방법과 시기 등은 다음 각 호와 같다.
1. 환경기초조사의 범위는 지하수 및 지표수의 수질, 대기, 토양 등에 대한 계획·조사 및 치유대책을 포함한다.
2. 환경기초조사는 당해 기초지방자치단체장이 1단계 조사를 하고 환경부장관이 2단계 조사를 한다. 다만, 1단계 조사결과에 의하여 정상지역으로 판정된 때는 2단계 조사를 하지 아니한다.
3. 제2호에 따른 1단계 조사는 그 조사 시행일 기준으로 매 3년마다 실시하고, 2단계 조사는 1단계 조사 판정일 이후 1개월 이내에 실시하여야 한다.

조건

- K시에는 갑, 을, 병 세 곳의 국가산업단지가 있다.
- K시 시장은 다음과 같이 세 개 단지의 주변지역에 대한 1단계 환경기초조사를 하였다. 2025년 1월 1일, 기록되어 있는 시행일과 판정일 및 판정 결과는 다음과 같다.

구분	1단계 조사 시행일	1단계 조사 판정일	결과
갑단지 주변지역	2024년 7월 1일	2024년 11월 30일	오염 지역
을단지 주변지역	2022년 3월 1일	2022년 9월 1일	오염 지역
병단지 주변지역	2023년 10월 1일	2024년 7월 1일	정상 지역

① 갑단지 주변지역에 대하여 2025년에 환경부장관은 2단계 조사를 해야 한다.
② 을단지 주변지역에 대하여 2025년에 K시 시장은 1단계 조사를 해야 한다.
③ 을단지 주변지역에 대하여 K시 시장은 2022년 9월 중에 2단계 조사를 하였다.
④ 병단지 주변지역에 대하여 환경부장관은 2024년 7월 중에 2단계 조사를 하였다.

03 자료 해석

| 유형분석 |

- 주어진 자료를 해석하고 활용하여 풀어가는 문제이다.
- 꼼꼼하고 분석적인 접근이 필요한 다양한 자료들이 출제된다.

K동에서는 임신한 주민에게 출산장려금을 지원하고자 한다. 출산장려금 지급 기준 및 K동에 거주하는 임산부에 대한 정보가 다음과 같을 때, 출산장려금을 가장 먼저 받을 수 있는 사람은?

〈K동 출산장려금 지급 기준〉

- 출산장려금 지급액은 모두 같으나, 지급 시기는 모두 다르다.
- 지급 순서 기준은 임신일, 자녀 수, 소득 수준 순서이다.
- 임신일이 길수록, 자녀가 많을수록, 소득 수준이 낮을수록 먼저 받는다(단, 자녀는 만 19세 미만의 아동 및 청소년으로 제한한다).
- 임신일, 자녀 수, 소득 수준이 모두 같으면 같은 날에 지급한다.

〈K동 거주 임산부 정보〉

임산부	임신일	자녀	소득 수준
갑	200일	만 3세	상
을	100일	만 10세, 만 6세, 만 5세, 만 4세	상
병	200일	만 7세, 만 5세, 만 3세	중
정	200일	만 20세, 만 16세, 만 14세, 만 10세	상

① 갑 임산부
② 을 임산부
③ 병 임산부
④ 정 임산부

정답 ③

출산장려금 지급 시기의 가장 우선순위인 임신일이 가장 긴 임산부는 갑, 병, 정 임산부이다. 이 중에서 만 19세 미만인 자녀 수가 많은 임산부는 병, 정 임산부이고, 소득 수준이 더 낮은 임산부는 병 임산부이다. 따라서 병 임산부가 가장 먼저 출산장려금을 받을 수 있다.

풀이 전략!

문제 해결을 위해 필요한 정보가 무엇인지 먼저 파악한 후, 제시된 자료를 분석적으로 읽고 해석한다.

01 다음은 K공사의 재난적 의료비 지원사업에 대한 자료이다. 이에 대해 바르게 알고 있는 사람을 〈보기〉에서 모두 고르면?

〈재난적 의료비 지원사업〉

- 개요
  질병·부상 등으로 인한 치료·재활 과정에서 소득·재산 수준 등에 비추어 과도한 의료비가 발생해 경제적 어려움을 겪게 되는 상황으로 의료비 지원이 필요하다고 인정된 사람에게 지원합니다.
- 대상질환
  1. 모든 질환으로 인한 입원환자
  2. 중증질환으로 외래진료를 받은 환자
  ※ 중증질환 : 암, 뇌혈관, 심장, 희귀, 중증난치, 중증화상질환
- 소득 기준
  – 기준중위소득 100% 이하 : 지원 원칙(건보료 기준)
  – 기준중위소득 100% 초과 200% 이하 : 연소득 대비 의료비부담비율을 고려해 개별심사 후 지원
  ※ 재산 과표 5.4억 원 초과 고액재산보유자는 지원 제외
- 의료비 기준
  1회 입원에 따른 가구의 연소득 대비 의료비 발생액[법정본인부담, 비급여 및 예비(선별)급여 본인부담]이 기준금액 초과 시 지원
  – 기초생활수급자, 차상위계층 : 80만 원 초과 시 지원
  – 기준중위소득 50% 이하 : 160만 원 초과 시 지원
  – 기준중위소득 100% 이하 : 연소득의 15% 초과 시 지원

보기

강대리 : 18세로 뇌혈관 치료 때문에 외래진료를 받은 학생에게 이 사업에 대해 알려주었어. 학생의 집은 기준중위소득 100%에 해당되기 때문에 지원을 받을 수 있는 거야.

남대리 : 이번에 개인 질환으로 입원했는데, 200만 원이 나왔어. 기준중위소득 50%에 해당되는데 지원금을 받을 수 있어 다행이야.

도대리 : 어머니가 심장이 안 좋으셔서 외래진료를 받고 있는데 돈이 많이 들어. 기준중위소득 200%에 속하는데 현금은 없지만 재산이 5.4억 원이라서 심사에 지원도 못하고 요즘 힘드네.

박대리 : 요즘 열이 많이 나서 근처 병원으로 통원 치료하고 있어. 기초생활수급자인 내 형편으로 볼 때, 지원금을 받는 데 문제없겠지?

---

① 강대리, 남대리　　　　　　　② 강대리, 도대리

③ 남대리, 도대리　　　　　　　④ 남대리, 박대리

※ 다음은 K대학 졸업자 중 해외기업 인턴에 지원한 5명에 대한 정보이다. 이어지는 질문에 답하시오.
[2~3]

<K대학 졸업자 중 해외기업 인턴 지원자 정보>

구분	나이	평균 학점	공인영어점수	관련 자격증 개수	희망 국가
A지원자	26세	4.10점	92점	2개	독일
B지원자	24세	4.25점	81점	0개	싱가포르
C지원자	25세	3.86점	75점	2개	일본
D지원자	28세	4.12점	78점	3개	호주
E지원자	27세	4.50점	96점	1개	영국

02 다음 〈조건〉에 따라 점수를 부여할 때, C지원자는 어떤 국가의 해외기업으로 인턴을 가는가?

조건
- 나이가 어린 사람부터 순서대로 5 ~ 1점을 부여한다.
- 평균 학점이 높은 사람부터 순서대로 5 ~ 1점을 부여한다.
- 공인영어점수의 10%를 점수로 환산한다.
- 관련 자격증은 1개당 3점을 부여한다.
- 총점이 가장 높은 2명은 희망한 국가로, 3번째는 미국, 4번째는 중국으로 인턴을 가고, 5번째는 탈락한다.

① 영국
② 중국
③ 미국
④ 일본

03 다음 〈조건〉과 같이 선발 기준이 변경되었을 때, 희망한 국가에 가지 못하는 지원자는 누구인가?

조건
- 나이는 고려하지 않는다.
- 평균 학점은 소수점 첫째 자리에서 반올림하여 점수를 부여한다.
- 공인영어점수의 10%를 점수로 환산한다.
- 관련 자격증은 1개당 2점을 부여한다.
- 총점이 가장 낮은 1명은 탈락하고, 나머지는 각자 희망하는 국가로 인턴을 간다.

① A지원자
② B지원자
③ C지원자
④ D지원자

04 K공사의 평가지원팀 A팀장, B대리, C대리, D주임, E주임, F주임, G사원, H사원 8명은 기차를 이용해 대전으로 출장을 가려고 한다. 다음 〈조건〉에 따라 직원들의 좌석이 배정될 때, 〈보기〉 중 옳지 않은 것을 모두 고르면?(단, 이웃하여 앉는다는 것은 두 사람 사이에 복도를 두지 않고 양옆으로 붙어 앉는 것을 의미한다)

〈기차 좌석표〉

앞

창가	1가	1나	복도	1다	1라	창가
	2가	2나		2다	2라	

뒤

조건

- 팀장은 반드시 두 번째 줄에 앉는다.
- D주임은 2다 석에 앉는다.
- 주임끼리는 이웃하여 앉지 않는다.
- 사원은 나 열 혹은 다 열에만 앉을 수 있다.
- 팀장은 대리와 이웃하여 앉는다.
- F주임은 업무상 지시를 위해 H사원과 이웃하여 앉아야 한다.
- B대리는 창가쪽 자리에 앉는다.

보기

ㄱ. E주임은 1가 석에 앉는다.
ㄴ. C대리는 라 열에 앉는다.
ㄷ. G사원은 E주임과 이웃하여 앉는다.
ㄹ. A팀장의 앞 좌석에는 G사원 혹은 H사원이 앉는다.

① ㄱ
② ㄱ, ㄹ
③ ㄴ, ㄷ
④ ㄱ, ㄴ, ㄹ

05 다음은 외래 진료 시 환자가 부담하는 비용에 대한 자료이다. 〈보기〉에 제시된 금액이 요양급여비용 총액이라고 할 때, 세 사람의 본인부담금은 총 얼마인가?(단, 모든 지역은 의약분업을 실시하고 있다)

<외래 진료 시 본인부담금>

구분		본인부담금 비율
의료 급여기관	상급종합병원	(진찰료 총액)+(나머지 진료비의 60%)
	종합병원	요양급여비용 총액의 45%(읍, 면지역), 50%(동지역)
	일반병원	요양급여비용 총액의 35%(읍, 면지역), 40%(동지역)
	의원	요양급여비용 총액의 30%

	* 단, 65세 이상인 경우(의약분업 실시 지역)
	   – 요양급여비용 총액이 25,000원 초과인 경우, 요양급여비용 총액의 30%를 부담
	   – 요양급여비용 총액이 20,000원 초과 25,000원 이하인 경우, 요양급여비용 총액의 20%를 부담
	   – 요양급여비용 총액이 15,000원 초과 20,000원 이하인 경우, 요양급여비용 총액의 10%를 부담
	   – 요양급여비용 총액이 15,000원 이하인 경우, 1,500원 부담	

약국	요양급여비용 총액의 30%	

	* 단, 65세 이상인 경우(처방전에 의한 의약품조제 시)
	   – 요양급여비용 총액이 12,000원 초과인 경우, 요양급여비용 총액의 30%를 부담
	   – 요양급여비용 총액이 10,000원 초과 12,000원 이하인 경우, 요양급여비용 총액의 20%를 부담
	   – 요양급여비용 총액이 10,000원 이하인 경우, 1,000원 부담	

* 요양급여비용이란 아래 범위에 해당하는 요양 서비스의 비용을 말함
  1. 진찰·검사
  2. 약제(藥劑)·치료재료의 지급
  3. 처치·수술 및 그 밖의 치료
  4. 예방·재활
  5. 입원
  6. 간호
  7. 이송(移送)

보기

ㄱ. Q동에서 살고 있는 67세 이○○ 씨는 종합병원에서 재활을 받고, 진료비 21,500원이 나왔다.

ㄴ. P읍에 사는 34세 김□□ 씨는 의원에서 진찰비 12,000원이 나오고, 처방전을 받아 약국에서 총액은 10,000원이 나왔다.

ㄷ. 60세 최△△ 씨는 M면 지역 일반병원에 방문하여 진료비 25,000원과 약국에서 처방전에 따라 총액 60,000원이 나왔다.

① 39,650원   ② 38,600원

③ 37,650원   ④ 36,600원

06 다음은 미성년자(만 19세 미만)의 전자금융서비스 신규·변경·해지 신청에 필요한 서류와 관련된 자료이다. 이를 이해한 내용으로 가장 적절한 것은?

구분	미성년자 본인 신청 (만 14세 이상)	법정대리인 신청 (만 14세 미만은 필수)
신청서류	• 미성년자 실명확인증표 • 법정대리인(부모) 각각의 동의서 • 법정대리인 각각의 인감증명서 • 미성년자의 가족관계증명서 • 출금계좌통장, 통장인감(서명)	• 미성년자의 기본증명서 • 법정대리인(부모) 각각의 동의서 • 내방 법정대리인 실명확인증표 • 미내방 법정대리인 인감증명서 • 미성년자의 가족관계증명서 • 출금계좌통장, 통장인감

※ 유의사항
① 미성년자 실명확인증표 : 학생증(성명·주민등록번호·사진 포함), 청소년증, 주민등록증, 여권 등(단, 학생증에 주민등록번호가 포함되지 않은 경우 미성년자의 기본증명서 추가 필요)
② 전자금융서비스 이용신청을 위한 법정대리인 동의서 법정대리인 미방문 시 인감 날인(단, 한부모가정인 경우 친권자 동의서 필요 – 친권자 확인 서류 : 미성년자의 기본증명서)
③ 법정대리인이 자녀와 함께 방문한 경우 법정대리인의 실명확인증표로 인감증명서 대체 가능
※ 법정대리인 동의서 양식은 '홈페이지 → 고객센터 → 약관·설명서·서식 → 서식자료' 중 '전자금융게시' 내용 참고

① 만 13세인 희수가 전자금융서비스를 해지하려면 반드시 법정대리인이 신청해야 한다.
② 법정대리인이 자녀와 함께 방문하여 신청할 경우, 반드시 인감증명서가 필요하다.
③ 올해로 만 18세인 지성이가 전자금융서비스를 변경하려면 신청서류로 이름과 사진이 들어있는 학생증과 법정대리인 동의서가 필요하다.
④ 법정대리인 신청 시 동의서는 부모 중 한 명만 있으면 된다.

07 경영기획실에서 근무하는 귀하는 매년 부서별 사업계획을 정리하는 업무를 맡고 있다. 부서별 사업계획을 간략하게 정리한 보고서를 보고 귀하가 할 수 있는 생각으로 가장 적절한 것은?

<사업별 기간 및 소요예산>

• A사업 : 총 사업기간은 2년으로, 첫해에는 1조 원, 둘째 해에는 4조 원의 예산이 필요하다.
• B사업 : 총 사업기간은 3년으로, 첫해에는 15조 원, 둘째 해에는 18조 원, 셋째 해에는 21조 원의 예산이 필요하다.
• C사업 : 총 사업기간은 1년으로, 총 소요예산은 15조 원이다.
• D사업 : 총 사업기간은 2년으로, 첫해에는 15조 원, 둘째 해에는 8조 원의 예산이 필요하다.
• E사업 : 총 사업기간은 3년으로, 첫해에는 6조 원, 둘째 해에는 12조 원, 셋째 해에는 24조 원의 예산이 필요하다.

올해를 포함한 향후 5년간 위의 5개 사업에 투자할 수 있는 예산은 아래와 같다.

<연도별 가용예산>

(단위 : 조 원)

1차 연도(올해)	2차 연도	3차 연도	4차 연도	5차 연도
20	24	28.8	34.5	41.5

<규정>

• 모든 사업은 한번 시작하면 완료될 때까지 중단할 수 없다.
• 예산은 당해 사업연도에 남아도 상관없다.
• 각 사업연도의 예산은 이월될 수 없다.
• 모든 사업을 향후 5년 이내에 반드시 완료한다.

① B사업을 세 번째 해에 시작하고 C사업을 최종연도에 시행한다.
② A사업과 D사업을 첫해에 동시에 시작한다.
③ 첫해에는 E사업만 시작한다.
④ D사업을 첫해에 시작한다.

08 다음은 K손해보험 보험금 청구 절차 안내문이다. 이를 토대로 고객들의 질문에 답변할 때, 적절하지 않은 것은?

PART 1

〈보험금 청구 절차 안내문〉

단계	구분	내용
Step 1	사고 접수 및 보험금청구	피보험자, 가해자, 피해자가 사고발생 통보 및 보험금 청구를 합니다. 접수는 가까운 영업점에 관련 서류를 제출합니다.
Step 2	보상팀 및 보상담당자 지정	보상처리 담당자가 지정되어 고객님께 담당자의 성명, 연락처를 SMS로 전송해드립니다. 자세한 보상관련 문의사항은 보상처리 담당자에게 문의하시면 됩니다.
Step 3	손해사정사법인 (현장확인자)	보험금 지급 여부 결정을 위해 사고현장조사를 합니다. (병원 공인된 손해사정법인에게 조사업무를 위탁할 수 있음)
Step 4	보험금 심사 (심사자)	보험금 지급 여부를 심사합니다.
Step 5	보험금 심사팀	보험금 지급 여부가 결정되면 피보험자 예금통장에 보험금이 입금됩니다.

※ 3만 원 초과 10만 원 이하 소액통원의료비를 청구할 경우, 보험금 청구서와 병원영수증, 질병분류기호(질병명)가 기재된 처방전만으로 접수가 가능함
※ 의료기관에서 환자가 요구할 경우 처방전 발급 시 질병분류기호(질병명)가 기재된 처방전 2부 발급이 가능함
※ 온라인 접수 절차는 K손해보험 홈페이지에서 확인할 수 있음

① Q : 자전거를 타다가 팔을 다쳐서 병원비가 56,000원이 나왔습니다. 보험금을 청구하려고 하는데 제출할 서류는 어떻게 되나요?

   A : 고객님의 의료비는 10만 원이 넘지 않는 관계로 보험금 청구서와 병원영수증, 진단서가 필요합니다.

② Q : 사고를 낸 당사자도 보험금을 청구할 수 있나요?

   A : 네, 고객님. 사고의 가해자와 피해자 모두 보험금을 청구하실 수 있습니다.

③ Q : 사고 접수는 인터넷으로 접수가 가능한가요?

   A : 네, 가능합니다. 자세한 접수 절차는 K손해보험 홈페이지에서 확인하실 수 있습니다.

④ Q : 질병분류기호가 기재된 처방전은 어떻게 발급하나요?

   A : 처방전 발급 시 해당 의료기관에 질병분류기호를 포함해달라고 요청하시면 됩니다.

04 규칙 적용

| 유형분석 |

- 주어진 상황과 규칙을 종합적으로 활용하여 풀어 가는 문제이다.
- 일정, 비용, 순서 등 다양한 내용을 다루고 있어 유형을 한 가지로 단일화하기 어렵다.

갑은 다음과 같은 〈규칙〉에 따라서 알파벳 단어를 숫자로 변환하고자 한다. 주어진 〈규칙〉에 따를 때, 〈보기〉에 주어진 규칙 적용 사례 ㉠ ~ ㉣을 보고, ㉠ ~ ㉣의 각 알파벳 단어에서 알파벳 Z에 해당하는 자연수들을 모두 더한 값으로 옳은 것은?

〈규칙〉

① 알파벳 'A'부터 'Z'까지 순서대로 자연수를 부여한다.

  예 A=2라고 하면 B=3, C=4, D=5이다.

② 단어의 음절에 같은 알파벳이 연속되는 경우 ①에서 부여한 숫자를 알파벳이 연속되는 횟수만큼 거듭제곱한다.

  예 A=2이고 단어가 'AABB'이면 AA는 '2^2'이고, BB는 '3^2'이므로 '49'로 적는다.

보기

㉠ AAABBCC는 1000000010201 10404로 변환된다.

㉡ CDFE는 3465로 변환된다.

㉢ PJJYZZ는 1712126729로 변환된다.

㉣ QQTSR는 625282726으로 변환된다.

① 154

② 176

③ 199

④ 212

정답 ④

㉠ A=100, B=101, C=102이다. 따라서 Z=125이다.

㉡ C=3, D=4, E=5, F=6이다. 따라서 Z=26이다.

㉢ P가 17임을 볼 때, J=11, Y=26, Z=27이다.

㉣ Q=25, R=26, S=27, T=28이다. 따라서 Z=34이다.

따라서 해당하는 Z값을 모두 더하면 125+26+27+34=212이다.

풀이 전략!

문제에 제시된 조건이나 규칙을 정확히 파악한 후, 선택지나 상황에 적용하여 문제를 풀어 나간다.

01 A사원은 전세버스 대여를 전문으로 하는 여행업체인 K기업에 근무하고 있다. 지난 10년 동안 상당한 규모로 성장해 온 K기업은 현재 보유하고 있는 버스의 현황을 실시간으로 파악할 수 있도록 식별 코드를 부여하였다. 식별 코드 부여 방식과 자사 보유 전세버스 현황이 다음과 같을 때, 옳지 않은 것은?

〈식별 코드 부여 방식〉

[버스등급] - [승차인원] - [제조국가] - [모델번호] - [제조연월]

버스등급	코드	제조국가	코드
대형 버스	BX	한국	KOR
중형 버스	MF	독일	DEU
소형 버스	RT	미국	USA

예 BX - 45 - DEU - 15 - 2410

2024년 10월 독일에서 생산된 45인승 대형 버스 15번 모델

〈K기업 보유 전세버스 현황〉

BX - 28 - DEU - 24 - 1308	MF - 35 - DEU - 15 - 0910	RT - 23 - KOR - 07 - 0628
MF - 35 - KOR - 15 - 1206	BX - 45 - USA - 11 - 0712	BX - 45 - DEU - 06 - 1105
MF - 35 - DEU - 20 - 1110	BX - 41 - DEU - 05 - 1408	RT - 16 - USA - 09 - 0712
RT - 25 - KOR - 18 - 0803	RT - 25 - DEU - 12 - 0904	MF - 35 - KOR - 17 - 0901
BX - 28 - USA - 22 - 1404	BX - 45 - USA - 19 - 1108	BX - 28 - USA - 15 - 1012
RT - 16 - DEU - 23 - 1501	MF - 35 - KOR - 16 - 0804	BX - 45 - DEU - 19 - 1312
MF - 35 - DEU - 20 - 1005	BX - 45 - USA - 14 - 1007	-

① 미국에서 생산된 버스 중 중형 버스는 없다.

② 보유 중인 대형 버스는 전체의 40% 이상을 차지한다.

③ 보유하고 있는 소형 버스의 절반 이상은 독일에서 생산되었다.

④ 중형 버스는 3대 이상이며, 모두 2013년 이전에 생산되었다.

02 다음 표는 참가자 A ~ D의 회차별 가위 · 바위 · 보 게임 기록 및 판정이고, 그림은 규칙에 따른 5회차 게임 종료 후 A ~ D의 위치를 나타낸 것이다. 이때 (가) ~ (다)에 해당하는 내용을 바르게 나열한 것은?

〈가위 · 바위 · 보 게임 기록 및 판정〉

참가자 \ 회차·구분	1 기록	1 판정	2 기록	2 판정	3 기록	3 판정	4 기록	4 판정	5 기록	5 판정
A	가위	승	바위	승	보	승	바위	( )	보	( )
B	가위	승	(가)	( )	바위	패	가위	( )	보	( )
C	보	패	가위	패	바위	패	(나)	( )	보	( )
D	보	패	가위	패	바위	패	가위	( )	(다)	( )

〈5회차 게임 종료 후 A ~ D의 위치〉

D   B   C   A

5m 4m 3m 2m 1m ★ 1m 2m 3m 4m 5m

← 왼쪽   출발점   오른쪽 →

〈규칙〉

• A ~ D는 모두 출발점(★)에서 1회차 가위 · 바위 · 보 게임을 하고, 2회차부터는 직전 회차 게임 종료 후 각자의 위치에서 게임을 한다.

• 각 회차의 판정에 따라 지거나 비기면 이동하지 않고, 가위로 이긴 사람은 왼쪽으로 3m, 바위로 이긴 사람은 오른쪽으로 1m, 보로 이긴 사람은 오른쪽으로 5m를 각각 이동하여 해당 회차 게임을 종료한다.

	(가)	(나)	(다)
①	가위	바위	보
②	가위	보	바위
③	바위	가위	보
④	바위	보	가위

03 K제품을 운송하는 A씨는 업무상 편의를 위해 고객의 주문 내역을 임의의 기호로 기록하고 있다. 다음과 같은 주문전화가 왔을 때, A씨가 기록한 기호로 옳은 것은?

〈임의기호〉

재료	연강	고강도강	초고강도강	후열처리강
	MS	HSS	AHSS	PHTS
판매량	낱개	1묶음	1box	1set
	01	10	11	00
지역	서울	경기남부	경기북부	인천
	E	S	N	W
윤활유 사용	청정작용	냉각작용	윤활작용	밀폐작용
	P	C	I	S
용도	베어링	스프링	타이어코드	기계구조
	SB	SS	ST	SM

※ A씨는 [재료] – [판매량] – [지역] – [윤활유 사용] – [용도]의 순서로 기호를 기록함

〈주문전화〉

B씨 : 어이~ A씨. 나야, 나. 인천 지점에서 같이 일했던 B. 내가 필요한 것이 있어서 전화했어. 일단 서울 지점의 C씨가 스프링으로 사용할 제품이 필요하다고 하는데 한 박스 정도면 될 것 같아. 이전에 주문했던 대로 연강에 윤활용으로 윤활유를 사용한 제품으로 부탁하네. 나는 이번에 경기도 남쪽으로 가는데 거기에 있는 내 사무실 알지? 거기로 초고강도강 타이어코드용으로 1세트 보내 줘. 튼실한 걸로 밀폐용 윤활유 사용해서 부탁해. 저번에 냉각용으로 사용한 제품은 생각보다 좋진 않았어.

① MS11EISB, AHSS00SSST
② MS11EISS, AHSS00SSST
③ MS11EISS, HSS00SSST
④ MS11WISS, AHSS10SSST

04 다음은 규칙에 따라 2에서 10까지의 서로 다른 자연수의 관계를 나타낸 것이다. 이때 A ~ C에 해당하는 수의 합은?

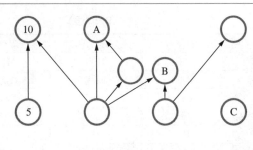

〈규칙〉

• 2에서 10까지의 자연수는 ◯ 안에 한 개씩만 사용되고, 사용되지 않는 자연수는 없다.

• 2에서 10까지의 서로 다른 임의의 자연수 3개를 x, y, z라고 할 때 다음과 같다.

– ⓧ —→ ⓨ는 y가 x의 배수임을 나타낸다.

– 화살표로 연결되지 않은 ⓩ는 z가 x, y와 약수나 배수 관계가 없음을 나타낸다.

① 20   ② 21

③ 22   ④ 23

05 다음 〈조건〉을 근거로 〈보기〉를 계산한 값은?

조건

연산자 A, B, C, D는 다음과 같이 정의한다.

• A : 좌우에 있는 두 수를 더한다. 단, 더한 값이 10 미만이면 좌우에 있는 두 수를 곱한다.

• B : 좌우에 있는 두 수 가운데 큰 수에서 작은 수를 뺀다. 단, 두 수가 같거나 뺀 값이 10 미만이면 두 수를 곱한다.

• C : 좌우에 있는 두 수를 곱한다. 단, 곱한 값이 10 미만이면 좌우에 있는 두 수를 더한다.

• D : 좌우에 있는 두 수 가운데 큰 수를 작은 수로 나눈다. 단, 두 수가 같거나 나눈 값이 10 미만이면 두 수를 곱한다.

※ 연산은 '( )', '[ ]'의 순으로 함

보기

[(1A5)B(3C4)]D6

① 10   ② 12

③ 90   ④ 210

PART 2

최종점검 모의고사

제1회
최종점검 모의고사

■ 취약영역 분석

번호	O/×	영역	번호	O/×	영역	번호	O/×	영역
01			31			61		
02			32			62		
03			33			63		
04			34			64		
05			35			65		
06			36			66		
07			37			67		
08			38			68		
09			39			69		
10			40			70		
11			41			71		
12			42			72		
13			43			73		
14			44			74		
15		의사소통능력	45		수리능력	75		문제해결능력
16			46			76		
17			47			77		
18			48			78		
19			49			79		
20			50			80		
21			51			81		
22			52			82		
23			53			83		
24			54			84		
25			55			85		
26			56			86		
27			57			87		
28			58			88		
29			59			89		
30			60			90		

평가문항	90문항	평가시간	90분
시작시간	:	종료시간	:
취약영역			

모바일 OMR

📋 문항 수 : 90문항 🕐 응시시간 : 90분

정답 및 해설 p.038

01 다음 글에서 알 수 있는 내용으로 적절하지 않은 것은?

> 연방준비제도(이하 연준)가 고용 증대에 주안점을 둔 정책을 입안한다 해도, 정책이 분배에 미치는 영향을 고려하지 않는다면 그 정책은 거품과 불평등만 부풀릴 것이다. 기술 산업의 거품 붕괴로 인한 경기 침체에 대응하여 2000년대 초에 연준이 시행한 저금리 정책이 이를 잘 보여준다.
> 특정한 상황에서는 금리 변동이 투자와 소비의 변화를 통해 경기와 고용에 영향을 줄 수 있다. 하지만 다른 수단이 훨씬 더 효과적인 상황도 많다. 가령 부동산 거품에 대한 대응책으로는 금리 인상보다 주택 담보 대출에 대한 규제가 더 합리적이다. 생산적 투자를 위축시키지 않으면서 부동산 거품을 가라앉힐 수 있기 때문이다.
> 경기 침체기라 하더라도 금리 인하는 은행의 비용을 줄여주는 것 말고는 경기 회복에 별다른 도움이 되지 않을 수 있다. 대부분의 부문에서 설비 가동률이 낮은 상황이라면 대출 금리가 낮아져도 생산적인 투자가 별로 증대하지 않는다. 2000년대 초가 바로 그런 상황이었기 때문에 당시의 저금리 정책은 생산적인 투자 증가 대신에 주택 시장의 거품만 초래한 것이다.
> 금리 인하는 국공채에 투자했던 퇴직자들의 소득을 감소시켰다. 노년층에서 정부로, 정부에서 금융업으로 부(富)의 대규모 이동이 이루어져 불평등이 심화되었다. 이에 따라 금리 인하는 다양한 경로로 소비를 위축시켰다. 은퇴 후의 소득을 확보하기 위해, 혹은 자녀의 학자금을 확보하기 위해 사람들은 저축을 늘렸다. 연준은 금리 인하가 주가 상승으로 이어질 것이므로 소비가 늘어날 것이라고 주장했다. 하지만 2000년대 초 연준의 금리 인하 이후 주가 상승에 따라 발생한 이득은 대체로 부유층에 집중되었으므로 대대적인 소비 증가로 이어지지 않았다.
> 2000년대 초 고용 증대를 기대하고 시행한 연준의 저금리 정책은 노동을 자본으로 대체하는 투자를 증대시켰다. 인위적인 저금리로 자본 비용이 낮아지자 이런 기회를 이용하려는 유인이 생겨났다. 노동력이 풍부한 상황인데도 노동을 절약하는 방향의 혁신이 강화되었고, 미숙련 노동자들의 실업률이 높은 상황인데도 가게들은 계산원을 해고하고 자동화 기계를 들여놓았다. 경기가 회복되더라도 실업률이 떨어지지 않는 구조가 만들어진 것이다.

① 2000년대 초 연준의 금리 인하로 국공채에 투자한 퇴직자의 소득이 줄어들어 금융업으로부터 정부로 부(富)가 이동하였다.

② 2000년대 초 연준은 고용 증대를 기대하고 금리를 인하했지만, 결과적으로 고용 증대가 더 어려워지도록 만들었다.

③ 2000년대 초 기술 산업 거품의 붕괴로 인한 경기 침체기에 설비 가동률은 대부분의 부문에서 낮은 상태였다.

④ 금리 인상은 부동산 거품 대응 정책 가운데 가장 효과적인 정책이 아닐 수 있다.

02   다음 글에서 '최적통화지역 이론'과 관련하여 고려하지 않은 것은?

> 최적통화지역은 단일 통화가 통용되거나 여러 통화들의 환율이 고정되어 있는 최적의 지리적인 영역을 지칭한다. 여기서 최적이란 대내외 균형이라는 거시 경제의 목적에 의해 규정되는데, 대내 균형은 물가 안정과 완전 고용, 대외 균형은 국제수지 균형을 의미한다.
> 최적통화지역 개념은 고정환율 제도와 변동환율 제도의 상대적 장점에 대한 논쟁 속에서 발전하였다. 최적통화지역 이론은 어떤 조건에서 고정환율 제도가 대내외 균형을 효과적으로 이룰 수 있는지 고려했다.
> 초기 이론들은 최적통화지역을 규정하는 가장 중요한 경제적 기준을 찾으려 하였다. 먼델은 노동의 이동성을 제시했다. 노동의 이동이 자유롭다면 외부 충격이 발생할 때 대내외 균형 유지를 위한 임금 조정의 필요성이 크지 않을 것이고, 결국 환율 변동의 필요성도 작을 것이다. 잉그램은 금융시장 통합을 제시하였다. 금융시장이 통합되어 있으면 지역 내 국가들 사이에 경상수지 불균형이 발생했을 때 자본 이동이 쉽게 일어날 수 있을 것이며, 이에 따라 조정의 압력이 줄어들게 되므로 지역 내 환율 변동의 필요성이 감소하게 된다는 것이다. 이러한 주장들은 결국 고정환율 제도 아래에서도 대내외 균형을 달성할 수 있는 조건들을 말해 주고 있는 것이다.
> 이후 최적통화지역 이론은 위의 조건들을 종합적으로 판단하여 단일 통화 사용에 따른 비용—편익 분석을 한다. 비용보다 편익이 크다면 최적통화지역의 조건이 충족되며 단일 통화를 형성할 수 있다. 단일 통화 사용의 편익은 화폐의 유용성이 증대된다는 데 있다. 단일 화폐의 사용은 시장 통합에 따른 교환의 이익을 증대시킨다는 것이다. 반면에 통화정책 독립성의 상실이 단일 통화 사용에 따른 주요 비용으로 간주된다. 단일 통화의 유지를 위해 대내 균형을 포기해야 하는 경우가 발생하기 때문이다. 이 비용은 가격과 임금이 경직될수록, 전체 통화지역 중 일부 지역들 사이에 서로 다른 효과를 일으키는 비대칭적 충격이 클수록 증가한다. 가령 한 국가에는 실업이 발생하고 다른 국가에는 인플레이션이 발생하면, 한 국가는 확대 통화정책을, 다른 국가는 긴축 통화정책을 원하게 되는데, 양 국가가 단일 화폐를 사용한다면 서로 다른 통화정책의 시행이 불가능하기 때문이다. 물론 여기서 노동 이동 등의 조건이 충족되면 비대칭적 충격을 완화하기 위한 독립적 통화정책의 필요성은 감소한다. 반대로 두 국가에 유사한 충격이 발생한다면 서로 다른 통화정책을 택할 필요가 줄어든다. 이 경우에는 독립적 통화정책을 포기하는 비용이 감소한다.

① 시장 통합으로 인한 편익의 계산 방식
② 환율 변동을 배제한 경상수지 조정 방식
③ 화폐의 유용성과 시장 통합 사이의 관계
④ 단일 화폐 사용에 따른 비용을 증가시키는 조건

03 다음 글의 주제로 가장 적절한 것은?

경제학에서는 한 재화나 서비스 등의 공급이 기업에 집중되는 양상에 따라 시장 구조를 크게 독점시장, 과점시장, 경쟁시장으로 구분하고 있다. 소수의 기업이 공급의 대부분을 차지할수록 독점시장에 가까워지고, 다수의 기업이 공급을 나누어 가질수록 경쟁시장에 가까워진다. 이렇게 시장 구조를 구분하기 위해서 사용하는 지표 중의 하나가 바로 '시장집중률'이다.

시장집중률을 이해하기 위해서는 먼저 '시장점유율'에 대한 이해가 있어야 한다. 시장점유율이란 시장 안에서 특정 기업이 차지하고 있는 비중을 의미하는데, 생산량·매출액 등을 기준으로 측정할 수 있다. Y기업의 시장점유율을 생산량 기준으로 측정한다면 '(Y기업의 생산량)÷(시장 내 모든 기업의 생산량의 총합)×100%'로 나타낼 수 있다.

시장점유율이 시장 내 한 기업의 비중을 나타내 주는 수치라면, 시장집중률은 시장 내 일정 수의 상위 기업들이 차지하는 비중을 나타내 주는 수치, 즉 일정 수의 상위 기업의 시장점유율을 합한 값이다. 몇 개의 상위 기업을 기준으로 삼느냐는 나라마다 자율적으로 결정하고 있는데, 우리나라에서는 상위 3대 기업의 시장점유율을 합한 값을, 미국에서는 상위 4대 기업의 시장점유율을 합한 값을 시장집중률로 채택하여 사용하고 있다. 이렇게 산출된 시장집중률을 통해 시장 구조를 구분해 볼 수 있는데, 시장집중률이 높으면 그 시장은 공급이 소수의 기업에 집중되어 있는 독점시장으로 구분하고, 시장집중률이 낮으면 공급이 다수의 기업에 의해 분산되어 있는 경쟁시장으로 구분한다. 한국개발연구원에서는 어떤 산업에서의 시장집중률이 80% 이상이면 독점시장, 60% 이상~80% 미만이면 과점시장, 60% 미만이면 경쟁시장으로 구분하고 있다.

시장집중률을 측정하는 기준에는 여러 가지가 있기 때문에 어느 것을 기준으로 삼느냐에 따라 측정 결과에 차이가 생기며 이에 대한 경제학적인 해석도 달라진다. 어느 시장의 시장집중률을 '생산량' 기준으로 측정했을 때 A·B·C기업이 상위 3대 기업이고 시장집중률이 80%로 측정되었다고 하더라도, '매출액' 기준으로 측정했을 때는 D·E·F기업이 상위 3대 기업이 되고 시장집중률이 60%가 될 수도 있다. 이처럼 시장집중률은 시장 구조를 구분하는 데 매우 유용한 지표이며, 이를 통해 시장 내의 공급이 기업에 집중되는 양상을 파악해 볼 수 있다.

① 시장 구조의 변천사
② 시장집중률의 개념과 의의
③ 독점시장과 경쟁시장의 비교
④ 우리나라 시장점유율의 특성

04 다음 글을 논리적 순서대로 바르게 나열한 것은?

(가) 이러한 수평적 연결은 사물인터넷 서비스로 새로운 성장 동력을 모색할 수 있다. 예를 들어, 스마트 컵인 프라임베실(개인에게 필요한 수분 섭취량을 알려줌), 스마트 접시인 탑뷰(음식의 양을 측정함), 스마트 포크인 해피포크(식사 습관 개선을 돕는 스마트 포크. 식사 속도와 시간, 1분간 떠먹는 횟수 등을 계산해 식사 습관을 분석함)를 연결하면 식생활 습관을 관리할 수 있을 것이다. 이를 식당, 병원, 헬스케어 센터에서 이용하면 고객의 식생활을 부가 서비스로 관리할 수 있다.

(나) 마치 100m 달리기를 하듯 각자의 트랙에서 목표를 향해 전력 질주하던 시대가 있었다. 선택과 집중의 논리로 수직 계열화를 통해 효율을 확보하고, 성능을 개선하고자 했었다. 그런데 세상이 변하고 있다. 고객 혹은 사용자를 중심으로 기존의 제품과 서비스가 재정의되고 있는 것이다. 이러한 산업의 패러다임적 전환을 신성장 동력이라 말한다.

(다) 기존의 가스 경보기를 만들려면 미세한 가스도 놓치지 않는 센서의 성능, 오래 지속되는 배터리, 크게 알릴 수 있는 알람 소리, 인테리어에 잘 어울리는 멋진 제품 디자인이 필요하다. 그런데 아무리 좋은 가스 경보기를 만들어도 사람의 안전을 담보하지는 못한다. 만약 집에서 가스 경보기가 울리면 아마 창문을 열어 환기하고 가스 밸브를 잠그고, 119에 신고를 해야 할 것이다. 사람의 안전을 담보하는, 즉 연결 지배성이 높은 가스 경보기는 이런 일을 모두 해내야 한다. 이런 가스 경보기를 만들려면 전기, 전자, 통신, 기계, 인테리어, 디자인 등의 도메인들이 사용자 경험을 중심으로 연결돼야 한다. 이를 수평적 연결이라 부른다.

(라) 똑똑한 사물인터넷은 점점 더 다양해진다. S기업의 '누○'나 A기업 '에○' 같은 스마트 스피커는 사용자가 언제 어디든, 일상에서 인공 비서로 사용되는 시대가 되었다. 그리고 K보일러의 사물인터넷 서비스는 보일러 쪽으로 직접 가지 않아도 스마트폰 전용 앱으로 보일러를 관리한다. 이제 보일러가 언제, 얼마나, 어떻게 쓰이는지, 그리고 보일러의 상태는 어떠한지, 사용하는 방식과 에너지 소모 등의 정보도 얻을 수 있다. 4차 산업혁명의 전진 기지 역할을 하는 사물인터넷 서비스는 이제 거스를 수 없는 대세이다.

① (나) – (가) – (다) – (라)
② (나) – (다) – (가) – (라)
③ (다) – (가) – (라) – (나)
④ (다) – (나) – (가) – (라)

05 다음 글에 대한 비판으로 가장 적절한 것은?

현대 사회에서 스타는 대중문화의 성격을 규정짓는 가장 중요한 열쇠이다. 스타가 생산·관리·활용·거래·소비되는 전체적인 순환 메커니즘이 바로 스타 시스템이다. 이것이 자본주의 대중문화의 가장 핵심적인 작동 원리로 자리 잡게 되면서 사람들은 스타 되기를 열망하고, 또 스타 만들기에 진력하게 되었다.

스크린과 TV 화면에 보이는 스타는 화려하고 강하고 영웅적이며, 누구보다 매력적인 인간형으로 비춰진다. 사람들은 스타에 열광하는 순간 스타와 자신을 무의식적으로 동일시하며 그 환상적 이미지에 빠진다. 스타를 자신들이 스스로 결여되어 있다고 느끼는 부분을 대리 충족시켜 주는 대상으로 생각하기 때문이다. 그런 과정이 가장 전형적으로 드러나는 장르가 영화이다.

영화는 어떤 환상도 쉽게 먹혀들어 갈 수 있는 조건에서 상영되며 기술적으로 완벽한 이미지를 구현하여 압도적인 이미지로 관객을 끌어들인다. 컴컴한 극장 안에서 관객은 부동자세로 숨죽인 채 영화에 집중하게 되며 자연스럽게 영화가 제공하는 이미지에 매료된다. 그리고 그 순간 무의식적으로 자신을 영화 속의 주인공과 동일시하게 된다. 관객은 매력적인 대상과 자신을 동일시하면서 자신의 진짜 모습을 잊고 이상적인 인간형을 간접 체험하게 되는 것이다.

스크린과 TV 화면에 비친 대중이 선망하는 스타의 모습은 현실적인 이미지가 아니라 허구적인 이미지에 불과하다. 사람들은 스타 역시 어쩔 수 없는 약점과 한계를 안고 사는 한 인간일 수밖에 없다는 사실을 아주 쉽게 망각해 버리곤 한다. 이렇게 스타에 대한 열광의 성립은 대중과 스타의 관계가 기본적으로 익명적일 수밖에 없다는 데서 가능해진다.

자본주의의 특징 가운데 하나는 필요 이상의 물건을 생산하고 그것을 팔기 위해 갖은 방법으로 소비자들의 욕망을 부추긴다는 것이다. 스타는 그 과정에서 소비자들의 구매 욕구를 불러일으키는 가장 중요한 연결고리 역할을 함과 동시에 그들도 상품처럼 취급되어 소비되는 경향이 있다.

스타 시스템은 대중문화의 안팎에서 스타의 화려하고 소비적인 생활 패턴의 소개를 통해 사람들의 욕망을 자극한다. 또한 스타들을 상품의 생산과 판매를 위한 도구로 이용하며, 끊임없이 오락과 소비의 영역을 확장하고 거기서 이윤을 발생시킨다. 이 모든 것이 가능한 것은 많은 대중이 스타를 닮고자 하는 욕구를 가지고 있어 스타의 패션과 스타일, 소비 패턴을 모방하기 때문이다.

스타 시스템을 건전한 대중문화의 작동 원리로 발전시키기 위해서는 우선 대중문화 산업에 종사하고 싶어하는 사람들을 위한 활동 공간과 유통 구조를 확보하여 실험적이고 독창적인 활동을 다양하게 벌일 수 있는 토양을 마련해 주어야 한다. 나아가 이러한 예술 인력을 스타 시스템과 연결하는 중간 메커니즘도 육성해야 할 것이다.

① 스타 시스템이 대중문화를 대변하고 있다는 데 치중하여 스타 시스템의 부정적인 측면을 간과하고 있다.

② 스타 시스템과 스타가 소비 대중에게 가져다 줄 전망만을 주로 다룸으로써 대책 없는 낙관주의에 빠져 있다.

③ 스타를 스타 시스템에 의해 조종되는 수동적인 존재로만 보고, 그들도 주체성을 지니고 행동한다는 사실을 간과하고 있다.

④ 대중이 스타를 무비판적으로 추종하는 면을 지적하여 그런 욕망으로부터 벗어나기 위한 방법을 제시하기에 급급하고 있다.

06 다음 글의 빈칸에 들어갈 내용으로 가장 적절한 것은?

상품을 만들어 파는 사람이 그 수고의 대가를 받고 이익을 누리는 것은 당연하다. 하지만 그 이익이 다른 사람의 고통을 무시하고 얻은 경우에는 정당하지 않을 수 있다. 제3세계에 사는 많은 환자가 신약 가격을 개발국인 선진국의 수준으로 유지하는 거대 제약회사의 정책 때문에 고통 속에서 죽어 가고 있다. 그 약값을 감당할 수 있는 선진국이 보기에도 이는 이익이란 명분 아래 발생하는 끔찍한 사례이다. 이러한 비난의 목소리가 높아지자 제약회사의 대규모 투자자 중 일부는 자신들의 행동이 윤리적인지 고민하기 시작했다. 사람들이 약값 때문에 약을 구할 수 없다는 것은 분명히 잘못된 일이다. 하지만 그렇다고 해서 국가가 제약회사들에게 손해를 감수하라는 요구를 할 수는 없다는 데 사태의 복잡성이 있다.

신약을 개발하는 일에는 막대한 비용과 시간이 들며, 그 안전성 검사가 법으로 정해져 있어서 추가 비용이 발생한다. 이를 상쇄하기 위해 제약회사들은 시장에서 최대한 이익을 뽑아내려 한다. 얼마나 많은 환자가 신약을 통해 고통에서 벗어나는가에 대한 관심을 이들에게 기대하긴 어렵다. 그러나 만약 제약회사들이 존재하지 않는다면 신약 개발도 없을 것이다.

그렇다면 상업적 고려와 인간의 건강 사이에 존재하는 긴장을 어떻게 해소해야 할까? 제3세계의 환자를 치료하는 일은 응급 사항이며, 제약회사들이 자선하리라고 기대하는 것은 비현실적이다. 그렇다면 그 대안은 명백하다. _____ 물론 여기에도 문제는 있다. 이 대안이 왜 실현되기 어려운 걸까? 그 이유가 무엇인지는 우리가 자신의 주머니에 손을 넣어 거기에 필요한 돈을 꺼내는 순간 분명해질 것이다.

① 제3세계에 제공되는 신약 가격을 선진국과 같게 해야 한다.
② 제3세계 국민에게 필요한 신약을 선진국 국민이 구매하여 전달해야 한다.
③ 선진국들은 자국의 제약회사가 제3세계에 신약을 저렴하게 공급하도록 강제해야 한다.
④ 각국 정부는 거대 제약회사의 신약 가격 결정에 자율권을 주어 개발 비용을 보상받을 수 있게 해야 한다.

07 다음 ㉠ ~ ㉣의 수정 방안으로 적절하지 않은 것은?

> 행동경제학은 기존의 경제학과 ㉠ 다른 시선으로 인간을 바라본다. 기존의 경제학은 인간을 철저하게 합리적이고 이기적인 존재로 상정(想定)하여, 인간은 시간과 공간에 관계없이 일관된 선호를 보이며 효용을 극대화하는 방향으로 선택을 한다고 본다. ㉡ 기존의 경제학자들은 인간의 행동이 예측 가능하다는 것을 전제(前提)로 경제 이론을 발전시켜 왔다. 반면 행동경제학에서는 인간이 제한적으로 합리적이며 감성적인 존재라고 보며, 처한 상황에 따라 선호가 바뀌기 때문에 그 행동을 예측하기 어렵다고 생각한다. 또한 인간은 효용을 ㉢ 극대화하기 보다는 어느 정도 만족하는 선에서 선택을 한다고 본다. 행동경제학은 기존의 경제학이 가정하는 인간관을 지나치게 이상적이고 비현실적이라고 비판한다. ㉣ 그러나 행동경제학은 인간이 때로는 이타적인 행동을 하고 비합리적인 행동을 하는 존재라는 점을 인정하며, 현실에 실재하는 인간을 연구 대상으로 한다.

① ㉠ – 문맥을 고려하여 '같은'으로 고친다.
② ㉡ – 문장을 자연스럽게 연결하기 위해 문장 앞에 '그러므로'를 추가한다.
③ ㉢ – 띄어쓰기가 올바르지 않으므로 '극대화하기보다는'으로 고친다.
④ ㉣ – 앞 문장과의 내용을 고려하여 '그래서'로 고친다.

08 다음 밑줄 친 ㉠ ~ ㉣ 중 쓰임이 옳지 않은 것은?

> K공사는 아파트 등 공동주택단지 내 도로를 이용하는 보행자 안전을 위해 모든 K주택단지에 교통안전 설계를 적용한다고 밝혔다. 공동주택단지 내 도로는 〈도로교통법〉 적용을 받지 않는 도로 외 구역이지만 매년 보행사고 등 교통사고가 빈번히 ㉠ 발생하는 안전 사각지대로, 최근 교통안전 관련 사회적 요구가 높아지면서 공동주택단지 내 도로 보행자의 안전을 ㉡ 확증하기 위한 〈교통안전법〉 개정안이 시행될 예정이다.
> K공사는 높아진 사회 요구에 발맞추어 안전한 공동주택단지를 만들기 위한 '주택단지 교통안전 가이드라인'을 수립하였으며, 앞으로 모든 주택단지 설계에 가이드라인을 적용하여 안심 주택단지를 ㉢ 구현할 계획이다. 앞으로 조성될 '교통안심 주택단지'에서는 차량과 보행자가 빈번하게 마주치는 단지 진출입부를 비롯해 단지 내 도로와 주차장 구간에 교통정온화 기법(교통사고 예방을 위해 자동차 통행량을 줄이고 낮은 속도로 운행하게 만드는 기법)을 적용해 보행자 안전을 우선적으로 확보하고 자동차의 안전운전을 ㉣ 유도한다. 특히 차량 주행속도를 낮추는 차로 폭 감소, 지그재그형 도로, 보행교통섬, 회전교차로 등 다양한 설계 기법을 적용하는 한편, 교통안전 시설 계획을 한층 강화하게 된다.

① ㉠ 발생
② ㉡ 확증
③ ㉢ 구현
④ ㉣ 유도

09 다음 밑줄 친 ㉠~㉣ 중 어법상 옳은 것은?

오늘날 여성들은 지나치게 ㉠ <u>얇은 허리와 팔, 다리</u>를 선호하고 있어, 과도한 다이어트가 사회적 문제로 떠오르고 있다. 심지어 온라인상에서는 특정 식품만 섭취하여 ㉡ <u>몇일</u> 만에 5kg 이상을 뺄 수 있다는 이른바 '원푸드 다이어트'가 유행하고 있으며, 몇몇 여성들은 어떤 제품이 다이어트 효과가 좋다고 소문만 나면 ㉢ <u>서슴치</u> 않고 검증되지 않은 다이어트약을 사서 복용하기도 한다. 그러나 무리한 다이어트는 영양실조 등으로 이어져 건강을 악화시키며, 오히려 요요 현상을 부추겨 이전 몸무게로 되돌아가거나 심지어 이전 몸무게보다 체중이 더 불어나게 만들기도 한다. 전문가들은 무리하게 음식 섭취를 줄이는 대신 생활 속에서 운동량을 조금씩 늘려 열량을 소모할 것과, 무작정 유행하는 다이어트 방법을 따라할 것이 아니라 자신의 컨디션과 체질에 ㉣ <u>알맞은</u> 다이어트 방법을 찾을 것을 권하고 있다.

① ㉠ 얇은 허리와 팔, 다리 　　　② ㉡ 몇일

③ ㉢ 서슴치 　　　　　　　　　④ ㉣ 알맞은

10 다음 글의 내용으로 가장 적절한 것은?

비정규직 근로자들이 늘어나면서 '프레카리아트'라고 불리는 새로운 계급이 형성되고 있다. 프레카리아트란 '불안한(Precarious)'이라는 단어와 '무산계급(Proletariat)'이라는 단어를 합친 용어로 불안정한 고용 상태에 놓여 있는 사람들을 의미한다. 프레카리아트에 속한 사람들은 직장 생활을 하다가 쫓겨나 실업자가 되었다가 다시 직장에 복귀하기를 반복한다. 이들은 고용 보장, 직무 보장, 근로안전 보장 등 노동 보장을 받지 못하며, 직장 소속감도 없을 뿐만 아니라, 자신의 직업에 대한 전망이나 직업 정체성도 결여되어 있다. 프레카리아트는 분노, 무력감, 걱정, 소외를 경험할 수밖에 없는 '위험한 계급'으로 전락한다. 이는 의미 있는 삶의 길이 막혀 있다는 좌절감과 상대적 박탈감, 계속된 실패의 반복 때문이다. 이러한 사람들이 늘어나면 자연히 갈등, 폭력, 범죄와 같은 사회적 병폐들이 성행하여 우리 사회는 점점 더 불안해지게 된다.

프레카리아트와 비슷하지만 약간 다른 노동자 집단이 있다. 이른바 '긱 노동자'이다. '긱(Gig)'이란 기업들이 필요에 따라 단기 계약 등을 통해 임시로 인력을 충원하고 그때그때 대가를 지불하는 것을 의미한다. 예를 들어 방송사에서는 드라마를 제작할 때마다 적합한 사람들을 섭외하여 팀을 꾸리고 작업에 착수한다. 긱 노동자들은 고용주가 누구든 자신이 보유한 고유의 직업 역량을 고용주에게 판매하면서, 자신의 직업을 독립적인 '프리랜서' 또는 '개인 사업자' 형태로 인식한다. 정보통신 기술의 발달은 긱을 더욱더 활성화한다. 정보통신 기술을 이용하면 긱 노동자의 모집이 아주 쉬워진다. 기업은 사업 아이디어만 좋으면 인터넷을 이용하여 필요한 긱 노동자를 모집할 수 있다. 기업이 긱을 잘 활용하면 경쟁력을 높여 정규직 위주의 기존 기업들을 앞서나갈 수 있다.

① 긱 노동자가 자신의 직업 형태에 대해 갖는 인식은 자신을 고용한 기업에 따라 달라지지 않는다.

② 정보통신 기술의 발달은 프레카리아트 계급과 긱 노동자 집단을 확산시킨다.

③ 긱 노동자 집단이 확산하면 프레카리아트 계급은 축소된다.

④ '위험한 계급'이 겪는 부정적인 경험이 적은 프레카리아트일수록 정규직 근로자로 변모할 가능성이 크다.

개정 근로기준법이 적용되면서 일명 '52시간 근무제'에 사람들이 큰 관심을 보였다. 하지만 개정 근로기준법에는 1주 최대 근로시간을 52시간으로 규정하는 조문이 명시적으로 추가된 것이 아니다. 다만, 기존 근로기준법에 '1주'란 휴일을 포함한 7일을 말한다.'는 문장 하나가 추가되었을 뿐이다. 이 문장이 말하는 바는 상식처럼 보이는데, 이를 추가해서 어떻게 52시간 근무제를 확보할 수 있었을까?

월요일에서 금요일까지 1일 8시간씩 소정근로시간 동안 일하는 근로자를 생각해보자. 여기서 '소정근로시간'이란 근로자가 사용자와 합의하여 정한 근로시간을 말한다. 사실 기존 근로기준법에서도 최대 근로시간은 52시간으로 규정되어 있는 것처럼 보인다. 1일의 최대 소정근로시간이 8시간, 1주의 최대 소정근로시간이 40시간이고, 연장근로는 1주에 12시간까지만 허용되어 있으므로, 이를 단순 합산하면 총 52시간이 되기 때문이다. 그러나 기존 근로기준법에서는 최대 근로시간이 68시간이었다. 이는 휴일근로의 성격을 무엇으로 보느냐에 달려 있다. 기존 근로기준법에서 휴일근로는 소정근로도 아니고 연장근로도 아닌 것으로 간주되었다. 그래서 소정근로 40시간과 연장근로 12시간을 시키고 나서 추가로 휴일근로를 시키더라도 법 위반이 아니었다.

그런데 일요일은 휴일이지만, 토요일은 휴일이 아니라 근로의무가 없는 휴무일이기에 특별한 규정이 없는 한 근로를 시킬 수가 없다. 따라서 기존 근로기준법하에서 더 근로를 시키고 싶던 기업들은 단체협약 등으로 '토요일을 휴일로 한다.'는 특별 규정을 두는 일종의 꼼수를 쓰는 경우가 많았다. 이렇게 되면 토요일과 일요일, 2일 동안 휴일근로를 추가로 시킬 수 있기에 최대 근로시간이 늘어나게 된다. 이것이 기존 판례의 입장이었다.

개정 근로기준법과 달리 왜 기존 판례는 _____ 이는 연장근로를 소정근로의 연장으로 보았고, 1주의 최대 소정근로시간을 정할 때 기준이 되는 1주를 5일에 입각하여 보았기 때문이다. 즉, 1주 중 소정근로일을 월요일부터 금요일까지의 5일로 보았기에 이 기간에 하는 근로만이 근로기준법상 소정근로시간의 한도에 포함된다고 본 것이다. 다만, 이 입장에 따르더라도, 연장근로가 아닌 한 1일의 근로시간은 8시간을 초과할 수 없다고 기존 근로기준법에 규정되어 있기 때문에, 이미 52시간을 근로한 근로자에게 휴일에 1일 8시간을 넘는 근로를 시킬 수 없다. 그 결과 휴일근로로 가능한 시간은 16시간이 되어, 1주 68시간이 최대 근로시간이 된 것이다.

11 다음 중 윗글의 빈칸에 들어갈 내용으로 가장 적절한 것은?

① 휴일근로가 연장근로가 아니라고 보았을까?
② 토요일에 연장근로를 할 수 있다고 보았을까?
③ 1주의 최대 소정근로시간을 40시간으로 인정하였을까?
④ 1일의 최대 소정근로시간은 8시간을 초과할 수 없다고 보았을까?

12 다음 중 윗글의 내용을 바르게 적용한 사람을 〈보기〉에서 모두 고르면?

> **보기**
>
> 갑 : 개정 근로기준법에 의하면 1주 중 3일 동안 하루 15시간씩 일한 사람의 경우, 총 근로시간이 45시간으로 52시간보다 적으니 법에 어긋나지 않아.
>
> 을 : 개정 근로기준법에 의하면 월요일부터 목요일까지 매일 10시간씩 일한 사람의 경우, 금요일에 허용되는 최대 근로시간은 12시간이야.
>
> 병 : 기존 근로기준법에 의하면 일요일 12시간을 일했으면 12시간 전부가 휴일근로시간이지 연장 근로시간이 아니야.

① 갑   ② 을

③ 갑, 병   ④ 을, 병

PART 2

13 다음 글의 내용으로 가장 적절한 것은?

> 녹색성장에서 중요시되고 있는 것은 신재생에너지 분야이다. 유망 산업으로 주목받고 있는 신재생에너지 분야는 국가의 성장동력으로 집중 육성될 필요가 있다. 우리 정부가 2030년까지 전체 에너지 중 신재생에너지의 비율을 11%로 확대하려는 것은 탄소배출량 감축과 성장동력 육성이라는 두 마리 토끼를 잡기 위한 전략이다. 우리나라에서 신재생에너지란 수소, 연료전지, 석탄 가스화 복합발전 등의 신에너지와 태양열, 태양광, 풍력, 바이오, 수력, 지열, 폐기물 등의 재생가능에너지를 통칭해 부르는 용어이다. 2007년을 기준으로 신재생에너지의 구성비를 살펴보면 폐기물이 77%, 수력이 14%, 바이오가 6.6%, 풍력이 1.4%, 기타가 1%였으며, 이들 신재생에너지가 전체 에너지에서 차지하는 비율은 2.4%에 불과했다.
>
> 따라서 정부는 '에너지 및 자원 사업 특별회계'와 '전력 기금'으로 신재생에너지 기술개발 지원사업을 확대할 필요가 있다. 특히 산업 파급효과가 큰 태양광, 연료전지, 풍력 분야에 대한 국산화 지원과 더불어 예산 대비 보급효과가 큰 바이오 연료, 폐기물 연료 분야에 대한 지원을 강화하기 위한 정책도 개발되어야 한다. 이러한 지원 정책과 함께 정부는 신재생에너지의 공급을 위한 다양한 규제 정책도 도입해야 할 것이다.

① 환경보전을 위해 경제성장을 제한하고 삶의 질을 높여야 한다.

② 신에너지가 전체 에너지에서 차지하는 비율은 재생가능에너지보다 크다.

③ 2007년을 기준으로 폐기물을 이용한 에너지가 전체 에너지에서 차지하는 비율은 매우 낮다.

④ 정부는 녹색성장을 위해 규제 정책을 포기하고 시장친화 정책을 도입해야 한다.

14

갑 : 안녕하십니까. 저는 시청 토목정책과에 근무하는 갑이라고 합니다. 부정 청탁을 받은 때는 신고해야 한다고 들었습니다.

을 : 예, 부정청탁 및 금품등 수수의 금지에 관한 법률(이하 '청탁금지법')에서는 공직자가 부정 청탁을 받았을 때는 명확히 거절 의사를 표현해야 하고, 그랬는데도 상대방이 이후에 다시 동일한 부정 청탁을 해 온다면 소속 기관의 장에게 신고해야 한다고 규정합니다.

갑 : '금품 등'에는 접대와 같은 향응도 포함되지요?

을 : 물론이지요. 청탁금지법에 따르면, 공직자는 동일인으로부터 명목에 상관없이 1회 100만 원 혹은 매 회계연도에 300만 원을 초과하는 금품이나 접대를 받을 수 없습니다. 직무 관련성이 있는 경우에는 100만 원 이하라도 대가성 여부와 관계없이 처벌을 받습니다.

갑 : '동일인'이라 하셨는데, 여러 사람이 청탁을 하는 경우는 어떻게 되나요?

을 : 받는 사람을 기준으로 하여 따지게 됩니다. 한 공직자에게 여러 사람이 동일한 부정 청탁을 하며 금품을 제공하려 하였을 때에도 이들의 출처가 같다고 볼 수 있다면 '동일인'으로 해석됩니다. 또한 여러 행위가 계속성 또는 시간적·공간적 근접성이 있다고 판단되면 합쳐서 1회로 간주될 수 있습니다.

갑 : 실은, 연초에 있었던 지역 축제 때 저를 포함한 우리 시청 직원 90명은 행사에 참여한다는 차원으로 장터에 들러 1인당 8,000원씩을 지불하고 식사를 했는데, 이후에 그 식사는 X회사 사장인 A의 축제 후원금이 1인당 12,000원씩 들어간 것이라는 사실을 알게 되었습니다. 이에 대하여는 결국 대가성 있는 접대도 아니고 직무 관련성도 없는 것으로 확정되었으며, 추가된 식사비도 축제 주최 측에 돌려주었습니다. 그리고 이달 초에는 Y회사의 임원인 B가 관급 공사 입찰을 도와달라고 청탁하면서 100만 원을 건네려 하길래 거절한 적이 있습니다. 그런데 어제는 고교 동창인 C가 찾아와 X회사 공장 부지의 용도 변경에 힘써 달라며 200만 원을 주려고 해서 단호히 거절하였습니다.

을 : 그러셨군요. 말씀하신 것을 바탕으로 설명드리겠습니다. ＿＿＿＿＿＿＿＿＿＿＿＿＿

① X회사로부터 받은 접대는 시간적·공간적 근접성으로 보아 청탁금지법을 위반한 향응을 받은 것이 됩니다.

② Y회사로부터 받은 제안의 내용은 청탁금지법상의 금품이라고는 할 수 없지만 향응에는 포함될 수 있습니다.

③ 청탁금지법상 A와 C는 동일인으로서 부정 청탁을 한 것이 됩니다.

④ 현재는 청탁금지법상 C의 청탁을 신고할 의무가 생기지 않지만, C가 같은 청탁을 다시 한다면 신고해야 합니다.

15

서구사회의 기독교적 전통 하에서 이 전통에 속하는 이들은 자신들을 정상적인 존재로, 이러한 전통에 속하지 않는 이들을 비정상적인 존재로 구별하려 했다. 후자에 해당하는 대표적인 것이 적그리스도, 이교도들, 그리고 나병과 흑사병에 걸린 환자들이었는데, 그들에게 부과한 비정상성을 구체적인 형상을 통해 재현함으로써 그들이 전통 바깥의 존재라는 사실을 명확히 했다.

당연하게도 기독교에서 가장 큰 적으로 꼽는 것은 사탄의 대리자인 적그리스도였다. 기독교 초기, 몽티에랑데르나 힐데가르트 등이 쓴 유명한 저서들뿐만 아니라 적그리스도의 얼굴이 묘사된 모든 종류의 텍스트들에서 그의 모습은 충격적일 정도로 외설스러울 뿐만 아니라 받아들이기 힘들 정도로 추악하게 나타난다.

두 번째는 이교도들이었는데, 서유럽과 동유럽의 기독교인들이 이교도들에 대해 사용했던 무기 중 하나가 그들을 추악한 얼굴의 악마로 묘사하는 것이었다. 또한 이교도들이 즐겨 입는 의복이나 진미로 여기는 음식을 끔찍하게 묘사하여 이교도들을 자신들과는 분명히 구분되는 존재로 만들었다.

마지막으로, 나병과 흑사병에 걸린 환자들을 꼽을 수 있다. 당시의 의학 수준으로 그런 병들은 치료가 불가능했으며, 전염성이 있다고 믿었다. 이 때문에 자신을 정상적 존재라고 생각하는 사람들은 해당 병에 걸린 불행한 사람들을 신에게서 버림받은 죄인이자 공동체에서 추방해야 할 공공의 적으로 여겼다. 그들의 외모나 신체 또한 실제 여부와 무관하게 항상 뒤틀어지고 지극히 흉측한 모습으로 형상화되었다.

이를 정리하자면, _____

① 서구의 종교인과 예술가들은 이방인을 추악한 이미지로 각인시키는 데 있어 중심적인 역할을 하였다.

② 서구의 기독교인들은 자신들보다 강한 존재를 추악한 존재로 묘사함으로써 심리적인 우월감을 확보하였다.

③ 정상적 존재와 비정상적 존재의 명확한 구별을 위해 추악한 형상을 활용하는 것은 동서고금을 막론하고 지속되어 왔다.

④ 서구의 기독교적 전통 하에서 추악한 형상은 그 전통에 속하지 않는 이들을 전통에 속한 이들과 구분짓기 위해 활용되었다.

16 다음 글에서 밑줄 친 ㉠, ㉡에 대한 평가로 적절한 것을 〈보기〉에서 모두 고르면?

연역과 귀납, 이 두 종류의 방법은 지적 작업에서 사용될 수 있는 모든 추론을 포괄한다. 철학과 과학을 비롯한 모든 지적 작업에 연역적 방법이 필수적이라는 것을 부정하는 사람은 아무도 없다. 귀납적 방법의 경우 사정은 크게 다르다. 귀납적 방법이 철학적 작업에 들어설 여지가 없다고 믿는 사람이 있는가 하면, 한 걸음 더 나아가 어떠한 지적 작업에도 귀납적 방법이 불필요하다고 주장하는 사람들도 있다.

㉠ 귀납적 방법이 철학이라는 지적 작업에서 불필요하다는 견해는 독단적인 철학관에 근거한다. 이런 견해에 따르면 철학적 주장의 정당성은 선험적인 것으로, 경험적 지식을 확장하기 위해 사용되는 귀납적 방법에 의존할 수 없다. 그러나 이런 견해는 철학적 주장이 경험적 가설에 의존해서는 안된다는 부당하게 편협한 철학관과 '귀납적 방법'의 모호성을 딛고 서 있다. 실제로 철학사에 나타나는 목적론적 신 존재 증명이나 외부 세계의 존재에 관한 형이상학적 논증 가운데는 귀납적 방법인 유비 논증과 귀추법을 교묘히 적용하고 있는 것도 있다.

㉡ 모든 지적 작업에서 귀납적 방법의 필요성을 부정하는 견해는 중요한 철학적 성과를 낳기도 하였다. 포퍼의 철학이 그런 사례 가운데 하나이다. 포퍼는 귀납적 방법의 정당화 가능성에 관한 회의적 결론을 받아들이고, 과학의 탐구가 귀납적 방법으로 진행된다는 견해는 근거가 없음을 보인다. 그에 따르면, 과학의 탐구 과정은 연역 논리 법칙에 따라 전개되는 추측과 반박의 작업으로 이루어진다. 이런 포퍼의 이론은 귀납적 방법의 필요성에 대한 전면적인 부정이 낳을 수 있는 흥미로운 결과 가운데 하나라고 할 수 있다.

보기

ㄱ. 과학의 탐구가 귀납적 방법에 의해 진행된다는 주장은 ㉠을 반박한다.
ㄴ. 철학의 일부 논증에서 귀추법의 사용이 불가피하다는 주장은 ㉡을 반박한다.
ㄷ. 연역 논리와 경험적 가설 모두에 의존하는 지적 작업이 있다는 주장은 ㉠과 ㉡을 모두 반박한다.

---

① ㄱ
② ㄴ
③ ㄱ, ㄷ
④ ㄴ, ㄷ

17 다음 글의 핵심 논지로 가장 적절한 것은?

폴란은 동물의 가축화를 '노예화 또는 착취'로 바라보는 시각은 잘못이라고 주장한다. 그에 따르면, 가축화는 '종들 사이의 상호주의'의 일환이며 정치적이 아니라 진화론적 현상이다. 그는 "소수의, 특히 운이 좋았던 종들이 다윈식의 시행착오와 적응 과정을 거쳐, 인간과의 동맹을 통해 생존과 번성의 길을 발견한 것이 축산의 기원"이라고 말한다. 예컨대 이러한 동맹에 참여한 소·돼지·닭은 번성했지만, 그 조상뻘 되는 동물들 중에서 계속 야생의 길을 걸었던 것들은 쇠퇴했다는 것이다. 지금 북미 지역에 살아남은 늑대는 1만 마리 남짓인데 개들은 5천만 마리나 된다는 것을 통해 이점을 다시 확인할 수 있다. 이로부터 폴란은 '그 동물들의 관점에서 인간과의 거래는 엄청난 성공'이었다고 주장한다. 그래서 스티븐 울프는 "인도주의에 근거한 채식주의 옹호론만큼 설득력 없는 논변도 없다. 베이컨을 원하는 인간이 많아지는 것은 돼지에게 좋은 일이다."라고 주장하기도 한다. 그런데 어떤 생명체가 태어나도록 하는 것이 항상 좋은 일인가? 어떤 돼지가 깨끗한 농장에서 태어나 쾌적하게 살다가 이른 죽음을 맞게 된다면, 그 돼지가 태어나도록 하는 것이 좋은 일인가? 좋은 일이라고 한다면 돼지를 잘 기르는 농장에서 나온 돼지고기를 먹는 것은 그 돼지에게 나쁜 일이 아니라는 말이 된다. 아무도 고기를 먹지 않는다면 그 돼지는 태어날 수 없기 때문이다. 하지만 그 돼지를 먹기 위해서는 먼저 그 돼지를 죽여야 한다. 그렇다면 그 살해는 정당해야 한다. 폴란은 자신의 주장이 갖는 이런 함축에 불편함을 느껴야 한다. 이러한 불편함을 폴란은 해결하지 못할 것이다.

① 종 다양성을 보존하기 위한 목적으로 생명체를 죽이는 일은 지양해야 한다.
② 생명체를 죽이기 위해서 그 생명체를 태어나게 하는 일은 정당화되기 어렵다.
③ 어떤 생명체가 태어나서 쾌적하게 산다면 그 생명체를 태어나게 하는 것은 좋은 일이다.
④ 가축화에 대한 폴란의 진화론적 설명이 기초하는 '종들 사이의 상호주의'는 틀린 정보에 근거한다.

18 다음 문단을 논리적 순서대로 바르게 나열한 것은?

(가) 나무를 가꾸기 위해서는 처음부터 여러 가지를 고려해 보아야 한다. 심을 나무의 생육 조건, 나무의 형태, 성목이 되었을 때의 크기, 꽃과 단풍의 색, 식재 지역의 기후와 토양 등을 종합적으로 생각하고 심어야 한다. 나무의 생육 조건은 저마다 다르기 때문에 지역의 환경 조건에 적합한 나무를 선별하여 환경에 적응하도록 해야 한다. 동백나무와 석류, 홍가시나무는 남부 지방에 키우기 적합한 나무로 알려져 있지만 지구온난화로 남부 수종의 생육한계선이 많이 북상하여 중부 지방에서도 재배가 가능한 나무도 있다. 부산의 도로 중앙분리대에서 보았던 잎이 붉은 홍가시나무는 여주의 시골집 마당 양지바른 곳에서 3년째 잘 적응하고 있다.

(나) 더불어 나무의 특성을 외면하고 주관적인 해석에 따라 심었다가는 훗날 낭패를 보기 쉽다. 물을 좋아하는 수국 곁에 물을 싫어하는 소나무를 심었다면 둘 중 하나는 살기 어려운 환경이 조성된다. 나무를 심고 가꾸기 위해서는 전체적인 밑그림을 그려보고 생태적 특징을 살펴본 후에 심는 것이 바람직하다.

(다) 나무들이 밀집해 있으면 나무끼리의 경쟁은 물론 바람과 햇빛의 방해로 성장은 고사하고 병충해에 시달리기 쉽다. 또한 나무들은 성장 속도가 다르기 때문에 항상 다 자란 나무의 모습을 상상하며 나무들 사이의 공간 확보를 염두에 두어야 한다. 그러나 묘목을 심고 보니 듬성듬성한 공간을 메꾸기 위하여 자꾸 나무를 심게 되는 실수를 저지른다.

(라) 식재 계획의 시작은 장기적인 안목으로 적재적소의 원칙을 염두에 두고 나무를 선정해야 한다. 식물은 햇빛, 물, 바람의 조화를 이루면 잘 산다고 하지 않는가. 그래서 나무의 특성 중에서 햇볕을 좋아하는지 그늘을 좋아하는지, 물을 좋아하는지 여부를 살펴보는 것이 중요하다. 어린 묘목을 심을 경우 실수하는 것은 나무가 자랐을 때의 생육 공간을 생각하지 않고 촘촘하게 심는 것이다.

① (가) - (나) - (다) - (라)
② (가) - (나) - (라) - (다)
③ (가) - (라) - (나) - (다)
④ (가) - (라) - (다) - (나)

19 다음 글의 전개 방식에 대한 설명으로 옳지 않은 것은?

소비자의 권익을 위하여 국가가 집행하는 경쟁 정책은 본래 독점이나 담합 등과 같은 반경쟁적 행위를 국가가 규제함으로써 시장에서 경쟁이 활발하게 이루어지도록 하는 데 중점을 둔다. 이러한 경쟁 정책은 결과적으로 소비자에게 이익이 되므로, 소비자 권익을 보호하는 데 유효한 정책으로 인정된다. 경쟁 정책이 소비자 권익에 기여하는 모습은 생산적 효율과 배분적 효율의 두 측면에서 살펴볼 수 있다.

먼저, 생산적 효율은 주어진 자원으로 낭비 없이 더 많은 생산을 하는 것으로서, 같은 비용이면 더 많이 생산할수록, 같은 생산량이면 비용이 적을수록 생산적 효율이 높아진다. 시장이 경쟁적이면 개별 기업은 생존을 위해 비용 절감과 같은 생산적 효율을 추구하게 되고, 거기서 창출된 여력은 소비자의 선택을 받고자 품질을 향상시키거나 가격을 인하하는 데 활용될 것이다. 그리하여 경쟁 정책이 유발한 생산적 효율은 소비자 권익에 기여하게 된다. 물론 비용 절감의 측면에서는 독점 기업이 더 성과를 낼 수도 있겠지만, 꼭 이것이 가격 인하와 같은 소비자의 이익으로 이어지지는 않는다. 따라서 독점에 대한 감시와 규제는 지속적으로 필요하다.

다음으로 배분적 효율은 사람들의 만족이 더 커지도록 자원이 배분되는 것을 말한다. 시장이 독점 상태에 놓이면 영리 극대화를 추구하는 독점 기업은 생산을 충분히 하지 않은 채 가격을 올림으로써 배분적 비효율을 발생시킬 수 있다. 반면에 경쟁이 활발해지면 생산량 증가와 가격 인하가 수반되어 소비자의 만족이 더 커지는 배분적 효율이 발생한다. 그러므로 경쟁 정책이 시장의 경쟁을 통하여 유발한 배분적 효율도 소비자의 권익에 기여하게 된다.

경쟁 정책은 이처럼 소비자 권익을 위해 중요한 역할을 수행해 왔지만, 이것만으로 소비자 권익이 충분히 실현되지는 않는다. 시장을 아무리 경쟁 상태를 유지하더라도 여전히 남는 문제가 있기 때문이다. 우선, 전체 소비자를 기준으로 볼 때 경쟁 정책이 소비자 이익을 증진하더라도 일부 소비자에게는 불이익이 되는 경우도 있다. 예를 들어, 경쟁 때문에 시장에서 퇴출된 기업의 제품은 사후 관리가 되지 않아 일부 소비자가 피해를 보는 일이 있다. 그렇다고 해서 경쟁 정책 자체를 포기하면 전체 소비자에게 불리한 결과가 되므로 국가는 경쟁 정책을 유지할 수밖에 없는 것이다. 다음으로 소비자는 기업에 대한 교섭력이 약하고, 상품에 대한 정보도 적으며, 충동구매나 유해 상품에도 쉽게 노출되기 때문에 발생하는 문제가 있다. 이를 해결하기 위해 상품의 원산지 공개나 유해 제품 회수 등의 조치를 생각해 볼 수 있지만 경쟁 정책에서 직접 다루는 사안이 아니다.

이런 문제들 때문에 소비자의 지위를 기업과 대등하게 하고 기업으로부터 입은 피해를 구제하여 소비자를 보호할 수 있는 별도의 정책이 요구되었고, 이 요구에 따라 수립된 것이 소비자 정책이다. 소비자 정책은 주로 기업들이 지켜야 할 소비자 안전 기준의 마련, 상품 정보 공개의 의무화 등의 조치와 같이 소비자 보호와 직접 관련 있는 사안을 대상으로 한다. 또한 충동구매나 유해 상품 구매 등으로 발생하는 소비자 피해를 구제하고, 소비자 교육을 실시하며, 기업과 소비자 간의 분쟁을 직접 해결해 준다는 점에서도 경쟁 정책이 갖는 한계를 보완할 수 있다.

① 문제점을 해결하기 위해 등장한 소비자 정책에 대해 설명한다.
② 소비자 권익을 위한 경쟁 정책과 관련된 다양한 개념을 정의한다.
③ 경쟁 정책이 소비자 권익에 기여하는 바를 두 가지 측면에서 나누어 설명한다.
④ 구체적인 수치를 언급하며 경쟁 정책의 문제점을 제시한다.

20 다음 글의 내용으로 가장 적절한 것은?

주권은 타인에게 양도될 수 없고 타인을 통해 대표될 수도 없다. 그러므로 대의원은 민(民)의 대표자가 아니며 대표자가 될 수 없다. 그들은 민이 사용하는 사람에 불과하며 무슨 일이든 최종 결정권이 없다. 민이 직접 승인하지 않는 법률은 모두 무효이며 결코 법률이라 할 수 없다.

고대 공화제 국가뿐만 아니라 군주제 국가에서도 민은 결코 대표자를 갖지 않았고 또 사람들은 '대표자'라는 말조차 알지 못했다. 심지어 호민관을 그토록 신성시했던 로마에서도 호민관이 민의 기능을 빼앗을 수 있다고는 생각조차 할 수 없었다. 이뿐만 아니라 집회 때 수많은 민들 가운데 우뚝 서서 외치던 호민관이라 하더라도 단 한 사람의 투표권조차 자기 마음대로 좌우하겠다고는 생각하지 못했다. 물론 민의 수가 너무 많으면 때로는 어려운 문제가 일어날 수 있다는 점을 인정할 필요가 있다. 가령 그락쿠스 형제 시대에는 민의 수가 너무 많았기 때문에 일부 시민은 건물 지붕 위에서 투표하는 일까지 있었다.

모든 법은 보편적 선의지의 표명이기 때문에 입법권을 행사하는 데 대표자를 내세울 수 없는 것은 명백하다. 한편 민은 집행권을 행사하는 데는 대리자를 내세울 수 있다. 다만, 이 집행권은 법률에 효력을 부여하기 위하여 적용되는 힘에 불과하다. 로마의 호민관들은 원래 심지어 집행권조차 갖고 있지 않았다. 그들은 자기들에게 위임된 권한으로는 법률을 집행할 수 없었으며, 다만 원로원의 권리를 찬탈함으로써만 민을 대신해 집행할 수 있었다.

① 고대 사회에서 민은 입법권을 직접 갖지 못했다.
② 민은 입법권뿐만 아니라 집행권까지 가질 수 있다.
③ 헌법의 입법과 개정에서 민은 대표자를 필요로 한다.
④ 민의 수가 너무 많은 경우 민의 대표자가 입법권 행사를 대행해야 한다.

21 다음 글에 의해 반박될 수 있는 주장을 〈보기〉에서 모두 고르면?

신약의 효능이나 독성을 검사할 때 동물 실험을 하는 것이 일반적이다. 이때 반드시 짚고 넘어가야 할 문제가 있다. 그것은 동물 실험 결과를 인간에게 적용할 수 있는가 하는 문제이다. 동물과 인간의 생리적 특성이 달라 동물 실험의 결과를 인간에게 적용할 수 없는 경우가 있기 때문이다. 따라서 임상 시험에 들어가기 전 동물 실험을 통해 효능이나 독성 검사를 하는 것이 과연 얼마나 의미가 있는지에 대한 물음이 제기되고 있다.

이와 관련한 대표적인 사례인 '탈리도마이드 사건'을 살펴보자. 탈리도마이드는 1954년 독일 회사가 합성해 4년 후부터 안정제로 판매되기 시작했다. 동물 실험 결과 이 약은 그 안전성을 인정받았다. 생쥐에게 엄청난 양(몸무게 1kg당 10g 정도까지 실험)을 투여해도 생명에 지장이 없었다. 그래서 입덧으로 고생하는 임신부들까지 이를 복용했고, 그 결과 1959년부터 1961년 사이에 팔다리가 형성되지 않은 기형아가 1만여 명이나 태어났다. 반대의 사례도 있는데, 항생제로 지금까지도 널리 사용되는 페니실린은 일부 설치류에게 치명적인 독성을 나타낸다.

이에 따라 기존에 동물 실험이나 임상 시험에서 독성이 나타나 후보 목록에서 제외되었던 물질이 최근 들어 재조명되는 사례가 늘고 있다. 동물에게 독성이 나타나더라도 사람에게 독성이 없는 것으로 판명되거나, 일부 사람에게는 독성이 나타나더라도 이에 내성이 있는 사람에게는 투여 가능한 경우도 있기 때문이다.

보기

ㄱ. 동물 실험 결과, 안전하다고 판단된 약물은 사람에게도 안전하다.
ㄴ. 어떤 약물이 사람에게 안전하다면, 동물에게도 안전하다.
ㄷ. 신약 개발을 위한 임상 시험에서 독성이 나타난 물질은 어느 누구에게도 투여해서는 안 된다.
ㄹ. 내성이 있는 사람에게 부작용이 나타난 약물은 모든 사람에게 부작용이 나타난다.

① ㄱ, ㄷ
② ㄴ, ㄹ
③ ㄱ, ㄴ, ㄷ
④ ㄴ, ㄷ, ㄹ

22 다음 글의 주제로 가장 적절한 것은?

> 1920년대 세계 대공황의 발생으로 애덤 스미스 중심의 고전학파 경제학자들의 '보이지 않는 손'에 대한 신뢰가 무너지게 되자 경제를 보는 새로운 시각이 요구되었다. 당시 고전학파 경제학자들은 국가의 개입을 철저히 배제하고 '공급이 수요를 창출한다.'는 세이의 법칙을 믿고 있었다. 그러나 이러한 믿음으로는 세계 대공황을 설명할 수 없었다. 이때 새롭게 등장한 것이 케인스의 '유효수요 이론'이다. 유효수요 이론이란 공급이 수요를 창출하는 것이 아니라, 유효수요, 즉 물건을 살 수 있는 확실한 구매력이 뒷받침되는 수요가 공급 및 고용을 결정한다는 이론이다. 케인스는 세계 대공황의 원인이 이 유효수요의 부족에 있다고 보았다. 유효수요가 부족해지면 기업은 생산량을 줄이고, 이것은 노동자의 감원으로 이어지며 구매력을 감소시켜 경제의 악순환을 발생시킨다는 것이다. 케인스는 불황을 해결하기 위해서는 가계와 기업이 소비 및 투자를 충분히 해야 한다고 주장했다. 그는 소비가 없는 생산은 공급 과다 및 실업을 일으키며 궁극적으로는 경기 침체와 공황을 가져온다고 하였다. 절약은 분명 권장되어야 할 미덕이지만 소비가 위축되어 경기 침체와 공황을 불러올 경우, 절약은 오히려 악덕이 될 수도 있다는 것이다.

① 고전학파 경제학자들이 주장한 '보이지 않는 손'
② 세계 대공황의 원인과 해결책
③ '유효수요 이론'의 영향
④ 세이 법칙의 이론적 배경

23 다음 글의 뒤에 이어질 내용으로 가장 적절한 것은?

> 키는 유전적인 요소가 크다. 그러나 이러한 한계를 극복할 수 있는 강력한 수단이 있다. 바로 영양이다. 키 작은 유전자를 갖고 태어나도 잘 먹으면 키가 커질 수 있다는 것이다. 핵심은 단백질과 칼슘이다. 가장 손쉽게 이를 섭취할 수 있는 것은 우유다. 가격도 생수보다 저렴하다. 물론 우유의 효과에 대해 부정적 견해도 존재한다. 아토피 피부염과 빈혈·골다공증 등 각종 질병이 생길 수 있다는 주장이다. 그러나 이는 일부 학계의 의견이 침소봉대(針小棒大)되었다고 본다. 당뇨가 생기니 밥을 먹지 말고, 바다가 오염됐다고 생선을 먹지 않을 순 없지 않은가.

① 키와 건강을 위한 우유 섭취의 권장
② 아이들의 건강을 위한 우유 섭취 금지
③ 아이들의 건강 상태를 위한 각종 우유식품 개발
④ 키의 유전적 요소를 극복하기 위한 방법

24 다음 글을 읽고 이어질 문단을 논리적 순서대로 바르게 나열한 것은?

> 선택적 함묵증(Selective Mutism)은 정상적인 언어 발달 과정을 거쳐서 어떤 상황에서는 말을 하면서도 말을 해야 하는 특정한 사회적 상황에서는 말을 지속적으로 하지 않거나 다른 사람의 말에 언어적으로 반응하지 않는 것을 말하며, 이렇게 말을 하지 않는 증상이 1개월 이상 지속되고 교육적·사회적 의사소통을 저해하는 요소로 작용할 때 선택적 함묵증으로 진단할 수 있으며, 이를 불안 장애로 분류하고 있다.
>
> (가) 이러한 불안을 잠재우기 위해서는 발생 원인에 따라서 적절한 심리 치료 방법을 선택해 치료과정을 관찰하면서 복합적인 치료 방법을 혼용하여야 한다.
>
> (나) 아동은 굳이 말을 사용하지 않고서도 자신의 생각을 자연스럽게 표현하는 긍정적인 경험을 갖게 되어 이는 부정적 정서로 인한 긴장과 위축을 이완시킬 수 있다.
>
> (다) 그중 하나인 미술 치료는 아동의 저항을 줄이고, 언어의 한계성을 벗어나며, 육체적 활동을 통해 창조성을 생활화하고 미술 표현이 사고와 감정을 객관화한다고 볼 수 있다.
>
> (라) 불안 장애의 한 유형인 선택적 함묵증은 불안이 표면화되어 행동으로 나타나는 경우라고 볼 수 있으며, 대체로 심한 부끄러움, 사회적 상황에 대한 두려움, 사회적 위축, 강박적 특성, 거절증, 반항 등의 행동으로 표출된다.

① (가) – (다) – (라) – (나)

② (가) – (라) – (나) – (다)

③ (라) – (가) – (나) – (다)

④ (라) – (가) – (다) – (나)

25 다음 기사를 읽고 난 후의 감상으로 적절하지 않은 것은?

> 고등학교 환경 관련 교과서 대부분이 특정 주장을 검증 없이 게재하는 등 많은 오류가 존재한다는 보수 환경・시민단체의 지적이 제기됐다. 사단법인 환경정보평가원과 바른 사회시민행동은 지난 5월부터 6개월간 고등학교 환경 관련 교과서 23종을 분석한 결과 총 1,175개의 오류를 발견했다고 밝혔다. 이들 단체에 따르면 교과서 23종 모두 편향적 내용을 검증 없이 인용하거나 부실한 통계를 일반화하는 등의 문제점을 보였으며, '환경과 녹색성장' 교과서 5종에서만 오류 897건이 확인됐다.
>
> 우선 교과서 13종이 서울, 부산 등 6대 대도시의 온도 상승 평균값만을 보고 한반도의 기온 상승이 세계 평균보다 2배 높다고 과장해 기술한 것으로 나타났다. 도시화의 영향을 받지 않은 추풍령은 100년간 기온이 0.79℃ 상승했지만 이런 사실을 언급한 교과서는 1종에 불과했다. 방조제를 허물고 간척한 농경지를 갯벌로 만든 역간척 사례는 우리나라에서 찾을 수 없지만, 교과서 7종이 일부 환경단체의 주장만을 인용해 역간척을 사실인 것처럼 서술하고 있다고 이들 단체는 주장했다. 우리나라 전력 생산의 상당 부분을 차지하는 원자력 발전의 경우 단점만을 자세히 기술하고, 경제성과 효율성이 낮은 신재생에너지는 장점만 언급한 교과서도 있었다고 덧붙였다.
>
> 환경정보평가원의 최○○ 사무처장은 "환경 관련 교과서 대부분이 표면적으로 드러나는 사실을 검증하지 않고 그대로 싣는 문제점을 보였다."라며 "고등학생들이 보는 교과서인 만큼 객관적 사실에 기반을 둬 균형 있는 내용을 실어야 한다."라고 주장했다.

① 갑 : 교과서의 잘못된 내용을 바로잡는 일은 계속 이어져야 합니다.

② 을 : 교과서를 집필할 때 객관성 유지의 원칙을 지키지 못하면, 일부 자료를 확대하여 해석함으로써 사실을 왜곡할 수 있습니다.

③ 병 : 중・고교생들이 쓰는 교과서 전체를 검토해 사실이 아닌 것을 모두 솎아내는 일이 시급합니다.

④ 정 : 일부 환경 관련 교과서에 실린 원전 폐쇄 찬반 문제에 대해 대부분의 환경 보호 단체들은 찬성하지만, 원전 폐쇄는 또 다른 사회적 혼란을 일으킬 수 있습니다.

26 다음 빈칸에 들어갈 적절한 내용을 〈보기〉에서 찾아 순서대로 바르게 연결한 것은?

『정의론』을 통해 현대 영미 윤리학계에 정의에 대한 화두를 던진 사회철학자 '롤스'는 전형적인 절차주의적 정의론자이다. 그는 정의로운 사회 체제에 대한 논의를 주도해온 공리주의가 소수자 및 개인의 권리를 고려하지 못한다는 점에 주목하여 사회계약론적 토대 하에 대안적 정의론을 정립하고자 하였다.

롤스는 개인이 정의로운 제도하에서 자유롭게 자신들의 욕구를 추구하기 위해서는 ___(가)___ 등이 필요하며, 이는 사회의 기본 구조를 통해서 최대한 공정하게 분배되어야 한다고 생각했다. 그리고 이를 실현할 수 있는 사회 체제에 대한 논의가 자유롭고 평등하며 합리적인 개인들이 모두 동의할 수 있는 원리들을 탐구하는 데서 출발해야 한다고 보고, '원초적 상황'의 개념을 제시하였다.

'원초적 상황'은 정의로운 사회 체제의 기본 원칙들을 선택하는 합의 당사자들로 구성된 가설적 상황으로, 이들은 향후 헌법과 하위 규범들이 따라야 하는 가장 근본적인 원리들을 합의한다. '원초적 상황'에서 합의 당사자들은 ___(나)___ 등에 대한 정보를 모르는 상태에 놓이게 되는데, 이를 '무지의 베일'이라고 한다. 단, 합의 당사자들은 ___(다)___ 와/과 같은 사회에 대한 일반적 지식을 알고 있으며, 공적으로 합의된 규칙을 준수하고, 합리적인 욕구를 추구할 수 있는 존재로 간주된다. 롤스는 이러한 '무지의 베일' 상태에서 사회 체제의 기본 원칙들에 만장일치로 합의하는 것이 보장된다고 생각하였다. 또한 무지의 베일을 벗은 후에 겪을지 모를 피해를 우려하여 합의 당사자들이 자신의 피해를 최소화할 수 있는 내용을 계약에 포함시킬 것으로 보았다.

위와 같은 원초적 상황을 전제로 합의 당사자들은 정의의 원칙들을 선택하게 된다. 제1원칙은 모든 사람이 다른 개인들의 자유와 양립 가능한 한도 내에서 '기본적 자유'에 대한 평등한 권리를 갖는다는 것인데, 이를 '자유의 원칙'이라고 한다. 여기서 롤스가 말하는 '기본적 자유'는 양심과 사고 표현의 자유, 정치적 자유 등을 포함한다.

보기

㉠ 자신들의 사회적 계층, 성, 인종, 타고난 재능, 취향
㉡ 자유와 권리, 임금과 재산, 권한과 기회
㉢ 인간의 본성, 제도의 영향력

    (가)   (나)   (다)
① ㉠   ㉡   ㉢
② ㉡   ㉢   ㉠
③ ㉡   ㉠   ㉢
④ ㉢   ㉠   ㉡

27 다음 글의 빈칸에 들어갈 내용으로 가장 적절한 것은?

민주주의의 목적은 다수가 폭군이나 소수의 자의적인 권력 행사를 통제하는 데 있다. 민주주의의 이상은 모든 자의적인 권력을 억제하는 것으로 이해되었는데, 이것이 오늘날에는 자의적 권력을 정당화하기 위한 장치로 변화되었다. 이렇게 변화된 민주주의는 민주주의 그 자체를 목적으로 만들려는 이념이다. 이것은 법의 원천과 국가권력의 원천이 주권자 다수의 의지에 있기 때문에 국민의 참여와 표결 절차를 통하여 다수가 결정한 법과 정부의 활동이라면 그 자체로 정당성을 갖는다는 것이다. 즉, 유권자 다수가 원하는 것이면 무엇이든 실현할 수 있다는 말이다.

이런 민주주의는 '무제한적 민주주의'이다. 어떤 제약도 없는 민주주의라는 의미이다. 이런 민주주의는 자유주의와 부합할 수가 없다. 그것은 다수의 독재이고 이런 점에서 전체주의와 유사하다. 폭군의 권력이든 다수의 권력이든 군주의 권력이든 위험한 것은 권력 행사의 무제한성이다. 중요한 것은 이러한 권력을 제한하는 일이다.

민주주의 그 자체를 수단이 아니라 목적으로 여기고 다수의 의지를 중시한다면, 그것은 다수의 독재를 초래하고 이는 전체주의만큼이나 위험하다. 민주주의 존재 그 자체가 언제나 개인의 자유에 대한 전망을 밝게 해준다는 보장은 없다. 개인의 자유와 권리를 보장하지 못하는 민주주의는 본래의 민주주의가 아니다. 본래의 민주주의는 _____

① 다수의 의견을 수렴하여 이를 그대로 정책에 반영해야 한다.
② 서로 다른 목적의 충돌로 인한 사회적 불안을 해소할 수 있어야 한다.
③ 다수 의견보다는 소수 의견을 채택하면서 진정한 자유주의의 실현에 기여해야 한다.
④ 민주적 절차 준수에 그치는 것이 아니라 과도한 권력을 실질적으로 견제할 수 있어야 한다.

28 다음 중 (나)와 (다) 사이에 들어갈 수 있는 문장으로 가장 적절한 것은?

(가) 우리가 누리고 있는 문화는 거의 모두가 서양적인 것이다. 우리가 연구하는 학문 또한 예외가 아니다. 피와 뼈와 살을 조상에게서 물려받았을 뿐, 문화라고 일컬을 수 있는 거의 모든 것이 서양에서 받아들인 것인 듯싶다. 이러한 현실을 앞에 놓고서 민족 문화의 전통을 찾고 이를 계승하자고 한다면, 이것은 편협한 배타주의(排他主義)나 국수주의(國粹主義)로 오인되기에 알맞은 이야기가 될 것 같다.

(나) 전통은 과거로부터 이어 온 것을 말한다. 이 전통은 대체로 그 사회 및 그 사회의 구성원인 개인의 몸에 배어있는 것이다. 그러므로 스스로 깨닫지 못하는 사이에 전통은 우리의 현실에 작용하는 경우가 있다.

(다) 이처럼 우리가 계승해야 할 민족 문화의 전통으로 여겨지는 것이, 과거의 인습(因襲)을 타파(打破)하고 새로운 것을 창조하려는 노력의 결정(結晶)이라는 것은 지극히 중대한 사실이다.

(라) 세종대왕의 훈민정음 창제 과정에서 이 점은 뚜렷이 나타나고 있다. 만일 세종대왕이 고루(固陋)한 보수주의적 유학자들에게 한글 창제의 뜻을 굽혔다면, 우리 민족문화의 최대 걸작(傑作)이 햇빛을 못 보고 말았을 것이 아니겠는가?

(마) 우리가 계승해야 할 민족 문화의 전통은 형상화된 물건에서 받는 것도 있지만, 창조적 정신 그 자체에도 있는 것이다. 이러한 의미에서 민족 문화의 전통을 무시한다는 것은 지나친 자기(自己) 학대(虐待)에서 나오는 편견(偏見)에 지나지 않을 것이다.

(바) 민족 문화의 전통을 창조적으로 계승하자는 정신은 선진 문화 섭취에 인색하지 않을 것이다. 외래문화도 새로운 문화의 창조에 이바지함으로써 뜻이 있는 것이고, 그러함으로써 비로소 민족 문화의 전통을 더욱 빛낼 수 있기 때문이다.

① 그렇다면 전통을 계승하고 창조하는 주체는 우리 자신이다.
② 그러므로 전통이란 조상으로부터 물려받은 고유한 유산만을 의미하지는 않는다.
③ 그러나 계승해야 할 전통은 문화 창조에 이바지하는 것으로 한정되어야 한다.
④ 그리고 자국의 전통과 외래적인 문화는 상보적일 수도 있다.

※ 다음 글을 읽고 이어지는 질문에 답하시오. [29~30]

DNA는 이미 1896년에 스위스의 생물학자 프리드리히 미셰르가 발견했지만, 대다수 과학자들은 1952년까지는 DNA에 별로 관심을 보이지 않았다. 미셔는 고름이 밴 붕대에 끈적끈적한 회색 물질이 남을 때까지 알코올과 돼지 위액을 쏟아 부은 끝에 DNA를 발견했다. 그것을 시험한 미셔는 DNA가 생물학에서 아주 중요한 물질로 밝혀질 것이라고 선언했다. 그러나 불행하게도 화학 분석 결과, 그 물질 속에 인이 다량 함유돼 있는 것으로 드러났다. 그 당시 생화학 분야에서는 오로지 단백질에만 관심을 보였는데, 단백질에는 인이 전혀 포함돼 있지 않으므로 DNA는 분자 세계의 충수처럼 일종의 퇴화 물질로 간주되었다.

그러나 1952년에 바이러스를 대상으로 한 극적인 실험이 그러한 편견을 바꾸어 놓았다. 바이러스는 다른 세포에 무임승차하여 피를 빠는 모기와는 반대로 세포 속에 악당 유전 정보를 주입한다. 하지만 그 유전 정보가 바이러스의 DNA에 들어 있는지 단백질에 들어 있는지는 아무도 몰랐다. 유전학자인 앨프리드 허시와 마사 체이스는 방사성 동위원소 추적자를 사용해 바이러스에서 인이 풍부한 DNA의 인과, 황이 풍부한 단백질의 황을 추적해 보았다. 이 방법으로 바이러스가 침투한 세포들을 조사한 결과, 방사성 인은 세포에 주입되어 전달된 반면 황이 포함된 단백질은 그렇지 않은 것으로 드러났다. 따라서 유전 정보의 전달자는 단백질이 될 수 없으며, 전달자는 DNA인 것으로 밝혀졌다.

그런데 DNA의 정체는 도대체 무엇일까? 과학자들은 그것에 대해 아는 게 거의 없었다. DNA는 기다란 가닥의 형태로 존재했고, 각각의 가닥은 인과 당으로 된 뼈대로 이루어져 있었다. 그리고 마치 가시에 달린 혹처럼 그 뼈대에서 삐죽 돋아 나온 핵산도 있었다. 그렇지만 그러한 가닥의 모양과 그것들이 서로 어떻게 연결돼 있는지는 수수께끼였다. 라이너스 폴링이 헤모글로빈과 알파 나선으로 보여준 것처럼 분자의 모양은 그 분자의 작용 방식과 밀접한 관계가 있다. 따라서 DNA의 모양을 알아내는 것은 분자 생물학 분야에서 아주 중요한 과제가 되었다.

29 다음 중 윗글의 내용으로 적절하지 않은 것은?

① 1952년 이전까지는 대다수 과학자가 DNA에 관심을 두지 않았다.

② 단백질은 유전 정보를 전달하지 않는다.

③ 유전 정보는 DNA의 인을 통해 전달된다.

④ 미셰르의 발견을 당시 과학자들이 무시했던 이유는 DNA가 단백질이 아닌 것으로 판명되었기 때문이다.

30 다음 중 허시 – 체이스 실험에서 바이러스가 세포에 침투했을 때 일어나는 현상으로 가장 적절한 것은?

① 세포 내에 방사성 황은 존재하지 않지만 비방사성 황은 존재한다.

② 세포 내에서 바이러스가 번식하여 바이러스의 개체수가 늘어난다.

③ 바이러스의 단백질 성분만이 세포에 침투한다.

④ 방사성 인이 세포에 주입되어 전달되었다.

31 어느 반죽 제품의 밀가루와 설탕의 비율이 A회사 제품은 5 : 4이고, B회사 제품은 2 : 1이다. 이 두 회사의 제품을 섞었을 때 밀가루와 설탕의 비율은 3 : 2가 된다. 섞은 설탕의 무게가 120kg일 때 A회사 제품의 무게는?

① 160kg   ② 165kg

③ 170kg   ④ 180kg

32 다음은 주요 업종별 영업이익을 비교한 자료이다. 이에 대한 설명으로 옳지 않은 것은?

〈주요 업종별 영업이익 비교〉

(단위 : 억 원)

구분	2024년 1분기 영업이익	2024년 4분기 영업이익	2025년 1분기 영업이익
반도체	40,020	40,540	60,420
통신	5,880	6,080	8,880
해운	1,340	1,450	1,660
석유화학	9,800	9,880	10,560
건설	18,220	19,450	16,410
자동차	15,550	16,200	5,240
철강	10,740	10,460	820
디스플레이	4,200	4,620	−1,890
자동차부품	3,350	3,550	−2,110
조선	1,880	2,110	−5,520
호텔	980	1,020	−3,240
항공	−2,880	−2,520	120

① 항공업은 2024년 적자였다가 2025년 흑자로 전환되었다.

② 2024년 1분기 대비 2024년 4분기의 영업이익은 모든 업종에서 높다.

③ 2025년 1분기 영업이익이 전년 동기 대비 영업이익보다 높은 업종은 5개이다.

④ 2025년 1분기 영업이익이 적자가 아닌 업종 중에서 영업이익이 직전분기 대비 감소한 업종은 3개이다.

※ 다음 자료는 A지역의 연령대별 장애인 취업 현황이다. 이어지는 질문에 답하시오. [33~34]

<A지역 연령대별 장애인 취업 현황>

(단위 : 명)

구분	전체 장애인 취업자 수	연령대		
		20대	30대	60대 이상
2017년	9,364	2,233	1,283	339
2018년	9,526	2,208	1,407	1,034
2019년	9,706	2,128	1,510	1,073
2020년	9,826	2,096	1,612	1,118
2021년	9,774	2,051	1,714	1,123
2022년	9,772	1,978	1,794	1,132
2023년	9,914	1,946	1,921	1,135
2024년	10,091	1,918	2,051	1,191

33 다음 중 자료에 대한 설명으로 옳지 않은 것은?

① 20대 장애인 취업자 수는 매년 감소하였다.

② 2024년 20대 장애인 취업자는 전년 대비 3% 이상 감소하였다.

③ 전년 대비 전체 장애인 취업자의 증가 인원은 2023년에 비해 2024년이 크다.

④ 전체 장애인 취업자 중 30대 장애인 취업자가 차지하는 비율은 2019년에 비해 2020년이 더 크다.

34 20대 미만 장애인 취업자가 전혀 없고, 40대 장애인 취업자와 50대 장애인 취업자 수의 비율이 2 : 1이라 할 때, 2019년의 40대와 50대 장애인 취업자 수를 순서대로 바르게 나열한 것은?

① 3,730명, 1,865명

② 3,530명, 1,765명

③ 3,330명, 1,665명

④ 3,130명, 1,565명

35 다음은 2022년부터 2024년까지 K국가의 인구에 대한 통계 자료이다. 이에 대한 설명 중 옳은 것은?

〈성별 기대수명〉

(단위 : 세)

성별	2022년	2023년	2024년
남자	66.0	66.2	66.3
여자	72.7	72.9	73.1
합계	70.0	70.1	70.3

〈연령별 추계인구〉

(단위 : 명)

구분	2022년		2023년		2024년	
	남자	여자	남자	여자	남자	여자
0~4세	843,334	810,733	850,823	817,893	859,513	826,207
5~9세	839,701	807,904	830,968	799,796	823,111	792,160
10~14세	903,797	869,016	884,534	850,981	870,995	838,127
15~19세	1,007,489	959,578	984,818	938,657	962,884	919,401
20~24세	1,044,609	997,754	1,048,524	1,001,321	1,042,040	995,021
25~29세	957,595	917,882	977,559	937,402	1,000,285	958,589
30~34세	892,072	854,564	900,455	862,519	907,930	870,196
35~39세	813,439	785,474	812,826	784,110	835,373	803,881
40~44세	1,040,795	1,023,218	988,563	969,449	910,057	890,766
45~49세	1,049,652	1,055,064	1,083,487	1,083,980	1,098,722	1,095,045
50~54세	795,262	819,200	834,666	854,390	891,448	909,548
55~59세	654,986	712,223	685,542	744,436	699,710	756,169
60~64세	365,385	429,609	381,132	442,627	438,655	504,435
65~69세	397,313	541,904	383,334	521,069	348,698	473,799
70~74세	276,981	471,088	279,827	472,842	281,188	469,832
75~79세	156,320	363,699	164,249	372,905	173,041	385,607
80~84세	45,592	188,219	52,543	201,730	60,040	215,313
85세 이상	8,219	79,705	9,588	87,006	11,261	95,169
합계	12,092,541	12,686,834	12,153,438	12,743,113	12,214,951	12,799,265

① 20~24세 남녀 인구 격차는 매년 증가하고 있다.

② 2023년 0~9세 남자 인구는 0~9세 여자 인구보다 5% 이상 많다.

③ 2022년 50~54세 남녀 인구 격차는 2024년 15~19세 남녀 인구 격차의 55% 이상이다.

④ 2022~2024년 중 남자 기대수명이 가장 긴 해에 30~34세 남녀 인구 격차도 가장 크다.

36 다음은 K국의 2014년부터 2024년까지 주식시장의 현황에 대한 자료이다. 이를 바탕으로 종목당 평균 주식 수를 나타낸 그래프로 옳은 것은?

〈주식시장 현황〉

구분	2014	2015	2016	2017	2018	2019	2020	2021	2022	2023	2024
종목 수 (종목)	958	925	916	902	884	861	856	844	858	885	906
주식 수 (억 주)	90	114	193	196	196	265	237	234	232	250	282

※ (종목당 평균 주식 수)=(주식수)÷(종목 수)

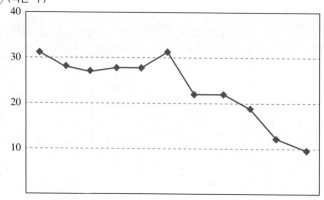

① (백만 주)

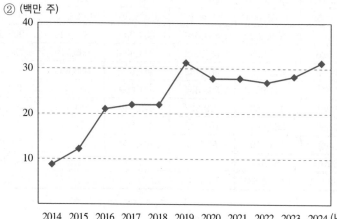

② (백만 주)

③ (백만 주)

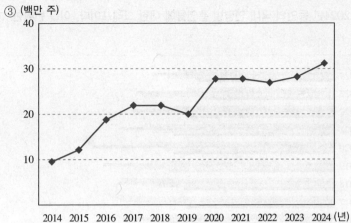

④ (백만 주)

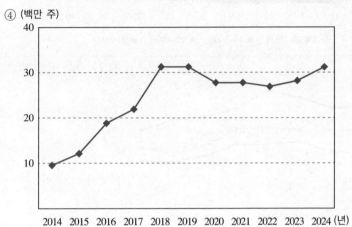

37 다음은 2016년 ~ 2024년 동안의 국내 연령별 흡연율에 대한 그래프이다. 이를 변환한 그래프로 옳은 것은?

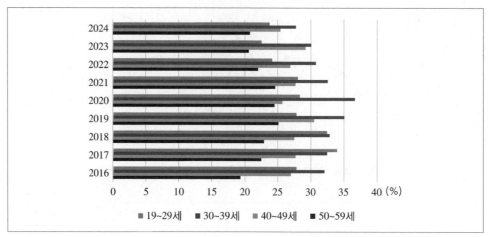

①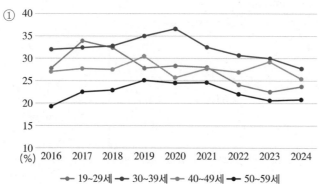

②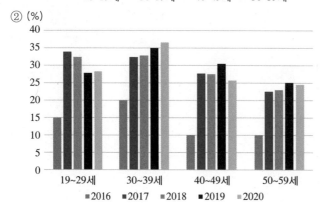

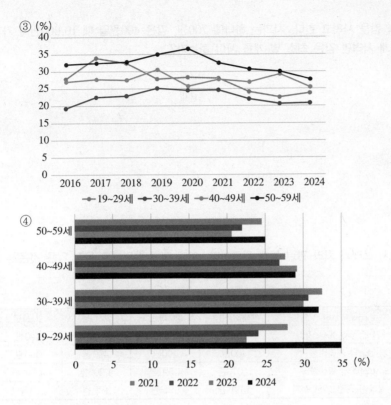

③
④

38 다음은 K은행 영업부의 2024년 분기별 영업 실적을 나타낸 그래프이다. 2024년 전체 실적에서 1~2분기와 3~4분기가 각각 차지하는 비율을 바르게 나열한 것은?(단, 소수점 둘째 자리에서 반올림한다)

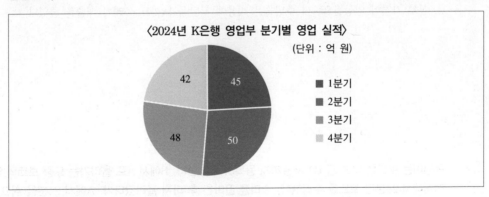

〈2024년 K은행 영업부 분기별 영업 실적〉
(단위 : 억 원)

	1~2분기	3~4분기
①	48.6%	51.4%
②	50.1%	49.9%
③	51.4%	48.6%
④	49.9%	50.1%

39 상우는 사과와 감을 사려고 한다. 사과는 하나에 700원, 감은 400원일 때 10,000원을 가지고 과일을 총 20개 사려면 감은 최소 몇 개를 사야 하는가?

① 10개

② 12개

③ 14개

④ 16개

40 다음은 K신도시 쓰레기 처리 관련 통계 자료이다. 이에 대한 설명으로 옳지 않은 것은?

〈K신도시 쓰레기 처리 관련 통계〉

구분	2021년	2022년	2023년	2024년
1kg 쓰레기 종량제 봉투 가격	100원	200원	300원	400원
쓰레기 1kg당 처리비용	400원	400원	400원	400원
A신도시 쓰레기 발생량	5,013톤	4,521톤	4,209톤	4,007톤
A신도시 쓰레기 관련 예산 적자	15억 원	9억 원	4억 원	0원

① 쓰레기 종량제 봉투 가격이 100원이었던 2021년에 비해 400원이 된 2024년에는 쓰레기 발생량이 약 20%p나 감소하였고 쓰레기 관련 예산 적자는 0원이 되었다.

② 연간 쓰레기 발생량 감소곡선보다 쓰레기 종량제 봉투 가격의 인상곡선이 더 가파르다.

③ 쓰레기 1kg당 처리비용이 인상될수록 K신도시의 쓰레기 발생량과 쓰레기 관련 예산 적자가 급격히 감소하는 것을 볼 수 있다.

④ 봉투 가격이 인상됨으로써 주민들은 비용에 부담을 느끼고 쓰레기 배출을 줄였다.

41 동원이는 보트를 타고 강 B에서 A까지 왕복하려고 한다. B에서 A로 올라가는 도중 보트의 엔진이 정지해서 24분간 보트를 수리했다. 수리를 끝마친 후 마저 올라갔다가, A에서 24분을 쉬고, 다시 B로 내려오는 데 총 5시간 30분이 걸렸다. 수리하는 시간을 포함하여 올라가는 데 걸린 시간은 내려오는 데 걸린 시간의 2.4배였다면, 흐르지 않는 물에서 보트의 속력은?(단, 물은 A에서 B로 흐르며 속력은 5km/h이다)

① 10km/h

② 15km/h

③ 20km/h

④ 25km/h

42 다음은 중학생의 주당 운동시간 현황을 조사한 자료이다. 이에 대한 〈보기〉 중 옳은 것을 모두 고르면?

〈중학생의 주당 운동시간 현황〉

(단위 : %, 명)

구분		남학생			여학생		
		1학년	2학년	3학년	1학년	2학년	3학년
1시간 미만	비율	10.0	5.7	7.6	18.8	19.2	25.1
	인원수	118	66	87	221	217	281
1시간 이상 2시간 미만	비율	22.2	20.4	19.7	26.6	31.3	29.3
	인원수	261	235	224	312	353	328
2시간 이상 3시간 미만	비율	21.8	20.9	24.1	20.7	18.0	21.6
	인원수	256	241	274	243	203	242
3시간 이상 4시간 미만	비율	34.8	34.0	23.4	30.0	27.3	14.0
	인원수	409	392	266	353	308	157
4시간 이상	비율	11.2	19.0	25.2	3.9	4.2	10.0
	인원수	132	219	287	46	47	112
합계	비율	100.0	100.0	100.0	100.0	100.0	100.0
	인원수	1,176	1,153	1,138	1,175	1,128	1,120

보기

㉠ 1시간 미만 운동하는 3학년 남학생 수는 4시간 이상 운동하는 1학년 여학생 수보다 많다.
㉡ 동일 학년의 남학생과 여학생을 비교하면, 남학생 중 1시간 미만 운동하는 남학생의 비율이 여학생 중 1시간 미만 운동하는 여학생의 비율보다 각 학년에서 모두 낮다.
㉢ 남학생과 여학생 각각 학년이 높아질수록 3시간 이상 운동하는 학생의 비율이 낮아진다.
㉣ 모든 학년별 남학생과 여학생 각각에서 3시간 이상 4시간 미만 운동하는 학생의 비율이 4시간 이상 운동하는 학생의 비율보다 높다.

① ㉠, ㉡　　　　　　　　　　② ㉠, ㉣
③ ㉡, ㉢　　　　　　　　　　④ ㉢, ㉣

43 다음은 연령별 3~4월 인플루엔자 신규 확진자 수 현황을 지역별로 조사한 자료이다. 이에 대한 설명으로 옳은 것은?(단, 비율은 소수점 둘째 자리에서 반올림한다)

〈연령별 인플루엔자 신규 확진자 수 현황〉

(단위 : 명)

지역	기간	10대 미만	10대	20대	30대	40대	50대	60대	70대 이상	전체
A	3월	7	29	34	41	33	19	28	35	226
A	4월	5	18	16	23	21	2	22	14	121
B	3월	6	20	22	33	22	35	12	27	177
B	4월	1	5	10	12	18	14	5	13	78
C	3월	2	26	28	25	17	55	46	29	228
C	4월	2	14	22	19	2	15	26	22	122
D	3월	3	11	22	20	9	21	54	19	159
D	4월	1	2	21	11	5	2	41	12	95
E	3월	4	58	30	37	27	41	22	57	276
E	4월	2	14	15	21	13	22	11	44	142
F	3월	9	39	38	59	44	45	54	32	320
F	4월	2	29	33	31	22	31	36	12	196
G	3월	0	8	10	29	48	22	29	39	185
G	4월	0	3	2	22	11	8	2	13	61
H	3월	4	15	11	52	21	31	34	48	216
H	4월	3	9	4	14	9	20	12	22	93
I	3월	2	11	18	35	4	33	21	19	143
I	4월	0	4	4	12	4	21	7	2	54

① 각 지역의 10대 미만 4월 신규 확진자 수는 전월 대비 감소하였다.

② 20대 신규 확진자 수가 10대 신규 확진자 수보다 적은 지역 수는 3월과 4월이 동일하다.

③ 3월 신규 확진자 수가 세 번째로 많은 지역의 4월 신규 확진자 수가 가장 많은 연령대는 20대이다.

④ H지역의 4월 신규 확진자 수가 4월 전체 지역의 신규 확진자 수에서 차지하는 비율은 10% 이상 이다.

44 다음은 K국의 자동차 매출에 대한 자료이다. 이에 대한 설명으로 옳은 것은?

〈2024년 10월 월매출액 상위 10개 자동차의 매출 현황〉

(단위 : 억 원, %)

자동차	순위	월매출액		
			시장점유율	전월 대비 증가율
A	1	1,139	34.3	60
B	2	1,097	33.0	40
C	3	285	8.6	50
D	4	196	5.9	50
E	5	154	4.6	40
F	6	149	4.5	20
G	7	138	4.2	50
H	8	40	1.2	30
I	9	30	0.9	150
J	10	27	0.8	40

※ (시장점유율)= $\dfrac{\text{(해당 자동차 월매출액)}}{\text{(전체 자동차 월매출 총액)}} \times 100$

〈2024년 I자동차 누적매출액〉

(단위 : 억 원)

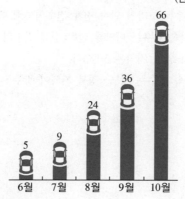

※ 월매출액은 해당 월 말에 집계됨

① 2024년 9월 C자동차의 월매출액은 200억 원 이상이다.
② 2024년 10월 월매출액 상위 5개 자동차의 순위는 전월과 동일하다.
③ 2024년 6월부터 9월 중 I자동차의 월매출액이 가장 큰 달은 9월이다.
④ 2024년 10월 K국의 전체 자동차 매출액 총액은 4,000억 원 미만이다.

45 다음은 지역별 마약류 단속에 대한 자료이다. 이에 대한 설명으로 옳은 것은?

〈지역별 마약류 단속 건수〉

(단위 : 건, %)

구분	대마	코카인	향정신성 의약품	합계	비중
서울	49	18	323	390	22.1
인천·경기	55	24	552	631	35.8
부산	6	6	166	178	10.1
울산·경남	13	4	129	146	8.3
대구·경북	8	1	138	147	8.3
대전·충남	20	4	101	125	7.1
강원	13	0	35	48	2.7
전북	1	4	25	30	1.7
광주·전남	2	4	38	44	2.5
충북	0	0	21	21	1.2
제주	0	0	4	4	0.2
전체	167	65	1,532	1,764	100.0

※ 수도권은 서울과 인천·경기를 합한 지역임
※ 마약류는 대마, 코카인, 향정신성의약품으로만 구성됨

① 대마 단속 전체 건수는 코카인 단속 전체 건수의 3배 이상이다.
② 수도권의 마약류 단속 건수는 마약류 단속 전체 건수의 50% 이상이다.
③ 코카인 단속 건수가 없는 지역은 5곳이다.
④ 향정신성의약품 단속 건수는 대구·경북 지역이 광주·전남 지역의 4배 이상이다.

46 다음은 K국의 농·임업 생산액과 부가가치 통계 현황에 대한 자료이다. 이에 대한 〈보기〉 중 옳은 것을 모두 고르면?

〈농·임업 생산액 현황〉

(단위 : 10억 원, %)

구분		2019년	2020년	2021년	2022년	2023년	2024년
농·임업 생산액		39,663	42,995	43,523	43,214	46,357	46,648
분야별 비중	곡물	23.6	20.2	15.6	18.5	17.5	18.3
	화훼	28.0	27.7	29.4	30.1	31.7	32.1
	과수	34.3	38.3	40.2	34.7	34.6	34.8

※ 분야별 비중은 해당 분야의 농·임업 생산액 대비 생산액 비중임
※ 곡물, 화훼, 과수는 농·임업 일부 분야임

〈농·임업 부가가치 현황〉

(단위 : 10억 원, %)

구분		2019년	2020년	2021년	2022년	2023년	2024년
농·임업 부가가치		22,587	23,540	24,872	26,721	27,359	27,376
GDP 대비 비중	농업	2.1	2.1	2.0	2.1	2.0	2.0
	임업	0.1	0.1	0.2	0.1	0.2	0.2

※ GDP 대비 비중은 해당 분야의 GDP 대비 부가가치 비중임
※ 농·임업은 농업과 임업으로만 구성됨

보기

㉠ 농·임업 생산액이 전년보다 적은 해에는 농·임업 부가가치도 전년보다 적다.
㉡ 화훼 생산액은 매년 증가한다.
㉢ 매년 곡물 생산액은 과수 생산액의 50% 이상이다.
㉣ 매년 농업 부가가치는 농·임업 부가가치의 85% 이상이다.

① ㉠, ㉡   ② ㉠, ㉢
③ ㉡, ㉣   ④ ㉢, ㉣

47 다음은 공공기관 신규채용 합격자 현황에 대한 자료이다. 이를 이용하여 작성한 그래프로 옳지 않은 것은?

〈공공기관 신규채용 합격자 현황〉

(단위 : 명)

합격자 ＼ 연도	2020년	2021년	2022년	2023년	2024년
전체	17,601	19,322	20,982	22,547	33,832
여성	7,502	7,664	8,720	9,918	15,530

〈공공기관 유형별 신규채용 합격자 현황〉

(단위 : 명)

유형 ＼ 합격자 ＼ 연도		2020년	2021년	2022년	2023년	2024년
공기업	전체	4,937	5,823	5,991	6,805	9,070
	여성	1,068	1,180	1,190	1,646	2,087
준정부기관	전체	5,055	4,892	6,084	6,781	9,847
	여성	2,507	2,206	2,868	3,434	4,947
기타 공공기관	전체	7,609	8,607	8,907	8,961	14,915
	여성	3,927	4,278	4,662	4,838	8,496

※ 공공기관은 공기업, 준정부기관, 기타공공기관으로만 구성됨

① 공공기관 유형별 신규채용 합격자 현황

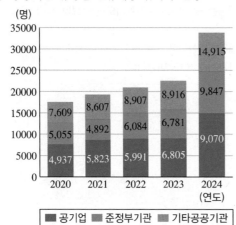

② 2022년 공공기관 유형별 신규채용 남성 합격자 현황

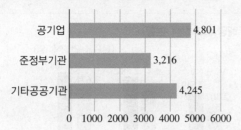

③ 공공기관 유형별 신규채용 합격자 중 여성 비중

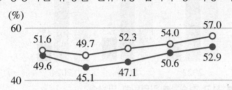

④ 공공기관 신규채용 합격자의 전년 대비 증가율

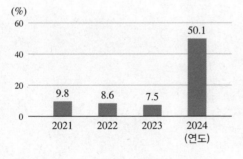

※ 다음은 연도별 해양사고 발생 현황에 대한 그래프이다. 이어지는 질문에 답하시오. [48~49]

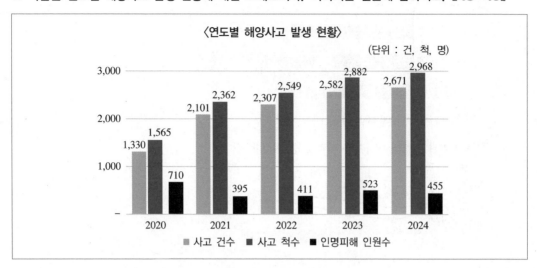

〈연도별 해양사고 발생 현황〉

(단위 : 건, 척, 명)

48 다음 중 2020년 대비 2021년 사고 척수의 증가율과 사고 건수의 증가율이 순서대로 나열된 것은?
(단, 증가율은 소수점 둘째 자리에서 반올림한다)

① 48.7%, 58.0%　　　　　　　② 48.7%, 61.1%

③ 50.9%, 58.0%　　　　　　　④ 50.9%, 61.1%

49 다음 중 사고 건수당 인명피해의 인원수가 가장 많은 연도는?

① 2020년　　　　　　　② 2021년

③ 2022년　　　　　　　④ 2023년

50 부동산 취득세 세율이 다음과 같을 때, 실 매입비가 6억 7천만 원인 $92m^2$ 아파트의 거래금액은? (단, 만 원 단위 미만은 절사한다)

〈표준세율〉

구분		취득세	농어촌특별세	지방교육세
6억 원 이하 주택	$85m^2$ 이하	1%	비과세	0.1%
	$85m^2$ 초과	1%	0.2%	0.1%
6억 원 초과 9억 원 이하 주택	$85m^2$ 이하	2%	비과세	0.2%
	$85m^2$ 초과	2%	0.2%	0.2%
9억 원 초과 주택	$85m^2$ 이하	3%	비과세	0.3%
	$85m^2$ 초과	3%	0.2%	0.3%

① 65,429만 원
② 65,800만 원
③ 67,213만 원
④ 67,480만 원

51 다음은 세계 주요 터널 화재 사고 A ~ F에 대한 통계 자료이다. 이에 대한 설명으로 옳은 것은?

〈세계 주요 터널 화재 사고 통계〉

사고	터널길이(km)	화재규모(MW)	복구비용(억 원)	복구기간(개월)	사망자(명)
A	50.5	350	4,200	6	1
B	11.6	40	3,276	36	39
C	6.4	120	72	3	12
D	16.9	150	312	2	11
E	0.2	100	570	10	192
F	1.0	20	18	8	0

※ (사고비용)=(복구비용)+[(사망자 수)×5억 원]

① 터널길이가 길수록 사망자가 많다.
② 화재규모가 클수록 복구기간이 길다.
③ 사고 A를 제외하면 복구기간이 길수록 복구비용이 많다.
④ 사망자가 30명 이상인 사고를 제외하면 화재규모가 클수록 복구비용이 많다.

52 다음은 K그룹 직원 250명을 대상으로 독감 예방접종 여부를 조사한 자료이다. 이에 대한 설명으로 옳은 것은?(단, 소수점 첫째 자리에서 버림한다)

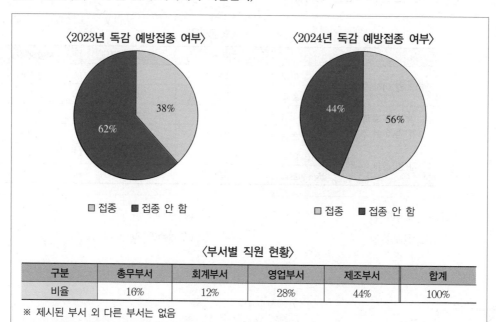

〈2023년 독감 예방접종 여부〉 38% 62% □ 접종 ■ 접종 안 함

〈2024년 독감 예방접종 여부〉 44% 56% □ 접종 ■ 접종 안 함

〈부서별 직원 현황〉

구분	총무부서	회계부서	영업부서	제조부서	합계
비율	16%	12%	28%	44%	100%

※ 제시된 부서 외 다른 부서는 없음
※ 2023년과 2024년의 부서별 직원 현황은 변동이 없음

① 모든 2023년의 독감 예방접종자가 2024년에도 예방접종했다면, 2023년에는 예방접종을 하지 않았지만 2024년에 예방접종을 한 직원은 총 54명이다.

② 2023년 대비 2024년에 예방접종을 한 직원의 수는 49%p 이상 증가했다.

③ 2024년의 자료가 2023년에 예방접종을 하지 않은 직원들을 대상으로 조사한 자료라고 하면, 2023년과 2024년 모두 예방접종을 하지 않은 직원은 총 65명이다.

④ 2023년과 2024년의 독감 예방접종 여부가 총무부서에 대한 자료이고 인원변동이 없다고 할 때, 총무부서 직원 중 예방접종을 한 직원은 2023년 대비 2024년에 7명 증가했다.

53 다음은 청소년의 경제의식에 대한 설문조사 결과이다. 이에 대한 설명으로 옳은 것은?

〈경제의식에 대한 설문조사 결과〉

(단위 : %)

설문 내용	구분	전체	성별		학교별	
			남	여	중학교	고등학교
용돈을 받는지 여부	예	84.2	82.9	85.4	87.6	80.8
	아니오	15.8	17.1	14.6	12.4	19.2
월간 용돈 금액	5만 원 미만	75.2	73.9	76.5	89.4	60
	5만 원 이상	24.8	26.1	23.5	10.6	40
금전출납부 기록 여부	기록한다.	30	22.8	35.8	31	27.5
	기록 안 한다.	70	77.2	64.2	69.0	72.5

① 용돈을 받는 남학생의 비율이 용돈을 받는 여학생의 비율보다 높다.

② 월간 용돈을 5만 원 미만으로 받는 비율은 중학생이 고등학생보다 높다.

③ 고등학생 전체 인원을 100명이라 한다면, 월간 용돈을 5만 원 이상 받는 학생은 40명이다.

④ 금전출납부는 기록하는 비율이 기록 안 하는 비율보다 높다.

54 K영화관의 영화 티켓 가격은 성인 12,000원이고, 청소년 티켓은 성인 티켓의 0.7배이다. 9명이 K영화관에서 단체 관람을 하는 데 90,000원을 지불하였다면, 청소년은 모두 몇 명인가?

① 3명 　　　　　　　　② 4명
③ 5명 　　　　　　　　④ 6명

55 다음은 A~E의 직업기초능력평가 점수에 대한 자료이다. 이를 토대로 표준편차가 큰 순서대로 바르게 나열한 것은?

(단위 : 점)

구분	의사소통능력	수리능력	문제해결능력	정보능력	직업윤리
A	60	70	75	65	80
B	50	90	80	60	70
C	70	70	70	70	70
D	70	50	90	100	40
E	85	60	70	75	60

① D>B>E>C>A 　　　　　　② D>B>E>A>C
③ B>D>A>E>C 　　　　　　④ B>D>C>E>A

56 다음은 K국에서 채용된 공무원 인원에 대한 통계 자료이다. 이에 대한 〈보기〉 중 옳은 것을 모두 고르면?

〈K국의 2024년 공무원 채용 인원〉

(단위 : 명)

구분	공개경쟁채용	경력경쟁채용	합계
고위공무원	–	73	73
3급	–	17	17
4급	–	99	99
5급	296	205	501
6급	–	193	193
7급	639	509	1,148
8급	–	481	481
9급	3,000	1,466	4,466
연구직	17	357	374
지도직	–	3	3
우정직	–	599	599
전문경력관	–	104	104
전문임기제	–	241	241
한시임기제	–	743	743
합계	3,952	5,090	9,042

※ 채용방식은 공개경쟁채용과 경력경쟁채용으로만 이루어짐
※ 공무원 구분은 자료에 제시된 것으로 한정됨

보기

㉠ 2024년에 공개경쟁채용을 통해 채용이 이루어진 공무원 구분은 총 4개이다.

㉡ 2024년 우정직 채용 인원은 7급 채용 인원의 절반보다 많다.

㉢ 2024년에 공개경쟁채용을 통해 채용이 이루어진 직책은 공개경쟁채용 인원이 경력경쟁채용 인원보다 많다.

㉣ 2025년부터 공무원 채용 인원 중 9급 공개경쟁채용 인원만을 해마다 전년 대비 10%씩 늘리고 그 외 나머지 채용 인원을 2024년과 동일하게 유지하여 채용한다면, 2026년 전체 공무원 채용 인원 중 9급 공개경쟁채용 인원의 비중은 40% 이하이다.

① ㉠, ㉡　　　　　　　　　　② ㉠, ㉢

③ ㉠, ㉡, ㉣　　　　　　　　④ ㉡, ㉢, ㉣

57 다음은 지하수 관측현황과 연도별 지하수 주요 관측지표에 대한 자료이다. 〈보기〉 중 이에 대한 설명으로 옳은 것을 모두 고르면?

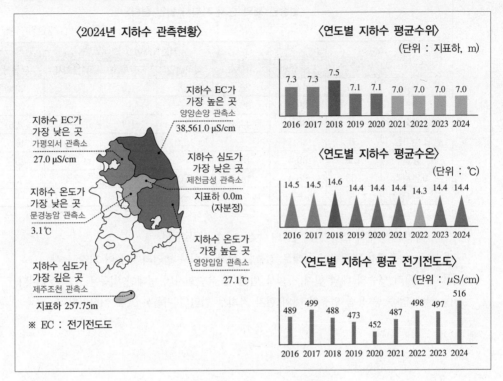

〈2024년 지하수 관측현황〉

지하수 EC가 가장 낮은 곳
가평외서 관측소
27.0 μS/cm

지하수 온도가 가장 낮은 곳
문경농암 관측소
3.1℃

지하수 심도가 가장 깊은 곳
제주조천 관측소
지표하 257.75m

지하수 EC가 가장 높은 곳
양양손양 관측소
38,561.0 μS/cm

지하수 심도가 가장 낮은 곳
제천금성 관측소
지표하 0.0m
(자분정)

지하수 온도가 가장 높은 곳
영양입암 관측소
27.1℃

※ EC : 전기전도도

〈연도별 지하수 평균수위〉
(단위 : 지표하, m)

2016	2017	2018	2019	2020	2021	2022	2023	2024
7.3	7.3	7.5	7.1	7.1	7.0	7.0	7.0	7.0

〈연도별 지하수 평균수온〉
(단위 : ℃)

2016	2017	2018	2019	2020	2021	2022	2023	2024
14.5	14.5	14.6	14.4	14.4	14.4	14.3	14.4	14.4

〈연도별 지하수 평균 전기전도도〉
(단위 : μS/cm)

2016	2017	2018	2019	2020	2021	2022	2023	2024
489	499	488	473	452	487	498	497	516

보기

㉠ 지하수 평균수위는 2021년부터 2024년까지 변동이 없었다.

㉡ 2024년 지하수 온도가 가장 높은 곳의 지하수 온도와 평균수온의 차이는 12.7℃이다.

㉢ 2024년 지하수 전기전도도가 가장 높은 곳의 지하수 전기전도도는 평균 전기전도도의 76배 이상이다.

① ㉠

② ㉠, ㉡

③ ㉠, ㉢

④ ㉡, ㉢

58 다음은 업종별 해외 현지 자회사 법인에 대한 자료이다. 이에 대한 설명으로 옳지 않은 것은?

〈업종별 해외 현지 자회사 법인 현황〉

(단위 : 개, %)

구분	사례 수	진출형태별					
		단독법인	사무소	합작법인	지분투자	유한회사	무응답
전체	387	47.6	20.4	7.8	1.0	0.8	22.4
주조	4	36.0	36.0	–	–	–	28.0
금형	92	35.4	44.4	14.9	1.7	–	3.5
소성가공	30	38.1	–	15.2	–	–	46.7
용접	128	39.5	13.1	–	1.7	–	45.7
표면처리	133	66.4	14.8	9.0	–	2.4	7.3
열처리	–	–	–	–	–	–	–

① 단독법인 형태의 소성가공 업종의 수는 10개 이상이다.
② 모든 업종에서 단독법인 형태로 진출한 현지 자회사 법인의 비율이 가장 높다.
③ 표면처리 업종의 해외 현지 자회사 법인 중 유한회사의 형태인 업종은 2곳 이상이다.
④ 전체 업종 중 용접 업종의 해외 현지 자회사 법인의 비율은 30% 이상이다.

59 다음은 K국의 치료감호소 수용자 현황에 대한 자료이다. 빈칸 (가) ~ (라)에 해당하는 수를 모두 더한 값은?

〈치료감호소 수용자 현황〉

(단위 : 명)

구분	약물	성폭력	심신장애자	합계
2019년	89	77	520	686
2020년	(가)	76	551	723
2021년	145	(나)	579	824
2022년	137	131	(다)	887
2023년	114	146	688	(라)
2024년	88	174	688	950

① 1,524
② 1,639
③ 1,751
④ 1,763

60 다음은 지역별·용도지역별 지가변동률에 대한 자료이다. 이에 대한 설명으로 옳은 것은?

〈2024년 12월 전년 대비 지역별·용도지역별 지가변동률〉

(단위 : %)

구분	평균	주거지역	상업지역	공업지역	보전관리지역	농림지역
전국	3.14	3.53	3.01	1.88	2.06	2.39
서울특별시	3.88	3.95	3.34	5.30	0	0
부산광역시	3.79	4.38	5.28	−0.18	0	0
대구광역시	3.87	5.00	3.65	−0.97	0	1.40
인천광역시	3.39	3.64	3.37	3.35	2.78	2.82
광주광역시	4.29	4.59	3.00	1.60	1.92	6.45
대전광역시	2.38	2.84	1.68	1.09	1.28	0
울산광역시	1.01	1.46	1.16	−0.22	2.42	1.08
세종특별자치시	4.55	3.83	3.39	4.44	6.26	2.44
경기도	3.23	3.47	2.38	2.36	2.10	3.04
강원도	2.54	2.97	2.13	1.84	1.23	2.49
충청북도	2.08	1.64	1.64	2.06	1.53	1.80
충청남도	1.34	1.88	1.06	0.64	0.87	1.38
전라북도	2.23	2.21	1.83	−0.42	2.88	2.75
전라남도	3.61	4.02	3.14	3.12	3.52	3.57
경상북도	2.06	2.15	1.73	0.21	2.05	2.24
경상남도	0.80	0.22	0.67	−1.61	1.77	1.45
제주특별자치도	2.21	1.67	1.67	0.09	1.61	0

① 전년 대비 공업지역 지가가 감소한 지역의 농림지역 지가는 전년 대비 증가하였다.

② 전라북도 상업지역의 지가변동률은 충청북도의 주거지역의 지가변동률보다 30% 이상 높다.

③ 대구광역시 공업지역의 지가변동률과 경상남도 보전관리지역의 지가변동률 차이는 1.59%p이다.

④ 보전관리지역 지가변동률 대비 농림지역 지가변동률의 비율은 경기도보다 강원도가 높다.

61 K기업의 직원 A ~ F 여섯 명은 3명씩 2조로 나누어 근무한다. 다음 〈조건〉을 근거로 할 때, 반드시 거짓인 것은?

> **조건**
> • A가 근무하는 날에는 E도 근무한다.
> • B가 근무하는 날에는 D는 근무하지 않는다.
> • B가 근무하지 않는 날에는 E는 근무하지 않는다.
> • D가 근무하지 않는 날에는 C와 F도 근무하지 않는다.

① E가 근무하는 날에는 B도 근무한다.
② D와 E는 같은 날에 근무한다.
③ C와 B는 같은 날에 근무하지 않는다.
④ A가 근무하는 날에는 B도 근무한다.

62 K공사는 사회적 가치 측정 공감대 확산을 위한 포럼을 개최하려고 한다. 포럼에는 K공사의 각 부처가 참석할 예정이며, 참석 부처는 다음 규칙에 따라 결정된다. 산업단지처가 포럼에 참석한다고 할 때, 부처별 포럼 참석 현황에 대한 설명으로 가장 적절한 것은?

> **〈포럼 참석부처 결정 규칙〉**
> • 산업단지처와 기술심사처 중 한 부처만 포럼에 참석한다.
> • 사업계획실이 포럼에 참석하면, 총무고객처는 참석하지 못한다.
> • 공공분양사업처가 포럼에 참석하는 경우에만 비상계획실이 포럼에 참석한다.
> • 스마트도시개발처가 포럼에 참석하지 않으면, 기술심사처도 포럼에 참석하지 못한다.
> • 스마트도시개발처와 공공분양사업처, 기술심사처 중 한 부처 이상은 반드시 포럼에 참석할 수 없다.
> • 공공분양사업처가 포럼에 참석하면, 기술심사처가 포럼에 참석한다.
> • 기술심사처가 포럼에 참석하지 않으면, 사업계획실이 포럼에 참석한다.

① 공공분양사업처는 포럼에 참석하지 않는다.
② 사업계획실과 총무고객처는 모두 포럼에 참석하지 않는다.
③ 총무고객처는 포럼에 참석하고, 비상계획실은 포럼에 참석하지 않는다.
④ 스마트도시개발처의 포럼 참석 여부는 알 수 없다.

63 다음은 K기업 제품의 생산 계획 현황을 나타낸 자료이다. 다음 상황에 따라 갑 ~ 병 직원이 실행하는 공정순서로 가장 적절한 것은?

〈생산 공정 계획〉

공정	선행공정	소요시간(시간)
A	B	1
B	–	0.5
C	–	2
D	E	1.5
E	–	1

〈상황〉

• 선행공정을 제외한 생산 공정 순서는 상관없다.
• 선행공정은 선행공정이 필요한 공정 전에만 미리 실행한다.
• 2명 이상의 직원이 A공정을 동시에 실행할 수 없다.
• 을 직원은 갑 직원보다, 병 직원은 을 직원보다 1시간 늦게 시작한다.
• 생산 공정이 진행될 때 유휴시간 없이 다음 공정으로 넘어간다.

	갑	을	병
①	B – E – A – D – C	B – C – E – D – A	C – B – E – A – D
②	E – D – C – B – A	C – E – D – B – A	E – D – B – C – A
③	B – D – E – A – C	C – D – A – B – E	B – E – A – D – C
④	C – E – B – A – D	B – E – A – D – C	B – A – E – C – D

※ 최대리는 오전 11시에 지방에서 개최하는 세미나에 참석하고자 한다. 세미나 장소로 가기 위한 이동 정보가 다음과 같을 때, 이어지는 질문에 답하시오(단, 최대리는 오전 9시 정각에 사무실을 떠날 계획이다). [64~65]

• 사무실에서 서울역 또는 김포공항까지 이동시간

장소	서울역(KTX)	김포공항
소요시간	19분	38분

• 서울역 ~ 대전역 열차 시간표

열차번호	서울역(KTX) 출발	대전역(KTX) 도착
A380	9 : 10	10 : 05
A410	9 : 22	10 : 18
A498	9 : 35	10 : 30
A504	9 : 45	10 : 40

• 김포공항 ~ 청주공항 운항 시간표

항공편	김포공항 출발	청주공항 도착
K110	9 : 28	9 : 45
K138	9 : 40	9 : 58
K210	9 : 45	10 : 10

• 열차 / 공항셔틀버스 시간
  - 대전역 : 오전 10시부터 10분마다 1대씩 출발, 세미나 장소까지 25분 소요
  - 청주공항 : 오전 9시 30분부터 15분마다 1대씩 출발, 세미나 장소까지 45분 소요

64 최대리가 KTX를 타고 이동할 때, 서울역에서 세미나 장소까지 걸리는 이동시간이 가장 짧은 열차는 무엇인가?

① A380
② A410
③ A498
④ A504

65 최대리가 세미나에서의 불필요한 대기시간을 최소화하기 위하여 사무실에서 출발하는 시간을 9시 이후로 조정하고자 한다. 비행기를 타고 간다면 늦어도 언제 출발하여야 세미나 장소에 늦지 않게 도착할 수 있는가?(단, 정각에 도착하여도 늦지 않은 것으로 한다)

① 9시 2분
② 9시 5분
③ 9시 7분
④ 9시 11분

66 인재연수부 김과장은 사내 연수 중 조별 과제의 발표 일정을 수립하고자 한다. 제시된 규칙에 따라 각 조의 발표 날짜를 정한다고 할 때, 다음 중 B조가 발표할 날짜로 옳은 것은?

〈규칙〉

- 조별 과제 발표를 수행할 조는 A조, B조, C조이다.
- 조별 과제의 발표는 수업시간에 이루어지며, 수업은 매주 화요일부터 금요일까지 진행된다.
- 달력에는 공휴일 및 창립기념일이 기록되어 있으며, 해당 일은 수업이 열리지 않는다.
- 각 조는 3일 동안 발표를 수행한다.
- 조별 발표는 A조 → C조 → B조 순으로 진행되며, 각 조는 앞 순서 조의 마지막 발표일 이후, 발표가 가능한 가장 빠른 일자에 발표를 시작한다.
- 특정 조의 발표가 끝난 날의 다음 날에는 어느 조도 발표를 할 수 없다.
- 각 조의 발표는 3일간 연속하여 하는 것이 원칙이나, 마지막 날의 발표는 연속하지 않게 별도로 할 수 있다. 다만 이 경우에도 발표가 가능한 가장 빠른 일자에 마지막 일자의 발표를 하여야 한다.

〈5월 달력〉

일	월	화	수	목	금	토
		1	2	3	4	5 어린이날	6
7	8	9 A조 발표	10 A조 발표	11 A조 발표	12	13
14	15	16	17 창립기념일	18	19	20
21	22	23	24	25	26	27 석가탄신일
28	29 대체공휴일	30	31			

① 18일, 19일, 22일
② 22일, 23일, 24일
③ 24일, 25일, 26일
④ 25일, 26일, 30일

※ K기업은 관리 중인 창고를 유형별로 구분하여 코드번호를 부여하고 암호화하여 관리하고 있다. 코드부여 규칙 및 암호화 규칙이 다음과 같을 때, 이어지는 질문에 답하시오 [67~69]

- 창고의 코드번호 부여 규칙은 [위치코드] – [유형코드] – [연도코드] – [처리코드]순서로 나열한다.
- 위치코드, 유형코드, 연도코드, 처리코드의 규칙은 다음과 같다.
  - 위치코드 부여 규칙

위치	수도권	비수도권
위치코드	20832	80910

  - 유형코드 부여 규칙

유형	폐기물	중장비	기타
유형코드	BBA	TKA	XUI

  - 연도코드 부여 규칙

설립연도	~ 2000년 12월 31일	2001년 1월 1일 ~
연도코드	9814	9916

  - 처리코드 부여 규칙

처리상태	운영 중	운영 일시중지	영구폐쇄
처리코드	A29	L17	K03

- 창고의 코드번호를 암호화하는 규칙은 다음과 같다.
1. 위치코드와 연도코드의 순서를 바꾼다.
2. 연도코드와 유형코드의 문자의 배치를 역순으로 나열한다.
3. 처리코드의 숫자에 15를 더한다.

---

67 어떤 창고의 코드번호가 20832TKA9916L17일 때, 이 창고코드를 암호화한 것으로 옳은 것은?

① L17991620832TKA

② 6199AKT20832L17

③ 991620832TKAL17

④ 6199AKT20832L32

68 어떤 창고의 암호화한 코드번호가 4189ABB80910A44일 때, 이 창고의 원본 코드번호로 옳은 것은?

① 80910ABB9814A29

② 80910BBA9814A29

③ 80910BBA9814A44

④ 981480910BBAA44

69 암호화 규칙을 다음과 같이 수정했을 때, 암호화한 코드번호 6199XUI2083281K의 원본 코드번호로 옳은 것은?

> 1. 위치코드와 연도코드의 순서를 바꾼다.
> 2. 처리코드의 숫자에 15를 더한다.
> 3. 연도코드와 변환한 2.의 처리코드의 문자의 배치를 각각 역순으로 나열한다.

① XUI208329916K03

② 20832XUIK039916

③ 20832XUI6199K03

④ 20832XUI9916K03

70 X통신사, Y통신사, Z통신사 3사는 모두 A~G카드사와 제휴를 통해 전월에 일정 금액 이상 카드 사용 시 다음과 같이 통신비를 할인하고 있다. 이에 대한 설명으로 옳은 것은?

제휴카드사	통신사	최대 할인액	할인조건
A카드사	X통신사	20,000원	• 전월 카드 사용 100만 원 이상 시 2만 원 할인 • 전월 카드 사용 50만 원 이상 시 1만 원 할인
	Y통신사	9,000원	• 전월 카드 사용 30만 원 이상 시 할인
	Z통신사	8,000원	• 전월 카드 사용 30만 원 이상 시 할인
B카드사	X통신사	20,000원	• 전월 카드 사용 100만 원 이상 시 2만 원 할인 • 전월 카드 사용 50만 원 이상 시 1만 원 할인
	Y통신사	9,000원	• 전월 카드 사용 30만 원 이상 시 할인
	Z통신사	9,000원	• 전월 카드 사용 50만 원 이상 시 9,000원 할인 • 전월 카드 사용 30만 원 이상 시 6,000원 할인
C카드사	X통신사	22,000원	• 전월 카드 사용 100만 원 이상 시 2.2만 원 할인 • 전월 카드 사용 50만 원 이상 시 1만 원 할인 • 전월 카드 1회 사용 시 5,000 원 할인
D카드사	Y통신사	9,000원	• 전월 카드 사용 30만 원 이상 시 할인
	Z통신사	9,000원	• 전월 카드 사용 30만 원 이상 시 할인
E카드사	Z통신사	8,000원	• 전월 카드 사용 30만 원 이상 시 할인
F카드사	Z통신사	15,000원	• 전월 카드 사용 50만 원 이상 시 할인
G카드사	Y통신사	15,000원	• 전월 카드 사용 70만 원 이상 시 1.5만 원 할인 • 전월 카드 사용 30만 원 이상 시 1만 원 할인

① X통신사 이용 시 가장 많은 통신비를 할인받을 수 있는 제휴카드사는 A카드사이다.

② 전월에 33만 원을 사용했을 경우 Y통신사에 대한 할인액은 G카드사보다 D카드사가 더 많다.

③ X통신사의 모든 제휴카드사는 전월 실적이 50만 원 이상이어야 통신비 할인이 가능하다.

④ 전월 52만 원을 사용했을 때 Z통신사에 대한 할인액이 가장 많은 제휴카드사는 F카드사이다.

71 다음 대화와 K여행사 해외여행 상품을 근거로 판단할 때, 세훈이 선택할 여행지는?

> 인희 : 다음 달 셋째 주에 연휴던데, 그때 여행갈 계획 있어?
>
> 세훈 : 응, 이번에는 꼭 가야지. 월요일, 수요일, 금요일이 공휴일이잖아. 그래서 우리 회사에서는 화요일과 목요일에만 연차를 쓰면 앞뒤 주말 포함해서 최대 9일 연휴가 되더라고. 그런데 난 연차가 하루밖에 남지 않아서 그렇게 길게는 안 돼. 그래도 이번엔 꼭 해외여행을 갈 거야.
>
> 인희 : 어디로 갈 생각이야?
>
> 세훈 : 나는 어디로 가든 상관없는데 여행지에 도착할 때까지 비행기를 오래 타면 너무 힘들더라고. 그래서 총 비행시간이 편도로 8시간 이내면서 직항 노선이 있는 곳으로 가려고.
>
> 인희 : 여행기간은 어느 정도로 할 거야?
>
> 세훈 : 남은 연차를 잘 활용해서 주어진 기간 내에서 최대한 길게 다녀오려고 해. K여행사 해외여행 상품 중에 하나를 정해서 다녀올 거야.

⟨K여행사 해외여행 상품⟩

여행지	여행기간(한국시각 기준)	총 비행시간(편도)	비행기 환승 여부
두바이	4박 5일	8시간	직항
모스크바	6박 8일	8시간	직항
방콕	4박 5일	7시간	1회 환승
홍콩	3박 4일	5시간	직항

① 두바이

② 모스크바

③ 방콕

④ 홍콩

72 이번 주까지 K가 해야 하는 일들은 총 아홉 가지(a ~ i)가 있고, 일주일 동안 월요일부터 매일 하나의 일을 한다. 다음 〈조건〉을 참고하여 K가 토요일에 하는 일이 b일 때, 화요일에 하는 일은?

조건

• 9개의 할 일 중에서 e와 g는 하지 않는다.
• d를 c보다 먼저 수행한다.
• c는 f보다 먼저 수행한다.
• i는 a와 f보다 나중에 수행한다.
• h는 가장 나중에 수행한다.
• a는 c보다 나중에 진행한다.

① a   ② c
③ d   ④ f

73 K씨가 컴퓨터 정보와 〈조건〉을 참고하여 컴퓨터를 구입하려고 할 때, 다음 중 구입할 컴퓨터는 무엇인가?

〈컴퓨터 정보〉

항목 컴퓨터	램 메모리 용량 (Giga Bytes)	하드 디스크 용량 (Tera Bytes)	가격 (천 원)
A	4	2	500
B	16	1	1,500
C	4	3	2,500
D	16	2	2,500

조건

• 컴퓨터를 구입할 때, 램 메모리 용량, 하드 디스크 용량, 가격을 모두 고려한다.
• 램 메모리와 하드 디스크 용량이 크면 클수록, 가격은 저렴하면 저렴할수록 선호한다.
• 항목별로 가장 선호하는 경우 100점, 가장 선호하지 않는 경우 0점, 그 외의 경우 50점을 각각 부여한다. 단, 가격은 다른 항목보다 중요하다고 생각하여 2배의 점수를 부여한다.
• 항목별 점수의 합이 가장 큰 컴퓨터를 구입한다.

① A   ② B
③ C   ④ D

74 다음 그림과 같이 각 층에 1인 1실의 방이 4개 있는 3층 호텔에 A~I 9명이 투숙해 있다. 〈조건〉을 참고할 때, 항상 참인 것은?

	301호	302호	303호	304호	
좌	201호	202호	203호	204호	우
	101호	102호	103호	104호	

<blockquote>
조건

• 각 층에는 3명씩 투숙해 있다.
• A의 바로 위의 방에는 C가 투숙해 있으며, A의 바로 오른쪽 방에는 아무도 투숙해 있지 않다.
• B의 바로 위의 방에는 아무도 투숙해 있지 않다.
• C의 바로 왼쪽에 있는 방에는 아무도 투숙해 있지 않으며, C는 D와 같은 층의 바로 옆에 인접해 있다.
• D는 E의 바로 아랫방에 투숙해 있다.
• E, F, G는 같은 층에 투숙해 있다.
• G의 옆방에는 아무도 투숙해 있지 않다.
• I는 H보다 위층에 투숙해 있다.
</blockquote>

① B는 101호에 투숙해 있다.
② D는 204호에 투숙해 있다.
③ F는 304호에 투숙해 있다.
④ G는 301호에 투숙해 있다.

75 다음 규칙을 근거로 판단할 때, 〈보기〉에서 옳은 것을 모두 고르면?

〈규칙〉

- 직원이 50명인 K기업은 야유회에서 경품 추첨 행사를 한다.
- 직원들은 1명당 3장의 응모용지를 받고, 1 ~ 100 중 원하는 수 하나씩을 적어서 제출한다. 한 사람당 최대 3장까지 원하는 만큼 응모할 수 있고, 모든 응모용지에 동일한 수를 적을 수 있다.
- 1 ~ 100 중 가장 좋아하는 수 하나를 고르면 해당 수를 응모한 사람이 당첨자로 결정된다. 해당 수를 응모한 사람이 없으면 사장은 당첨자가 나올 때까지 다른 수를 고른다.
- 당첨 선물은 사과 총 100개이고, 당첨된 응모용지가 n장이면 당첨된 응모용지 1장당 사과를 $\dfrac{100}{n}$개씩 나누어 준다.
- 만약 한 사람이 2장의 응모용지에 똑같은 수를 써서 당첨된다면 2장 몫의 사과를 받고, 3장일 경우는 3장 몫의 사과를 받는다.

보기

ㄱ. 직원 갑과 을이 함께 당첨된다면 갑은 최대 50개의 사과를 받는다.
ㄴ. 직원 중에 갑과 을 두 명만이 사과를 받는다면, 갑은 최소 25개의 사과를 받는다.
ㄷ. 당첨된 수를 응모한 직원이 갑밖에 없다면, 갑이 그 수를 1장 써서 응모하거나 3장 써서 응모하거나 같은 개수의 사과를 받는다.

① ㄱ
② ㄷ
③ ㄱ, ㄴ
④ ㄴ, ㄷ

76 다음 〈조건〉을 근거로 판단할 때, 백설공주의 친구 7명 중 왕자의 부하는 누구인가?

- A~G 중 2명은 왕자의 부하이다.
- B~F는 모두 20대이다.
- A~G 중 가장 나이가 많은 사람은 왕자의 부하가 아니다.
- A~G 중 여자보다 남자가 많다.
- 왕자의 두 부하는 성별이 서로 다르고, 국적은 동일하다.

친구	나이	성별	국적
A	37세	?	한국
B	28세	?	한국
C	22세	여자	중국
D	?	여자	일본
E	?	?	중국
F	?	?	한국
G	38세	여자	중국

① A, B
② B, F
③ C, E
④ D, F

77 K대리는 다음 분기에 참여할 연수프로그램을 결정하고자 한다. 〈조건〉에 따라 프로그램을 결정할 때, 반드시 참인 것은?

조건

- 다음 분기 연수프로그램으로는 혁신역량강화, 조직문화, 전략적 결정, 일과 가정, 공사융합전략, 미래가치교육 6개가 있다.
- K대리는 혁신역량강화에 참여하면, 조직문화에 참여하지 않는다.
- K대리는 일과 가정에 참여하지 않으면, 미래가치교육에 참여한다.
- K대리는 혁신역량강화와 미래가치교육 중 한 가지만 참여한다.
- K대리는 조직문화, 전략적 결정, 공사융합전략 중 두 가지에 참여한다.
- K대리는 조직문화에 참여한다.

① K대리가 참여할 프로그램 수는 최대 4개이다.
② K대리가 전략적 결정에 참여할 경우, 일과 가정에는 참여하지 않는다.
③ K대리는 혁신역량강화에 참여하고, 일과 가정에 참여하지 않는다.
④ K대리는 전략적 결정과 공사융합전략에 모두 참여한다.

78 K공사는 국제협력사업 10주년을 맞아 행사에 참여할 부서들을 선정 중이다. 다음 〈조건〉에 따라 참여부서를 선정하고자 할 때, 옳지 않은 것은?

조건

- 기획지원부를 선정하면 통계개발부는 선정되지 않는다.
- 해외기술부, 전략기획실, 인재개발부 중에 최소한 두 곳은 반드시 선정된다.
- 비서실이 선정되면 전략기획실은 선정되지 않는다.
- 인재개발부가 선정되면 통계개발부도 선정된다.
- 대외협력부과 비서실 중 한 곳만 선정된다.
- 비서실은 반드시 참여한다.

① 인재개발부는 선정된다.
② 해외기술부과 통계개발부는 행사에 참여한다.
③ 기획지원부는 선정되지 않는다.
④ 해외기술부와 전략기획실 모두 선정된다.

※ 다음은 K공사 홈페이지의 비밀번호 암호화 코드에 대한 자료이다. 이어지는 질문에 답하시오. [79~81]

본사는 고객의 개인정보 보호를 위해 다음과 같은 방법을 통해 고객이 입력한 비밀번호를 암호화하여 새로운 코드로 저장한다. 새로운 코드 생성방법은 가입한 연도에 따라 차이가 있다.

• 방법 1 : 가입연도 끝자리가 홀수 및 '0'인 경우
  1. 숫자 1~9는 순서대로 한글 모음인 ㅏ, ㅑ, ㅓ, ㅕ, ㅗ, ㅛ, ㅜ, ㅠ, ㅡ로 각각 치환하여 입력하고 숫자 0은 그대로 입력한다.
  2. 자음 중 된소리가 있는 것(ㄱ, ㄷ, ㅂ, ㅅ, ㅈ)에서 된소리가 아닌 것은 된소리로 치환하고(ㄱ → ㄲ), 된소리인 것은 된소리가 아닌 것으로 치환한다(ㄲ → ㄱ). 단, 된소리가 없는 자음은 그대로 입력한다.
  3. 특수문자는 모두 @로 치환하여 입력한다. 단, @는 #으로 치환한다.
  4. 알파벳 소문자(a~n)를 한글 자음(ㄱ~ㅎ) 순서대로 치환하여 입력한다. 그 외 알파벳 소문자는 그대로 유지한다.

• 방법 2 : 가입연도 끝자리가 짝수인 경우
  1. 숫자 중 홀수인 1, 3, 5, 7, 9만을 순서대로 알파벳 모음인 A, E, I, O, U로 치환하여 입력하고, 나머지 숫자는 그대로 입력한다.
  2. 특수문자는 모두 알파벳 대문자 X로 치환하여 입력한다.
  3. 알파벳 대문자는 소문자로, 소문자는 대문자로 바꾸어 입력한다.
     – 1과 2에서 치환한 대문자는 그대로 둔다.
  ※ 비밀번호에 특수문자는 !, @, #만 가능함

79 2021년도 K공사 홈페이지에 가입한 A의 암호화 코드가 '#53스튜도'였다고 할 때, A가 입력한 비밀번호는 무엇인가?(단, A가 입력한 비밀번호에 된소리는 없었다)

① #53g__l8c5　　　　　② #53g9l8c5
③ @53g__l8c5　　　　　④ @53g9l8c5

80 다음은 2020년에 가입한 사람의 비밀번호이다. 이 암호화 코드 중 알파벳 소문자는 모두 몇 개인가?

ㅎㅏㄹㅁㅓ05HaPPy114105Hhanㅏㅐㄲ

① 없다　　　　　② 1개
③ 2개　　　　　④ 4개

81 2022년 가입자와 2020년 가입자의 비밀번호가 @Lu290ㄱㅌㅛ!!로 동일하다고 할 때, 두 사람의 암호화한 코드를 바르게 나열한 것은?

① XIU2U0ㄱㅌㅛ!!, #Luㅑㅓ0ㄲㅌㅛ@@

② XIU2U0ㄲㅌㅛXX, #Luㅑㅓ0ㄲㅌㅛ@@

③ XIU2U0ㄲㅌㅛ!!, #Luㅑㅓ0ㄲㅌㅛ@@

④ XIU2U0ㄱㅌㅛXX, #Luㅑㅓ0ㄲㅌㅛ@@

82 K기업은 사내 화재예방 강화를 위하여 2024년 7월 1일에 대대적인 화재안전점검을 실시하였다. 점검한 결과 일부 노후화되거나 불량인 소화기가 발견되어 신형 축압식 소화기로 교체하려고 한다. 다음 중 처분 및 교체비용으로 옳은 것은?

〈소화기 처분조건〉

적용순서	조건	미충족 시 적용 방안
1	내구연한 8년 미만	폐기처분으로 충족
2	지시압력계가 초록색으로 유지	신형 소화기로 교체하여 충족
3	화재안전기준에 의해 최소 60개 이상 보유	신형 소화기를 구매하여 충족

※ 소화기 폐기처분 비용은 1만 원, 신형 소화기 교체(구매) 비용은 5만 원임

〈소화기 전수조사 결과〉

지시압력계＼제조연도	2015년	2016년	2017년	2018년	2019년
노란색(부족)	8	5	3	1	1
초록색(정상)	10	13	18	15	10
빨간색(과다)	3	–	2	1	–
총계	21	18	23	17	11

※ 2024년도 7월 1일 기준으로 전수조사를 통해 작성하였음
※ 내구연한은 제조연도로만 계산함

① 100만 원   ② 112만 원

③ 124만 원   ④ 135만 원

83 K기업은 가전전시회에서 자사의 제품을 출품하기로 하였다. 제품을 보다 효과적으로 홍보하기 위하여 다음과 같이 행사장의 A ~ G 중 세 곳에서 홍보판촉물을 배부하기로 하였다. 가장 많은 사람들에게 홍보판촉물을 나눠줄 수 있는 위치는 어디인가?

- 전시관은 제1전시관 → 제2전시관 → 제3전시관 → 제4전시관 순서로 배정되어 있다.
- 행사장 출입구는 한 곳이며, 다른 곳으로는 출입이 불가능하다.
- 방문객은 행사장 출입구로 들어와서 시계 반대 방향으로 돌며, 4개의 전시관 중 2개의 전시관만을 골라 관람한다.
- 방문객은 자신이 원하는 2개의 전시관을 모두 관람하면 행사장 출입구를 통해 나가기 때문에 한 바퀴를 초과해서 도는 방문객은 없다.
- 방문객은 전시관 입구로 들어가면 출구로 나오기 때문에 전시관의 입구와 출구 사이에 있는 외부 통로를 동시에 지나치지 않는다.
- 행사장에는 시간당 평균 400명이 방문하며, 각 전시관의 시간당 평균 방문객 수는 다음과 같다.

제1전시관	제2전시관	제3전시관	제4전시관
100명	250명	150명	300명

행사장 출입구

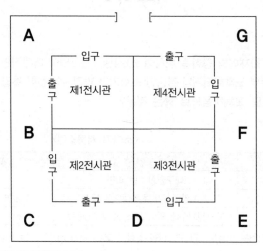

① A, B, C
② A, D, G
③ B, C, E
④ B, D, F

※ 다음은 호텔별 연회장 대여 현황에 대한 자료이다. 이어지는 질문에 답하시오. [84~85]

〈호텔별 연회장 대여 현황〉

건물	연회장	대여료	수용 가능 인원	회사로부터 거리	비고
A호텔	연꽃실	140만 원	200명	6km	2시간 이상 대여 시 추가비용 40만 원
B호텔	백합실	150만 원	300명	2.5km	1시간 초과 대여 불가능
C호텔	매화실	150만 원	200명	4km	이동수단 제공
	튤립실	180만 원	300명	4km	이동수단 제공
D호텔	장미실	150만 원	250명	4km	–

84 총무팀에 근무하고 있는 이대리는 김부장에게 다음과 같은 지시를 받았다. 이대리가 연회장 예약을 위해 지불해야 하는 예약금은 얼마인가?

> 다음 주에 있을 회사창립 20주년 기념행사를 위해 준비해야 할 것들을 알려 줄게요. 먼저 다음 주 금요일 오후 6시부터 8시까지 사용 가능한 연회장 리스트를 뽑아서 행사에 적합한 연회장을 예약해 주세요. 연회장 대여를 위한 예산은 160만 원이고, 회사에서의 거리가 가까워야 임직원들이 이동하기에 좋을 것 같아요. 행사 참석 인원은 240명이고, 이동수단을 제공해 준다면 우선적으로 고려하도록 하세요. 예약금은 대여료의 10%라고 하니 예약 완료하고 지불하도록 하세요.

① 14만 원
② 15만 원
③ 16만 원
④ 17만 원

85 회사창립 20주년 기념행사의 연회장 대여 예산이 200만 원으로 증액된다면, 이대리는 어떤 연회장을 예약하겠는가?

① A호텔 연꽃실
② B호텔 백합실
③ C호텔 매화실
④ C호텔 튤립실

※ K아파트의 자전거 보관소에서는 입주민들의 자전거를 편리하게 관리하기 위해 다음과 같은 방법으로 자전거에 일련번호를 부여한다. 이어지는 질문에 답하시오. **[86~87]**

A	L	1	1	1	0	1	–	1
종류	무게	동	호수				–	등록순서

- 자전거 종류 구분

일반 자전거			전기 자전거
성인용	아동용	산악용	
A	K	T	B

- 자전거 무게 구분

10kg 이하	10kg 초과 20kg 미만	20kg 이상
S	M	L

- 동 구분 : 101동부터 110동까지의 끝자리를 1자리 숫자로 기재(예 101동 – 1)
- 호수 : 4자리 숫자로 기재(예 1101호 – 1101)
- 등록순서 : 동일 세대주당 자전거 등록순서를 1자리로 기재

86 다음 중 자전거의 일련번호가 바르게 표기된 것은?

① MT1109–2   ② AM2012–2

③ AB10121–1   ④ KS90101–2

87 다음 중 일련번호가 'TM41205–2'인 자전거에 대한 설명으로 옳은 것은?

① 전기 모터를 이용해 주행할 수 있다.
② 자전거의 무게는 10kg 이하이다.
③ 204동 1205호에 거주하는 입주민의 자전거이다.
④ 자전거를 2대 이상 등록한 입주민의 자전거이다.

※ K기업은 자사 홈페이지 리뉴얼 중 실수로 임직원 전체 비밀번호가 초기화되는 사고가 발생하였고, 이에 개인정보 보호를 위해 다음 방식으로 임시 비밀번호를 부여하였다. 이어지는 질문에 답하시오. [88~90]

〈임시 비밀번호 발급방식〉

임직원 개개인의 알파벳으로 구성된 아이디와 개인정보를 기준으로 다음의 방식을 적용한다.
1. 아이디의 알파벳 자음 대문자는 소문자로, 알파벳 자음 소문자는 대문자로 치환한다.
2. 아이디의 알파벳 중 모음 A, E, I, O, U, a, e, i, o, u를 각각 1, 2, 3, 4, 5, 6, 7, 8, 9, 0으로 치환한다.
3. 1과 2의 내용 뒤에 덧붙여 본인 성명 중 앞 두 자리를 입력한다. → 김손예진=김손
4. 3의 내용 뒤에 본인 생일 중 일자를 덧붙여 입력한다. → 8월 1일생=01

---

88 A씨의 임시 비밀번호가 'HW688강동20'이라면, A씨의 아이디로 옳은 것은?

① HWAII ② hwaii
③ HWAoo ④ hwaoo

89 직원의 아이디가 다음과 같을 때, 각 아이디의 임시 비밀번호로 옳지 않은 것은?(단, 이름은 김리안 생일은 10월 1일로 통일한다)

	아이디	임시 비밀번호
①	JunkYY	j0NKyy김리01
②	HYTOre	hyt4R7김리01
③	rePLAY	R7pl1y김리01
④	JAsmIN	j6SM8n김리01

90 A씨가 다음의 문장에 임시 비밀번호 발급방식 규칙 1과 2를 적용하려고 한다. 이때 숫자 중 홀수는 모두 몇 개인가?

LIFE is too SHORT to be LITTLE

---

① 4개 ② 5개
③ 6개 ④ 7개

제2회
최종점검 모의고사

※ 금융감독원 최종점검 모의고사는 최신 채용공고와 후기를 기준으로 구성한 것으로, 실제 시험과 다를 수 있습니다.

■ 취약영역 분석

번호	O/×	영역	번호	O/×	영역	번호	O/×	영역
01			31			61		
02			32			62		
03			33			63		
04			34			64		
05			35			65		
06			36			66		
07			37			67		
08			38			68		
09			39			69		
10			40			70		
11			41			71		
12			42			72		
13			43			73		
14			44			74		
15		의사소통능력	45		수리능력	75		문제해결능력
16			46			76		
17			47			77		
18			48			78		
19			49			79		
20			50			80		
21			51			81		
22			52			82		
23			53			83		
24			54			84		
25			55			85		
26			56			86		
27			57			87		
28			58			88		
29			59			89		
30			60			90		

평가문항	90문항	평가시간	90분
시작시간	:	종료시간	:
취약영역			

01 다음 중 밑줄 친 ㉠이 높게 나타나는 상황으로 가장 적절한 것은?

> 사람들은 종종 미래의 행동을 결정할 때 매몰 비용, 즉 이미 지출되었기 때문에 회수가 불가능한 비용에 집착하는 경우를 볼 수 있다. 합리적으로 의사 결정을 하기 위해서는 오직 추가적인 비용과 이익만 고려해야 한다. 그러나 많은 사람들은 매몰 비용을 과대평가하여 결과적으로 이에 대한 투자를 지속하려는 경향을 보인다. 예를 들면, 공짜였다면 가지 않았을 농구 경기를 이미 지불한 티켓 값이 아까워서 경기 당일 눈보라를 무릅쓰고 경기장에 간다는 것이다. 이와 같이 한 번 투자한 시간, 돈, 또는 노력에 대한 시도를 지속적으로 유지하려는 경향을 ㉠ 매몰 비용 효과라 한다.
>
> 이러한 매몰 비용 효과는 '심적 회계 이론'으로 설명할 수 있다. 심적 회계 이론에서는 소비자들이 거래를 할 때, 지불한 비용과 얻게 될 이익 사이에서 손해를 보지 않으려는 심리가 있다고 본다. 이 이론에서는 비용과 이익의 심리적 연결인 '커플링'의 개념을 사용하는데, 이때 비용과 이익이 심리적으로 연결되는 경우를 '거래커플링'이라 하고, 반대로 비용과 이익이 심리적으로 분리되는 경우를 '디커플링'이라 한다. 비용과 이익이 심리적으로 명백하게 연결된 거래커플링의 경우, 소비자의 매몰 비용에 대한 주의가 높아지게 된다. 따라서 남아있는 이익을 소비하고자 하는 의지가 강하므로 매몰 비용 효과는 높게 나타난다. 즉, 위의 농구 경기 사례처럼 하나의 비용에 하나의 이익이 연결될 때는 거래커플링이 야기되어 눈보라를 무릅쓰고 경기를 관람하러 간다는 것이다.
>
> 반면 하나의 비용이 여러 이익과 연결될 때, 예를 들어 서로 기능이나 가격이 다른 상품을 묶어 파는 경우에는 총비용을 여러 개의 이익에 어떻게 나눠야 할지 모르는 어려움을 겪게 된다. 이때 소비자들에게는 심리적인 디커플링이 야기되어, 이미 지불한 비용에 대한 주의력이 낮아지게 되므로 매몰 비용 효과는 낮게 나타나는 것이다. 이외에도 선불이나 정액 요금 같이, 지불한 시점과 소비 시점 간의 거리가 먼 경우 디커플링의 수준이 높아질 수 있다.

① 데이터 정액 요금제 가입자 중 데이터 사용량을 다 쓰지 못하는 사람은 90% 이상이지만, 같은 요금제를 계속 이용한다.

② 새로 산 구두가 신을 때마다 발이 아파 걷기가 힘들지만 비싸게 지불한 신발값이 아까워 버리지 못하고 계속 신고 다닌다.

③ 같은 월급을 받는 독신자들은 기혼자들에 비해 남는 돈이 많다고 생각해서 지갑을 여는 것에 과감한 경우가 많아 충동구매가 잦은 편이다.

④ 10만 원 이상 물건을 구입하면 5천 원 상품권을 지급한다는 A백화점 추석맞이 이벤트 때문에 지금 당장 필요하지 않은 물건을 구입하게 되었다.

02 K공사에 근무하는 A ~ D사원은 다음 글을 읽고 대화를 나누었다. 〈보기〉 중에서 적절하지 않은 내용을 말한 사람은 누구인가?

'혁신'이라는 용어는 이미 경영·기술 분야에서 널리 사용되고 있다. 미국의 경제학자 슘페터는 혁신을 새로운 제품 소개, 생산 방법의 도입, 시장 개척, 조직 방식 등의 새로운 결합으로 발생하는 창조적 파괴라고 정의한 바 있다. 이를 '열린 혁신'의 개념으로 확장해보면 기관 자체의 역량뿐 아니라 외부의 아이디어를 받아들이고 결합함으로써, 당면한 문제를 해결하고 사회적 가치를 창출하는 일련의 활동이라 말할 수 있을 것이다.

위에서 언급한 정의의 측면에서 볼 때 열린 혁신의 성공을 위한 초석은 시민사회(혹은 고객)를 포함한 다양한 이해관계자의 적극적인 참여와 협업이다. 어린이, 시민, 전문가, 공무원 등이 모여 자연을 이용해 기획하고 디자인한 A시(市)의 '기적의 놀이터', 청년들이 직접 제안한 아이디어를 정부가 정식 사업으로 채택하여 발전시킨 '공유기숙사' 등은 열린 혁신의 추진 방향을 보여주는 대표적인 사례이다. 특히, 시민을 공공 서비스의 수혜 대상에서 함께 사업을 만들어가는 파트너로 격상시킨 것이 큰 변화이며, 바로 이 지점이 열린 혁신의 출발점이라 할 수 있다.

그렇다면 '열린 혁신'을 보다 체계적·성공적으로 추진하기 위한 선행 조건은 무엇일까? 첫째, 구성원들이 열린 혁신을 명확히 이해하고 수요자의 입장에서 사업을 바라보는 사고방식이 필요하다. 공공기관이 혁신을 추진하는 목적은 결국 본연의 사업을 잘 수행하기 위함이다. 이를 위해서는 수요자인 고객을 먼저 생각해야 한다. 제공받는 서비스에 만족하지 못하는 고객을 생각한다면 사업에 대한 변화와 혁신은 자연스럽게 따라올 수밖에 없다.

둘째, 다양한 아이디어가 존중받고 추진될 수 있는 조직 문화를 만들어야 한다. 나이·직급과 관계없이 새로운 아이디어를 마음껏 표현할 수 있는 환경을 만들고, 참신하고 완성도 높은 아이디어에 대해 인센티브를 주는 등 조직 차원의 동기부여가 필요하다. 행정안전부에서 주관하는 정부 열린 혁신 평가에서 기관장의 의지와 함께 전사 차원의 지원체계 마련을 주문하는 것도 이러한 연유에서다.

마지막으로 지속할 수 있는 혁신을 위해 이를 뒷받침할 수 있는 열정적인 혁신 퍼실리테이터가 필요하다. 수요자의 니즈를 발굴하여 사업에 반영하는 제안 → 설계 → 집행 → 평가의 전(全) 과정을 살피고 지원할 수 있는 조력자의 역할은 필수적이다. 따라서 역량 있는 혁신 조력자를 육성하기 위한 체계적인 교육이 수반되어야 할 것이다. 덧붙여 전 과정에 다양한 이해관계자의 참여가 필요한 만큼 담당 부서와 사업 부서 간의 긴밀한 협조가 이루어진다면 혁신의 성과는 더욱 커질 것이다.

최근 K공사는 청년 실업률 증가, 4차 산업혁명발(發) 일자리의 구조적 변화 등 주요 사업과 관련한 큰 환경 변화에 직면해 있다. 특히, 일자리 창출 지원, 인적 자원 개발 패러다임 변화를 반영한 인력양성 등 K공사에 대한 정부와 국민의 기대감은 날로 커질 전망이다. '열린 혁신'은 공단의 지속할 수 있는 발전을 위해 꼭 추진되어야 할 과제이다. K공사의 모든 직원들의 관심과 적극적인 참여가 필요한 시점이다.

> **보기**

A사원 : 혁신은 혼자서 하는 게 아니야. 혁신을 위해서는 부서 간의 긴밀한 협조가 꼭 필요해.
B사원 : 우리 모두 업무를 함에 있어 고객들의 마음을 생각해보는 것은 어떨까?
C사원 : 열린 혁신을 위해서는 외부의 도움 없이 스스로 문제를 해결할 수 있는 역량이 중요해.
D사원 : 기존의 수직적인 조직 문화를 수평적인 문화로 개선해보는 것은 어떨까?

① A사원   ② B사원
③ C사원   ④ D사원

'5060 세대'. 몇 년 전까지만 해도 그들은 사회로부터 '지는 해' 취급을 받았다. '오륙도'라는 꼬리표를 달아 일터에서 밀어내고, 기업은 젊은 고객만 왕처럼 대우했다. 젊은 층의 지갑을 노려야 돈을 벌 수 있다는 것이 기업의 마케팅 전략이었기 때문이다.

그러나 최근 들어 상황이 달라졌다. 5060 세대가 새로운 소비 군단으로 주목되기 시작한 가장 큰 이유는 고령화 사회로 접어들면서 시니어(Senior) 마켓 시장이 급속도로 커지고 있는 데다 이들이 돈과 시간을 가장 넉넉하게 가진 세대이기 때문이다. 대기업 A그룹 산하 경제연구원에 따르면 2010년에 50대 이상 인구 비중이 30%에 이르면서 50대 이상을 겨냥한 시장 규모가 100조 원대까지 성장하였다.

통계청이 집계한 가구주 나이별 가계수지 자료를 보면, 한국 사회에서는 50대 가구주의 소득이 가장 높다. 월평균 361만 500원으로 40대의 소득보다도 높은 것으로 집계됐다. 가구주 나이가 40대인 가구의 가계수지를 보면, 소득은 50대보다 적으면서도 교육 관련 지출(45만 6,400원)이 압도적으로 높아 소비 여력이 낮은 편이다. 그러나 50대 가구주의 경우 소득이 높으면서 소비 여력 또한 충분하다. 50대 가구주의 처분가능소득은 288만 7,500원으로 전 연령층에서 가장 높다.

이들이 신흥 소비군단으로 떠오르면서 '애플(APPLE)족'이라는 마케팅 용어까지 등장했다. 활동적이고(Active) 자부심이 강하며(Pride) 안정적으로(Peace) 고급문화(Luxury)를 즐기는 경제력(Economy) 있는 50대 이후 세대를 뜻하는 말이다. 통계청은 여행과 레저를 즐기는 5060 세대를 '주목해야 할 블루슈머(Bluesumer) 7' 가운데 하나로 선정했다. 여기서 블루슈머는 경쟁자가 없는 시장을 의미하는 'Blue Ocean'과 'Consumer(소비자)'의 합성어로 새로운 제품에 적응력이 높고 소비성향을 선도하는 소비자를 의미한다. 과거 5060 세대는 자식을 보험으로 여기며 자식에게 의존하면서 살아가는 전통적인 노인이었다. 그러나 애플족은 자녀로부터 독립해 자기만의 새로운 인생을 추구한다. '통크족(TONK; Two Only, No Kids)'이라는 별칭이 붙는 이유다. 통크족이나 애플족은 젊은 층의 전유물로 여겨졌던 자기중심적이고 감각 지향적인 소비도 주저하지 않는다. 후반전 인생만은 자기가 원하는 일을 하며 멋지게 살아야 한다고 생각하기 때문이다.

애플족은 한국인 가운데 국외 여행을 가장 많이 하는 세대이기도 하다. 통계청의 조사에 따르면 지난 1년 동안 50대의 17.5%가 국외 여행을 다녀왔다. 20대, 30대보다 높은 수치다. 그리고 그들은 어떤 지출보다 교양·오락비를 아낌없이 쓰는 것이 특징이다. 전문가들은 애플족의 교양·오락 및 문화에 대한 지출비용은 앞으로도 증가할 것으로 내다보고 있다. A대학 사회학과 B교수는 "고령사회로 접어들면서 성공적 노화 개념이 중요해짐에 따라 텔레비전 시청, 수면, 휴식 등 소극적 유형의 여가에서 게임 등 재미와 젊음을 찾을 수 있는 진정한 여가로 전환되고 있다."라고 말했다. 또한 B교수는 젊은이 못지않은 의식과 행동 반경을 보이는 5060 세대를 겨냥한 다양한 상품과 서비스에 대한 수요가 앞으로도 크게 늘 것이라고 내다보았다.

① 애플족의 소비 성향은 어떠한가?
② 5060 세대의 사회·경제적 위상 변화
③ 다양한 여가 활동을 즐기는 5060 세대
④ 점점 커지는 시니어 마켓 시장의 선점 방법

04 다음에 제시된 문단에 이어질 문단을 논리적 순서대로 바르게 나열한 것은?

통계청의 조사에 따르면 2017년 79조 9,500억 원 규모였던 온라인 쇼핑 시장은 2024년에 거의 260조 원에 육박했으며, 2025년 1분기에만 65조 4,200억 원을 돌파했다. 2024년 수치는 백화점, 대형 마트 등 소매업태별 판매액의 약 41%에 육박하는 것으로, 인터넷 기술이 발달하고 인터넷 이용 인구가 증가할수록 온라인 쇼핑 시장은 점점 확대될 것으로 예상된다.

(가) 역선택(Adverse Selection)이란 품질이 좋은 상품이 시장에서 사라져 품질이 나쁜 상품만 거래할 수밖에 없게 된 상황을 말한다. 이를 최초로 제기한 애커로프(Akerlof)는, 역선택은 경제적 거래 이전에 소비자의 불비정보(不備情報)로 인해 발생한 것이므로, 생산자는 광고를 통한 신호와 평판을 통해 상품의 유형을 정확히 소비자에게 알려 역선택으로 인한 사회 후생의 감소를 막아야 한다고 말했다. 합리적인 경제주체는 불비정보 상황에 처할 경우 역선택을 염두에 두므로, 더 많은 정보의 획득을 통해 상품의 숨겨진 정보를 파악하고 가격보다는 '정보'라는 비가격 요소에 의해 물건의 구매를 결정짓게 되는 것이다.

(나) 온라인 쇼핑 시장은 위와 같은 급격한 성장과 더불어 또 하나 흥미로운 점을 보이고 있다. 그것은 동일한 물품에 대해 수천여 개 업체에서 가격 경쟁을 하고 있음에도 불구하고, 막상 매출 상위 업체를 살펴보면 물품 단가가 낮지 않은 대기업체들의 시장점유율이 높다는 사실이다. 상품의 품질이 동일한 경우 가격이 낮을수록 수요가 증가한다는 경제학의 기본 이론이 왜 온라인 쇼핑 시장에서는 통하지 않는 것일까?

(다) 역선택은 '악화(惡貨)가 양화(良貨)를 구축(驅逐)한다.'는 그레셤의 법칙과 유사하다. 불비정보 하의 역선택 상황이 발생하면 시장에 고품질 상품은 사라지고 저품질 상품만 남게 되며, 그 시장은 소비자에게 외면당할 수밖에 없을 것이다. 정보 보유자(생산자) 스스로 상품에 대한 적극적인 신호 전략만이 불비정보 게임 하에서 생존할 수 있는 유일한 방법임을 주지하고, 온라인 쇼핑몰 내에서 정보 교환의 활성화를 통해 소비자와 생산자의 원윈(Win-win)을 이끌어내야 할 것이다.

(라) 앞에서 말한 온라인 쇼핑 매출 상위 업체를 보면 제품 상세 정보, 상품 Q&A 메뉴를 운영하여 소비자에게 더 많은 정보를 제공하고 있다. 이렇게 생산자·소비자 사이의 정보 피드백, 광고, 평판을 전략적으로 이용할 때 온라인 마켓에서의 성공이 가능한 것임에도 불구하고, 아직 많은 온라인 쇼핑몰에서 가격 인하 정책만을 고수하는 것을 목격할 수 있다. 완전정보 게임이라면 가격과 수요가 반비례하는 수요의 법칙이 100% 통하겠지만 이는 교과서에나 나오는 모델일 뿐이다. 현실 경제의 대부분은 불비정보 상황이거나 불완전정보 게임으로 소비자와 생산자 모두 역선택과 도덕적 해이의 문제에 노출되어 있다는 것을 인식할 필요가 있다.

(마) 이것은 온라인 마켓과 오프라인 마켓의 차이점에 기인한다. 온라인 마켓의 경우 소비자가 직접 물건을 보고 만질 수 없으므로, 소비자는 자신이 알지 못하는 상품의 숨겨진 유형으로 인한 비대칭정보 상황 속에 놓이게 된다. 이에 역선택을 하지 않기 위해서 가격이 아닌 다른 신호에 반응하는 것이다.

① (가) – (다) – (나) – (마) – (라)
② (가) – (라) – (나) – (마) – (다)
③ (나) – (가) – (다) – (마) – (라)
④ (나) – (마) – (가) – (라) – (다)

05 다음 글에 대한 반론으로 가장 적절한 것은?

어떤 모델이든지 상품의 특성에 적합한 이미지를 갖는 인물이어야 광고 효과가 제대로 나타날 수 있다. 예를 들어, 자동차, 카메라, 공기 청정기, 치약과 같은 상품의 경우에는 자체의 성능이나 효능이 중요하므로 대체로 전문성과 신뢰성을 갖춘 모델이 적합하다. 이와 달리 상품이 주는 감성적인 느낌이 중요한 보석, 초콜릿, 여행 등과 같은 상품은 매력성과 친근성을 갖춘 모델이 잘 어울린다. 그런데 유명인이 그들의 이미지에 상관없이 여러 유형의 상품 광고에 출연하면 모델의 이미지와 상품의 특성이 어울리지 않는 경우가 많아 광고 효과가 나타나지 않을 수 있다.

유명인의 중복 출연이 소비자가 모델을 상품과 연결시켜 기억하기 어렵게 한다는 점도 광고 효과에 부정적인 영향을 미친다. 유명인의 이미지가 여러 상품으로 분산되면 광고 모델과 상품 간의 결합력이 약해질 것이다. 이는 유명인 광고 모델의 긍정적인 이미지를 광고 상품에 전이하여 얻을 수 있는 광고 효과를 기대하기 어렵게 만든다.

또한 유명인의 중복 출연 광고는 광고 메시지에 대한 신뢰를 얻기 힘들다. 유명인 광고 모델이 여러 광고에 중복하여 출연하면, 그 모델이 경제적인 이익만을 추구한다는 이미지가 소비자에게 강하게 각인된다. 그러면 소비자들은 유명인 광고 모델의 진실성을 의심하게 되어 광고 메시지가 객관성을 결여하고 있다고 생각하게 될 것이다.

유명인 모델의 광고 효과를 높이기 위해서는 유명인이 자신과 잘 어울리는 한 상품의 광고에만 지속적으로 나오는 것이 좋다. 이렇게 할 경우 상품의 인지도가 높아지고, 상품을 기억하기 쉬워지며, 광고 메시지에 대한 신뢰도가 제고된다. 유명인의 유명세가 상품에 전이되고 소비자가 유명인이 진실하다고 믿게 되기 때문이다.

① 광고 효과를 높이기 위해서는 제품의 이미지와 맞는 모델을 골라야 한다.

② 사람들은 특정 인물이 광고에 출연한 것만으로 브랜드를 선택하는 경향이 있다.

③ 연예인이 여러 광고의 모델일 경우 소비자들은 광고 브랜드에 대한 신뢰를 잃게 된다.

④ 유명 연예인이 많은 광고에 출연하게 되면 소비자들은 모델과 상품 간의 연관성을 찾지 못한다.

06 다음 빈칸에 들어갈 내용으로 가장 적절한 것은?

우리는 도시의 세계에 살고 있다. 2010년에 인류 역사상 처음으로 세계 전체에서 도시 인구수가 농촌 인구수를 넘어섰다. 이제 우리는 도시가 없는 세계를 상상하기 힘들며, 세계 최초의 도시들을 탄생시킨 근본적인 변화가 무엇이었는지를 상상하는 것도 쉽지 않다.

인류는 약 1만 년 전부터 5천 년 전까지 도시가 아닌 작은 농촌 마을에서 살았다. 이 시기 농촌 마을의 인구는 대부분 약 2천 명 정도였다. 약 5천 년 전부터 이라크 남부, 이집트, 파키스탄, 인도 북서부에서 1만 명 정도의 사람이 모여 사는 도시가 출현하였다. 이런 세계 최초의 도시들을 탄생시킨 원인은 무엇인가? 이 질문에 대해서 몇몇 사람들은 약 1만 년 전부터 5천 년 전 사이에 일어난 농업의 발전에 의해서 농촌의 인구가 점차적으로 증가해 도시가 되었다고 말한다. 과연 농촌의 인구는 점차적으로 증가했는가? 고고학적 연구는 그렇지 않다고 말해주는 듯하다. 농업 기술의 발전에 의해서 마을이 점차적으로 거대해졌다면, 거주 인구가 2천 명과 1만 명 사이인 마을들이 빈번하게 발견되어야 한다. 그러나 2천 명이 넘는 인구를 수용한 마을은 거의 발견되지 않았다. 이 점은 약 5천 년 전 즈음 마을의 거주 인구가 비약적으로 증가했다는 것을 보여준다.

무엇 때문에 이런 거주 인구의 비약적인 변화가 가능했는가? 이 질문에 대한 답은 사회적 제도의 발명에서 찾을 수 있다. _____ 따라서 거주 인구가 비약적으로 증가하기 위해서는 사람들을 조직하고, 이웃들 간의 분쟁을 해소하는 것과 같은 문제들을 해결하는 사회적 제도의 발명이 필수적이다. 이런 이유에서 도시의 발생은 사회적 제도의 발명에 영향을 받았다고 생각할 수 있다. 그리고 이런 사회적 제도의 출현은 이후 인류 역사의 모습을 형성하는 데 결정적인 역할을 한 사건이었다.

① 거주 인구가 2천 명이 넘지 않는 마을은 도시라고 할 수 없다.

② 2천 명 정도의 인구를 가진 농촌 마을도 행정조직과 같은 사회적 제도를 가지고 있었다.

③ 사회적 제도 없이 사람들이 함께 모여 살 수 있는 인구 규모의 최대치는 2천 명 정도밖에 되지 않는다.

④ 농업 기술의 발전에 의해서 마을이 점차적으로 거대해졌다면, 약 1만 년 전 농촌 마을의 거주 인구는 2천 명 정도여야 한다.

07 다음 밑줄 친 ⊙ ~ ⓔ의 수정 방안으로 적절하지 않은 것은?

선진국과 제3세계 간의 빈부 양극화 문제를 해결하기 위해 등장했던 적정기술은 시대적 요구에 부응하면서 다양한 모습으로 발전하여 탄생한 지 50년이 지났다. 이를 기념하기 위해 우리나라에서도 각종 행사가 열리고 있다. ⊙ 게다가 적정기술의 진정한 의미가 무엇인지, 왜 그것이 필요한지에 대한 인식은 아직 부족한 것이 현실이다.

그렇다면 적정기술이란 무엇인가? 적정기술은 '현지에서 구할 수 있는 재료를 이용해 도구를 직접 만들어 삶의 질을 향상시키는 기술'을 뜻한다. 기술의 독점과 집적으로 인해 개인의 접근이 어려운 첨단 기술과 ⓛ 같이 적정기술은 누구나 쉽게 배우고 익혀 활용할 수 있다. 이런 이유로 소비 중심의 현대 사회에서 적정기술은 자신의 삶에 필요한 것을 직접 생산하는 자립적인 삶의 방식을 유도한다는 점에서 시사하는 바가 크다.

적정기술이 우리나라에 도입된 것은 2000년대 중반부터이다. 당시 일어난 귀농 열풍과 환경 문제에 대한 관심 등 다양한 사회·문화적 맥락 속에서 적정기술에 대한 고민이 싹트기 시작했다. 특히 귀농인들을 중심으로 농촌의 에너지 문제를 해결하기 위한 다양한 방법이 시도되면서 국내에서 활용되는 적정기술은 난방 에너지 문제에 ⓒ 초점이 모아져 있다. 에너지 자립형 주택, 태양열 온풍기·온수기, 생태 단열 등이 좋은 예이다.

우리나라의 적정기술이 에너지 문제에 집중된 이유는 시대적 상황 때문이다. 우리나라는 전력 수요 1억 킬로와트 시대 진입을 눈앞에 두고 있는 세계 10위권의 에너지 소비 대국이다. 게다가 에너지 소비량이 늘어나면서 2011년 이후 매년 대규모 정전 사태의 위험성을 경고하는 목소리가 커지고 있다. 이런 상황에서 에너지를 직접 생산하여 삶의 자립성을 추구하는 적정기술은 환경 오염과 대형 재난의 위기를 극복하는 하나의 대안이 될 수 있다. 이뿐만 아니라 기술의 공유를 목적으로 하는 새로운 공동체 문화 형성에도 기여하기 때문에 ⓔ 그 어느 때만큼 적정기술의 발전 방향에 대한 진지한 논의가 필요하다.

① ⊙ : 앞 문장과의 내용을 고려하여 '하지만'으로 고친다.
② ⓛ : 문맥에 어울리지 않으므로 '달리'로 고친다.
③ ⓒ : 맞춤법에 어긋나므로 '촛점'으로 고친다.
④ ⓔ : 문맥의 흐름을 고려하여 '그 어느 때보다'로 수정한다.

08 다음 중 밑줄 친 단어의 쓰임이 적절하지 않은 것은?

> 컴퓨터가 인간의 지능 활동을 ㉠ <u>창조</u>할 수 있도록 하는 것을 인공지능이라 한다. 즉, 인간의 지능이 할 수 있는 사고·학습·자기 계발 등을 컴퓨터가 할 수 있도록 연구하는 컴퓨터공학 및 정보기술 분야를 말한다. 초기의 인공지능은 게임·바둑 등의 분야에 사용되는 정도였지만, 실생활에 ㉡ <u>응용</u>되기 시작하면서 지능형 로봇 등 활용 분야가 ㉢ <u>비약적</u>으로 발전하였다. 또한 인공지능은 그 자체만으로 존재하는 것이 아니라 컴퓨터과학의 다른 분야와 직·간접으로 많은 ㉣ <u>관련</u>을 맺고 있다. 특히 현대에는 정보기술의 여러 분야에서 인공지능적 요소를 도입해 그 분야의 문제 해결에 활용하려는 시도가 활발히 이루어지고 있다.

① ㉠ 창조　　　　　　　　　② ㉡ 응용
③ ㉢ 비약적　　　　　　　　④ ㉣ 관련

09 다음 밑줄 친 ㉠~㉣ 중 한글 맞춤법상 옳지 않은 것은?

> 우리나라를 넘어서 세계적인 겨울축제로 ㉠ <u>자리매김한</u> '화천 산천어 축제'가 올해도 어김없이 첫날부터 북적였다. 축제가 열리는 장소인 강원도 화천군 화천천 얼음 벌판은 축제 시작일 이른 아침부터 두둑한 복장으로 중무장한 사람들로 ㉡ <u>북새통</u>을 이루기 시작했고, 이곳저곳에서 산천어를 낚는 사람들의 환호성이 끊이질 않고 있다. 또 세계적인 축제답게 많은 외국인 관광객들도 잇달아 ㉢ <u>낚싯대</u>를 늘어뜨리고 있다.
> 이 축제가 이처럼 전 세계적으로 유명세를 타기 시작한 건 지난 2009년 미국의 유명잡지인 'TIME'지에 축제 사진이 실리면서부터였다. 이후 미국 채널인 'CNN'이 겨울철 7대 ㉣ <u>불가사이한</u> 축제라며 이 축제를 언급했고 이후 지금까지 매년 100만 명이 찾는 유명 축제로 그 명성을 계속 유지하고 있다.

① ㉠ 자리매김한　　　　　　② ㉡ 북새통
③ ㉢ 낚싯대　　　　　　　　④ ㉣ 불가사이한

※ 다음 글의 내용으로 적절하지 않은 것을 고르시오. [10~11]

10

우리나라에서 '경쟁'과 관련된 이론 중 가장 유명한 것은 영국의 역사가 아널드 토인비가 주장했다고 하는 '메기 효과(Catfish Effect)'이다. 메기 효과란 냉장 시설이 없었던 과거에 북유럽의 어부들이 잡은 청어를 싱싱하게 운반하기 위하여 수조 속에 천적인 메기를 넣어 끊임없이 움직이게 했다는 것이다. 이 가설은 경영학계에서 비유적으로 사용되어 기업의 경쟁력을 키우기 위해서는 적절한 위협과 자극이 필요하다고 주장하고 있다.

그러나 최근에는 메기 효과가 검증되지 않고 과장되어 사용되거나 심지어 거짓이라고 주장하는 사람들이 있다. 먼저 메기 효과의 기원부터 의문점이 있다. 메기는 민물고기로 바닷물고기인 청어는 메기와 연관점이 없으며, 실제로 북유럽의 어부들이 수조에 메기를 넣어 효과가 있었는지 검증되지 않았다. 실제로 2012년 실시한 실험 결과에 따르면 제한된 공간에 메뚜기와 거미를 두었을 때 메뚜기들은 포식자인 거미로 인해 스트레스의 수치가 증가하고 체내 질소 함량이 줄어들었고, 죽은 메뚜기에 포함된 질소 함량이 줄어들면서 토양 미생물이 줄어들고 황폐화되었다.

경영학 측면에서도 메기 효과는 한국, 중국 등 고도 경쟁사회인 동아시아 지역에서만 제한적으로 사용되며 영미권에서는 거의 사용되지 않는다. 기획재정부의 조사에 따르면 메기에 해당하는 해외 대형 가구업체인 이〇〇가 국내에 들어오면서 청어에 해당하는 중소 가구업체의 입지가 더욱 좁아졌다고 한다. 이처럼 경영학 측면에서도 메기 효과는 과학적으로 검증되지 않은 가설이다.

그러나 메기 효과가 전혀 시사점이 없는 것은 아니다. 이〇〇가 국내에 들어오면서 도산할 것으로 예상되었던 일부 국내 가구 업체들이 오히려 성장하는 현상 또한 관찰되고 있다. 강자의 등장으로 약자의 성장 동력이 어느 정도는 발현되었다는 것을 보여주는 사례라고 할 수 있다.

결국 메기 효과는 과학적으로 증명되진 않았지만 '경쟁'의 양면성을 보여주는 가설이다. 기업의 경영에서 위협이 발생하였을 때, 위기감에 의한 성장 동력을 발현시킬 수는 있을 것이다. 그러나 무한 경쟁사회에서 규제 등의 방법으로 적정 수준을 유지하지 못한다면 거미의 등장으로 인해 폐사한 메뚜기와 토양처럼 거대한 위협이 기업과 사회를 항상 좋은 방향으로 이끌어나가지는 않을 것이다.

① 거대 기업의 출현은 해당 시장의 생태계를 파괴할 수도 있다.
② 메기 효과는 과학적으로 검증되지 않았으므로 낭설에 불과하다.
③ 발전을 위해서는 기업 간 경쟁을 적정 수준으로 유지해야 한다.
④ 메기 효과는 경쟁을 장려하는 사회에서 널리 사용되고 있다.

11

재화나 용역 중에는 비경합적이고 비배제적인 방식으로 소비되는 것들이 있다. 먼저 재화나 용역이 비경합적으로 소비된다는 말은, 그것에 대한 누군가의 소비가 다른 사람의 소비 가능성을 줄어들게 하지 않는다는 것을 뜻한다. 예컨대 10개의 사탕이 있는데 내가 8개를 먹어 버리면 다른 사람이 그 사탕을 소비할 가능성은 그만큼 줄어들게 된다. 반면에 라디오 방송 서비스 같은 경우는 내가 그것을 이용한다고 해서 다른 사람의 소비 가능성이 줄어들게 되지 않는다는 점에서 비경합적이다. 재화나 용역이 비배제적으로 소비된다는 말은, 그것이 공급되었을 때 누군가 그 대가를 지불하지 않았다고 해서 그 사람이 그 재화나 용역을 소비하지 못하도록 배제할 수 없다는 것을 뜻한다. 이러한 의미에서 국방 서비스는 비배제적으로 소비된다. 정부가 국방 서비스를 제공받는 모든 국민에게 그 비용을 지불하도록 하는 정책을 채택했다고 하자. 이때 어떤 국민이 이런 정책에 불만을 표하며 비용 지불을 거부한다고 해도 정부는 그를 국방 서비스의 수혜에서 배제하기 어렵다. 설령 그를 구속하여 감옥에 가두더라도 그는 국방 서비스의 수혜자 범위에서 제외되지 않는다.

비경합적이고 비배제적인 방식으로 소비되는 재화와 용역의 생산과 배분이 시장에서 제대로 이루어질 수 있을까? 국방의 예를 이어나가 보자. 대부분의 국민은 자신의 생명과 재산을 보호받고자 하는 욕구가 있고 국방 서비스에 대한 수요도 있기 마련이다. 그러나 만약 국방 서비스를 시장에서 생산하여 판매한다면, 경제적으로 합리적인 국민은 국방 서비스를 구매하지 않을 것이다. 다른 이가 구매하는 국방 서비스에 자신도 무임승차할 수 있기 때문이다. 결과적으로 국방 서비스는 과소 생산되는 문제가 발생하고, 그 피해는 모든 국민에게 돌아가게 될 것이다. 따라서 이와 같은 유형의 재화나 용역을 사회적으로 필요한 만큼 생산하기 위해서는 국가가 개입해야 하기에 이런 재화나 용역에는 공공재라는 이름을 붙이는 것이다.

PART 2

① 유료 공연에서 일정한 돈을 지불하지 않은 사람의 공연장 입장을 차단한다면, 그 공연은 배제적으로 소비될 수 있다.

② 국방 서비스를 소비하는 모든 국민에게 그 비용을 지불하도록 한다면, 그 서비스는 비경합적으로 소비될 수 없다.

③ 이용할 수 있는 수가 한정된 여객기 좌석은 경합적으로 소비될 수 있다.

④ 무임승차를 쉽게 방지할 수 없는 재화나 용역은 과소 생산될 수 있다.

12 다음 글의 중심 내용으로 가장 적절한 것은?

우리는 일상적으로 몸에 익히게 된 행위의 대부분이 뇌의 구조나 생리학적인 상태에 의해 이미 정해진 방향으로 연결되어 있다는 사실을 알고 있다. 우리는 걷고, 헤엄치고, 구두끈을 매고, 단어를 쓰고, 익숙해진 도로로 차를 모는 일 등을 수행하는 동안에 거의 대부분 그런 과정을 똑똑히 의식하지 않는다.

언어 사용 행위에 대해서도 비슷한 이야기를 할 수 있다. 미국의 뇌과학자 마이클 가자니가는 언어 활동의 핵심이 되는 왼쪽 뇌의 언어 중추에 심한 손상을 입은 의사의 예를 들고 있다. 사고 후 그 의사는 세 단어로 된 문장도 만들 수 없게 되었다. 그런데 그 의사는 실제로 아무 효과가 없는데도 매우 비싼 값이 매겨진 특허 약에 대한 이야기를 듣자, 문제의 약에 대해 무려 5분 동안이나 욕을 퍼부어 댔다. 그의 욕설은 매우 조리 있고 문법적으로 완벽했다. 이로부터 그가 퍼부은 욕설은 손상을 입지 않은 오른쪽 뇌에 저장되어 있었다는 사실을 알게 되었다. 여러 차례 반복된 욕설은 더 이상 의식적인 언어 조작을 필요로 하지 않게 되었고, 따라서 오른쪽 뇌는 마치 녹음기처럼 그 욕설을 틀어 놓은 것이다.

사람의 사유 행위도 마찬가지이다. 우리는 일상적으로 어떻게 새로운 아이디어를 얻게 되는가? 우리는 엉뚱한 생각에 골몰하거나 다른 일을 하고 있는 동안 무의식중에 멋진 아이디어가 떠오르곤 하는 경우를 종종 경험한다. '영감'의 능력으로 간주할 만한 이런 일들은 시간을 보내기 위해 언어로 하는 일종의 그림 맞추기 놀이와 비슷한 것이다. 그런 놀이를 즐길 때면 우리는 의식하지 못하는 사이에 가장 적합한 조합을 찾기도 한다. 이처럼 영감이라는 것도 의식적으로 발생하는 것이 아니라 자동화된 프로그램에 의해 나타나는 것이다.

① 인간의 사고 능력은 일종의 언어 능력이다.
② 인간은 좌뇌가 손상되어도 조리있게 말할 수 있다.
③ 인간의 우뇌에 저장된 정보와 좌뇌에 저장된 정보는 독립적이다.
④ 일상적인 인간 행위는 대부분 의식하지 않고도 자동적으로 이루어진다.

13 다음 글의 주장에 대한 비판으로 가장 적절한 것은?

사회 현상을 볼 때는 돋보기로 세밀하게, 때로는 멀리 떨어져서 전체 속에 어떻게 위치하고 있는가를 동시에 봐야 한다. 숲과 나무는 서로 다르지만 따로 떼어 생각할 수 없기 때문이다. 이는 현대 사회 현상의 최대 쟁점인 과학기술에 대해 평가할 때도 마찬가지이다. 로봇 탄생의 숲을 보면, 그 로봇 개발에 투자한 사람과 로봇을 개발한 사람들의 의도가 드러난다. 그리고 나무인 로봇을 세밀히 보면, 그 로봇이 생산에 이용되는 것인지 아니면 감옥의 죄수들을 감시하기 위한 것인지 그 용도를 알 수가 있다. 이 광범위한 기술의 성격을 객관적이고 물질적이어서 가치관이 없다고 쉽게 생각하면 로봇에 당하기 십상이다.

자동화는 자본주의의 실업을 늘려 실업자에게 생계의 위협을 가하는 역할뿐 아니라 기존 근로자에 대한 감시를 더욱 효율적으로 해내는 역할도 수행한다. 자동화를 적용하는 기업 측에서는 자동화가 인간의 삶을 증대시키는 이미지로 일반 사람들에게 인식되기를 바란다. 그래야 자동화 도입에 대한 노동자의 반발을 무마하고 기업가의 구상을 관철시킬 수 있기 때문이다. 그러나 자동화나 기계화 도입으로 인해 실업을 두려워하고, 업무 내용이 바뀌는 것을 탐탁해 하지 않았던 유럽의 노동자들은 자동화 도입에 대해 극렬히 반대했던 경험들을 갖고 있다.

지금도 자동화·기계화는 좋은 것이라는 고정관념을 가진 사람들이 많고, 현실에서 이러한 고정관념이 가져오는 파급 효과는 의외로 크다. 예를 들어 은행에 현금을 자동으로 세는 기계가 등장하면 은행원들이 현금을 세는 작업량은 줄어든다. 손님들도 기계가 현금을 재빨리 세는 것을 보고 감탄하면서 행원이 세는 것보다 더 많은 신뢰를 보낸다. 그러나 현금 세는 기계의 도입에는 이익 추구라는 의도가 숨어 있다. 현금 세는 기계는 행원의 수고를 덜어 준다. 그러나 현금 세는 기계를 들여옴으로써 실업자가 생기고 만다. 사람이 잘만 이용하면 잘 써먹을 수 있을 것만 같은 기계가 엄청나게 혹독한 성품을 지닌 프랑켄슈타인으로 돌변하는 것이다.

자동화와 정보화를 추진하는 핵심 조직이 기업이란 것에서도 알 수 있듯이 기업은 이윤 추구에 도움이 되지 않는 행위는 무가치하다고 판단한다. 그러므로 자동화는 그 계획 단계에서부터 기업의 의도가 스며들어 탄생하게 된다. 또한 그 의도대로 자동화나 정보화가 진행되면 다른 한편으로는 의도하지 않은 결과를 초래한다. 자동화와 같은 과학기술이 풍요를 생산하는 수단이라고 생각하는 것은 하나의 고정관념에 불과하다.

채플린이 제작한 영화 〈모던 타임즈〉에 나타난 것처럼 초기 산업화 시대에는 기계에 종속된 인간의 모습이 가시적으로 드러날 수밖에 없었다. 그래서 이러한 종속에 저항하고자 하는 인간의 노력도 적극적인 모습을 보였다. 그러나 현대의 자동화 기기는 그 첨병이 정보 통신 기기로 바뀌면서 문제는 질적으로 달라진다. 무인 생산까지 진전된 자동화나 정보 통신화는 인간에게 단순 노동을 반복시키는 모습을 보이지 않는다. 그래서인지는 몰라도 정보 통신은 별 무리 없이 어느 나라에서나 급격하게 개발·보급되고 보편화되어 있다. 그런데 문제는 이 자동화 기기가 생산에만 이용되는 것이 아니라 노동자를 감시하거나 관리하는 데도 이용될 수 있다는 것이다. 오히려 정보 통신의 발달로 이전보다 사람들은 더 많은 감시와 통제를 받게 되었다.

① 기업의 이윤 추구가 사회 복지 증진과 직결될 수 있음을 간과하고 있다.
② 기계화·정보화가 인간의 삶의 질 개선에 기여하고 있음을 경시하고 있다.
③ 기계화를 비판하는 주장만 되풀이할 뿐 구체적인 근거를 제시하지 않고 있다.
④ 화제의 부분적 측면에 관계된 이론을 소개하여 편향적 시각을 갖게 하고 있다.

14 다음 글을 읽은 독자의 반응으로 적절하지 않은 것은?

> 우주로 발사한 인공위성들은 지구 주위를 돌며 저마다의 임무를 충실히 수행한다. 그렇다면 이들의 수명은 얼마나 될까? 인공위성은 태양 전지판으로 햇빛을 받아 전기를 발생시키는 태양 전지와 재충전용 배터리를 장착하여 지구와의 통신은 물론 인공위성의 온도를 유지하고 자세와 궤도를 조정하는데, 이러한 태양전지와 재충전용 배터리의 수명은 평균 15년 정도이다.
> 방송 통신 위성은 원활한 통신을 위해 안테나가 늘 지구의 특정 위치를 향해 있어야 하는데, 안테나 자세 조정을 위해 추력기라는 작은 로켓에서 추진제를 소모한다. 자세 제어용 추진제가 모두 소진되면 인공위성은 자세를 유지할 수 없기 때문에 더 이상의 임무 수행이 불가능해지고 자연스럽게 수명을 다하게 된다.
> 첩보 위성의 경우는 임무의 특성상 아주 낮은 궤도로 비행한다. 하지만 낮은 궤도로 비행하게 될 경우 인공위성은 공기 저항 때문에 마모가 훨씬 빨라지므로 수명이 몇 개월에서 몇 주일까지 짧아진다. 게다가 운석과의 충돌 등 예기치 못한 사고로 인하여 부품이 훼손되어 수명이 다하는 경우도 발생한다.

① 수명이 다 된 인공위성들은 어떻게 되는 걸까?
② 첩보 위성을 높은 궤도로 비행시키면 더욱 오래 임무를 수행할 수 있을 거야.
③ 안테나가 특정 위치를 향하지 않더라도 통신이 가능하도록 만든다면 방송 통신 위성의 수명을 늘릴 수 있을지도 모르겠군.
④ 별도의 충전 없이 오래가는 배터리를 사용한다면 인공위성의 수명을 더 늘릴 수 있지 않을까?

15 다음 글의 논지를 이끌 수 있는 첫 문장으로 가장 적절한 것은?

> 사람과 사람이 직접 얼굴을 맞대고 하는 접촉이 라디오나 텔레비전 등의 매체를 통한 접촉보다 결정적인 영향력을 미친다는 것이 일반적인 견해로 알려져 있다. 매체는 어떤 마음의 자세를 준비하게 하는 구실을 하여 나중에 직접 어떤 사람에게서 새 어형을 접했을 때 그것이 텔레비전에서 자주 듣던 것이면 더 쉽게 그쪽으로 마음의 문을 열게 하는 면에서 영향력을 행사하기는 하지만, 새 어형이 전파되는 것은 매체를 통해서보다 상면하는 사람과의 직접적인 접촉에 의해서라는 것이 더 일반화된 견해이다. 사람들은 한두 사람의 말만 듣고 언어 변화에 가담하지는 않고, 주위의 여러 사람들이 다 같은 새 어형을 쓸 때 비로소 그것을 받아들이게 된다고 한다. 매체를 통해서보다 자주 접촉하는 사람들을 통해 언어 변화가 진전된다는 사실은 언어 변화의 여러 면을 바로 이해하는 하나의 핵심적인 내용이라 해도 좋을 것이다.

① 일반적으로 젊은 층이 언어 변화를 주도한다.
② 언어 변화는 결국 접촉에 의해 진행되는 현상이다.
③ 접촉의 형식도 언어 변화에 영향을 미치는 요소로 지적되고 있다.
④ 매체의 발달이 언어 변화에 중요한 영향을 미치는 것으로 알려져 있다.

※ 다음 글을 읽고 이어지는 질문에 답하시오. [16~17]

> 박지원의 소설 「허생전」을 보면 재미난 이야기가 나온다. 허생이 대추, 밤, 감 등의 과일을 몽땅 사들인 결과 온 나라가 잔치나 제사를 못 치를 형편에 이르렀고, 이에 허생이 본래 가격의 열 배로 상인들에게 과일을 되팔았다는 것이다. 경쟁자가 없어진 시장에서 허생이 조선의 과일 값을 좌우하게 되었다는 이야기는 독점 시장의 특징을 잘 보여준다.
>
> 오늘날 시장의 모습은 매우 다양하다. 이 다양한 형태의 시장들은 공급자들의 시장 진입과 경쟁이 얼마나 자유로운가에 따라 크게 경쟁적 시장과 비경쟁적 시장으로 나눌 수 있다.
>
> 경쟁적 시장은 진입의 장벽이 존재하지 않거나 아주 낮은 시장으로, 공급자들의 시장 진입과 퇴출이 쉬운 시장을 말한다. 동네의 수많은 치킨 가게를 떠올려 보자. 치킨 가게를 운영하기 위해 필요한 기술은 비교적 간단하고, 드는 자본의 규모 역시 적은 편이다. 따라서 창업과 사업 정리가 용이한 편이어서 공급자의 수가 매우 많다. 그러다 보니 공급자는 자신이 원하는 가격을 설정할 수 있는 힘인 '독점력'을 갖기가 어렵다. 따라서 치킨 산업과 같은 경쟁적 시장에서는 주로 가격 이외의 분야인 맛, 품질, 서비스 등에서 경쟁을 하게 된다.
>
> 반면, 비경쟁적 시장은 진입 장벽이 높아 공급자들의 시장 진입과 퇴출이 어려운 시장을 의미한다. 비경쟁적 시장은 하나의 공급자가 공급을 독점하는 독점 시장과 소수의 공급자가 시장을 분할하고 있는 과점 시장으로 다시 나눌 수 있다.
>
> 이 중 독점 시장은 다른 시장들에 비해 경쟁의 여지가 적고, 과점 시장은 체감 경쟁이 가장 치열하다. 소수의 공급자들이 시장을 분할하다 보니 가격 경쟁은 물론 광고, 경품 제공 등 비가격 경쟁들도 치열하기 때문이다. 독과점 시장은 보다 높은 기술이나 대규모의 자본이 필요한 경우가 많고, 공급자의 독점력이 큰 편이다. 이러한 독과점 시장의 예로는 자동차, 휴대전화, 정유 산업을 들 수 있다.

16 다음 중 윗글의 내용으로 적절하지 않은 것은?

① 치킨 산업에서는 비가격 경쟁이 중요하다.

② 정유 산업은 공급자의 독점력이 큰 편에 속한다.

③ 체감 경쟁이 가장 치열한 시장은 경쟁 시장이다.

④ 독과점 시장은 자신이 원하는 가격을 설정할 수 있는 공급자의 힘이 큰 편이다.

17 다음 중 윗글을 토대로 추론한 내용으로 적절하지 않은 것은?

① 과점 시장은 경쟁이 별로 없는 안정적인 시장이라 할 수 있겠군.

② 주유소에서 주유 시 무료 세차권을 주는 것은 비가격 경쟁의 예라고 할 수 있겠군.

③ 허생이 조선의 과일 값을 좌우하게 된 것은 그가 유일한 과일 공급자였기 때문이겠군.

④ 막대한 초기 비용이 드는 이동 통신 산업은 공급자의 진입 장벽이 높은 산업의 예가 되겠군.

18 다음 빈칸에 들어갈 적절한 내용을 〈보기〉에서 찾아 순서대로 바르게 연결한 것은?

전통적으로 화이사상(華夷思想)에 바탕을 둔 중화우월주의 사상을 가지고 있던 중국인들에게 아편 전쟁에서의 패배와 그 이후 서구 열강의 침탈은 너무나 큰 충격이었다. 이런 충격에 휩싸인 당시 개혁주의자들은 서구 문화에 어떻게 대응할지를 심각하게 고민하였다. 이들이 서구 문화를 어떻게 수용했는지를 시기별로 나누어 보면 다음과 같다.

1919년 5·4 운동 이전의 개혁주의자들은 중국의 정신을 서구의 물질과 구별되는 특수한 것으로 내세운 _____(가)_____ 을/를 개발하였다. 이러한 논리는 자문화를 중심으로 하되, 도구로서 서양 물질·문명을 선택적으로 수용하여 자기 문화를 보호·유지하려는 의도를 포함하고 있다. 문화 접변의 진행에 한도를 설정하여 서구와 구별을 시도한 것이다.

이후 중국의 개혁주의자들은 거듭되는 근대화의 실패를 경험했고 5·4 운동 즈음해서는 '전통에 대해서 계승을 생각하기 이전에 철저한 부정과 파괴를 선행해야 한다는 논리'를 통해서 전통과의 결별을 꿈꾸게 된다. 구제도의 모순을 타파하지 않은 채 서구 물질만을 섭취할 수 없다는 한계를 인식한 결과이다. 동시에 5·4 운동의 정신에 역행해서 서구의 문화를 받아들이는 데는 기본적으로 동의하면서도 무분별하게 모방하는 것에 대해 반대하는 _____(나)_____ 역시 강력하게 등장하기 시작하였다. 즉, 자신이 필요로 하는 것은 택하되, 거만하지도 비굴하지도 않은 선택을 해야 한다며, 덮어놓고 모방하는 것에 대해 반대했다.

1978년 이후 개방의 기치 하에 중국은 정치 부분에서는 사회주의를 유지한 가운데 경제 부분에서 시장경제를 선별적으로 수용한 _____(다)_____ 을/를 추진하였다. 그 결과 문화 영역에서 서구 자본주의 문화의 침투에 대한 경계심을 유지하면서 이데올로기적으로 덜 위협적이라고 인식되는 문화 요소를 여과 과정을 거쳐 수입하려는 노력을 계속하고 있다.

보기

㉠ '외래 문화를 그대로 받아들이지 않고 선별적으로 수용하자는 논리'
㉡ '사회주의를 주체로 하되 자본주의를 적극적으로 이용하자는 논리'
㉢ '중국 유학의 도(道)를 주체로 하고 서양의 기(器)를 이용하자는 논리'

	(가)	(나)	(다)
①	㉠	㉡	㉢
②	㉠	㉢	㉡
③	㉡	㉠	㉢
④	㉢	㉠	㉡

19 K씨는 치유농업 지도사로 근무 중이다. 최근 치유농업에 대한 관심이 높아지면서 많은 문의가 들어오고 있다. 고객의 문의에 대한 K씨의 대답으로 적절하지 않은 것은?

> 치유농업이란 농업·농촌의 자원을 활용해 사람들의 신체적·정서적 건강을 도모하는 활동을 말한다. 쉽게 말해 주기적으로 작물을 기르는 등의 과정을 통해 마음을 치유하는 농업 서비스이다. 국내에서는 다소 생소한 개념이지만 유럽에서는 이미 학습장애 청소년, 정신질환자, 마약중독자, 치매 노인 등을 대상으로 널리 활용되고 있다. 유럽 전역에 치유농업 형태의 사회적 농장 수가 2010년 기준으로 노르웨이 600개소, 네덜란드 1천 개소, 이탈리아와 독일이 각각 400개소 등 3천 개소 이상 운영되고 있다.
> 인류가 치유의 목적으로 농업을 이용하기 시작한 역사는 중세로 거슬러 올라갈 만큼 오래됐다. 하지만 전문화된 것은 1950년대부터이다. 이후 2000년대에 이르러 유럽에서 사회적 이슈로 급부상했다. 치유농업은 약물 치료만으로는 해결하기 어려운 정신적인 부분까지 치료가 가능하다는 사실이 알려지면서 세계적으로 주목받고 있다.
> 농촌에서 자주 볼 수 있는 녹색이 사람의 눈에 가장 편안한 색상으로, 안정감과 신뢰감을 증가시키는 효과가 있다는 것은 이미 잘 알려진 사실이다. 이뿐만 아니라 농업 활동이 단순 동작을 반복한다는 점에서 재활 치료의 과정과 유사해 근육을 강화하고 관절의 움직임을 부드럽게 하는 데 도움을 준다. 생명을 다루고 관찰하면서 생명에 대한 소중함, 내가 가꾼 것이라는 소유 의식, 돌보는 주체가 된다는 자존감 등 심리적 효과를 얻을 수 있다.
> 하지만 농업을 통한 치유는 효과가 금방 나타나지 않고 오랜 시간에 걸쳐 이뤄진다는 점에 유의해야한다. 또한 수동적으로 자연을 경험하는 것이 아니라 적극적으로 자연 안에서의 활동에 참여해야 더욱 원활한 치유가 가능하다.
> 반면, 국내 치유농업은 아직 초보적인 단계에 머물러 있는 실정이다. 최근 도시 농업과 재활 승마 등으로 분야가 확대되는 추세이긴 하나, 대부분이 원예 치료와 산림 치유에 국한돼 있다. 특히 농·산촌 지역 자치단체는 자연 치유에 많은 관심을 갖고 휴양 및 치유 시설을 갖춘 서비스를 제공하지만, 농업과 직접적인 관련이 적고 자연을 활용하는 수준이다. '치유'라는 기능에 초점을 맞춰 이용 대상에 따라 세밀하고 조직적으로 계획을 세우고, 관련 전문가와 적극 협력해 일반적인 체험, 관광의 수준을 넘어설 필요가 있다.

> Q : 우연히 치유농업에 대한 글을 읽고 관심이 생겼는데요. 농업이 어떻게 치유의 역할을 할 수 있는지 궁금합니다.

① 네, 치유농업이란 쉽게 말씀드리면 작물을 기르는 과정을 통해 마음을 치유하는 농업 서비스라고 할 수 있습니다.

② 농촌에서 자주 볼 수 있는 녹색은 안정감과 신뢰감을 심어줄 수 있고, 생명을 돌보는 과정에서 생명에 대한 소중함, 소유 의식, 자존감을 얻을 수 있습니다.

③ 또한 농업은 단순 동작을 반복한다는 점에서 재활 치료와 유사한 효과를 기대할 수 있습니다.

④ 우리나라의 경우에도 체험과 관광 수준을 넘어 직접적으로 농업을 활용하고 있으므로 많은 이용 부탁드립니다.

20 다음 밑줄 친 '정원'에 대한 설명으로 적절하지 않은 것은?

야생의 자연이라는 이상을 고집하는 자연 애호가들은 인류가 자연과 내밀하면서도 창조적인 관계를 맺었던 반(反)야생의 자연, 즉 '정원'을 간과한다. 정원은 울타리를 통해 농경지보다 야생의 자연과 분명한 경계를 긋는다. 집약적인 토지 이용이라는 전통은 정원에서 시작되었다. 정원은 대규모의 농경지 경작이 행해지지 않은 원시적인 문화에서도 발견된다. 1만여 종의 경작용 식물들은 모두 대량 생산에 들어가기 전에 정원에서 자라는 단계를 거쳐 온 것으로 보인다.

농업경제의 역사에서 정원이 갖는 의미는 시대와 지역에 따라 매우 달랐다. 좁은 공간에서 집약적인 농사를 짓는 지역에서는 농부가 곧 정원사였다. 반면, 예전의 독일 농부들은 정원이 곡물 경작에 사용될 퇴비를 앗아가므로 정원을 악으로 여기기도 했다. 하지만 여성들의 입장은 지역적인 편차가 없었다. 아메리카의 푸에블로 인디언부터 근대 독일의 농부 집안까지 정원은 농업 혁신에 주도적인 역할을 해온 여성들에게는 자신들의 제국이자 자존심이었다. 그곳에는 여성들이 경험을 통해 쌓은 지식 전통이 살아 있었다. 환경사에서 여성이 갖는 특별한 역할의 물질적 근간은 대부분 정원에서 발견된다. 지난 세기들의 경우 이는 특히 여성 제후들과 관련되어 있으며 자료가 풍부하다. 작센의 여성 제후인 안나는 식물에 대한 지식을 늘 공유했던 긴밀하고도 광범위한 사회적 네트워크를 가지고 있었는데, 그중에는 식물 경제학에 관심이 깊은 고귀한 신분의 여성들도 많았으며 수도원 소속의 여성들도 있었다.

여성들이 정원에서 쌓은 경험의 특징은 무엇일까? 정원에서는 땅을 면밀히 살피고 손으로 흙을 부스러뜨리는 습관이 생겨났을 것이다. 정원에서 즐겨 이용되는 삽도 다양한 토질의 층을 자세히 연구하도록 부추겼을 것이 분명하다. 넓은 경작지보다는 정원에서 땅을 다룰 때 더 아끼고 보호했을 것이다. 정원이라는 매우 제한된 공간에는 옛날에도 충분한 퇴비를 줄 수 있었다. 경작지보다도 다양한 종류의 퇴비로 실험할 수 있었고 새로운 작물을 키우며 경험을 쌓을 수 있었다. 정원에서는 좁은 공간에서 다양한 식물이 자라기 때문에 모든 종류의 식물들이 서로 잘 지내지는 않는다는 사실에도 주의를 기울였다. 이는 식물 생태학의 근간을 이루는 통찰이었다.

결론적으로 정원은 여성들이 주도가 되어 토양과 식물을 이해하고, 농경지 경작에 유용한 지식과 경험을 배양할 수 있는 좋은 장소였다.

① 울타리를 통해 야생의 자연과 분명한 경계를 긋는다.
② 집약적 토지 이용의 전통이 시작된 곳으로 원시적인 문화에서도 발견된다.
③ 시대와 지역에 따라 정원에 대한 여성들의 입장이 달랐다.
④ 정원에서는 모든 종류의 식물들이 서로 잘 지내지는 않는다.

21 다음 글에서 〈보기〉가 들어갈 위치로 가장 적절한 것은?

___(가)___ 턱관절(악관절)이란 양쪽 손가락을 바깥귀길(외이도) 앞쪽에 대고 입을 벌릴 때 움직이는 것을 알 수 있는 얼굴 부위의 유일한 관절이다. 사람의 머리뼈는 여러 개의 뼈가 맞물려 뇌를 보호하도록 되어 있는 구조인데, 그중 머리 옆을 덮고 있는 좌우 관자뼈의 아래쪽에는 턱관절오목(하악와, 하악골과 접하기 때문에 붙여진 이름)이라 불리는 오목한 곳이 있다. ___(나)___ K공단이 2010년부터 2015년까지 건강보험 지급 자료를 분석한 내용에 따르면, 주 진단명으로 '턱관절 장애'를 진료받은 환자는 2010년 25만 명에서 2015년 35만 명으로 40.5%p 증가하였으며, 여성이 남성보다 1.5배 정도 더 많은 것으로 나타났다. ___(다)___ 2015년 성별·연령대별 진료 현황을 살펴보면, 20대(9만 4천 명, 26.9%)가 가장 많았고, 10대(6만 명, 17.1%), 30대(5만 6천 명, 16.1%) 순이었으며, 젊은 연령층의 여성 진료 인원이 많은 것으로 나타났다. 20대 여성이 5만 5천 명으로 같은 연령대 남성 3만 8천 명보다 1.4배 많았으며, 30대와 40대는 1.7배 등 9세 이하를 제외한 전 연령대에서 여성 진료 인원이 많았다. ___(라)___ 2015년 연령대별 인구 10만 명당 진료 인원에서도 20대 여성이 1,736명으로 가장 많았고, 다음으로 10대 1,283명, 30대 927명 순으로 나타났다. 남성은 20대가 1,071명으로 가장 많았고, 9세 이하가 45명으로 가장 적었다. 진료 형태별로 '턱관절 장애' 진료 인원을 비교해 본 결과, 외래 진료 인원은 2010년 24만 8천 명에서 2015년 34만 8천 명으로 40.4%p 증가하였고, 입원 진료자 수도 2010년 322명에서 2015년 445명으로 38.2%p 증가하였다.

> **보기**
>
> K공단 치과 김교수는 20대 여성 환자가 많은 이유에 대해 "턱관절 장애는 턱관절과 주위 저작근 등의 이상으로 나타나는 기질적 요인도 있으나, 정서적(또는 정신적) 기여 요인 또한 영향을 미치는 것으로 알려져 있다. 턱관절 장애는 스트레스, 불안감 또는 우울증 등이 요인으로 작용할 수 있다. 일반적으로 여성이 턱관절 이상 증상에 대해서 더 민감하게 받아들이는 것으로 알려져 있다. 한 가지 고려 사항으로는 아직 명확하게 밝혀진 것은 아니나, 최근 여성호르몬이 턱관절 장애의 병인에 영향을 줄 수 있는 것으로 보고된 바 있다."라고 설명하였다.

① (가)   ② (나)
③ (다)   ④ (라)

다음 글의 빈칸에 들어갈 내용으로 가장 적절한 것은?

서울의 청계광장에는 〈스프링(Spring)〉이라는 다슬기 형상의 대형 조형물이 설치되어 있다. 이것을 기획한 올덴버그는 공공장소에 작품을 설치하여 대중과 미술의 소통을 이끌어내려 했다. 이와 같이 대중과 미술의 소통을 위해 공공장소에 설치된 미술 작품 또는 공공영역에서 이루어지는 예술 행위 및 활동을 공공미술이라 한다.

1960년대 후반부터 1980년까지의 공공미술은 대중과 미술의 소통을 위해 작품이 설치되는 장소를 점차 확장하는 쪽으로 전개되었기 때문에 장소 중심의 공공미술이라 할 수 있다. 초기의 공공미술은 이전까지는 미술관에만 전시되던 작품을 사람들이 자주 드나드는 공공건물에 설치하기 시작했다. 하지만 이렇게 공공건물에 설치된 작품들은 건물의 장식으로 인식되어 대중과의 소통에 한계가 있었기 때문에 작품이 설치되는 공간은 공원이나 광장 같은 공공장소로 확장되었다. 그러나 공공장소에 놓이게 된 작품들이 주변 공간과 어울리지 않거나 미술가의 미학적 입장이 대중에게 수용되지 못하는 일들이 벌어졌다. 이는 소통에 대한 미술가의 반성으로 이어졌고, 시간이 지남에 따라 공공미술은 점차 주변의 삶과 조화를 이루는 방향으로 발전하였다.

1990년대 이후의 공공미술은 참된 소통이 무엇인가에 대해 진지하게 성찰하며, 대중을 작품 창작 과정에 참여시키는 쪽으로 전개되었기 때문에 참여 중심의 공공미술이라 할 수 있다. 이때의 공공미술은 대중들이 작품 제작에 직접 참여하게 하거나 작품을 보고 만지며 체험하는 활동 속에서 작품의 의미를 완성할 수 있도록 하여 미술가와 대중, 작품과 대중 사이의 소통을 강화하였다. 장소 중심의 공공미술이 이미 완성된 작품을 어디에 놓느냐에 주목하던 '결과 중심'의 수동적 미술이라면, '과정 중심'의 능동적 미술이라고 볼 수 있다.

그런데 공공미술에서는 대중과의 소통을 위해 누구나 쉽게 다가가 감상할 수 있는 작품을 만들어야 하므로, 미술가는 자신의 미학적 입장을 어느 정도 포기해야 한다고 우려할 수도 있다. 그러나 이러한 우려는 대중의 미적 감상 능력을 무시하는 편협한 시각이다. 추상적이고 난해한 작품이라도 대중과의 소통의 가능성은 늘 존재하기 때문이다. 따라서 _____ 공공미술가는 예술의 자율성과 소통의 가능성을 높이기 위해 대중의 예술적 감성이 어떠한지, 대중이 어떠한 작품을 기대하는지 면밀히 분석하여 작품을 창작해야 한다.

① 공공미술은 대중과의 소통에 한계가 있으므로 대립되기 마련이다.

② 공공영역에서 이루어지는 예술은 대중과의 소통을 위한 작품이기 때문에 수동적 미술이어야 한다.

③ 공공미술에서 예술의 자율성은 소통의 가능성과 대립하지 않는다.

④ 공공미술은 예술의 자율성이 보장되어야 하므로 대중의 뜻이 미술 작품에 반드시 반영되어야 한다.

23 K공사는 부대시설 건축을 위해 A건축회사와 계약을 맺었다. 다음 계약서를 보고 건축시설처의 L대리가 파악할 수 있는 내용으로 가장 적절한 것은?

〈공사도급계약서〉

상세시공도면 작성(제10조)
① '을'은 건축법 제19조 제4항에 따라 공사감리자로부터 상세시공도면의 작성을 요청받은 경우에는 상세시공도면을 작성하여 공사감리자의 확인을 받아야 하며, 이에 따라 공사를 하여야 한다.
② '갑'은 상세시공도면의 작성범위에 대한 사항을 설계자 및 공사감리자의 의견과 공사의 특성을 감안하여 계약서상의 시방에 명시하고, 상세시공도면의 작성비용을 공사비에 반영한다.

안전관리 및 재해보상(제11조)
① '을'은 산업재해를 예방하기 위하여 안전시설의 설치 및 보험의 가입 등 적정한 조치를 하여야 한다. 이때 '갑'은 계약금액의 안전관리비 및 보험료 상당액을 계상하여야 한다.
② 공사 현장에서 발생한 산업재해에 대한 책임은 '을'에게 있다. 다만, 설계상의 하자 또는 '갑'의 요구에 의한 작업으로 인한 재해에 대하여는 그렇지 아니하다.

응급조치(제12조)
① '을'은 재해방지를 위하여 특히 필요하다고 인정될 때는 미리 긴급조치를 취하고 즉시 이를 '갑'에게 통지하여야 한다.
② '갑'은 재해방지 및 기타 공사의 시공상 긴급·부득이하다고 인정할 때는 '을'에게 긴급조치를 요구할 수 있다.
③ 제1항 및 제2항의 응급조치에 소요된 경비에 대하여는 제16조 제2항의 규정을 준용한다.

① 응급조치에 소요된 비용은 '갑'이 부담한다.
② '을'은 산업재해를 예방하기 위한 조치를 해야 하고, '갑'은 계약금액에 이와 관련한 금액을 책정해야 한다.
③ '을'은 재해방지를 위하여 미리 긴급조치를 취할 수 있고, 이를 '갑'에게 알릴 의무는 없다.
④ 공사 현장에서 발생한 모든 산업재해에 대한 책임은 '을'에게 있다.

24 다음은 데이터센터에 대한 기사 내용이다. 이를 이해한 내용으로 적절하지 않은 것은?

데이터센터(Data Center)란 컴퓨터 시스템과 통신 장비, 저장 장치인 스토리지(Storage) 등이 설치된 시설을 말한다. 데이터센터는 인터넷 검색과 이메일, 온라인 쇼핑 등의 작업을 처리하는 공간이다. 잠시라도 전원 공급이 중단되면 이러한 기능이 마비되기 때문에 예비 전력 공급 장치와 예비 데이터 통신 장비를 갖추고 있다. 또한 컴퓨터 장비에서는 열기가 배출되기 때문에 냉방 시설이 중요하며 소방 시설과 보안 장치 등을 갖추고 있다.

컴퓨터가 처음 도입되었을 때도 컴퓨터 장비를 설치하기 위해서는 데이터센터와 같은 넓은 공간이 필요했다. 초창기 컴퓨터는 장비 자체도 매우 컸고 이를 운영하기 위한 특별한 환경이 필요했기 때문이다. 장비를 연결하는 복잡한 케이블과 장비를 설치하기 위한 설비, 큰 용량의 전력 설비와 고가의 장비 보호를 위한 보안 설비가 필수였다.

이러한 데이터센터가 주목받기 시작한 것은 인터넷이 활성화되기 시작하면서부터이다. 기업이 빠르고 편리하게 인터넷을 이용하려면 전용 시설이 필요했기 때문이다. 대기업의 경우 인터넷 데이터센터(IDC; Internet Data Center)라는 명칭의 대규모 시설을 보유하기 시작했으며, 규모가 작은 기업은 비용 절감을 위해 자사의 장비 보관과 관리를 전문 시설을 갖춘 업체에 위탁하게 되었다. 현재 인터넷 데이터센터는 기업의 인터넷 장비(서버)를 맡아 대신 관리하기 때문에 서버 호텔 혹은 임대 서버 아파트라고도 불린다.

데이터센터 건물은 통상 축구 경기장 넓이(1만m²) 규모로 건설된다. 데이터센터는 서버가 설치된 장소와 네트워크를 24시간 관리하는 운영센터(NOC; Network Operating Center), 냉각 시설과 전력 공급 시설로 구성된다. 서버 장비는 온도와 습도에 민감하므로 일정 기준으로 유지할 수 있는 설비가 기본이다. 적정 온도는 16 ~ 24℃이며 습도는 40 ~ 55%를 유지해야 한다. 또 지진과 홍수와 같은 재해에 대비한 안전 장치와 보안 시설이 필요하다.

또한 데이터센터는 대규모 전력을 필요로 한다. 특히 서버와 스토리지, 네트워크 장비에서 발생하는 뜨거운 열기를 식히는 데 많은 전력을 사용하고 있다. 데이터센터가 사용하는 전력의 효율성을 측정하는 지표로 PUE(Power Usage Effectiveness)가 있다. PUE는 데이터센터의 전체 전력 사용량과 IT 장비에 사용되는 전력량의 비로 계산하며, PUE가 1에 가까운 값인 경우 거의 모든 에너지가 컴퓨팅을 위해 사용된다는 의미이다.

오늘날 데이터센터의 대규모 전력 사용 문제 해결을 위해 다양한 시도가 진행되고 있다. G기업의 핀란드 데이터센터는 발틱해의 찬 바닷물을 시스템 냉각에 사용한다. P기업의 스웨덴 데이터센터와 H기업의 영국 북해 연안의 데이터센터도 차가운 바다 공기를 이용한다. G기업의 오클라호마 데이터센터는 풍력으로 생산되는 전력을 사용한다. G기업은 그동안 풍력과 같은 청정에너지 분야에 수억 달러를 투자했다.

현재 데이터센터 중 가장 큰 규모로는 G기업을 들 수 있다. G기업은 자사의 데이터센터를 인터넷이 사는 곳이라고 부른다. G기업의 자료에 따르면 181개국에서 146개 언어를 사용해서 발생하는 하루 평균 검색량이 10억 건에 달한다. 매일 입력되는 검색어 중에서 16%는 새로 생기는 검색어이다. 2003년 이후 새로 입력된 검색어는 4,500억 개에 달하는데, 검색 결과를 보여주는 데 걸리는 시간은 평균 0.25초에 불과하다. 방대한 정보를 신속하게 처리하려면 대규모 데이터센터가 필수적인 것이다.

지금까지 G기업은 데이터센터에 대해서 철저한 보안을 유지하다가 2012년 10월 처음으로 자사의 홈페이지를 통해 데이터센터 내부를 공개했다. G기업의 '스트리트뷰'를 이용하면 미국 노스캐롤라이나주 르노어시에 위치한 G기업 데이터센터 내부를 방문할 수 있다.

① 데이터센터는 서버가 설치된 장소와 운영센터, 냉각 시설과 전력 공급 시설로 이루어져 있다.

② 청정에너지를 통해 데이터센터의 전력 문제를 해결하려는 시도가 진행되고 있다.

③ 소규모 기업은 데이터센터를 보유하는 대신 전문 시설을 갖춘 업체에 위탁하여 비용을 절감한다.

④ G기업이 데이터센터 내부를 공개하지 않는 이유는 데이터센터의 보안을 위해서이다.

25 다음 글의 내용이 참일 때, 반드시 참인 것은?

전 세계적 금융위기로 인해 그 위기의 근원지였던 미국의 경제가 상당한 피해를 입었다. 미국에서는 경제 회복을 위해 통화량을 확대하는 양적완화 정책을 실시할 것인지를 두고 논란이 있었다. 미국의 양적완화는 미국 경제 회복에 효과가 있겠지만, 국제 경제에 적지 않은 영향을 줄 수 있기 때문이다. 미국이 양적완화를 실시하면 달러화의 가치가 하락하고 우리나라의 달러 환율도 하락한다. 우리나라의 달러 환율이 하락하면 우리나라의 수출이 감소한다. 우리나라 경제는 대외 의존도가 높기 때문에 경제의 주요 지표들이 개선되기 위해서는 수출이 감소하면 안 된다. 또 미국이 양적완화를 중단하면 미국 금리가 상승한다. 미국 금리가 상승하면 우리나라 금리가 상승하고, 우리나라 금리가 상승하면 우리나라에 대한 외국인 투자가 증가한다. 또한 우리나라 금리가 상승하면 우리나라의 가계부채 문제가 심화된다. 가계부채 문제가 심화되는 나라의 국내 소비는 감소한다. 국내 소비가 감소하면 경제의 전망이 어두워진다.

① 우리나라의 수출이 증가했다면 달러화 가치가 하락했을 것이다.

② 우리나라의 가계부채 문제가 심화되었다면 미국이 양적완화를 중단했을 것이다.

③ 우리나라에 대한 외국인 투자가 감소하면 우리나라 경제의 전망이 어두워질 것이다.

④ 우리나라 경제의 주요 지표들이 개선되었다면 우리나라의 달러 환율이 하락하지 않았을 것이다.

근자에 인터넷이나 이런저런 관련 통신으로 많은 문제가 발생한다. 자녀의 전화 사용으로 부모가 배달된 전화 요금 청구서를 보고 너무나 큰 액수에 놀랐다는 이야기는 ㉠ 보통의 현상이 되고 있다. 그 배경으로 청소년의 대인 관계에 대한 기피 현상 등이 지적되고 있다.

문제점으로 인식될 정도로 청소년 자녀들이 전화를 사용하는 시간은 늘어나고, 직접적인 대면 시간은 줄어드는지 그 이유를 알기 위해서는 먼저 전화라는 매체가 심리적으로 어떠한 작용을 하는지에 대하여 간파할 필요가 있을 것이다. 전화가 직접적인 대면과는 어떠한 차이가 있는가?

먼저 전화로는 심리적으로 자기의 공간을 유지하면서 이야기를 할 수 있기 때문에 남에게 방해를 받지 않는 비밀성이 있다. 또 상대와 직접 대면하는 것과는 달리 상대방이 보이지 않기 때문에 상대방의 비언어적 표현 등을 읽을 수 없고, 동시에 상대방이 보이지 않으므로 오히려 상대방의 반응을 걱정할 필요 없이 자기가 하고 싶은 말을 할 수 있는 특징을 들 수 있다. 또한 전화는 현실성에서 떨어져 자유로울 수 있고 때로는 자기를 위장 표현할 수 있는 가면성(假面性)이라는 특징도 있다. 따라서 평소에 별로 감정을 드러내지 않는 사람이 전화에서는 솔직한 감정을 표현할 수 있고, 얌전한 사람이 과감하게 공격적인 발언을 할 수도 있다는 장점이 있다. 어떠한 내용을 어떠한 사람에게 전하느냐에 따라서도 달라지지만 전화 다이얼은 비대면적 환경 하에서 전화라는 매체가 심리적으로 주는 특징이 노현(露顯)으로 구현화된 사회 현상이며 현대 사회를 가장 단적으로 표현한 수단이 되고 있다.

26 다음 중 윗글의 설명 방식으로 적절하지 않은 것은?

① 스스로 묻고 그것에 대해 답변하는 방식으로 논의를 전개하고 있다.

② 일상에서 일어나고 있는 일을 예로 들고 있다.

③ 논의 대상 간의 차이점에 착안하여 논의를 전개하고 있다.

④ 제시된 기준에 따라 논제를 나누거나 묶어서 전개하고 있다.

27 다음 중 밑줄 친 ㉠과 같은 상황을 표현한 사자성어로 가장 적절한 것은?

① 비일비재(非一非再)

② 우공이산(愚公移山)

③ 새옹지마(塞翁之馬)

④ 권토중래(捲土重來)

28 다음 빈칸에 들어갈 적절한 내용을 〈보기〉에서 찾아 순서대로 바르게 연결한 것은?

_____(가)_____ 완전국가가 퇴화해 가는 최초의 형태, 곧 야심 있는 귀족들이 지배하는 명예정치 체제는 거의 모든 점에서 완전국가 자체와 비슷하다고 한다. 주목할 만한 점은, 플라톤이 현존하는 국가 중에서 가장 우수하고 가장 오래된 이 국가를 명백히 스파르타와 크레타의 도리아식 정체와 동일시했으며, 이들 부족적인 귀족정치 체제는 그리스 안에 남아 있는 가장 오랜 정치 형태를 대표했다는 것이다.

_____(나)_____ 한때는 통일되어 있던 가부장적 지배계급이 이제 분열되며, 이 분열이 바로 다음 단계인 과두(寡頭) 체제로의 퇴화를 초래한다. 분열을 가져온 것은 야심이다. 플라톤은 젊은 명예정치가에 대해 이야기하면서 "처음, 그는 자기 아버지가 지배자에 들지 않았음을 한탄하는 어머니의 말을 듣는다."라고 말하고 있다. 이리하여 그는 야심을 가지게 되고 저명해지기를 갈망한다.

_____(다)_____ 플라톤의 기술은 탁월한 정치적 선전이다. 뛰어난 학자이며,『국가』의 편찬자인 애덤과 같은 이도 플라톤의 아테네에 대한 힐난의 변론술에 맞설 수 없다는 점을 감안하면, 그것이 끼쳤을 해독이 어떠했으리라는 것을 짐작할 수 있다. 애덤은 "민주적 인간의 출현에 대한 플라톤의 기술은 고금의 문헌을 통틀어서 가장 고귀하고 위대한 걸작이다."라고 쓰고 있다.

보기

㉠ 민주 체제에 대한 플라톤의 기술은 아테네 사람들의 정치 생활과 페리클레스가 표현했던 민주주의 신조에 대한 풍자로, 생생하긴 하나 지극히 적대적이고 공정치 못한 풍자이다.

㉡ 플라톤의 완전국가를 자세히 논하기에 앞서, 타락해 가는 네 가지 국가 형태의 이행 과정에서 경제적인 동기가 차지하는 역할과 계급투쟁에 대한 플라톤의 분석을 간략히 설명하기로 한다.

㉢ 최선의 국가 또는 이상적인 국가와 명예정치 체제의 주요한 차이는 후자가 불완전성이라는 요소를 안고 있다는 점이다.

	(가)	(나)	(다)
①	㉠	㉡	㉢
②	㉠	㉢	㉡
③	㉡	㉠	㉢
④	㉡	㉢	㉠

다음 글의 내용으로 가장 적절한 것은?

〈공사도급 계약서〉

지급 재료와 대여품(제9조)

① 계약에 의하여 '갑'이 지급하는 재료와 대여품은 공사 예정표에 의한 공사 일정에 지장이 없도록 적기에 인도되어야 하며, 그 인도 장소는 시방서 등에 따라 정한 바가 없으면 공사현장으로 한다.

② '을'은 지급 재료 및 대여품의 품질 또는 규격이 시공에 적당하지 아니하다고 인정할 때에는 즉시 '갑'에게 이를 통지하고 그 대체를 요구할 수 있다.

③ 재료 지급의 지연으로 공사가 지연될 우려가 있을 때에는 '을'이 '갑'의 서면 승낙을 얻어 자기가 보유한 재료를 대체 사용할 수 있다. 이 경우 '갑'은 현품 또는 재료의 사용 당시 가격을 지체 없이 '을'에게 지급하여야 한다.

④ '을'은 '갑'이 지급한 재료와 기계·기구 등 대여품을 선량한 관리자의 주의로 관리하여야 하며, 계약의 목적을 수행하는 데만 사용하여야 한다.

⑤ '을'은 공사 내용의 변경으로 인하여 필요 없게 된 지급 재료 또는 사용 완료된 대여품을 지체 없이 '갑'에게 반환하여야 한다.

---

① '을'은 공사 내용의 변경으로 필요 없게 된 지급 재료를 소유할 수 있다.

② '갑'이 지급하는 재료와 대여품은 따로 정한 바가 없으면 공사현장에서 인도된다.

③ '을'은 '갑'이 지급한 재료를 계약의 목적을 수행하는 것 이외에도 필요에 따라 사용할 수 있다.

④ 재료 지급의 지연으로 공사가 지연될 우려가 있을 때, '을'은 알아서 자기가 보유한 재료를 대체 사용할 수 있다.

30 다음 글을 판단한 내용으로 적절한 것을 〈보기〉에서 고르면 모두 몇 개인가?

반려동물 동거인 1천만 시대. 다섯 명 가운데 한 명이 키울 정도로 반려동물은 이미 우리 생활의 일부가 됐다. 그런데 가정 안에서 빈번하게 문제가 되는 것이 바로 임신했을 때 반려동물을 격리할 것인가 말 것인가에 대한 분분한 의견들이다. 떠도는 속설, 기우 때문에 주인의 임신과 함께 버려지는 반려동물이 많은 것도 사실이다. 반려동물은 과연 태아에게 치명적인 영향을 미치는 존재일까? 그 속설들에 대해 하나하나 따져보기로 하자.

최근 아이들을 낳지 않고 반려동물만 키우는 딩크족들이 늘고 있다. 이 때문일까? 항간에는 반려동물과의 동거가 불임의 원인이 된다는 속설이 돌고 있다. 그러나 결론적으로 말하면 이것은 과학적 근거가 없는 허구이다. 반려동물을 키우면 모성 호르몬이 여성 호르몬을 억제해 임신이 잘 되지 않는다고 하는데, 애초에 모성 호르몬이라는 것은 존재하지 않는 것일뿐더러, 반려동물을 키운다고 해서 여성 호르몬이 영향을 받는다는 것도 증명된 적이 없다.

임신을 안 순간 반려동물은 갑자기 고민거리가 되기도 한다. 임신부의 건강에 문제가 생길 수도 있다고 여겨지기 때문이다. 특히 반려동물의 털은 태아에게 나쁜 영향을 미친다고도 알려져 있어 임신부들을 불안하게 한다. 그러나 태아는 자궁경부와 양막의 보호를 받으므로 임신 중 반려동물의 털이 태아에게 들어갈 수 없다. 물론 털에 의한 알레르기 반응이나 천식, 두드러기 등에는 쉽게 노출될 수도 있다. 평소 알레르기에 민감하게 반응해온 임신부라면 당분간 떨어져 지내면서 증상을 완화시키도록 하는 것이 좋다.

고양이를 키우기 때문에 기형아를 낳는다는 속설도 있지만, 사실 그렇지 않다. 다만, 고양이와 임신부에게 톡소플라스마(기생충) 항체가 없을 경우에는 문제가 될 수 있다. 확률이 작기는 하지만 급성으로 감염된 고양이가 알을 배출하는 2주 동안 그 알을 임신부가 섭취하게 되면 기형아 발생의 위험이 있기 때문이다. 따라서 고양이를 키우고 있다면 이를 숙지하여 임신 초기 톡소플라스마 감염을 예방할 수 있도록 해야 한다.

임신부들은 아무래도 임신 초기 입덧 때문에 냄새에 민감해진다. 이 때문에 입덧이 심할 때는 반려동물의 몸이나 배설물 냄새가 더 역하게 느껴지기도 한다. 그러나 반려동물 때문에 없던 입덧이 생기거나 입덧이 더 심해지는 것은 아니다. 임신부가 있는 집이라면 가족들이 평소보다 더 청결하게 반려동물을 관리하는 것이 좋다. 특히 반려동물의 목욕과 깨끗한 배설물 처리는 다른 가족들의 건강을 위해서라도 꼭 필요한 일임을 명심해야 한다.

임신 초기는 유산의 위험이 높고 안정이 필요한 시기이다. 특히 유산 병력이 있거나 출혈, 복통이 있다면 안정기까지 최대한 주의를 해야 한다. 평소 알레르기 질환에 노출되어 있는 임신부라면 면역력이 약해서 호흡기 증상이나 임신소양증 등을 일으킬 수 있으므로 미리 반려동물에 대한 면역이 있는지도 검사를 받아야 한다. 한편 반려동물은 임신 중 우울감이나 스트레스를 감소시키는 역할도 하므로 키울 것인지 아닌지는 개개인의 특성과 처한 상황에 따라 신중하게 선택하는 것이 좋다.

보기

- 반려동물은 불임의 원인이 된다.
- 반려동물의 털은 태아에게 나쁜 영향을 미친다.
- 반려동물을 키우면 입덧이 심해진다.
- 유산의 위험이 있다면 안정기까지 주의가 필요하다.

① 1개   ② 2개
③ 3개   ④ 4개

31 A와 B는 함께 자격증 시험에 도전하였다. A가 불합격할 확률이 3분의 2이고 B가 합격할 확률이 60%일 때 A, B 둘 다 합격할 확률은?

① 20%　　　　　　　　　　　　　② 30%

③ 40%　　　　　　　　　　　　　④ 50%

32 다음은 2024년 과목별 사교육비 총액에 대한 자료이다. 이에 대한 설명으로 옳은 것을 〈보기〉에서 모두 고르면?(단, 소수점 이하 셋째자리에서 반올림한다)

〈과목별 사교육비 총액〉

(단위 : 억 원)

구분	전체	초등학교	중학교	고등학교	일반고
국어	15,013	5,098	2,615	7,300	7,182
영어	61,381	25,797	18,859	16,725	16,239
수학	58,914	16,591	20,112	22,211	21,766
사회·과학	8,503	2,611	2,509	3,383	3,348
논술	6,525	4,201	1,295	1,029	1,017
제2외국어	3,715	2,247	802	666	519
컴퓨터	1,154	728	218	208	122
음악	17,706	12,982	1,896	2,828	2,700
미술	9,119	5,281	856	2,982	2,844
체육	22,524	18,027	2,594	1,903	1,554

※ 일반고는 고등학교의 종류 중 하나임

보기

ㄱ. 2024년 초등학교의 국어 사교육 금액은 고등학교의 음악과 미술 사교육 금액의 합보다 높다.
ㄴ. 초등학교의 국어, 영어, 수학의 사교육 금액의 합은 고등학교의 국어, 영어, 수학의 사교육 금액의 합보다 낮다.
ㄷ. 전체 대비 일반고의 논술 사교육 금액 비율은 전체 대비 중학교의 컴퓨터 사교육 금액 비율보다 낮다.
ㄹ. 초등학교와 고등학교의 영어 사교육 금액의 차이는 수학 사교육의 금액의 차이보다 낮다.

① ㄱ　　　　　　　　　　　　　② ㄷ

③ ㄴ, ㄹ　　　　　　　　　　　　④ ㄱ, ㄷ, ㄹ

※ 다음은 K기업의 주요 경영지표에 대한 자료이다. 이어지는 질문에 답하시오. [33~34]

<K기업 경영지표>

(단위 : 십억 원)

구분	공정자산총액	부채총액	자본총액	자본금	매출액	당기순이익
2019년	2,610	1,658	952	464	1,139	170
2020년	2,794	1,727	1,067	481	2,178	227
2021년	5,383	4,000	1,383	660	2,666	108
2022년	5,200	4,073	1,127	700	4,456	−266
2023년	5,242	3,378	1,864	592	3,764	117
2024년	5,542	3,634	1,908	417	4,427	65

33 다음 중 자료에 대한 설명으로 옳은 것은?

① 자본총액은 꾸준히 증가하고 있다.
② 전년 대비 당기순이익이 가장 많이 증가한 해는 2020년이다.
③ 공정자산총액과 부채총액의 차가 가장 큰 해는 2024년이다.
④ 2019년부터 2022년까지 자본총액 중 자본금이 차지하는 비중은 계속 증가하고 있다.

34 K기업의 투자자 A는 당해 연도 당기순이익을 매출액으로 나눈 수치를 평가하여 다음해 투자 규모를 결정한다고 한다. 투자자 A의 투자 규모가 가장 큰 해는?

① 2019년   ② 2020년
③ 2021년   ④ 2022년

35 다음은 서울, 수원, 강릉의 연도별 적설량에 대한 표이다. 이를 나타낸 그래프로 옳은 것은?

〈서울, 수원, 강릉의 연도별 적설량〉

(단위 : cm)

구분	2021년	2022년	2023년	2024년
서울	25.3	12.9	10.3	28.6
수원	12.2	21.4	12.5	26.8
강릉	280.2	25.9	94.7	55.3

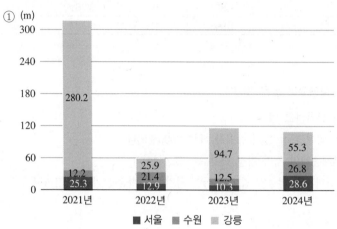

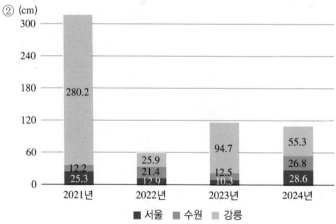

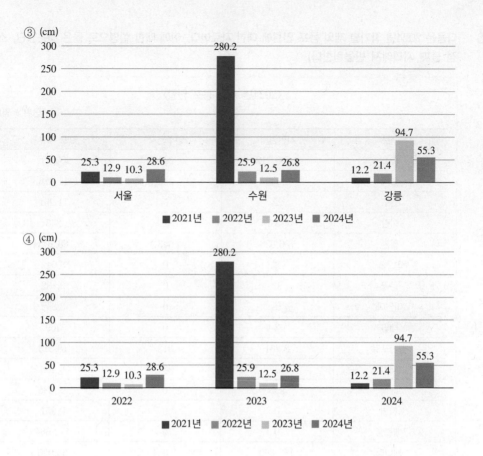

③ (cm)

서울 · 수원 · 강릉

25.3 12.9 10.3 28.6 (서울)
280.2 25.9 12.5 26.8 (수원)
12.2 21.4 94.7 55.3 (강릉)

■2021년 ■2022년 ■2023년 ■2024년

④ (cm)

2022 · 2023 · 2024

25.3 12.9 10.3 28.6 (2022)
280.2 25.9 12.5 26.8 (2023)
12.2 21.4 94.7 55.3 (2024)

■2021년 ■2022년 ■2023년 ■2024년

36 다음은 2024년 국가별 재외 동포 인원에 대한 자료이다. 이에 대한 설명으로 옳은 것은?(단, 소수점 둘째 자리에서 반올림한다)

〈2024년 재외 동포 현황〉

(단위 : 명)

구분	시민권자	영주권자	일반 체류자
중국	2,160,712	342	300,332
홍콩	6,949	342	11,678
인도	22	0	11,251
이란	3	1	243
일본	736,326	543	88,108
라오스	8	0	3,042
몽골	32	0	2,132
미얀마	18	0	3,842
네팔	3	0	769
싱가포르	2,781	312	18,313
대만	773	331	4,406
태국	205	0	19,995
터키	0	0	2,951
베트남	0	0	172,684
캐나다	187,390	1,324	53,036
덴마크	8,747	324	710
프랑스	8,961	6,541	13,665
루마니아	61	1	305
러시아	163,560	351	6,022
스위스	2,082	341	1,513

※ 재외동포 수＝(시민권자)＋(영주권자)＋(일반 체류자)

① 영주권자가 없는 국가의 일반 체류자 수의 합은 중국의 일반 체류자의 수보다 크다.
② 영주권자가 시민권자의 절반보다 많은 국가는 재외동포의 수가 3만 명 이상이다.
③ 재외동포 수가 가장 많은 국가는 시민권자, 영주권자, 일반 체류자의 인원도 각각 1순위이다.
④ 일반 체류자보다 시민권자가 많은 국가의 영주권자 수는 각 국가마다 300명 이상이다.

37 다음은 1980년 이후 주요 작물의 재배면적의 비중에 대한 자료이다. 1980년에 비해 2024년 전체 경지이용면적이 25% 증가했다고 했을 때, 1980년에 비해 2024년 과실류의 재배면적은 얼마나 증가했는가?

〈주요 작물의 재배면적의 비중〉

구분	식량작물			채소류			과실류		
	미곡	맥류	전체	배추	양파	전체	사과	감귤	전체
1980년	44.6%	30.9%	82.9%	27.5%	1.6%	7.8%	35.0%	10.0%	1.8%
1985년	48.3%	30.2%	80.2%	15.6%	1.7%	7.8%	41.9%	12.2%	2.4%
1990년	62.2%	18.2%	71.7%	12.7%	2.0%	13.0%	46.5%	12.1%	3.6%
1995년	69.5%	14.4%	68.7%	11.2%	2.4%	13.0%	34.9%	14.7%	4.2%
2000년	74.5%	9.6%	69.3%	13.9%	2.5%	11.5%	36.8%	14.3%	5.5%
2005년	78.5%	6.7%	61.3%	9.9%	3.1%	14.7%	28.7%	13.8%	7.8%
2010년	81.3%	5.2%	62.7%	11.9%	4.1%	14.1%	16.8%	15.6%	8.1%
2019년	79.4%	4.9%	64.1%	11.4%	5.2%	12.5%	17.4%	14.2%	7.2%
2020년	80.9%	4.9%	63.3%	13.0%	5.6%	12.6%	18.4%	13.8%	7.9%
2021년	81.7%	4.8%	62.6%	11.2%	6.4%	12.0%	18.8%	13.6%	8.0%
2022년	81.7%	4.9%	62.3%	12.4%	6.8%	12.2%	19.5%	13.6%	8.1%
2023년	82.0%	4.8%	60.1%	11.8%	7.1%	11.5%	19.7%	13.4%	8.1%
2024년	82.0%	3.6%	60.1%	10.2%	9.0%	11.3%	19.1%	13.0%	8.6%

※ 식량작물, 채소류, 과실류 항목의 수치는 전체 경지이용면적 대비 각 작물의 재배면적 비중을 의미함
※ 미곡, 맥류 등 세부 품목의 수치는 식량작물, 채소류, 과실류의 재배면적 대비 각 품목의 재배면적 비중을 의미함

① 약 440% ② 약 460%
③ 약 480% ④ 약 500%

38 다음은 중국의 의료 빅데이터 시장 규모에 대한 자료이다. 이를 토대로 할 때 전년 대비 성장률에 대한 그래프로 옳은 것은?(단, 소수점 둘째 자리에서 반올림한다)

〈2015 ~ 2024년 중국 의료 빅데이터 시장 규모〉

(단위 : 억 위안)

구분	2015년	2016년	2017년	2018년	2019년	2020년	2021년	2022년	2023년	2024년
규모	9.6	15.0	28.5	45.8	88.5	145.9	211.6	285.6	371.4	482.8

①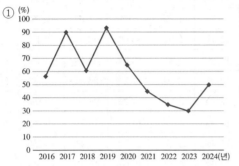

②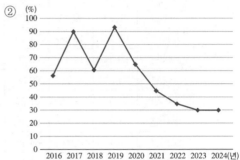

③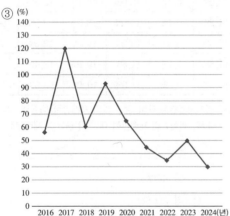

④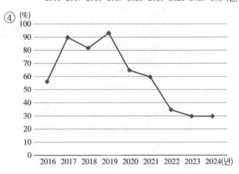

39 K기업은 신입사원들을 대상으로 3개월간 의무적으로 강연을 듣게 하였다. 강연은 월요일과 수요일에 1회씩 열리고 금요일에는 격주로 1회씩 열린다고 할 때, 8월 1일 월요일에 처음 강연을 들은 신입사원이 13번째 강연을 듣는 날은 언제인가?(단, 첫 번째 주 금요일 강연은 열리지 않았다)

① 8월 31일
② 9월 2일
③ 9월 5일
④ 9월 7일

40 다음은 연령대별 출퇴근 이용 방법에 대한 자료이다. 이에 대한 설명으로 옳지 않은 것은?

구분	연령대	20대	30대	40대	50대	60대 이상
2019년	도보	7%	8%	3%	9%	21%
	자전거	3%	1%	1%	1%	0%
	자가용	11%	41%	52%	64%	3%
	버스	42%	22%	28%	3%	58%
	택시	6%	10%	5%	21%	1%
	지하철	31%	18%	11%	2%	17%
2024년	도보	11%	5%	2%	10%	31%
	자전거	5%	1%	0%	1%	0%
	자가용	14%	58%	64%	71%	4%
	버스	29%	17%	22%	4%	41%
	택시	14%	13%	3%	11%	2%
	지하철	27%	6%	9%	3%	22%

※ 이용하는 방법이 2가지 이상일 경우, 더 많은 비중을 차지하는 방법으로 함
※ 대중교통 : 버스, 택시, 지하철

① 20대의 2019년 대비 2024년 버스와 지하철의 이용률은 감소한 반면, 그 외 방법의 이용률은 증가하였다.

② 모든 연령대에서 각각 2019년과 2024년 출퇴근 이용률이 가장 높은 방법은 동일하다.

③ 2019년과 2024년 대중교통 이용률의 차이는 20대가 30대보다 크다.

④ 2019년과 2024년 모두 모든 연령대에서 자전거의 이용 비율은 가장 낮다.

41 A비커에는 농도가 x%인 설탕물 300g이 들어 있고, B비커에는 농도가 y%인 설탕물 600g이 들어 있다. A비커에 B비커의 설탕물 100g을 부어 골고루 섞은 후, 다시 B비커로 100g을 옮기고 골고루 섞어 농도를 측정해 보니 A비커의 설탕물과 B비커의 설탕물의 농도는 각각 5%, 9.5%였다. 이때 $10x+10y$의 값은?

① 106

② 116

③ 126

④ 136

42 다음은 18개 지역의 날씨에 대한 자료이다. 이를 참고할 때 날씨의 평균값과 중앙값의 차는?

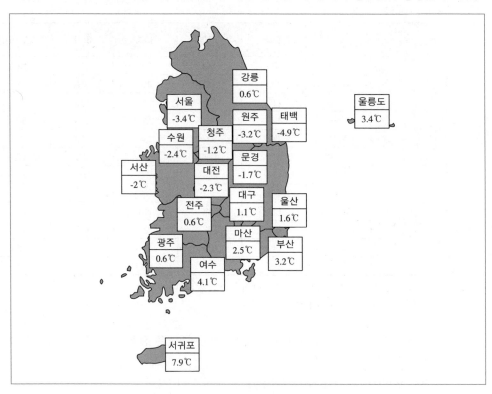

① 0.38

② 0.35

③ 0.26

④ 0.22

43 다음은 2024년 연령별 인구수 현황을 나타낸 그래프이다. 각 연령대를 기준으로 남성 인구가 40% 이하인 연령대 ㉠과 여성 인구가 50% 초과 60% 이하인 연령대 ㉡이 바르게 연결된 것은?

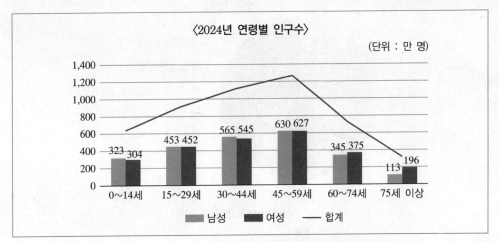

〈2024년 연령별 인구수〉
(단위 : 만 명)

	㉠	㉡
①	0 ~ 14세	15 ~ 29세
②	30 ~ 44세	15 ~ 29세
③	45 ~ 59세	60 ~ 74세
④	75세 이상	60 ~ 74세

44 다음 〈조건〉을 바탕으로 할 때, 乙의 나이로 가능한 것은?

> **조건**
> - 甲과 乙은 부부이다. a는 甲의 동생, b, c는 아들과 딸이다.
> - 甲은 乙과 동갑이거나 乙보다 나이가 많다.
> - a, b, c 나이의 곱은 2,450이다.
> - a, b, c 나이의 합은 46이다.
> - a는 19 ~ 34세이다.
> - 甲과 乙의 나이 합은 아들과 딸의 나이 합의 4배이다.

① 45세   ② 44세

③ 43세   ④ 42세

※ 다음은 K공사 직원 1,200명을 대상으로 조사한 자료이다. 이어지는 질문에 답하시오. [45~46]

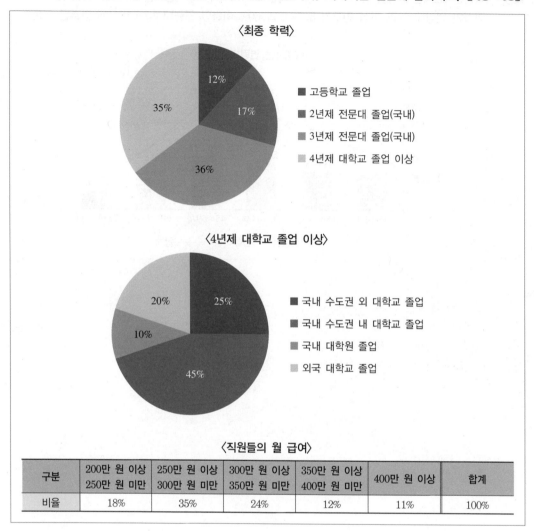

〈최종 학력〉

- 고등학교 졸업
- 2년제 전문대 졸업(국내)
- 3년제 전문대 졸업(국내)
- 4년제 대학교 졸업 이상

〈4년제 대학교 졸업 이상〉

- 국내 수도권 외 대학교 졸업
- 국내 수도권 내 대학교 졸업
- 국내 대학원 졸업
- 외국 대학교 졸업

〈직원들의 월 급여〉

구분	200만 원 이상 250만 원 미만	250만 원 이상 300만 원 미만	300만 원 이상 350만 원 미만	350만 원 이상 400만 원 미만	400만 원 이상	합계
비율	18%	35%	24%	12%	11%	100%

45 다음 중 자료에 대한 설명으로 옳지 않은 것은?

① 직원 중 4년제 국내 수도권 내 대학교 졸업자 수는 전체 직원의 15% 이상을 차지한다.

② 고등학교 졸업의 학력을 가진 직원의 월 급여는 모두 300만 원 미만이라 할 때, 이 인원이 월 급여 300만 원 미만에서 차지하는 비율은 20% 이상이다.

③ 4년제 대학교 졸업 이상의 학력을 가진 직원의 월 급여는 모두 300만 원 이상이라 할 때, 이 인원이 월 급여 300만 원 이상에서 차지하는 비율은 78% 이하이다.

④ 월 급여가 300만 원 미만인 직원은 350만 원 이상인 직원의 2.5배 이상이다.

46 국내 소재 대학 및 대학원 졸업자의 25%의 월 급여가 300만 원 이상일 때, 이들이 월 급여 300만 원 이상인 직원 인원에서 차지하는 비율은?(단, 소수점 첫째 자리에서 버림한다)

① 28% ② 32%

③ 36% ④ 43%

47 다음은 유아교육 규모에 대한 통계 자료이다. 〈보기〉 중 옳지 않은 것을 모두 고르면?

〈유아교육 규모〉

구분	2018년	2019년	2020년	2021년	2022년	2023년	2024년
유치원 수(원)	8,494	8,275	8,290	8,294	8,344	8,373	8,388
학급 수(학급)	20,723	22,409	23,010	23,860	24,567	24,908	25,670
원아 수(명)	545,263	541,603	545,812	541,550	537,822	537,361	538,587
교원 수(명)	28,012	31,033	32,095	33,504	34,601	35,415	36,461
취원율(%)	26.2	31.4	35.3	36.0	38.4	39.7	39.9
교원 1인당 원아 수(명)	19.5	17.5	17.0	16.2	15.5	15.2	14.8

보기

㉠ 유치원 원아 수의 변동은 매년 일정한 흐름을 보이지는 않는다.
㉡ 교원 1인당 원아 수가 적어지는 것은 원아 수 대비 학급 수가 늘어나기 때문이다.
㉢ 취원율은 매년 증가하고 있는 추세이다.
㉣ 교원 수가 매년 증가하는 이유는 청년 취업과 관계가 있다.

① ㉠, ㉡ ② ㉠, ㉢

③ ㉡, ㉣ ④ ㉢, ㉣

※ 다음은 현 직장 만족도에 대해 조사한 자료이다. 이어지는 질문에 답하시오(단, 소수점 둘째 자리에서 반올림한다). [48~49]

〈현 직장 만족도〉

만족분야별	직장유형별	2023년	2024년
전반적 만족도	기업	6.9	6.3
	공공연구기관	6.7	6.5
	대학	7.6	7.2
임금과 수입	기업	4.9	5.1
	공공연구기관	4.5	4.8
	대학	4.9	4.8
근무시간	기업	6.5	6.1
	공공연구기관	7.1	6.2
	대학	7.3	6.2
사내분위기	기업	6.3	6.0
	공공연구기관	5.8	5.8
	대학	6.7	6.2

48 2023년 3개 기관의 전반적 만족도의 합은 2024년 3개 기관의 임금과 수입 만족도의 합의 몇 배인가?

① 1.4배
② 1.6배
③ 1.8배
④ 2.0배

49 다음 중 자료에 대한 설명으로 옳지 않은 것은?

① 현 직장에 대한 전반적 만족도는 대학 유형에서 가장 높다.

② 2024년 근무시간 만족도에서는 공공연구기관과 대학의 만족도가 동일하다.

③ 2024년에 모든 유형의 직장에서 임금과 수입의 만족도는 전년 대비 증가했다.

④ 사내분위기 측면에서 2023년과 2024년 공공연구기관의 만족도는 동일하다.

50 다음은 지역별 의료인력 분포 현황을 나타낸 자료이다. 이에 대한 설명으로 옳지 않은 것은?

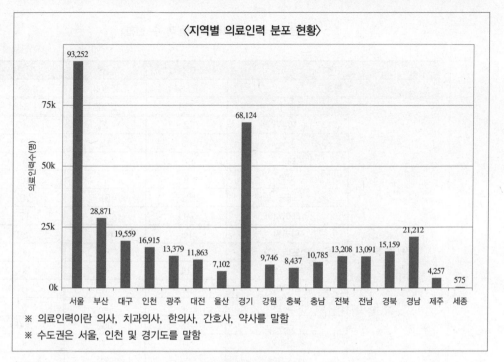

〈지역별 의료인력 분포 현황〉

※ 의료인력이란 의사, 치과의사, 한의사, 간호사, 약사를 말함
※ 수도권은 서울, 인천 및 경기도를 말함

① 의료인력은 수도권에 편중된 불균형 상태를 보이고 있다.
② 수도권에서 경기가 차지하는 비중은 인천이 차지하는 비중의 4배 미만이다.
③ 서울과 경기를 제외한 나머지 지역 중 의료인력수가 가장 많은 지역과 가장 적은 지역의 차는 경남의 의료인력수보다 크다.
④ 의료인력수가 많을수록 의료인력 비중이 고르다고 말할 수 없다.

51 상점 A와 B에서는 같은 종류의 면도기를 팔고 있다. 처음에 판매된 면도기 가격은 상점 A, B 모두 동일하였으나, 상점 A에서 할인 행사를 맞아 정가의 15%를 할인하였고, 상점 B는 20%를 할인하였다. 이 소식을 들은 상점 A는 처음 정가의 15%를 추가로 할인을 하였고, 이에 상점 B는 A의 최종 가격보다 같거나 더 싸게 판매하려고 한다. 상점 B는 처음 할인한 가격에서 최소한 몇 %를 추가로 할인해야 하는가?

① 10%
② 11%
③ 12.5%
④ 15%

52 다음은 성별·국적별 크루즈 이용객 수 현황에 대한 자료이다. 이에 대한 설명으로 옳은 것은?

〈성별·국적별 크루즈 이용객 수 현황〉

(단위 : 명)

구분		여성	남성	합계
합계		1,584	2,409	3,993
아시아주	소계	286	1,262	1,548
	일본	2	2	4
	중국	65	18	83
	대만	7	2	9
	홍콩	9	7	16
	태국	22	51	73
	말레이시아	9	8	17
	필리핀	98	682	780
	인도네시아	10	89	99
	싱가포르	14	6	20
	미얀마	0	0	0
	베트남	3	2	5
	인도	18	362	380
	스리랑카	0	4	4
	이스라엘	20	21	41
	터키	1	1	2
	아시아주 기타	8	7	15
미주	소계	1,298	1,147	2,445
	미국	831	757	1,588
	캐나다	177	151	328
	멕시코	182	144	326
	브라질	18	16	34
	미주 기타	90	79	169

① 여성 크루즈 이용객 수가 가장 많은 국가는 전체 크루즈 이용객 중 남성 이용객의 비율이 50%를 초과한다.

② 브라질 국적의 남성 크루즈 이용객의 수는 인도네시아 국적의 남성 이용객 수의 20% 이상이다.

③ 멕시코보다 여성 크루즈 이용객 수와 남성 크루즈 이용객 수가 모두 많은 국가는 2개이다.

④ 아시아주 전체 크루즈 이용객의 수는 미주 전체 크루즈 이용객의 수의 60% 이상이다.

※ 다음은 어느 나라의 중학교 졸업자의 어느 연도의 진로에 대한 조사 결과이다. 이어지는 질문에 답하시오. [53~54]

(단위 : 명)

구분	성별		중학교 종류		
	남	여	국립	공립	사립
중학교 졸업자	908,388	865,323	11,733	1,695,431	66,547
고등학교 진학자	861,517	838,650	11,538	1,622,438	66,146
진학 후 취업자	6,126	3,408	1	9,532	1
직업학교 진학자	17,594	11,646	106	29,025	109
진학 후 취업자	133	313	0	445	1
취업자(진학자 제외)	21,639	8,913	7	30,511	34
실업자	7,523	6,004	82	13,190	255
사망, 실종	155	110	0	222	3

53 남자와 여자의 고등학교 진학률은 각각 얼마인가?

	남자	여자
①	약 94.8%	약 96.9%
②	약 94.8%	약 94.9%
③	약 95.9%	약 96.9%
④	약 95.9%	약 94.9%

54 공립 중학교를 졸업한 남자 중 취업자는 몇 %인가?

① 50%
② 60%
③ 70%
④ 알 수 없음

55 다음은 K국가 국회의원의 SNS(소셜네트워크서비스) 이용자 수 현황에 대한 자료이다. 이를 이용하여 작성한 그래프로 옳지 않은 것은?(단, 소수점 둘째 자리에서 반올림한다)

⟨K국가 국회의원의 SNS 이용자 수 현황⟩

(단위 : 명)

구분	정당	당선 횟수별				당선 유형별		성별	
		초선	2선	3선	4선 이상	지역구	비례대표	남자	여자
여당	A	82	29	22	12	126	19	123	22
야당	B	29	25	13	6	59	14	59	14
	C	7	3	1	1	7	5	10	2
합계		118	57	36	19	192	38	192	38

① 국회의원의 여야별 SNS 이용자 수

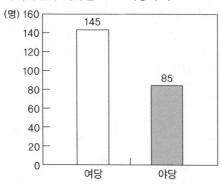

② 남녀 국회의원의 여야별 SNS 이용자 구성비

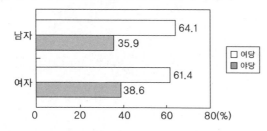

③ 야당 국회의원의 당선 횟수별 SNS 이용자 구성비

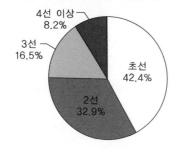

④ 2선 이상 국회의원의 정당별 SNS 이용자 수

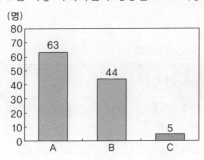

56 직장인 K씨는 자기계발을 위해 집 근처 문화센터에서 하는 프로그램에 수강신청을 하려고 한다. 다음 자료를 보고 이에 대한 설명으로 옳지 않은 것은?(단, 시간이 겹치는 프로그램은 수강할 수 없다)

〈문화센터 프로그램 안내표〉		
프로그램	수강료(3달 기준)	강좌시간
중국어 회화	60,000원	11:00 ~ 12:30
영어 회화	60,000원	10:00 ~ 11:30
지르박	180,000원	13:00 ~ 16:00
차차차	150,000원	12:30 ~ 14:30
자이브	195,000원	14:30 ~ 18:00

① 시간상 K씨가 선택할 수 있는 과목은 최대 2개이다.

② 자이브의 수강시간이 가장 길다.

③ 중국어 회화와 차차차를 수강할 때 한 달 수강료는 7만 원이다.

④ 차차차와 자이브를 둘 다 수강할 수 있다.

※ 다음은 고등학생의 졸업 후 진로 계획에 대한 자료이다. 이어지는 질문에 답하시오(단, 소수점 둘째 자리에서 반올림한다). [57~58]

〈고등학생의 졸업 후 진로 계획〉

학교유형 / 진로	일반고 빈도(명)	일반고 비율(%)	과학고·외고·국제고 빈도(명)	과학고·외고·국제고 비율(%)	예술·체육고 빈도(명)	예술·체육고 비율(%)	마이스터고 빈도(명)	마이스터고 비율(%)	특성화고 빈도(명)	특성화고 비율(%)
대학 진학	6,773	80.7	164	84.3	80	82.1	3	3.7	512	31.1
취업	457	5.4	11	5.7	3	3.3	64	80.2	752	45.6
창업	118	1.4	5	2.6	5	5.6	1	1.4	37	2.2
기타(군 입대, 해외 유학)	297	3.5	5	2.4	3	2.7	6	8.1	86	5.3
진로 미결정	749	9.0	10	5.0	6	6.3	5	6.6	260	15.8

57 다음 중 고등학생의 졸업 후 진로 계획에 대한 설명으로 옳은 것은?

① 일반고 졸업생 중 졸업 후 대학에 진학하는 졸업생의 수는 특성화고 졸업생 중 대학에 진학하는 졸업생 수의 14배 이상이다.
② 졸업 후 군 입대를 하거나 해외 유학을 가는 졸업생들 중 과학고·외고·국제고와 마이스터고 졸업생들이 차지하는 비율은 5% 이상이다.
③ 진로를 결정하지 못한 졸업생의 수가 가장 많은 학교유형은 예술·체육고이다.
④ 졸업 후 창업하는 졸업생들 중 특성화고 졸업생이 차지하는 비율은 20% 이상이다.

58 다음은 고등학생의 졸업 후 진로 계획에 대한 보고서의 일부이다. 밑줄 친 내용 중 옳은 것을 모두 고르면?

지난 8일, 진학점검부는 일반고, 과학고·외고·국제고, 예술·체육고, 마이스터고, 특성화고 졸업생들의 졸업 후 진로 계획에 대한 조사 결과를 발표하였다. 진학점검부는 졸업생들의 졸업 후 진로를 크게 대학 진학, 취업, 창업, 기타(군 입대, 해외 유학), 진로 미결정으로 구분하여 조사하였다. 이에 따르면, ㉠ 모든 유형의 학교에서 졸업 후 대학에 진학한 졸업생 수가 가장 많았다. 진로를 결정하지 못한 학생들도 모든 유형의 학교를 통틀어 1,000명이 넘는 등 상당히 많았고, ㉡ 졸업 후 취업한 인원은 모든 유형의 학교를 통틀어 총 1,200명이 넘었다. 창업에 뛰어든 졸업생들은 비교적 적은 숫자였다.
학교 유형별로 보면, ㉢ 일반고의 경우 졸업 후 취업한 졸업생 수는 창업한 졸업생 수의 4배가 넘었다. 반면, 예술·체육고의 경우 창업한 졸업생 수가 취업한 졸업생 수보다 많았다. ㉣ 특성화고의 경우 진로를 결정하지 못한 졸업생 수가 대학에 진학한 졸업생 수의 40% 이상이었다. 과학고·외고·국제고 졸업생들의 경우 4/5 이상이 대학으로 진학하였다.

① ㉠, ㉡
② ㉠, ㉢
③ ㉡, ㉣
④ ㉢, ㉣

59 K씨는 연 3%인 연복리 예금상품에 4,300만 원을 예치하였다. K씨가 만기 시 금액으로 원금의 2배를 받는 것은 몇 년 후인가?(단, $\log 1.03 = 0.01$, $\log 2 = 0.3$으로 계산한다)

① 15년 후

② 20년 후

③ 25년 후

④ 30년 후

60 다음은 1974 ~ 2024년의 도시 및 농촌 인구수에 대한 자료이다. 이에 대한 설명으로 옳지 않은 것은?

〈1974 ~ 2024년 도시 및 농촌 인구수〉

(단위 : 천 명)

구분	1974년	1984년	1994년	2004년	2014년	2024년
도시	6,816	16,573	32,250	35,802	36,784	33,561
농촌	28,368	18,831	14,596	12,763	12,402	12,415

① 도시 인구수와 농촌 인구수는 1994년에 역전되었다.

② 1974년 농촌 인구수는 도시 인구수의 4배 이상이다.

③ 2014년 대비 2024년의 도시 인구수는 감소하였고, 농촌 인구수는 증가하였다.

④ 1974년 대비 1984년의 도시 인구수는 100% 이상 증가하였고, 농촌 인구수는 25% 미만 감소했다.

61 K씨는 전국을 일주하고자 한다. 제시된 〈조건〉에 따라 방문할 도시들을 결정한다고 할 때, 다음 중 K씨가 반드시 방문하는 도시가 아닌 것은?

> **조건**
> • 대구를 방문하면 경주는 방문하지 않는다.
> • 광주와 전주 중 한 도시만 방문한다.
> • K씨는 익산을 반드시 방문한다.
> • 대구를 방문하지 않으면 익산을 방문하지 않는다.
> • 경주를 방문하지 않으면 대전과 전주를 방문한다.

① 전주   ② 경주

③ 대전   ④ 대구

62 김대리는 건강관리를 위해 일주일 치 식단에 야채 및 과일을 포함시키고자 한다. 〈조건〉에 따라 식단을 구성할 때, 다음 중 반드시 참인 명제는?

> **조건**
> • 바나나를 넣지 않으면 사과를 넣는다.
> • 무순을 넣지 않으면 청경채를 넣지 않는다.
> • 무순과 당근 중 하나만 넣는다.
> • 청경채는 반드시 넣는다.
> • 당근을 넣지 않으면 바나나를 넣지 않는다.
> • 무순을 넣으면 배를 넣지 않는다.

① 사과와 청경채는 식단에 포함되지 않는다.

② 무순과 바나나 중 하나만 식단에 포함된다.

③ 배와 당근 모두 식단에 포함된다.

④ 무순은 식단에 포함되나, 사과는 포함되지 않는다.

63 A는 K공사 사내 여행 동아리의 회원이고 이번 주말에 반드시 여행에 참가할 계획이다. 제시된 〈조건〉에 따라 회원들이 여행에 참가할 때, 다음 중 여행에 참석하는 사람을 모두 고르면?

> **조건**
> • C가 여행에 참가하지 않으면 A도 참가하지 않는다.
> • E가 여행에 참가하지 않으면 B는 여행에 참가한다.
> • D가 여행에 참가하지 않으면 B도 여행에 참가하지 않는다.
> • E가 여행에 참가하면 C는 참가하지 않는다.

① A, B

② B, C, E

③ B, D, E

④ A, B, C, D

64 남성 정장 제조 전문회사에서 20대를 위한 캐주얼 SPA 브랜드에 신규 진출하려고 한다. 귀하는 3C 분석 방법을 취하여 다양한 자료를 조사했으며, 다음과 같은 상황 판단을 도출하였다. 자사에서 추진하려는 신규 사업 계획의 타당성에 대해서 바르게 설명한 것은?

3C	상황 판단
고객(Customer)	• 40대 중년 남성을 대상으로 한 정장 시장은 정체 및 감소 추세 • 20대 캐주얼 및 SPA 시장은 매년 급성장
경쟁사(Competitor)	• 20대 캐주얼 SPA 시장에 진출할 경우, 경쟁사는 글로벌 및 토종 SPA 기업, 캐주얼 전문 기업 외에도 비즈니스 캐주얼, 아웃도어 의류 기업도 포함 • 경쟁사들은 브랜드 인지도, 유통망, 생산 등에서 차별화된 경쟁력을 가짐 • 경쟁사 중 상위 업체는 하위 업체와의 격차 확대를 위해 파격적 가격 정책과 20대 지향 디지털마케팅 전략을 구사
자사(Company)	• 신규 시장 진출 시 막대한 마케팅 비용 발생 • 낮은 브랜드 인지도 • 기존 신사 정장 이미지 고착 • 유통과 생산 노하우 부족 • 디지털마케팅 역량 미흡

① 20대 SPA 시장이 급성장하고, 경쟁이 치열해지고 있지만, 자사의 유통 및 생산 노하우로 가격경쟁력을 확보할 수 있으므로 신규 사업을 추진하는 것이 바람직하다.

② 20대 SPA 시장은 계속해서 성장하고 매력적이지만, 경쟁이 치열하고 경쟁자의 전략이 막강하다. 이에 비해 자사의 자원과 역량은 부족하여 신규 사업 진출은 하지 않는 것이 바람직하다.

③ 20대 SPA 시장이 급성장하고 있지만, 하위 업체의 파격적인 가격 정책을 이겨 내기에 막대한 비용이 발생하므로 신규 사업 진출은 적절하지 못하다.

④ 40대 중년 정장 시장은 감소 추세에 있으므로 새로운 수요 발굴이 필요하며, 기존의 신사 정장 이미지를 벗어나 20대 지향 디지털마케팅 전략을 구사하면 신규 시장의 진입이 가능하므로 신규 사업을 진행하는 것이 바람직하다.

65 K공사는 우리나라 사람들의 해외취업을 돕기 위해 박람회를 열고자 한다. 제시된 〈조건〉이 다음과 같을 때, K공사가 박람회 장소로 선택할 국가는?

〈국가별 상황〉

국가	경쟁력	비고
인도네시아	한국 기업이 100개 이상 진출해 있으며, 안정적인 정치 및 경제 구조를 가지고 있다.	두 번의 박람회를 열었으나 실제 취업까지 연결되는 성과가 미미하였다.
아랍에미리트	UAE 자유무역지역에 다양한 다국적 기업이 진출해 있다.	석유가스 산업, 금융 산업에는 외국 기업의 진출이 불가하다.
중국	한국 기업이 170개 이상 진출해 있으며, 현지 기업의 80% 이상이 우리나라 사람의 고용을 원한다.	중국 청년의 실업률이 높아 사회문제가 되고 있다.
미얀마	2024년 기준 약 2,500명의 한인이 거주 중이며, 한류 열풍이 거세게 불고 있다.	내전으로 우리나라 사람들의 치안이 보장되지 않는다.
베트남	여성의 사회 진출률이 높고 정치, 경제, 사회 각 분야에서 많은 여성이 활약 중이다.	한국 기업 진출을 위한 인프라 구축이 잘 되어 있다.

조건

1. K공사의 해외 EPS센터가 있는 나라여야 한다.
   - 해외 EPS센터(15개국) : 필리핀, 태국, 인도네시아, 베트남, 스리랑카, 몽골, 우즈베키스탄, 파키스탄, 캄보디아, 중국, 방글라데시, 키르기스스탄, 네팔, 미얀마, 동티모르
2. 100개 이상의 한국 기업이 진출해 있어야 한다.

① 인도네시아
② 중국
③ 미얀마
④ 아랍에미리트

66 K기업 총무팀, 개발팀, 영업팀, 홍보팀, 고객지원팀이 각각 1층 ~ 5층에 있다. 각 팀 탕비실에는 이온음료, 탄산음료, 에너지음료, 캔 커피가 구비되어 있다. 총무팀에서 각 팀에 채워 넣을 음료를 일괄적으로 구매하고자 한다. 다음 자료에 따라 각 음료를 구매하려고 할 때 주문해야 할 최소 개수를 바르게 연결한 것은?

<K기업 탕비실 내 음료 구비 현황>

(단위 : 캔)

구분	총무팀	개발팀	영업팀	홍보팀	고객지원팀
이온음료	3	10	10	10	8
탄산음료	10	2	16	7	8
에너지음료	10	1	12	8	7
캔 커피	2	3	1	10	12

• 이온음료, 탄산음료, 에너지음료, 캔 커피는 각각 최소 6캔, 12병, 10캔, 30캔이 구비되어 있어야 하며, 최소 수량 미달 시 음료를 구매한다.
• 각 팀은 구매 시 각 음료의 최소 구비 수량의 1.5배를 구매한다.
• 모든 음료는 낱개로 구매할 수 없으며 묶음 단위로 구매해야 한다.
• 이온음료, 탄산음료, 에너지음료, 캔 커피 각각 6캔, 6캔, 6캔, 30캔을 묶음으로 판매하고 있다.

	이온음료	탄산음료	에너지음료	캔 커피
①	12캔	72캔	48캔	240캔
②	12캔	72캔	42캔	240캔
③	12캔	66캔	42캔	210캔
④	18캔	66캔	48캔	210캔

67 김대리는 이번 휴가에 여행을 갈 장소를 고르고 있다. 각 관광 코스에 대한 정보가 다음과 같을 때, 〈조건〉에 따라 김대리가 선택하기에 가장 적절한 관광 코스는?

〈A ~ D 관광 코스〉

구분	A코스	B코스	C코스	D코스
기간	3박 4일	2박 3일	4박 5일	4박 5일
비용	245,000원	175,000원	401,000원	332,000원
경유지	3곳	2곳	5곳	5곳
참여인원	25명	18명	31명	28명
할인	K카드로 결제 시 5% 할인	–	K카드로 결제 시 귀가 셔틀버스 무료 제공	K카드로 결제 시 10% 할인
비고	공항 내 수화물 보관서비스 제공	–	경유지별 수화물 운송서비스 제공	–

조건

- 휴가기간에 맞추어 4일 이상 관광하되 5일을 초과하지 않아야 한다.
- 비용은 결제금액이 30만 원을 초과하지 않아야 한다.
- 모든 비용은 K카드로 결제한다.
- 참여 인원이 30명을 넘지 않는 코스를 선호한다.
- 되도록 경유지가 많은 코스를 고른다.

① A코스
② B코스
③ C코스
④ D코스

68 K중학교 백일장에 참여한 A~D학생에게 다음 〈조건〉에 따라 점수를 부여할 때, 점수가 가장 높은 학생은?

<K중학교 백일장 채점표>

학생	오탈자(건)	글자 수(자)	주제의 적합성	글의통일성	가독성
A	33	654	A	A	C
B	7	476	B	B	B
C	28	332	B	B	C
D	25	572	A	A	A

조건

- 기본 점수는 80점이다.
- 오탈자가 10건 이상일 때 1점을 감점하고, 5건이 추가될 때마다 1점을 추가로 감점한다.
- 전체 글자 수가 350자 미만일 때 10점을 감점하고, 600자 이상일 때 1점을 부여하며, 25자가 추가될 때마다 1점을 추가로 부여한다.
- 주제의 적합성, 글의 통일성, 가독성을 A, B, C등급으로 나누며 등급 개수에 따라 추가점수를 부여한다.
  - A등급 3개 : 25점
  - A등급 2개, B등급 1개 : 20점
  - A등급 2개, C등급 1개 : 15점
  - A등급 1개, B등급 2개 또는 A등급, B등급, C등급 1개 : 10점
  - B등급 3개 : 5점

  예) 오탈자 46건, 전체 글자 수 626자, 주제의 적합성, 글의 통일성, 가독성이 각각 A, B, A일 때 점수는 80 − 8 + 2 + 20 = 94점이다.

① A학생

② B학생

③ C학생

④ D학생

※ 다음은 K대학 학생코드에 대한 자료이다. 이어지는 질문에 답하시오. **[69~71]**

〈학생코드〉

[입학연도] − [입학전형] − [캠퍼스] − [전공학과] − [성별] − [성] − [이름] − [재학여부]

〈학생코드 세부사항〉

입학연도	입학전형	캠퍼스	전공학과
19 : 2019년도 20 : 2020년도 21 : 2020년도 22 : 2022년도 23 : 2023년도 24 : 2024년도 …	X : 수시전형 Y : 정시전형 Z : 편입전형	GS : 서울캠퍼스 GI : 인천캠퍼스 GK : 부산캠퍼스	NU : 간호과 PH : 물리치료과 RA : 방사선과 MO : 운동재활과 EM : 응급구조과 ME : 의예과 DE : 치위생과 BI : 의용생체과

성별	성	이름	재학여부
M : 남성 W : 여성	대문자로 영문 첫 알파벳 기입 예 김 − K	소문자로 영문 전체 기입 (＋숫자) 예 같은 이름이 없을 경우 '하람' → haram 예 같은 이름이 2명 이상일 경우, 임의로 이름 뒤에 숫자를 기입하여 구분 '하람' → haram1 　　　　 haram2 　　　　 haram3 　　　　 …	−IN : 재학 −AB : 휴학 −GR : 졸업 −DR : 자퇴

- 해당 학생코드의 마지막 두 자리를 제외하고는 모두 고정적인 코드이며 마지막 두 자리는 매년 각 학생의 상황에 따라 변동될 수 있다.

※ 모든 코드가 동일할 경우(재학여부 제외) 임의로 이름 끝에 숫자를 기입하여 구분함

예 2024년 수시전형으로 인천 캠퍼스 간호학과에 입학한 남성이 강하람 1명, 김하람 2명으로 이름이 하람인 학생이 총 3명 있을 경우, 임의로 다음과 같이 구분한다.

- 강하람 : 24XGINUMKharam1−IN
- 김하람 : 24XGINUMKharam2−IN
- 김하람 : 24XGINUMKharam3−IN

69 다음은 K대학 학생 A의 2024년 기준 학생코드이다. 이에 대한 설명으로 가장 적절한 것은?

> 23YGSRAMSjeaha2-IN

① 학생 A는 2022년에 첫 수능을 응시하였다.
② 2023년도 정시전형으로 서울캠퍼스 방사선과에 입학한 남성 중 '재하'라는 이름을 가진 학생은
  총 2명이다.
③ 학생 A가 재학 중인 캠퍼스는 수도권이다.
④ 학생 A의 성은 '심'이다.

70 다음은 K대학 학생 갑에 대한 정보이다. 갑의 2024년 학생코드로 옳은 것은?

> 갑은 2022년 가을, K대학 수시전형 지원을 하였지만 탈락하였다. 하지만 같은 해 수능을 응시하고
> 정시전형을 지원한 결과 최종합격을 하게 되어 2023년 K대학 인천캠퍼스 의예과에 입학하였다. 갑
> 의 이름은 '이주영(LEE JU YOUNG)'으로 갑과 같은 연도에 입학한 사람 중 '주영'이라는 이름을
> 가진 사람은 없었다. 갑은 여성으로 2023년 1학년을 마친 후, 같은 해 12월 휴학하였다.

① 22YGIMEWLjuyoung-IN
② 22YGIMEWLjuyoung-AB
③ 23YGIMEWLjuyoung-IN
④ 23YGIMEWLjuyoung-AB

71 다음 〈보기〉 중 K대학 학생코드로 적합한 것은 모두 몇 개인가?

> **보기**
> • 19XGSDEWKhayeon-IM
> • 20ZGKMMWHyisoo-GR
> • 23ZGIRAWKhanha0-AB
> • 21YGIMOMMria2-IN

① 없음   ② 1개
③ 2개   ④ 3개

72 K대리는 열차정비시설 설치지역 후보지들을 탐방하려고 한다. 후보지의 수가 많은 데 비해 K대리의 시간은 한정되어 있으므로 다음 〈조건〉에 따라 일부 후보지만 방문하려고 한다. 〈보기〉 중 옳게 말하고 있는 사람을 모두 고르면?

조건
- 양산, 세종, 목포 중 적어도 두 곳은 방문한다.
- 성남을 방문하면 세종은 방문하지 않는다.
- 목포를 방문하면 동래도 방문한다.
- 익산과 성남 중 한 곳만 방문한다.
- 밀양은 설치 가능성이 가장 높은 곳이므로 반드시 방문한다.
- 동래를 방문하면 밀양은 방문하지 않는다.

보기
지훈 : K대리는 밀양과 동래만 방문할 거야.
세리 : 그는 이번에 성남은 가지 않고, 양산과 밀양을 방문할 거야.
준하 : 그는 목포를 방문하고 세종은 방문하지 않을 거야.
진경 : K대리는 성남과 동래 모두 방문하지 않을 거야.

① 지훈, 세리　　　　　　　　② 지훈, 준하
③ 세리, 준하　　　　　　　　④ 세리, 진경

73 출근 후 매일 영양제를 챙겨 먹는 슬기는 요일에 따라 서로 다른 영양제를 섭취한다. 다음 〈조건〉에 따라 평일 오전에 비타민B, 비타민C, 비타민D, 비타민E, 밀크시슬 중 하나씩을 섭취한다고 할 때, 항상 옳은 것은?

조건
- 밀크시슬은 월요일과 목요일 중에 섭취한다.
- 비타민D는 비타민C를 먹은 날로부터 이틀 뒤에 섭취한다.
- 비타민B는 비타민C와 비타민E보다 먼저 섭취한다.

① 월요일에는 비타민B를 섭취한다.
② 화요일에는 비타민E를 섭취한다.
③ 수요일에는 비타민C를 섭취한다.
④ 비타민E는 비타민C보다 먼저 섭취한다.

※ 다음 사례를 읽고 이어지는 질문에 답하시오. [74~75]

〈상황〉

설탕과 프림을 넣지 않은 고급 인스턴트 블랙커피를 커피믹스와 같은 스틱 형태로 선보이겠다는 아이디어를 제시하였지만, 인스턴트커피를 제조하고 판매하는 K기업의 경영진의 반응은 차가웠다. K기업의 커피믹스가 너무 잘 판매되고 있었기 때문이었다.

〈회의 내용〉

기획팀 부장 : 신제품 개발과 관련된 회의를 진행하도록 하겠습니다. 이 자리는 누구에게 책임이 있는지를 묻는 회의가 아닙니다. 신제품 개발에 대한 서로의 상황을 인지하고 문제 상황을 해결하자는 데 그 의미가 있습니다. 먼저 신제품 개발과 관련하여 마케팅팀 의견을 제시해 주십시오.

마케팅 부장 : A제품이 생산될 수 있도록 연구소 자체 공장에 파일럿 라인을 만들어 샘플을 생산하였으면 합니다.

연구소 소장 : 성공 여부가 불투명한 신제품을 위한 파일럿 라인을 만들기는 어렵습니다.

기획팀 부장 : 조금이라도 신제품 개발을 위해 생산 현장에서 무언가 협력할 방안은 없을까요?

마케팅 부장 : 고급 인스턴트커피의 생산이 가능한지를 먼저 알아본 후 한 단계씩 전진하면 어떨까요?

기획팀 부장 : 좋은 의견인 것 같습니다. 소장님은 어떻게 생각하십니까?

연구소 소장 : 커피 전문점 수준의 고급 인스턴트커피를 만들기 위해서는 최대한 커피 전문점이 만드는 커피와 비슷한 과정을 거쳐야 할 것 같습니다.

마케팅 부장 : 그렇습니다. 하지만 100% 커피 전문점 원두커피를 만드는 것이 아닙니다. 전문점 커피를 100으로 봤을 때, 80 ~ 90% 정도 수준이면 됩니다.

연구소 소장 : 퀄리티는 높이고 일회용 스틱 형태의 제품인 믹스의 사용 편리성은 그대로 두자는 이야기죠?

마케팅 부장 : 그렇습니다. 우선 커피를 추출하는 장비가 필요합니다. 또한 액체인 커피를 봉지에 담지 못하니 동결건조 방식을 활용해야 할 것 같습니다.

연구소 소장 : 보통 믹스커피는 하루 1t 분량의 커피를 만들 수 있는데, 이야기한 방법으로는 하루에 100kg도 못 만듭니다.

마케팅 부장 : 예, 잘 알겠습니다. 그 부분에 대해서는 조금 더 논의가 필요할 것 같습니다. 검토를 해보겠습니다.

---

74 다음 중 마케팅 부장이 취하는 문제해결 방법은 무엇인가?

① 소프트 어프로치   ② 하드 어프로치
③ 퍼실리테이션   ④ 비판적 사고

75 다음 중 K기업의 신제품 개발과 관련하여 가장 필요했던 것은 무엇인가?

① 전략적 사고   ② 분석적 사고
③ 발상의 전환   ④ 내·외부자원의 효과적 활용

※ 다음은 K어학원의 수강생 등록번호에 대한 자료이다. 이어지는 질문에 답하시오. [76~78]

- K어학원은 원활한 수업을 위해 어학 종류에 상관없이 '회화반'과 '시험반'에 한해서 수강 전 모의시험을 통해 시험성적의 상위 50%는 LEVEL1반, 하위 50%는 LEVEL2반으로 반을 나누어 수업을 진행한다. 이 외의 반은 LEVEL0 한 반으로만 운영된다.
- 봄 학기는 1월 1일, 여름 학기는 4월 1일, 가을 학기는 7월 1일, 겨울 학기는 10월 1일에 시작하며 3개월 동안 강의가 진행되며 각 학기는 겹치지 않는다.
- 수강생 등록번호 예시 및 세부사항

AA	B	CC	D	EEE	F
어학	반	LEVEL	수강방법	수강학기	수강시간

어학 구분	반 구분	LEVEL 구분
UU : 영어 CH : 중국어 SP : 스페인어 FR : 프랑스어 GE : 독일어 IT : 이탈리아어	0 : 기초반 1 : 회화반 2 : 시험반 3 : 강사양성반	00 : LEVEL0 01 : LEVEL1 02 : LEVEL2
수강방법 구분	수강학기 구분	수강시간 구분
H : 온라인반 B : 오프라인반	SPR : 봄 학기 SUM : 여름 학기 FAL : 가을 학기 WIN : 겨울 학기	R : 오전반 G : 오후반 * 온라인반은 오후반만 운영함

76 수강생 A의 등록번호가 다음과 같을 때, 수강생 A에 대한 설명으로 옳지 않은 것은?

CH201HSPRG

① A는 아시아국 언어를 수강 중이다.
② A는 수강 전 모의시험을 응시하였을 것이다.
③ A는 모의시험에서 상위권에 속할 것이다.
④ A는 4월에 수강이 종료된다.

77 다음은 K어학원에 재직 중인 S강사에 대한 내용이다. S강사의 수강생으로 볼 수 없는 수강생의 등록번호는?

> S강사는 미국 교포 출신으로 한국 유명 K대 스페인어학과를 전공했다. 회화에도 능통할 뿐 아니라 어학능력시험에도 만점을 받은 그는 K어학원 영어 회화반과 스페인어 회화반 및 시험반에서 강의를 진행하고 있다. 그는 상위반 중 오프라인반에서만 수업하며, 두 회화반은 여름 학기에만, 시험반은 겨울 학기에만 진행한다.

① UU101BSUMR   ② UU101BSUMG

③ SP101BSUMR   ④ SP201BSUMG

78 다음 〈보기〉 중 수강생 등록번호로 사용할 수 있는 것을 모두 고르면?

> 보기
>
> ㉠ SP00HSUMR   ㉡ FR300BSPRG
> ㉢ EN300HSPRR   ㉣ IT202HWINR
> ㉤ GE100HFALG

① ㉠   ② ㉡

③ ㉡, ㉢   ④ ㉢, ㉣, ㉤

79 A ~ E는 부산에 가기 위해 서울역에서 저녁 7시에 출발하여 대전역과 울산역을 차례로 정차하는 부산행 KTX 열차를 타기로 했다. 이들 중 2명은 서울역에서 승차하였고, 다른 2명은 대전역에서, 나머지 1명은 울산역에서 각각 승차하였다. 〈보기〉의 대화를 바탕으로 항상 옳은 것은?(단, 같은 역에서 승차한 경우 서로의 탑승 순서는 알 수 없다)

> 보기
>
> A : 나는 B보다 먼저 탔지만, C보다 먼저 탔는지는 알 수 없어.
> B : 나는 C보다 늦게 탔어.
> C : 나는 가장 마지막에 타지 않았어.
> D : 나는 대전역에서 탔어.
> E : 나는 내가 몇 번째로 탔는지 알 수 있어.

① A는 대전역에서 승차하였다.

② B는 C와 같은 역에서 승차하였다.

③ C와 D는 같은 역에서 승차하였다.

④ E는 울산역에서 승차하였다.

※ K씨는 다음 자료를 참고하여 휴가를 다녀오려고 한다. 이어지는 질문에 답하시오. **[80~81]**

〈여행경로 선정 조건〉

- 항공편 왕복 예산은 80만 원이다.
- 휴가지 후보는 태국, 싱가포르, 베트남이다.
- 중국을 경유하면 총 비행금액의 20%가 할인된다.
- 제시된 항공편만 이용 가능하다.

〈항공편 정보〉

비행편		출발 시각	도착 시각	금액(원)
갈 때	인천 – 베트남	09:10	14:30	341,000
	인천 – 싱가포르	10:20	15:10	580,000
	인천 – 중국	10:30	14:10	210,000
	중국 – 베트남	13:40	16:40	310,000
	인천 – 태국	10:20	15:20	298,000
	중국 – 싱가포르	14:10	17:50	405,000
올 때	태국 – 인천	18:10	21:20	203,000
	중국 – 인천	18:50	22:10	222,000
	베트남 – 인천	19:00	21:50	195,000
	싱가포르 – 인천	19:30	22:30	304,000
	베트남 – 중국	19:10	21:40	211,000
	싱가포르 – 중국	20:10	23:20	174,000

※ 항공편은 한국 시간 기준임

80 다음 〈보기〉 중 자료에 대한 설명으로 옳은 것을 모두 고르면?

보기
ㄱ. 인천에서 중국을 경유해서 베트남으로 갈 경우 싱가포르로 직항해서 가는 것보다 편도 비용이 15만 원 이상 저렴하다.
ㄴ. 직항 항공편만을 선택할 때, 왕복 항공편 비용이 가장 적게 드는 여행지로 여행을 간다면 베트남으로 여행을 갈 것이다.
ㄷ. 베트남으로 여행을 다녀오는 경우 왕복 항공편 최소 비용은 60만 원 미만이다.

① ㄱ
② ㄱ, ㄴ
③ ㄱ, ㄷ
④ ㄴ, ㄷ

81 K씨는 여행지 선정 기준을 바꾸어 태국, 싱가포르, 베트남 중 왕복 소요 시간이 가장 짧은 곳을 여행지로 선정하고자 한다. 다음 중 K씨가 여행지로 선정할 국가와 그 국가에 대한 왕복 소요 시간이 바르게 연결된 것은?

	여행지	왕복 소요 시간
①	태국	8시간 20분
②	싱가포르	7시간 50분
③	싱가포르	8시간 10분
④	베트남	7시간 50분

82 K기업은 직원 A ~ E 중 일부를 지방으로 발령하기로 결정하였다. 다음 〈조건〉에 따라 A의 지방 발령이 결정되었다고 할 때, 지방으로 발령되지 않는 직원은 총 몇 명인가?

> **조건**
> - 회사는 B와 D의 지방 발령에 대하여 같은 결정을 한다.
> - 회사는 C와 E의 지방 발령에 대하여 다른 결정을 한다.
> - D를 지방으로 발령한다면, E는 지방으로 발령하지 않는다.
> - E를 지방으로 발령하지 않는다면, A도 지방으로 발령하지 않는다.

① 1명   ② 2명

③ 3명   ④ 4명

83. 다음은 A ~ D자동차의 성능을 비교한 자료이다. K씨의 가족 8명은 수원에서 거리가 134km 떨어진 강원도로 차 2대를 렌트하여 여행을 가려고 한다. 어떤 자동차를 이용하는 것이 가장 비용이 적게 드는가?(단, 필요 연료량은 소수점 첫째 자리에서 버림한다)

〈자동차 성능 현황〉

구분	종류	연료	연비
A자동차	전기 자동차	전기	7km/kW
B자동차	전기 자동차	전기	6km/kW
C자동차	가솔린 자동차	고급 휘발유	18km/L
D자동차	가솔린 자동차	일반 휘발유	20km/L

※ 대여비는 같고, 사용한 연료량은 다시 채워서 반납함

〈연료별 비용〉

구분	비용
전기	300원/kW
일반 휘발유	1,520원/L
고급 휘발유	1,780원/L

〈연료별 비용〉

구분	인원
A자동차	4인승
B자동차	2인승
C자동차	4인승
D자동차	5인승

① A자동차, B자동차
② A자동차, D자동차
③ B자동차, C자동차
④ C자동차, D자동차

84 K공연기획사는 2025년부터 시작할 지젤 발레 공연 티켓을 Q소셜커머스에서 판매할 예정이다. Q소셜커머스에서 보낸 다음 판매 자료를 토대로 아침 회의 시간에 나눈 대화 내용으로 적절하지 않은 것은?

〈2024년 판매결과 보고〉

공연명	정가	할인율	판매기간	판매량
백조의 호수	80,000원	67%	2024. 02. 05 ~ 2024. 02. 10	1,787장
세레나데 & 봄의 제전	60,000원	55%	2024. 03. 10 ~ 2024. 04. 10	1,200장
라 바야데르	55,000원	60%	2024. 06. 27 ~ 2024. 08. 28	1,356장
한여름 밤의 꿈	65,000원	65%	2024. 09. 10 ~ 2024. 09. 20	1,300장
호두까기 인형	87,000원	50%	2024. 12. 02 ~ 2024. 12. 08	1,405장

※ 할인된 티켓 가격의 10%가 티켓 수수료로 추가됨
※ 2024년 2월 초에는 설 연휴가 있었음

① A사원 : 기본 50% 이상 할인을 하는 건 할인율이 너무 큰 것 같아요.

② B팀장 : 표가 잘 안 팔려서 싸게 판다는 이미지를 줘 공연의 전체적인 질이 낮다는 부정적 인식을 줄 수도 있지 않을까요?

③ C주임 : 연휴 시기와 티켓 판매 일정을 어떻게 고려하느냐에 따라 판매량을 많이 올릴 수 있겠네요.

④ D사원 : 세레나데 & 봄의 제전의 경우 총 수익금이 3,700만 원 이상이겠어요.

※ 다음은 K보험회사의 고객관리코드에 대한 자료이다. 이어지는 질문에 답하시오. [85~87]

〈고객관리코드 부여 기준〉

AA	B	CC	DD	EE	FF
보험상품	해지환급금 지급유무	가입자 성별	납입기간	납입주기	보험기간

보험상품	해지환급금 지급유무	가입자 성별
SY : 종합보험 CC : 암보험 BB : 어린이보험 TO : 치아보험 NC : 간병보험 LF : 생활보장보험	Y : 100% 지급 P : 70% 지급 Q : 50% 지급 R : 30% 지급 N : 미지급	남 : 01 여 : 10
납입기간	납입주기	보험기간(년, 세)
10 : 10년 15 : 15년 20 : 20년 30 : 30년 00 : 일시	월 : 12 년 : 01 일시불 : 00	01 : 10년 02 : 20년 03 : 30년 08 : 80세 09 : 90세 10 : 100세

※ 보험 상품에 관계없이 납입기간은 보험기간보다 같거나 짧음
※ 단, 생활보장보험과 치아보험 상품의 경우 보험기간은 최대 20년으로 만기 후 재가입은 가능하며, 그외 보험 상품은 최대 100세 만기가입이 가능함

---

85 다음 중 해지환급금 미지급 100세 보장 간병보험 상품을 일시불로 납입한 남성의 고객관리코드는?

① NCN01000010   ② NCN01000001
③ NCN01000110   ④ NCN01000101

86 다음은 K보험회사 고객 A에 대한 내용이다. 고객 A의 고객관리코드로 가장 적절한 것은?

최근 충치 치료를 많이 받은 A는 금전적으로 부담을 느껴 앞으로 충치 치료는 보험 적용을 받기 위해 보험을 가입하기로 하였다. 해지환급금 지급률이 높을수록 보험료가 높다고 들은 A는 해지환급금은 받되 지급률을 최대한 낮게 하여 가입하기로 하였다. A는 보장기간을 최대한 길게 하고 납입기간은 보장기간과 같게 하되, 납입은 연납으로 하기로 하였다.

① SYR01200102   ② SYR10200110
③ TOR01200110   ④ TOR10200102

87 제시된 내용과 같이 K보험회사에서 추석 선물을 지급한다면, 〈보기〉에서 추석 선물을 확실히 받을 고객은 모두 몇 명인가?

> K보험회사는 보험기간에 대한 제약이 없는 보험 상품을 가입한 고객 중에서 해지환급금의 일부만을 지급받으며 납입기간이 보장기간보다 짧은 월납 고객에게 추석 선물을 지급하기로 하였다.

보기

SYY01100102	NCP01201202	CCQ10151202	LFR10151220
CCR10000008	SYR01151203	BBN10100108	SYY01101209
LFP10101220	TOQ01000001	NCY01101208	BBQ01201209
TOY10200120	CCQ10000010	CCR01301210	SYN10200110

① 1명
③ 3명
② 2명
④ 4명

88 다음 〈조건〉을 보고 K은행의 대기자 중 업무를 보는 순서를 바르게 나열한 것은?

조건
- 예금 대기 순번과 공과금 대기 순번은 별개로 카운트된다.
- 1인당 업무 처리 시간은 모두 동일하게 주어진다.
- 예금 창구에서는 2번 대기자가 업무를 보고 있다.
- 공과금 창구에서는 3번 대기자가 업무를 보고 있다.
- A는 예금 업무를 보려고 한다.
- A보다 B, D가 늦게 발권하였다.
- B의 다음 대기자는 C이다.
- D는 예금 업무를 보려고 한다.
- A가 발권한 대기번호는 6번이다.
- B가 발권한 대기번호는 4번이다.
- E가 발권한 대기번호는 5번이다.

① A – B – C – D – E
③ B – E – A – C – D
② B – C – E – A – D
④ E – A – B – C – D

89 다음은 최근 진행된 유지보수·개발구축 사업의 기본 정보이다. 이에 대한 설명으로 적절하지 않은 것은?

사업명	사업내용	사업금액	사업기간
종로구 청계천 유지 사업	유지보수	12.5억 원	2년 이상
양천구 오목교 유지보수 사업	개발구축	17억 원	3년 이상
마포구 마포대교 보수 사업	유지보수	8억 원	2년 미만
강서구 까치산 둘레길 개발 사업	개발구축	5.6억 원	1년 미만
관악구 관악산 등산로 구축 사업	개발구축	9억 원	4년 이상
도봉구 도봉산 도로 개발 사업	개발구축	13억 원	3년 이상
영등포구 여의도 한강공원 보수 사업	개발구축	11억 원	1년 이상
종로구 낙산공원 유지 사업	유지보수	8억 원	2년 이상
서초구 반포 한강공원 유지보수 사업	유지보수	9.5억 원	1년 미만

① 사업기간이 1년 미만인 것은 2개이다.

② 사업금액이 6억 원 미만인 것은 1개이다.

③ '유지보수'로 잘못 적힌 것은 2개이다.

④ 사업금액이 가장 많이 드는 사업과 사업기간이 2년 미만인 사업은 다르다.

90 기현이는 수능이 끝난 기념으로 휴대폰을 바꾸러 대리점을 방문했다. 대리점에서 추천해 준 종류에는 A ~ D사의 제품이 있다. 각 제품의 평점은 다음과 같고, 이를 참고하여 휴대폰을 구매하려고 한다. 기현이는 디자인을 가장 중요하게 생각하며, 그 다음으로 카메라 해상도, 가격, A/S 편리성, 방수 순으로 고려한다. 기현이가 구매할 휴대폰은 어느 회사의 제품인가?

구분	A사	B사	C사	D사
가격	★★★☆☆	★★★★☆	★★★☆☆	★★★☆☆
디자인	★★★★☆	★★★☆☆	★★★★☆	★★★★☆
방수	★★★☆☆	★★★☆☆	★★★★★	★★★☆☆
카메라 해상도	★★★★☆	★★☆☆☆	★★★★☆	★★★★☆
케이스 디자인	★★★★★	★★☆☆☆	★★★☆☆	★★★☆☆
A/S 편리성	★★☆☆☆	★★☆☆☆	★★★★☆	★★★★☆

※ 검은색 별의 개수가 많을수록 평점이 높은 것임
※ 가격의 경우, 별의 개수가 많을수록 저렴함을 의미함

① A사   ② B사
③ C사   ④ D사

MEMO

PART3

2차 필기전형 가이드

꼭 알아야 할 논술 작성법

(1) 논술의 정의

논술은 사리의 옳고 그름에 대한 자신의 생각이나 주장을 체계를 갖춰 이치에 맞게 객관적으로 증명하면서 차례를 좇아 풀어 쓰는 글이다. 이와 같은 정의는 논술이 논증과 서술을 합친 개념이며 논증은 논리와 증명을, 논리는 논(論)과 이(理)를 더한 개념이라는 사실에서 비롯된 것이다.

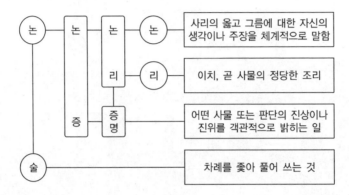

① 자신의 생각이나 주장을 서술 : 현상에 대한 맹목적 수용이 아니라 비판적 안목에서 논의를 개진한다.
② 체계를 갖춰 이치에 맞게 서술 : 논리적 사고를 바탕으로 논지를 풀어간다.
③ 객관적으로 증명 : 사고의 객관화
④ 차례를 맞춰 기술 : 올바르게 서술

(2) 논술의 특징

논술은 자신의 생각이나 주장을 비판적으로 제시할 수 있는 논제, 논리적인 사고를 토대로 서술할 수 있는 주제, 사고의 객관성을 드러낼 수 있는 제재 등을 대상으로 한다.
① 비판 가능한 논제를 다룬다.

> **논제 : 법과 도덕의 차이점을 논술하시오.**
> ① '법은 도덕의 최소한'이라는 옐리네크의 말을 떠올리며 법은 강제력에 의해, 도덕은 비강제력에 의해 각각 실현된다고 주장하기 쉽다. 그러나 이런 주장을 펴기 전에 법이 비강제력, 도덕이 강제력으로 각각 실현되는 상황이 없는지 생각해 보아야 한다.
> ② 현재 통용되는 패러다임이나 선험적인 지식을 재음미해 볼 것을 요구하는 특징이 있다.

② 사고의 논리성을 중시한다.

논리는 형식과 내용의 측면에서 이해될 수 있다. '논(論)'이라는 개념 속에 포함되어 있는 '체계를 갖추다.'라는 것이 형식의 측면이며, '이(理)'라는 개념 속에 포함되어 있는 '정당한 조리'라는 것이 내용의 측면인 것이다. 그러므로 논술에서는 '서론 – 본론 – 결론'의 체계를 중요하게 생각하며, 사실적이고 진실한 말로 논의를 펼치는 것에서 비롯되는 정당한 조리를 중요하게 생각한다.

③ 추론 과정을 중시한다.

추론 과정은 명제와 논거를 연결하는 과정이다. 명제는 주장을 문장으로 나타낸 것이며, 논거는 명제를 뒷받침하기 위한 근거이므로 결국 추론 과정은 근거와 주장을 연결하는 과정이라 할 수 있다. '주민은 용감하다.'라는 주장과 '주민은 집에 침입한 강도를 맨손으로 잡았다.'라는 근거를 연결하는 과정을 가지고 이를 음미해 보자. 추론 과정을 중시한다면 '주민은 집에 침입한 강도를 맨손으로 잡았다. 따라서 주민은 용감하다.'라는 식으로 진술하지 말아야 한다. 왜냐하면 집에 침입한 강도가 여러 날 굶주린 사람이고, 주민의 집을 침입할 때 기진맥진하여 무기력한 상태였다고 한다면, 그런 강도를 맨손으로 잡았다고 해서 용감하다고 할 수는 없기 때문이다. 그러므로 '주민은 집에 침입한 강도를 맨손으로 잡았다.'라는 근거로부터 '주민은 용감하다.'라는 주장을 이끌어 내기 위해서는 강도에 대한 상태를 언급하는 중간 단계의 과정이 있어야 한다. 그런데 이런 중간 단계의 설정은 사고의 객관성을 확보하기 위한 것이다.

따라서 '논술에서는 추론 과정을 중시한다.'라는 말은 '논술에서는 사고의 객관성을 중시한다.'라는 말과 같은 의미라고 할 수 있다.

(3) 논술에서 요구되는 능력

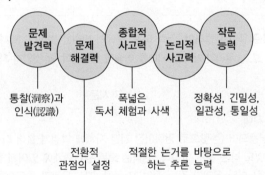

(4) 논술의 출제 유형

논술은 논제나 주제 또는 논의 방향 등과 관련된 자료를 제시한 후, 그 자료를 참고하여 주어진 문제에 답하게 하는 유형이다. 이러한 방식은 글쓴이의 자료 해석 능력을 일차적으로 파악한 후, 궁극적으로 글쓴이의 비판적 사고, 논리적 사고, 서술 능력 등을 알아보고자 할 때 쓰인다.

한편, 자료는 도표, 그림, 관련 글귀 등으로 제시되며 제시되는 자료의 수에 따라 복수 자료 제시형과 단일 자료 제시형으로 나뉜다.

① 복수 자료 제시형

두 개 이상의 자료를 제시한 후, 그중에서 하나를 택해 그것에 대해 지지하거나 반대하는 내용의 논술을 쓰게 하는 유형이다. 이러한 유형은 주로 글쓴이의 비판적 사고를 확인하고자 할 때에 쓰인다.

논제 : 다음 제시문들을 읽고 (가), (나)의 교훈을 해석하여 사형 제도에 대한 견해를 밝히는 글을 논술하시오.

〈제시문〉

(가) 이솝 우화에 나오는 이야기이다. 소들이 모여서 회의를 하였다. 수많은 동족을 죽여 온 소백정을 어떻게 할 것인가를 의논하기 위해서이다. 모두가 이구동성으로 당장에 소백정을 죽이러 가야 한다고 외쳤다. 그래서 모두 날카롭게 뿔을 세우고 막 소백정에게로 몰려가려는 참이었다. 그때 한쪽 구석에서 말없이 듣고 있던 늙은 소가 말렸다. "그는 우리를 아프지 않게 죽이는 기술자다. 그가 죽으면 다른 서툰 놈이 우리를 더 아프게 죽일 것이다. 인간들이 소고기 먹는 습관을 고쳐야 소백정 하나 죽인다고 될 일이 아니다." 그러자 당장이라도 달려 나갈 것 같았던 소들이 걸음을 멈추었다.

(나) 물고기를 주어라. 한 끼를 먹을 것이다. 물고기 잡는 법을 가르쳐 주어라. 평생을 먹을 것이다. 이것은 유태 경전인 〈탈무드〉에 나오는 이야기이다. 유태인이 자녀들에게 재산을 물려주려 하기보다는 재능을 키워 주려 애쓰는 것은 이러한 경전의 충고에 따르려 하기 때문이다.

(다) 사형 제도에 대해서는 찬반 양론이 대립하고 있다. 존치론자들은 그 제도가 첫째, 응보적 정의관에 부합하고 둘째, 범죄의 예방 효과를 갖는다고 주장한다. 그러나 폐지론자들은 사형이 숭고한 법적 정의의 이름을 빙자해서 자행되는 복수극일 뿐이라고 주장한다. 또 사형 제도가 엄격하게 집행되는 사회에서도 범죄가 일시적으로는 감소하다가 오히려 더 증가한다는 통계 자료를 제시하며 그것의 범죄 예방 효과에 대해서도 의문을 제기한다.

② 단일 자료 제시형

논제 : 다음 글은 앨빈 토플러의 '권력 이동' 중에서 발췌한 것이다. 제시문을 참고하여 미래 사회의 모습을 예측해 보고, 우리가 새로운 시대를 어떻게 준비해야 할 것인지 자신의 견해를 논술하시오.

〈제시문〉

1. 권력 이동 시대
   지금까지 남용되어 온 탓으로 권력이란 개념 자체에 악취가 붙어 다니기는 하지만, 권력 그 자체는 좋은 것도 나쁜 것도 아니다. 권력은 모든 인간관계에 있어서 불가피한 측면이며, 우리의 남녀 관계에서부터 우리가 갖는 직업, 자동차, TV, 우리가 추구하는 희망에 이르기까지 모든 것에 영향을 미치고 있다. 그런데도 우리 생활의 모든 측면 중에서 권력은 여전히 이해가 가장 부족하면서도 가장 중요한 것으로 남아있다. 특히 우리 세대에게 그렇다. 그것은 지금이 '권력 이동' 시대이기 때문이다. 우리는 지금 세계를 결집시켰던 권력 구조 전체가 붕괴되는 시기에 살고 있다.

2. 완력, 돈, 그리고 정신 – 고품질 권력
   권력은 다양하게 나타나는데, 어떤 권력은 명백히 옥탄가(엔진 성능을 향상시키는 정도와 관련된 휘발유의 등급을 매기는 단위)가 낮다. 폭력은 그 희생자나 생존자들이 기회만 있으면 반격을 노리고 저항할 수 있다는 점에서 융통성이 적다. 폭력은 응징을 위해서만 사용할 수 있으므로 저품질 권력이다. 부(富)는 훨씬 더 우량한 권력 수단이다. 두둑한 돈지갑은 훨씬 더 융통성이 있다. 부는 단지 협박을 하거나 처벌을 내리는 대신 정교하게 등급을 매긴 현물의 보상을 제공해 준다. 따라서 부는 물리력보다 훨씬 더 융통성이 있어 중품질의 권력을 만들어 내는 것이다.

고품질의 권력은 지식의 적용에서 나온다. 고품질의 권력은 단순히 영향력을 미치는 데 그치지 않는다. 지식을 사용하면 벌을 줄 수도 있고, 보상과 설득, 심지어는 변형시킬 수도 있다. 지식은 적을 자기편으로 만들 수 있어 물리력이나 부의 낭비를 피할 수 있다.

3. 지식 : 수많은 기호 – 21세기 화폐

자본은 화폐와 함께 변화하고 있으며, 이 두 가지는 사회가 중요한 변혁을 겪을 때마다 새로운 형태를 취하게 된다. 이 과정에서 자본과 화폐의 지식 내용이 변화한다. 농업 시대의 '제1 물결' 통화는 금속으로 이루어져 지식 내용이 제로에 가까웠다. 오늘날의 '제2 물결' 통화는 인쇄된 종이로서 상징적이긴 하지만 아직도 유형적이다. '제3 물결'(앨빈 토플러의 저서 '제3의 물결'에 나오는 용어로 정보 혁명 시대를 말함) 통화는 날이 갈수록 펄스(전자 공학적인 전파 흐름)로 되어있다. 이 통화는 순간적으로 송금되며, 비디오 스크린에서 모니터된다. 실제로 이 통화는 비디오 현상 그 자체이며, 이는 초기호적인 형태로 옮겨지는 것이다. 현재의 부는 수많은 상징들로 되어 있고, 이에 기초한 권력 또한 놀라울 정도로 상징적이다.

4. 균형 있는 권력 – 새로운 지식의 건축물

권력의 삼각 받침대의 세 번째 다리는 지식이다. 최근 수십 년간에 있었던 요원의 불길 같은 컴퓨터의 보급은 15세기 활자 발명이나 심지어 문자 발명 이래 지식 체계에서 일어난 가장 중요한 변화라고 일컬어지고 있다. 오늘날의 초고속 변화로 인해 주어진 '사실'들은 빠른 속도로 시대에 뒤떨어지게 되고, 이를 토대로 한 지식의 영속성도 줄어들고 있다. 지식의 신진대사가 빨라지고 있는 것이다. 요컨대 지식은 지금 적어도 폭력 및 부에 못지않게 개조되고 있어, 결국 권력의 세 가지 요소는 모두가 동시적 혁명을 겪고 있는 것이다. 그리고 권력의 다른 두 차원 자체도 매일 같이 더욱 지식 의존적으로 되어 가고 있다. 국가는 세 가지 형태로 분류될 수 있다. 권력을 '폭력 – 부 – 지식' 삼각대의 어느 한쪽에 주로 의존하는 국가, 두 다리에 의존하는 국가, 세 가지 권력 차원 위에 고루 균형을 이룬 국가가 그것이다. 미국, 일본 또는 유럽이 앞으로 세계의 권력 투쟁에서 얼마나 잘해 나갈지를 판단하려면 이 세 가지 권력 모두를 살펴보되, 특히 세 번째인 지식 기반을 중점적으로 살펴볼 필요가 있다. 앞으로 이 세 번째 원천이 더욱더 다른 두 가지의 중요성을 결정짓게 될 것이다.

(5) 논술의 핵심 10가지

① 문제의 파악

문제의 파악이란 곧 문제가 원하는 내용이 무엇인가를 정확하게 포착해서 그 내용을 차근차근 살펴 풀어내야 한다는 것을 의미한다. 문제가 어느 것이 옳은지를 묻고 있다면 옳은 것을 가려내고, 원인을 밝히라고 하면 왜 그렇게 되었는지 인과관계를 살필 수 있어야 한다.

② 사실의 이해

사실이란 논술을 할 때 논의하고자 하는 대상이 지닌 모든 것을 말한다. 논의하고자 하는 대상은 늘 여러 가지 다른 측면을 지니기 때문에 이러한 다양한 측면을 포괄적으로 살필 수 있어야 제대로 된 논술문을 쓸 수 있다. 사실에 대한 이해는 구체적이고 정확한 이해여야 한다는 점을 잊어서는 안 된다.

③ 해결의 능력

논술이란 어떤 문제를 해결하기 위해 사실과 논리에 맞춰 타당한 해결 방안을 찾아내는 것이다. 보통 문제는 설명이나 선택, 규명, 권고 등의 모습이나 비교나 대조 또는 인과관계의 양상 등으로 해결책을 포함하고 있다. 문제가 어떤 해결을 요구하고 있는지를 파악하고 거기에 맞는 절차를 찾는 것이 관건이다.

④ 논지의 적절성

논술은 어떤 문제에 대한 의견이나 주장을 펴는 글이다. 그리고 그런 의견이나 주장은 남들이 수긍할 만큼 타당한 것이어야 하는데, 그러기 위해서는 사실에 근거해야 하고 적절한 논지를 갖추어야 한다. 논지의 적절성은 과정과 결과 모두에 관계된다. 논술의 가치를 높이기 위해서는 창의성이 필요하고 타당성을 확보하기 위해서는 보편성을 지녀야 한다.

⑤ 논의의 일관성

논술을 하는 데 있어서 논점을 일관되게 유지하는 것은 매우 중요하다. 처음에 화제로 삼은 주제가 샛길로 빠지는 것은 대체로 개요 짜기가 부실한 경우에 발생한다. 일관성은 단순히 주제면에 있어서만이 아니라, 표기법이나 용어의 사용에 있어서도 해당한다.

⑥ 논거 제시의 적합성

논거란 자신의 견해를 밝히기 위해 제시하는 근거로 논술의 기본 자료라고 할 수 있다. 논거는 우선 확실한 사실이어야 하며 풍부해야 하고 대표성이 있어야 한다. 논거 없는 주장은 허공을 향해 내지르는 외침이나, 현수막에 걸려 있는 구호와 다름이 없다.

⑦ 논증 방식의 타당성

논술은 반드시 논리적으로 입증하는 단계를 거쳐야 한다. 이러한 논증 방식의 타당성이란 규칙과 절차를 얼마나 잘 지키는가에 달려 있다. 논증은 추론의 과정을 통해서 완성된다. 즉, 연역·귀납·유추·귀류법 등을 잘 이용해야만 타당하고 논리적인 논증이 이루어지는 것이다.

⑧ 어휘의 정확성과 풍부성

논술의 어휘는 문맥에 관계없이 그 자체로 정확해야 한다. 각 개념에 대해 정확히 알아야 함은 물론 정확한 표현을 뒷받침하는 정확한 표기 능력도 길러야 한다. 정확한 표현은 풍부한 어휘력에 크게 의존함을 유념하여 항상 국어사전을 가까이하는 습관을 길러야 한다.

⑨ 문장의 정확성과 효율성

논술문에서 의미를 정확하게 전달하려면 올바른 문장을 쓰는 것이 중요하다. 정확한 문장이란 표기가 정확하고 그 뜻이 명료하게 전달되는 문장을 말한다. 또한 문장은 효율성을 지니고 있어야 하는데, 이런 효율성을 확보하기 위해서는 우선 논리적인 사고 과정이 명쾌하게 드러나도록 문장을 써야 한다. 불필요한 감탄문이나 의문문의 빈번한 사용과 구어체로 적당히 넘어가려는 문장은 논술의 효율성을 저해하는 요소들이다.

⑩ 글의 단위성과 유기성

한 편의 글을 이루는 각 부분은 그 글에 있어서 꼭 필요한 역할을 하고 있어야 한다. 문단은 하나의 소주제를 갖는 단위로서, 여러 문장이 소주제를 중심으로 단단히 결집되어 있어야 한다. 또한 각 문단이 제 나름의 생각으로 결집되어 있기는 하되 각 문단은 유기적으로 긴밀한 관계를 맺고 있어야 한다. 그리고 문단이 하나씩 추가되면서 글을 전개시켜 나갈수록 결론을 향해 접근할 수 있어야 한다.

(6) 개요 작성 및 논술문의 구성

시나 소설 수필과 같은 글을 잘 쓰지 못하는 사람이라도 논술을 크게 두려워하거나 염려할 필요는 없다. 이는 논술문의 성격 자체가 상상력을 맘껏 발휘하거나 감성이나 감정을 대놓고 드러내도 되는 글이 아닌 까닭이다. 따라서 논술은 기타의 다른 글쓰기에 비해 문학적 자질에 크게 영향을 받지 않는 글쓰기이다. 논술문에는 논제의 요구에 맞게 논의를 이끌어낸다는 점에서 일종의 문제 해결의 과정이 담겨 있다. 그런 점에서 논술문은 문학적 상상력에 의존한 글쓰기라기보다는 논리적 사고, 그 과학적 사고에 훨씬 근접한 글이라 하겠다. 따라서 논술문의 구성 절차를 잘 알고 그에 맞는 전략을 구사할 수 있다면, 논술에 한 발 쉽게 다가설 수 있다.

논술의 과정은 다음과 같이 5단계로 나뉜다. 그러나 문제 분석과 주제문 작성은 크게 보면 개요 작성을 위한 부속적인 과정이기 때문에 개요 작성, 집필, 퇴고의 3단계로 볼 수 있다.

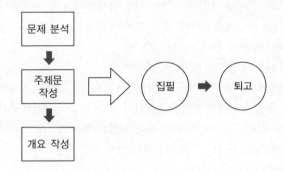

논술문에서 개요는 회화에 비유하면 스케치와 같다. 따라서 미리 대강의 쓸거리를 구상한 개요 없이 논술문을 작성한다는 것은 밑그림을 그리지 않고 색칠하는 것과 같다. 그럼에도 불구하고 많은 수험생은 개요 작성하는 것을 번거롭게 여긴 나머지 개요 없이 논술문을 작성하는 예가 많다. 그러나 논술의 달인이 아니고서야 그 답안이 좋은 평가를 얻기란 힘들 것이다. 개요는 비교적 자세히 작성해야 좋은데, 그렇다고 개요 작성하는 데 정해진 시간을 죄다 소비할 수도 없는 일이다.

① 개요 작성의 필요성
  ㉠ 글의 전체적인 흐름, 논리 전개 과정을 정리할 수 있다.
  ㉡ 글이 주제에서 벗어나는 것을 막을 수 있다.
  ㉢ 중요한 항목이나 필요한 내용을 빠뜨리는 일을 막을 수 있다.
  ㉣ 불필요하게 중복된 사항을 막을 수 있다.
  ㉤ 글 전체와 부분, 부분과 부분 상호 간의 균형을 유지할 수 있다.

② 개요 작성 시 유의할 사항
  ㉠ 개요는 문제의 정확한 분석에서 비롯되어야 한다.

   개요를 작성하는 과정 속에는 문제를 분석하고 주제문을 작성하는 일이 우선적으로 포함되어 있다. 따라서 주어진 문제를 정확하게 파악하지 못한 상태에서 개요를 짜는 것은 동문서답의 격이 될 수 있다. 제한 시간이 대략 60분가량 주어진 경우라면, 문제 파악에서 개요 작성까지 10분 남짓 할애하도록 한다. 때로 문제 파악이 쉽지 않아 그 이상의 시간을 쓰더라도 문제에 대해 깊이 있게 사고하는 것은 훌륭한 논술의 선결 조건이다. 이 경우, 10분가량을 개요 작성에 할애, 집필은 45분 정도, 퇴고는 5분 정도로 설정하여 주어진 시간을 효율적으로 쓰는 시간 안배에도 신경을 써야 한다.

ⓛ 개요는 결론을 도출한 후에 글로 작성해야 한다.

곧 답안지에 옮기기 전에 머릿속에 미리 써 놓은 글인 셈이다. 따라서 어떠한 결론에 이를 것인가를 도출한 다음에 개요를 작성한다. 좋은 개요는 훌륭한 논술을 약속한다. 그러므로 개요를 잘 짜놓으면 글은 다 쓴 것이나 다름없다.

ⓒ 개요는 논제의 요구 조건을 수용하는 방법을 택하라.

개요 작성에 크게 어려워할 필요는 없다. 논제가 요구하는 조건을 토대로 주요 골격을 잡는 것도 개요를 쉽게 작성하는 하나의 방법이다.

ⓔ 개요는 자세히 작성할수록 좋다.

개요에는 글의 처음과 중간, 끝 부분에 놓일 내용은 물론, 주장을 뒷받침하는 근거가 함께 제시되어야 한다. 따라서 그만큼 자세히 작성하도록 한다. 흔히 개요를 짜지 않을 경우에 논제를 벗어난 답안을 작성하는 실수를 범한다. 마찬가지로 엉성한 개요는 문단의 단락 구성에서 어느 문단은 내용이 풍부하고 지나치게 길거나, 혹은 그 반대의 상황도 연출될 수 있다. 그러므로 개요는 가능한 한 자세히 작성해야 한다.

ⓜ 다른 사람의 글을 요약하는 방법으로 훈련하라.

정히 개요 작성이 어려운 수험생은 하루에 몇 번씩이라도 신문의 사설이나 혹은 다른 사람이 작성한 우수 답안을 놓고 단락의 핵심을 요약하여 보자. 바꾸어 생각하면 이 요약된 내용이야말로 하나의 잘 짜인 개요인 셈이다. 이러한 훈련은 비단 개요 작성뿐 아니라 논술문의 문제 파악에서 논의의 전개에 대한 감각을 터득하는 데도 아주 좋은 방법이다.

③ 개요 작성의 순서

ⓐ 떠오르는 생각을 구체적으로 자세하게 작성한다.

논술 문제를 파악한 후에, 출제 의도나 요구 사항에 유의하면서 가능한 한 구체적으로 자세하게 개요를 작성한다. 문제지의 여백이나 백지에 논술 문제와 관련해서 떠오르는 생각이나 주장, 논거 등을 되는 대로 서술한다. 그리고 어떤 예를 들지도 생각해서 메모를 한다. 이때 되도록 완결된 문장의 형태로 자세하게 서술하는 것이 좋다. 물론 개요는 남에게 보여주기 위한 것이 아니기 때문에 깨끗하게 정자로 쓸 필요는 없으며, 글을 쓰는 사람 자신만 알아볼 수 있으면 된다.

ⓑ 연관된 내용을 묶어서 문단을 구성한다.

그런 다음에 서로 연관된 내용이나 중복된 내용을 묶거나 삭제한다. 그래서 본론을 몇 문단으로 구성할지를 결정한다. 그리고 문단을 배치할 경우에 제일 중요한 논거나 내용을 포함한 문단을 본론의 첫 문단으로 삼는 것이 좋다.

ⓒ 서론은 거의 완성된 형태로 작성한다.

서론을 잘못 쓸 경우에 글이 엉뚱한 방향으로 흐를 수도 있다. 따라서 개요를 작성할 때, 서론은 거의 완성된 형태로 작성하는 것이 좋다. 나중에 약간만 수정하면서 원고지에 그대로 옮기면 된다.

ⓓ 각 문단의 분량을 답안지에 연필로 표시한다.

개요를 작성한 다음에 원고지에 문단별로 쓸 분량을 연필로 대충 표시한다. 예를 들면 1,000자 분량이라면 서론은 200자 정도, 본론의 첫째 문단은 중요한 내용이기에 400자 정도, 둘째 문단은 300자 정도, 결론은 100자 정도로 배분하기로 하고, 답안지에 연필로 살짝 표시한다. 그래야 정해진 원고지 분량을 채우지 못하거나 초과하는 사태를 막으면서, 문단별로 글의 분량을 균형 있게 배분할 수 있다.

ⓜ 수정을 하면서 답안지에 옮기는 작업은 아주 간편하다.

　　이렇게 개요 작성에서 서론을 거의 완성하고 그리고 본론의 문단 수나 문단 배치를 결정한 이후에 원고지에 옮기면서 쓸데없는 군더더기는 삭제하고, 필요한 내용은 첨가하면서 본문을 완성하면 된다. 이렇게 개요를 자세하게 작성한 후에 글을 옮기는 데는 그리 많은 시간이 걸리지 않는다. 오히려 개요를 작성하지 않고 서둘러서 답안에 쓸 경우 이미 쓴 글을 뺄 것인가 말 것인가, 아니면 어떻게 고칠 것인가를 고민하다가 시간을 낭비하는 경우가 많다.

ⓑ 개요를 작성할 때 각 단락에 들어가야 할 내용

[서론]

• 다루고자 하는 문제에 대한 독자의 관심을 환기시킨다(관심 환기).

• 과제를 분명하게 제시한다(과제 제시).

• 다루고자 하는 문제의 범위나 성격, 문제를 다루는 방법이나 글쓴이의 입장과 관점, 그 밖에 필요한 예비적 사항들도 포함한다.

• 유의할 일 : 서론에서는 본격적인 글의 내용을 다루지 않도록 해야 하고, 분량도 너무 길어지는 일이 없도록 해야 한다.

서론에서는 반드시 주제가 포함되어야 한다. 서론에서는 가장 중요한 요소가 주제이므로, 주제를 맨 위에 쓴다. 그러나 실제로 글을 쓸 때에는 앞뒤의 문맥에 맞게 주제의 위치를 다시 결정할 수 있다. 나머지 요소는 서론에 반드시 포함될 필요는 없다. 짧은 글에서는 주제 외에 모든 요소가 생략될 수도 있고, 긴 글에서는 모든 요소가 다 포함될 수 있다.

[본론]

• 다룰 내용을 몇 갈래로 나누어서 부문별로 다룬다(과제 해명).

• 부문별로 문제를 제시하면서 필요한 풀이, 분석, 예시, 인용, 입증 따위의 방법으로 전개해 간다 (해명의 구체화).

• 부분마다 결론을 짓고 내용을 정리하면서 서술한다.

본론의 종속 주제의 수는 많을 수도 있고 적을 수도 있다. 각 종속 주제 밑에 딸리는 예나 증거의 수도 많을 수도 있고 적을 수도 있다.

[결론]

• 본론 부분의 논의를 통해 드러난 것을 간추려서 상기시키고 전체적으로 종합함으로써 결론을 제시한다.

• 주의해야 할 점은 본론에서 언급하지 않은 새로운 문제가 나와서는 안 된다는 점이다.

• 이 밖에 그 글에서 미처 다루지 못한 미진한 점이라든가 또는 앞으로 그 문제가 어떻게 다루어 졌으면 좋겠다는 희망 등이 마무리 부분에서 덧붙여지기도 한다.

결론에서 제일 중요한 요소는 주제의 반복이다. 주제를 반복할 때에는 서론의 주제와 꼭 같이 표현할 수도 있으나, 뜻이 달라지지 않게 하면서 표현을 바꾸어 쓸 수도 있다. 제한된 시간에 너무 많은 시간을 허비할 수는 없다. 그러므로 개요를 쓸 때는 '결론'이라는 말만 쓰고 더 쓰지 않아도 된다. 그러나 개요 작성만을 요구하는 문제가 나왔을 때에는 결론도 자세히 써야 한다.

---

④ 개요 작성의 모형
  ㉠ 서론
    • 도입 : 선정한 주제의 의의나 가치, 중요성·당위성, 유래, 배경, 일화
    • 논제 제시 : 본론에 전개될 내용의 포괄적인 핵심 어구가 있는 문장으로 제시한다.
  ㉡ 본론
    • 주제를 핵심 어구 중심으로 문단을 구분하고, 통일성과 일관성에 유의하여 상술한다.
    • 문단마다 소주제문을 작성하고 부연, 첨가 또는 예시를 통하여 상술한다.
    • 문단마다 논제를 증명할 논거의 타당성에 유의한다.
    • 문단 간의 긴밀성과 균형 유지에 유의한다.
  ㉢ 결론 : 본론의 요약(주제 확인의 요약문), 마무리, 소견, 전망
⑤ 개요 작성의 구체적인 순서
  위의 순서와 같이 결론부터 개요를 작성하면 자신의 생각을 구체적으로 알 수 있게 된다. 수험생들이 많이 오류를 범하는 것은 자신이 쓴 글을 자신이 결론 맺지 못하는 데 있다. 그러므로 먼저 정답을 내려놓도록 하자. 그런 다음 본론의 내용과 서론으로 넘어가서 내가 무엇을 주장하였는지 살펴보고 서론을 써나가는 것이 바람직한 행동이다. 본론에서 하고 싶은 말이 있는데도 불구하고 서론을 먼저 쓴다면 본론에서 정작 중요한 주장을 놓치는 경우가 발생할 수 있다.

(7) 서론 쓰기 방법
글은 맨 처음이 중요하다. 사람도 첫인상이 중요하듯, 글도 처음에 어떤 인상을 심어주는가 하는 문제는 매우 중요하다. 단적으로는 글의 처음만 봐도 전체 글의 수준을 가늠하게 한다. 따라서 논술문의 서두에 각별한 신경을 써서 좋은 문장으로 이끌 수 있어야 한다. 주장하는 글은 대체적으로 서론, 본론, 결론의 3단 구성을 지닌 채 서술되는 것이 일반적이다. 그렇다고 지나치게 틀에 얽매여서는 안 된다. 따라서 글을 어떻게 시작하여, 어떻게 이끌어서, 어떻게 끝맺을 것인가에 대한 생각으로 유화시키려는 생각이 요구된다.
① 논술문의 서론 쓰는 요령
  ㉠ 문제 파악을 확실히 하여야 한다.
    문제 파악을 제대로 하여야 글의 서두를 자연스러우면서도 문제의 요구에 맞게 이끌 수 있다. 따라서 문제가 요구하는 핵심을 정확히 읽어내는 것은 필수적이다.
  ㉡ 논술문의 서두는 분위기와 내용 암시의 성격을 지니도록 한다.
    글에도 분위기가 중요하다. 주어진 답에 곧바로 대답하려고 하지 말고, 그에 상응한 분위기를 유도하여 글을 이끌어갈 수 있어야 한다. 그것은 너무 길어서도 안 되므로 전체 글의 분량을 고려하여 적당히 이끌어야 한다. 또한 분위기로만 서두를 장식해서도 안 된다. 자신이 이제부터 쓸 글의 내용에 대한 암시적 요소를 지닐 수 있어야 한다.
  ㉢ 직설적인 문장의 흐름을 삼간다.
    ㉡과 결부된 사항이다. 주어진 문제에 맞서 곧바로 그에 대한 해답을 내리려 해서는 안 된다. 그러기 때문에 '~에 대하여 알아보자. ~에 대하여 논해보겠다. ~에 대하여 살펴보면 다음과 같다.' 등의 문구는 채점자에게 감점의 좋은 구실을 제공하는 격이다.

ⓔ 첫 문장은 짧고 의미가 분명한 명제형 문장이 좋다.

글의 서두를 시작하는 방법은 다양하다. 유명한 사람의 문구를 빌려 쓰는 방법, 사회 현상에 대한 분위기로 유도하는 방법, 사실적인 명제로 시작하는 방법 등 다양하다. 그러나 가장 쉬우면서도 뒤의 문장과의 연결을 비교적 쉽게 할 수 있는 방법은 명제형 문장으로 시작하는 방법이다. 따라서 되도록 현재형 종결어미를 쓰도록 한다.

ⓜ 상투적인 문장을 삼가고, 지적(知的) 문장이 되도록 한다.

누구나 뻔히 알고 있는 상투적인 문장으로 이끌어서는 안 된다. 따라서 너무 손쉽게 인용할 수 있는 속담이나 격언 등으로 서두를 장식하는 것은 오히려 자신의 글의 약점을 노출하는 것이라는 점을 명심해야 한다. 논술문을 읽는 사람은 일반 독자가 아니라 전문가인 채점자를 만족시켜야 한다는 점을 염두에 둘 것이다. 항상 이 점을 염두에 두어 지적인 문장이 될 수 있도록 신경을 써야 한다.

ⓗ 주관적인 감정에 치우친 서술문이 되지 않도록 주의한다.

논술문은 자신의 주장을 남에게 설득하려는 데 목적을 둔 글이다. 따라서 괜한 자기 감정에 치우친 문장이거나, 혹은 문장의 어디에도 '나'나, 혹은 '내 생각에는' 등의 표현을 통해 글이 개인적인 차원으로 전락하는 일이 없도록 해야 한다. 간혹 문장의 주어부는 잘 이끌어 간 경우라도 술어부에 이런 실수를 범하는 경우가 종종 있다. '~라는 생각이 든다. ~인 것 같다. ~라고 생각한다.' 등도 논술문에서는 삼가야 할 문장 표현이다.

ⓢ 항상 논리적 구성력을 지닌 문장이 되도록 한다.

논술문이 여타의 글과 다른 것은 글의 구성에 있어서 논리성이 있어야 한다는 점이다. 형식적으로는 전체 분량에 맞는 길이를 지녔어도 논리적 구성력이 없으면 말짱 헛것이다. 따라서 논리적 오류는 물론이고, 문법적인 오류가 있어서도 안 된다.

ⓞ 어법에 맞는 정확한 언어 구사는 필수적이다.

막상 읽어보면 별 무리 없어 보이는 글도 상당 부분 비문(非文)이 있는 경우가 많다. 따라서 정확한 언어 구사를 하도록 힘써야 한다. 이것은 가장 기본적인 사항인 만큼 잘 쓰면 눈에 띄지 않지만, 간혹 잘못 쓰면 약점으로 작용하여 감점의 대상이 되기 딱 알맞은 경우에 해당한다.

ⓩ 과도한 인과관계에 의한 서술이나 중복된 의미를 피한다.

논리적 구성을 갖추기 위해 애써 꾸몄다는 인상을 주어서는 안 된다. 따라서 '왜냐하면 ~ 때문이다.'와 같은 인과관계에 의한 서술이 의도적으로 노출되었다는 인상을 주어서는 안 된다. 또한 의미가 중첩된 문장으로 나열되는 것도 삼가야 한다. 이런 문장은 읽어보면 앞서 첫 문장에서 언급한 내용에 대한 중복 의미로 받아들여지는 경우가 간혹 있다. 이것은 자기 주장을 전개하는 데 있어 비효율적인 언어 표현이 많다는 것이다. 따라서 언어의 경제성을 살려 조리 있고 분명한 의미 전달이 되도록 힘써야 한다.

ⓧ 자신 있게 써 나가라.

글은 서두가 막히면 한 줄도 못 쓰고 쩔쩔매는 경우도 발생할 수도 있다. 내가 어려우면 다른 사람도 어렵다는 생각을 가지고 자신 있게 써 나가야 한다. 그러기 위해서 앞서 말한 논제가 요구하는 바의 내용 파악이 무엇보다 중요함을 새삼 강조한다. 그뿐만 아니라 그냥 써내려 하다가 실수하지 말고 반드시 논술문의 개요(Out Line)를 미리 짜보도록 한다.

② 다양한 서론 쓰기의 예
   ㉠ 논의하려는 주제를 직접 언급하면서 시작하기
   〈자유와 평등의 바람직한 관계에 대한 관점 제시〉
   우리가 자유와 평등, 개인과 사회의 바람직한 관계를 살펴보려면 먼저 자유와 평등의 이념이 개인과 사회의 관계와 어떻게 논리적으로 연결되는가를 보아야 한다. 왜냐하면 현실 사회에서 이들은 긴밀한 상호 연관 속에서 존재하기 때문이다. 또 우리는 구체적인 현실 사회로 눈을 돌려 이들의 관계를 검토해야 한다. 양자의 바람직한 관계는 구체적인 현실 속에서 결정되기 때문이다.
   ㉡ 최근의 사건이나 상황으로 시작하기
   〈청소년 교육의 문제점〉
   요즘 언론에서는 청소년들의 음란 비디오 제작, 본드 흡입과 강도, 학원 폭력 등 청소년 문제 보도로 떠들썩하다. 이 같은 언론 보도를 접하면 우리나라가 마치 청소년 비행의 소굴인 것 같은 착각에 빠져든다. 그런데 이 시점에서 우리는 왜 이런 문제가 발생했는가를 진지하게 고민해야 한다. 또 이를 위해서는 청소년 교육의 문제점을 생각하지 않을 수 없다.
   ㉢ 주요 개념을 규정하며 시작하기
   〈올바른 가치관 수립의 중요성〉
   가치관이란 어떤 사람이 세상을 살아가면서 사고나 판단, 행동을 할 때 기준으로 삼는 잣대라고 할 수 있다. 이런 면에서 세상을 살아가는 사람들은 누구나 자기 나름의 가치관을 갖고 있다. 이 같은 가치관은 그 사람의 인생 목표와 긴밀히 결합되어 있기 때문에 자신의 가치관에 따라 인생 목표가 정해진다고 할 수 있다. 예를 들어 어떤 사람이 '돈의 가치'를 인생에서 제일 중요하게 여긴다면 그 사람은 돈 버는 일에 일생을 걸 것이다.
   ㉣ 대상을 분류·구분하며 시작하기
   〈현대 사상에서 동양 사상이 갖는 의의〉
   동양 사상에는 여러 종류가 있다. 예를 들면 춘추 전국 시대에 등장한 제자백가 사상 가운데 중요한 것만 들어도 서너 가지가 된다. 또 불교 사상도 동양 사상 가운데 하나이며, 조선 시대의 실학 사상도 중요한 동양 사상이다. 이 중에서 현대 사회와 관련하여 중요한 의미를 갖는 사상은 노자와 장자의 도가 사상이다.
   ㉤ 인용하면서 시작하기
   〈현대 사회에서 지식인의 역할〉
   '도둑질도 배운 놈이 한다.'는 우리 속담이 있다. 이것은 교육의 중요성을 표현한 말이지만, 다른 측면에서는 지식인에 대한 부정적인 시각을 표현한 말이기도 하다. 즉, 지식인이 자기가 가진 지식을 이용하여 개인적 이익을 얻는 데만 사용하고, 그 과정에서 사회에 해가 되는 일도 한다는 것이다. 그래서 지금 우리 사회에는 '배운 놈이 도둑질 한다.'는 인식이 퍼져 있다. 이러한 상황에서 우리는 지식인의 바람직한 역할은 무엇인가를 진지하게 고민해야 한다.
위의 항목 중 어느 것이 제일 좋다고 단정할 수는 없다. 주어진 논제와의 적합성을 고려하여 자신이 소화할 수 있는 범위 내에서 서론을 이끄는 것이 중요하다.

③ 서론 쓰기의 논리적 흐름

　㉠ 자료 제시

위에서 언급한 것처럼 다섯 가지 형태로 시작하는 것이 좋다. 그렇게 해서 먼저 채점자의 관심을 유도하자. 채점자는 여러 가지 형태의 논술을 보기 때문에 눈에 들어오는 문구가 있으면 그것은 끝까지 읽는다고 봐도 무난할 것이다. 그러나 인용을 할 때 식상한 인용을 하면 반감을 살 수도 있다는 점을 명심해야 할 것이다.

　㉡ 문제의 발견

관심을 끌었다면 이제 논제의 문제를 발견해야 한다. 여기서 중요한 것은 제시문이나 문제에 분명 문제점을 제시했음에도 불구하고 문제의 접근을 본론에서 하는 수험생들이 많다는 것이다. 서론에서는 문제의 접근 방법이나 접근할 수 있는 요령만 언급해주고 다음 단계로 넘어가는 것이 좋다.

　㉢ 관점의 표명

문제를 발견했다면 자신의 견해를 밝히고 본론으로 넘어가야 한다. 여기서 주의할 점은 너무 억지로 넘어가면 안 된다는 것이다. 억지로 넘어갈 것 같다는 느낌이 들 때는 생략해도 무관하다.

(8) 본론 쓰기 방법

알맹이 있는 전개가 되는 것은 본론에 달려 있다. 일반적으로 본론은 주장과 그 주장을 뒷받침하는 근거 제시문의 형태로 구성된다. 그러므로 본론은 서론에서 제시한 중심 과제를 구체적으로 해명하고, 자신의 주장이나 의견이 타당하다는 점을 구체적인 근거를 들어 증명하는 단계이다. 따라서 본론 부분은 주장의 타당성을 입증하기 위한 논증 과정에 해당하는 셈이다. 주장과 논거 사이가 논리적 연관성이 중요함을 새삼 강조한다. 또 한편 '본론의 구성이 잘 되었는가'의 여부는 논제의 요구에 맞게 개요 작성이 자세하게 갖춰져 있는가와 직결된다. 최근 논술 문제는 논제가 요구하는 바가 복합적으로 얽혀 있는 경우가 대부분이다. 이는 곧 답안 또한 다양한 논제의 요구 조건을 충족시키는 가운데 단락과 단락이 상호 유기적으로 연결되어야 함을 암시한다. 따라서 주장을 첫째 – 둘째 – 셋째와 같이 수평식으로 나열하는 것은 절대 금물이다. 본론의 구성은 주장과 그에 따르는 근거 제시라는 두 축을 중심으로 하되, 논제가 요구하는 바가 무엇인가에 따라 논의의 전개 과정은 다양하고 탄력적이다. 논제에 따라 본론의 내용은 다양하게 변주된다. 언뜻 복잡하고 어렵게 보일 수 있다. 그러나 논제가 요구하는 조건을 정확하게 받아들여 충족시켜 간다면 본론의 진행은 결코 어렵게 여겨질 성질의 것만은 아니다. 그렇다면 본론에서 충족되어야 할 사항들과 본론 작성법에 대하여 좀 더 자세히 알아보자.

- 원인을 규명하는 내용
- 근거나 이유를 제시하는 내용
- 내용을 부언하여 상세화가 필요한 경우
- 내용을 전환하거나 유추하는 문장

- 해결 방안을 제시하는 내용
- 구체적인 예시를 들어야 하는 내용
- 반론을 제기하는 내용
- 예시문을 상호 비교해야 하는 경우

---

① **본론의 구실과 쓰는 법**

본론은 글의 중심을 이루는 부분이다. 서론에서 내세운 문제에 대해서 자세하게 논증하여 상대를 설득해야 한다. 본론은 대략 두세 개의 단락으로 구성하는 것이 좋으며, 각 단락 속에는 소주제를 담아야 한다.

중요한 것은 읽는 이로 하여금 자기의 견해에 동조하도록 끌어들여야 한다는 점이다. 그러기 위해서는 자기 나름의 견해를 분명하게 내세우고 그 근거를 조리 있게 밝히면서, 필요하면 반대론의 견해를 반박하여 자기주장의 정당성을 입증해야 한다. 본론은 서론에서 제시한 글의 목적, 주제, 방법, 문제점 등 화제의 범위에 따라 써 나가면 된다. 이때 중심 문장(소주제 문장)과 뒷받침 문장을 적절하게 연결해야 함을 잊어서는 안 되며, 정확한 진술 방식과 논리 방식으로 전개해야 한다. 즉, 본론은 서론에서 제시된 문제점들을 짜임새 있게 논술하여 결론을 이끌어 내는 일을 한다. 문제점별로 주어진 자료를 분석하고 종합하여 조리 있는 논술을 함으로써 논문의 내용을 펼쳐 나가는 과정이 본론이다. 따라서 본론이야말로 논문에서 가장 중요한 '가운데 토막'이다. 서론이 다룰 대상을 도마 위에 올려놓는 기능을 한다면, 본론은 그것에 차례로 칼질을 하고 요리를 하여 음식을 만들어 내는 과정이다. 그러므로 본론은 다음과 같은 방법으로 써야 한다.

㉠ 본론은 서론에서 제시된 목표, 문제점 그리고 다룰 범위들을 좇아서 전개되어야 한다.

㉡ 본론을 쓰는 데는 체계적인 하위 구분을 해서 줄거리를 미리 만드는 것이 바람직하다. 본론의 분량은 서론에 견주어 논술의 과정이 열 곱쯤 길다. 그러므로 그 내용을 여러 갈래로 쪼개고 또 그것을 다시 나누어서 체계적으로 다루어 나가야 한다. 그러자면 막연한 가운데 붓을 들 것이 아니라 주제를 중심으로 한 줄거리를 짜는 작업이 미리 있어야 한다. 특히 본론의 분량이 많을 때에는 어떤 형태로든 줄거리를 마련하여 다루어야만 체계 있는 논술이 된다.

㉢ 본론 줄거리의 각 항목에 대해서는 충분한 논의와 짜임새 있는 뒷받침이 있어야 한다. 각 항목을 필요에 따라 몇 개의 소주제로 나누고 소주제별로 한 단락씩을 펼쳐 나갈 것이다. 그런 각 단락의 펼침에는 논술법이 주가 되며 필요에 따라서 설명법이나 서사법 등을 곁들이게 된다. 그러한 전개 과정에서는 적절한 자료와 논거를 되도록 충분히 활용해야 할 뿐 아니라, 그것을 바탕으로 조리 있는 추론과 설득력 있는 결론이 나오도록 해야만 한다. 또한 비록 많은 뒷받침 자료가 있다 하더라도 그것을 짜임새 있게 연결하는 논리적 추론에 서툴러서는 좋은 논술이 되지 못한다.

② **본론 쓰기의 요건**

㉠ 논리적 설득력(논증)

이 논증 과정이 특히 본론 쓰기의 핵심이라 할 수 있다. 어떠한 주장이 다른 사람에게 설득력을 갖기 위해서는 그 주장을 뒷받침해 줄 근거가 명확해야 한다. 논술은 자기가 가지고 있는 생각이나 견해를 내세우는 글이므로 근거가 제시되지 않는 논술문은 논술문이 아니다. 예컨대 '농산물 수입 개방은 저지되어야 한다.'라든가 '영어 조기 교육은 바람직하지 않다.'와 같은 견해는 하나의 주장으로 성립될 수 있다. 그러나 이 주장이 설득력을 가지려면 '왜?'라는 물음에 대한 답변이 제시되어야 하는 것이다. 이 답변이 곧 논거이다.

㉡ 타당성

주장을 뒷받침하는 근거가 아무리 훌륭하다 할지라도 그것이 이치에 맞지 않는다면 근거로서 성립될 수 없다. 예컨대 '청소년들의 흡연은 금지되어야 한다.'라는 주장에 대해 '오늘날 청소년 흡연에 대해 긍정적인 생각을 갖는 사람은 별로 많지 않을 것이기 때문이다.'를 근거로 제시한다면 이 주장은 설득력이 없다.

ⓒ 일관성과 통일성

　　본론의 각 단락에서 펼쳐지는 모든 내용은 언제나 일관된 논리를 유지해야 한다. 그리고 각 단락의 소주제에 부합되는 통일된 내용과 논거를 충분히 제시해야 한다. 특히 단락에 소주제문이 분명히 진술되었는지 반드시 확인해야 한다. 소주제문이 논술자의 머릿속에만 들어 있고 단락에는 빠진 경우가 허다하기 때문이다. 또 서로 반대되는 논거가 동시에 존재한다든지 필자의 주장과는 전혀 무관한 논거가 있다면 읽는 이는 필자가 말하고자 하는 바에 대해 갈피를 잡을 수 없게 된다. 예컨대 '여성의 사회 진출은 적극적으로 권장되어야 한다.'라는 주장에 대해 '① 고등 교육을 받은 여성을 가사에만 매달리게 하는 것은 개인적으로나 사회적으로나 큰 손실이기 때문이다. ② 또한 가정은 그 무엇과도 바꿀 수 없는 소중한 존재라는 점은 아무도 부인할 수 없다.'라는 근거를 든다면, 이것은 일관성 있는 논증이라고 할 수 없다. ①과 ②는 상충되는 것이기 때문이다.

③ 본론에서 논지를 전개할 때의 요령

ⓐ 논지를 전개하는 기본 원리를 따르자.
- 주제에서 벗어나지 않았나 항상 확인하자.
  - 너무 많은 것을 쓰려는 욕심을 부릴 때
  - 주장할 내용이 정리되지 못했을 때
  - 개요를 잘못 짰거나 지나치게 엉성하게 짰을 때
- 전체 문단이 자연스럽게 연결되고 있는가 확인하자.
- 자신의 주장이 완결성을 갖추고 있는가 확인하자.

ⓑ 본론의 구성 방법을 알고 따르자.
- 본론에서는 풍부하고 다양한 논거를 제시한다. 본론에서는 논술 문제와 연관된 다양한 논거를 제시해야 글이 풍부해진다. 물론 너무 산만하게 나열식으로 제시해서는 안 되고, 서로 연관된 논거를 묶어서 깔끔하게 정리해서 서술해야 한다. 그리고 중요한 주장이나 논거를 먼저 제시해야 한다.
- 상대방에 대한 비판을 먼저 한 후에 자신의 입장을 적극적으로 옹호한다. 두 입장 중에서 한 입장을 선택하여 다른 입장을 비판할 경우에는 우선 상대방이나 반대 입장에 대한 비판을 먼저 한 후에, 자신의 입장을 적극적으로 옹호하는 것이 더 낫다.
- 큰 문제에서 작은 문제로, 일반적 사항에서 특수한 사항으로, 추상적인 것에서 구체적인 것으로 전개해 간다.
- 논지를 전개할 때 논리적인 비약이나 편견에 의한 사실 왜곡 등이 없어야 한다.
- 본론을 형성하는 몇 개의 중간 단락은 올바른 순서 속에서 서로 알맞은 균형을 유지해야 한다. 중간 단락의 균형 역시 글의 목적과 관계된다. 만일 글의 목적이 대립되는 두 쟁점에 대해 결론을 내리려는 것이라면, 중간 단락은 두 개 정도가 적당하고, 이 두 개의 중간 단락은 동일한 길이로 나타내야 한다. 또한 중간 단락들의 균형 역시 서론부에서 소개된 명제문을 전제로 이루어져야 한다.
- 중간 단락들을 발전시킬 때 독자에게 글의 중요한 지점들을 알려 주어야 한다. 특히 글의 흐름이 전환되는 경우에 '한국과 똑같이 일본에서도 이 문제는 ~, 이 명제에 대립되는 의견들은 ~' 등의 어구로 나타내어 글의 방향을 알려주는 것이 좋다. 글의 흐름이 나아가는 방향을 알고 읽을 때 글이 명확하게 파악된다. 따라서 그것을 명확하게 드러내는 것이 좋은 논술이 된다.

④ 본론을 쓸 때 주의할 점

　㉠ 같은 내용을 중언부언하지 않도록 한다.

　㉡ 논점에서 벗어나지 않도록 한다.

　㉢ 논제가 추상적이고 어려운 내용일 때는 구체적인 용어로 풀어주어야 한다. 이때 상술에 해당하는
　　 내용은 앞에 제시된 내용의 범위를 벗어나지 않아야 한다.

　㉣ 예시, 인용 등을 적절히 활용하여 논거 없는 의견을 제시하지 않도록 한다. 한 문장을 쓸 때마다
　　 '왜', '어떻게'라는 질문을 스스로 해본다. 논증 과정을 거치지 않은 의견으로는 독자를 설득할 수
　　 가 없다.

　　→ 특히 예시를 쓸 때는 지나치게 길어지지 않도록 한다(배보다 배꼽이 더 커진다).

　㉤ 비유나 상징 등 함축적인 표현, 모호한 표현은 가능하면 삼간다. 논술은 감상문이 아니다.

　㉥ 글 내용이 무난히 이어지도록 개요 작성 시부터 논리 전개 과정을 명확히 해 둔다.

　㉦ 단순 나열식이 되지 않도록 주의한다. 특히 단순 나열의 경우에는 그 밖에 또 다른 것이 없는가를
　　 확인해야 한다. 예를 들어 4가지를 나열했다면 왜 4가지뿐이냐는 질문에 대답할 수 있어야 하며,
　　 나열한 것 중 가장 중요한 원인이 무엇인가를 밝힐 수 있어야 한다. 즉, 주요한 측면과 부차적
　　 측면을 구분할 수 있어야 나열이 가능하다.

　　→ 첫째, 둘째… 식으로 나열하면 성의와 사고의 깊이가 없어 보인다.

(9) 결론 쓰기 방법

서두가 시발점이라면 결미부는 종착점에 해당한다. 아무리 출발이 멋있게 되었다 하더라도 끝맺음이 좋
지 않으면 용두사미(龍頭蛇尾)가 되고 만다. 반면, 끝맺음이 잘 되면 내용이 다소 빈약하더라도 그럴듯
한 인상을 준다. 결미부 역시 서두 못지않게 인상적이어야 한다. 그리고 함축성도 있어야 한다. 명작
소설이나 영화의 끝 장면을 보면 기나긴 이야기 줄거리가 오직 이 한 장면을 위해 있었던가 싶을 정도로
감명 깊어서 오래도록 우리 가슴에 여운을 남긴다. 논술문 역시 결미부를 박력 있게 인상적으로 마무리
해서 글자 그대로 화룡점정(畵龍點睛)이 되도록 해야 한다.

① 결론의 구실과 쓰는 법

　결론은 서론, 본론에 이어 논설문을 마무리 짓는 부분이다. 결론의 중요한 구실은 본론 부분의 논술
과정에서 밝혀진 주요 골자를 간추려 보이는 데 있다. 다시 말하면 그 논설문의 본론에서 어떠한 점
들이 논의되어 어떤 내용이 가장 중요하게 드러났는가를 한눈에 볼 수 있도록 하는 것이 주요 기능이
다. 즉, 단락의 소주제를 열거해 보이는 것이다. 그 밖에 결론에서는 그 논설문에서 못다 다룬 점
등을 지적하고 다른 기회에 해결되기를 바라는 뜻을 덧붙이기도 한다. 그러나 결론 부분에서는 본론
에서 다루어지지 않은 문제를 덧붙여 논의해서는 안 된다. 만일 그렇게 되면 본론과 결론의 한계가
흐려지고 만다.

　㉠ 결론은 '마무리'라고도 하는 것으로서 본론에서 논술하여 밝힌 요지를 간추려 보인다. 곧 본론에
　　 서 문제점마다 장이나 절마다 밝힌 골자를 간단하고 명료하게 적어 보인다.

　㉡ 결론에서는 구체적인 논술이나 설명이 필요 없다. 본론에서 다루지 않은 문제를 결론에서 추가로
　　 논의해서는 안 된다.

　㉢ 결론은 그 밖에 미진한 사항을 지적하거나 앞으로의 전망을 덧붙이는 구실을 한다.

② 좋은 결론의 요건

결말은 한 편의 글의 종착점이고, 한 편의 글을 총괄하는 곳이다. 또한 독자에게 그 글에 대한 강한 인상과 기억을 심어주는 곳이다. 따라서 적당한 곳에서 앞의 내용에 맞도록 자연스럽게 글의 결말을 지어야 한다. 결말에서 갖추어야 할 요건은 다음과 같다.

ㄱ 적당한 곳에서 이루어져야 한다. 본문의 내용이 채 마무리되기도 전에 결말을 맺는다든지, 말할 것을 다 말해 놓고서도 중언부언하면서 마무리를 늦춘다든지 해서는 안 된다.

ㄴ 앞서 말한 내용과 일관성이 있어야 한다. 앞의 내용과 관계가 없거나 상반되는 이야기를 결말에 넣어 주제를 흐리게 해서는 안 된다.

ㄷ 되도록 강한 인상을 남겨 기억에 오래 남도록 하는 것이 좋다.

③ 끝마무리 요령

ㄱ 되도록 짧게 구체적으로 쓴다.

ㄴ '~라 생각한다. ~일지도 모른다. ~는 아닐는지, ~것 같다.'와 같은 말을 사용함으로써 인상이 약화되고 산만해지지 않도록 해야 한다. 필자도 자신이 없어 우물쭈물하고 결단을 내리지 못하는데, 누가 이런 견해나 주장에 동의하겠는가.

ㄷ 서론, 본론의 내용과 조화되고 처음에 제시한 논지와 일치되게 쓴다.

ㄹ 본론 부분의 설명이나 단순한 되풀이가 되지 않도록 한다.

ㅁ 너무 독선적인 주장은 내세우지 않는다(당당하게 끝맺되 겸손해야 한다).

④ 결론의 실수를 줄이는 요령

ㄱ 주제의 반복, 본론의 요약, 앞으로의 전망, 인용구 등

ㄴ 처음에 제시했던 일반화, 또는 전제로 되돌아간다.

ㄷ 새로운 견해나 개념을 말하지 않는다.

ㄹ 본론의 논지를 총체적이면서 압축적으로 요약한다.

ㅁ 피상적이고 일반적인 논지의 결론은 글의 참신성을 떨어뜨린다.

ㅂ 무조건 도덕적인 결론으로 가지 말라.

ㅅ 글의 흐름을 지키라.

ㅇ 분량을 균형 있게 하라(서론과 거의 같도록).

⑤ 결론에 들어가야 할 사항

ㄱ 앞 내용의 요약 : 지금까지 논의한 내용을 다시 한 번 정리한다는 의미를 갖는다.

ㄴ 관심이나 행동의 촉구

ㄷ 새로운 과제나 방향 제시

ㄹ 대안의 제안이나 제언

ㅁ 전망 : 앞 내용의 요약을 중요하게 생각하는 사람들이 많은데 논술에서는 전망이나 대안의 제안이나 방향 제시가 더 중요하다. 결론은 내용을 요약하고 마무리 짓는 끝맺음 부분이다. 아무리 서론에서 문제 제기를 잘하고 본론에서 설득력 있게 논증을 했다 하더라도, 결론이 미흡하면 헛일이다.

금융감독원 전공 및 논술 기출문제

금융감독원의 2차 필기전형은 1차 필기전형 합격자를 대상으로, 전공평가와 논술평가로 나누어 이루어진다. 주관식인 전공평가는 전공 지식 전반에 대한 종합평가 방식으로 진행하며, 각 채용 분야의 과목으로 평가한다. 또한 논술평가는 채용 분야에 관계없이 2문항 중 1문항을 선택하는 방식으로 진행하며, 계산 문제는 배제하여 평가한다.

01 전공평가

2023년 기출문제

| 법 문제 1 |

소멸시효와 제척기간의 차이점에 대하여 서술하시오.

> **정답 및 해설**
> 소멸시효(消滅時效)는 일정 기간 동안 권리자가 권리를 행사하지 않음으로써 그 권리가 소멸되게 하는 제도로, 일정 기간 안에 권리를 행사하지 않아 해당 권리가 소멸된다는 점에서 제척기간(除斥其間)과 비슷하다. 그러나 제척기간은 권리자의 권리 불행사와 관련 없이 권리의 존속기간이 지나버렸기에 권리가 소멸되는 것으로, 이밖에도 여러 면에서 차이가 있다. 우선 권리가 소멸하는 기간을 계산하는 시작점, 즉 기산점이 다른데 소멸시효는 권리 불행사의 사실 상태를, 제척기간은 존속기간의 경과를 그 기준으로 삼는다. 또한 소멸시효는 기산일에 소급해 효력이 생기는(소급효 인정) 반면, 제척기간은 기간이 경과하면 권리는 장래를 향하여 소멸하게 된다(소급효 없음). 그리고 소멸시효는 중단·정지·단축·감경되거나 그 이익을 포기할 수 있지만, 제척기간은 그렇지 않으며, 소멸시효의 이익은 당사자가 원용(援用)해야만 재판에서 고려되는 것(항변 사항)이지만, 제척기간은 당연히 효력을 발생하는 것이므로 당사자가 주장하지 않아도 심판기관이 직권으로 조사(직권조사 사항)하게 된다.

| 법 문제 2 |

가장납입의 효력에 대하여 서술하시오.

정답 및 해설

가장납입은 주식회사 설립 또는 신주 발행 시에 주금납입자(발기인 등)가 주금납입은행에 납입해야 하는 주금을 납입하지 않았음에도 마치 납입한 것처럼 가장하는 행위를 말하며, 크게 예합(預合)과 견금(見金)의 두 가지 형태로 구분된다. 예합은 발기인이 주금납입은행으로부터 빌린 돈을 예금으로 돌려 주금납입에 충당하는 동시에 차입금을 변제할 때까지는 그 예금을 인출하지 않기로 약속하는 행위(통모에 의한 납입가장)를 뜻하며, 현실적인 납입이 없고 회사 설립 후에도 납입금의 사용이 제한되기 때문에 납입의 효력이 없다. 이는 납입의무를 불이행한 것이므로 법적으로 설립은 무효이며, 주금납입자와 주금납입은행이 공모한 행위이므로 무효라는 데 이견이 없다. 또한 발기인이 주금납입은행을 제외한 제3자로부터 돈을 빌려 주금을 납입하고 회사 설립을 완료한 다음 납입금 전액을 인출해 제3자에게 돌려주는 행위(위장납입)를 뜻하는 견금 형태의 가장납입에 대해서는 무효설과 유효설이 대립한다. 무효설은 견금은 실질적인 주금납입과 자금의 구성이 없고 자본충실의 원칙을 위배하는 탈법행위이므로 납입의 효력이 없다는 견해로, 다수의 학설은 무효설을 지지한다. 또한 가장납입이 유효하다면 출자를 전혀 하지 않고도 주주로서의 지위를 누리게 되는 불합리를 허용하게 된다고 주장한다. 그러나 유효설은 일단 금원의 이동에 의해 현실의 주금납입이 있는 것이고, 실제로는 주금납입의 가장 수단으로 이용된 것이라고 해도 이는 그 납입을 하는 발기인들의 주관적 의도의 문제에 불과하므로 이러한 내심적 사정에 의해 회사 설립이나 증자 등의 집단적 절차의 일환을 이루는 주금납입의 효력이 좌우될 수 없다며 납입의 효력을 인정하는 견해로, 판례는 유효설을 지지하는 경우가 일반적이다.

| 법 문제 3 |

동산과 부동산의 차이점에 대하여 서술하시오.

정답 및 해설

민법에 따르면 부동산은 토지 및 토지에 정착되어 옮길 수 없는 건물, 등기를 갖춘 수목 등을 말하며, 동산은 부동산이 아닌 일체의 물건을 뜻한다.

부동산과 동산의 가장 큰 차이는 물권의 공시 방법이다. 부동산 물권은 등기(공신력 불인정)로, 동산은 의사표시의 합치로 인한 점유(공신력 인정)로 효력이 발생한다.

부동산은 지상권·지역권·전세권 등의 용익물권 전부와 담보물권 중에서는 유치권·저당권이 설정 가능하다. 반면에 동산은 용익물권 설정이 불가능하고, 담보물권 중 유치권·질권 설정이 가능하다.

소유권 취득시효 기간은 부동산이 등기부취득시효(등기 상태) 10년, 일반취득시효(미등기 상태) 20년이고, 동산은 선의무과실취득시효 5년, 일반취득시효 10년으로, 부동산이 동산보다 더 장기간이다.

부동산에 대한 강제집행은 그 소재지 지방법원이 관할하지만, 동산에 대한 강제집행은 집행관이 그 물건을 점유함으로써 압류에 의해 개시한다.

무주물 귀속에 있어 부동산은 국유가 원칙인 반면, 동산은 선점으로 소유권 취득이 가능하며, 환매기간은 부동산이 5년, 동산이 3년을 넘지 못한다.

| 재무관리 문제 1 |

무부채기업인 K기업의 영업이익은 연간 3억 원이며, 자본비용은 15%이다. K기업의 재무 담당자는 10억 원의 부채를 무위험이자율 수준인 10%로 조달할 수 있어 이를 긍정적으로 고려하고 있다. 부채를 차입하는 경우 자본구조만을 변경하기 위하여 차입액을 매입한다고 한다. 이어지는 질문에 답하시오.

01 다음 질문에 답하시오.

① 1958년 MM 이론에 의한 현재의 기업가치(NPV)와 자본구조 변경 후의 기업가치(NPV)
② 1964년 MM 이론에 의한 현재의 기업가치(NPV)와 자본구조 변경 후의 기업가치(NPV)
(단, 법인세율은 40%이다)

정답 및 해설

① [현재의 기업가치(V_U)] $= \dfrac{\text{EBIT}}{\rho} = \dfrac{3}{15\%} = 20$억 원

② [현재의 기업가치(V_U)] $= \dfrac{\text{EBIT}(1-t)}{\rho} = \dfrac{3(1-0.4)}{15\%} = 12$억 원

02 MM 이론 이후 자본구조에 대한 새로운 이론들이 등장하였다. 세금과 관련된 이론을 제외하고 새롭게 등장한 자본구조 관련 이론 세 가지를 열거하고 이를 간단히 설명하시오.

정답 및 해설

① 파산비용 이론 : 기업의 부채 사용이 증가할수록 기업가치의 증가 요인인 이자비용 절세 효과의 현가는 증가하나, 기업가치의 감소 요인인 기대파산비용의 현가도 증가하여 기업가치가 극대화되는 최적 자본구조가 존재한다.
② 대리비용 이론 : 정보비대칭 상황에서 기업의 부채 사용이 증가할수록 타인자본 대리비용은 증가하고 자기자본 대리비용은 감소한다. 이들 대리비용을 합한 총대리비용이 최소화되어 기업가치가 극대화되는 최적 자본구조가 존재한다.
③ 신호 이론 : 정보비대칭 상황에서 경영자는 기업가치 증가와 관련한 내부 정보를 알게 된 경우 부채를 발행하여 이를 시장 외부자에게 기업가치에 긍정적 신호를 전달한다. 기업의 경영자가 지닌 정보와 자본구조 변화에 의한 신호가 일치하는 신호 균형이 달성되면 기업가치가 극대화된다. 즉, 부채 발행의 긍정적 신호 전달로 인한 기업가치 상승분과 부채 발행에 따른 재무적 곤경비용 증가로 인한 기업가치 감소분이 동일한 지점이 최적 자본구조가 된다.

| 재무관리 문제 2 |

시장에서 거래되는 모든 위험자산의 수익률 평균은 0.36이며, 위험자산 공분산 평균은 0.12임을 가정하고 다음 질문에 답하시오.

01 10개의 주식(모두 위험증권)에 모두 동일한 금액을 투자한 포트폴리오 분산의 평균값은 얼마인가?

정답 및 해설

$$\overline{\sigma_p^2} = \frac{1}{10} \times (0.36 - 0.12) + 0.12 = 0.144$$

02 위험증권 전부에 동일하게 투자하여 비체계적인 위험을 없앤 경우의 포트폴리오 분산의 평균값은 얼마인가?

정답 및 해설

$$\overline{\sigma_p^2} = 0.12$$

| 재무관리 문제 3 |

전망 이론(Prospect Theory)에 대하여 약술하시오.

정답 및 해설

전망 이론은 위험을 수반하는 대안들 간에 의사결정을 어떻게 내리는지를 설명하고자 하는 이론이다. 전망 이론이 만들어 내는 이론적 모델은 실생활의 의사결정을 설명하고자 하는 것이지 최적화된 결정을 내고자 하는 것은 아니다.

| 회계 문제 1 |

다음 자료를 보고 이어지는 질문에 답하시오.

K기업은 20×1년 4월 1일에 공장건물을 신축하기 시작하여 20×2년 8월 31일에 완료하였다. 특정목적 차입금은 없었으며, 공장건물 신축관련 공사비 지출액의 내역은 다음과 같다.

일자	금액	일자	금액
20×1. 04. 15	₩1,000,000	20×2. 02. 10	₩2,000,000
20×1. 10. 08	₩3,000,000	20×2. 08. 22	₩4,000,000

공장건물을 신축을 목적으로 직접 차입한 자금은 없었으며, 일반목적 차입금과 관련된 자료는 다음과 같다.

연도	차입금 평균	이자비용
20×1년	₩2,500,000	₩200,000
20×2년	₩4,500,000	₩450,000

01 다음 질문에 답하시오.

① 20×1년에 자본화 이자율을 구하시오.

② 20×1년에 자본화할 차입원가를 구하시오.

> **정답 및 해설**
> ① 자본화 이자율 : 200,000÷2,500,000=8%
> ② 자본화차입원가 : 1,500,000×8%=120,000원

02 적격자산의 취득, 건설 또는 생산과 직접 관련되는 차입원가를 자본화하는 논리적 근거를 서술하시오.

> **정답 및 해설**
> 자산이 개발되고 있는 기간에는 자원 투입을 위한 지출에 자금이 필요하며 자금의 조달은 원가를 발생시킨다. 자산의 원가에는 자산의 취득원가의 일부로서 지출하기 위한 자금을 조달하는 데 발생하는 원가를 포함하여, 자산을 의도된 용도로 사용하거나 판매가 가능한 상태에 이르게 하는 데 발생하는 모든 필수적 원가를 포함해야 한다. 따라서 적격자산과 관련된 차입원가를 비용으로 즉시 인식하는 것은 그 자산의 원가를 충실하게 표현하지 못하는 것이다.

| 회계 문제 2 |

다음 자료를 보고 이어지는 질문에 답하시오.

K기업은 20×1년 12월 31일에 3개의 사업주(A ~ C) 중 사업부 B를 매각하기로 결정하였다. K기업 전체와 사업부 B의 자산과 부채의 장부금액 및 수익과 비용의 발생금액은 다음과 같다. 20×1년 말 현재 사업부 B는 매각예정분류기준을 충족한다.

구분	G회사 전체	사업부 B
자산	₩10,000	₩2,000
부채	₩6,000	₩1,500
자본	₩4,000	–
수익	₩8,000	₩1,000
비용	₩6,000	₩900
당기순이익	₩2,000	–

사업부 B의 자산은 모두 비유동자산이고, 순공정가치는 ₩1,800이며, 사업부 B의 부채와 장부금액과 순공정가치는 동일하다.

01 20×1년 말 재무상태표에 매각예정비유동자산은 얼마로 표시되는가?(단, 그 이유를 간략히 적을 것)

정답 및 해설

₩1,800

※ 매각예정비유동자산은 순공정가치와 장부금액 중 작은 금액으로 표시한다.

02 매각예정비유동자산에 대하여 간략히 서술하시오.

정답 및 해설

매각예정비유동자산이란 기업이 영업활동을 수행하는 과정에서 사용하던 유형자산 등 비유동자산을 더 이상 사용하지 않고 매각하기로 결정하는 경우의 자산을 의미한다. 이때 개별자산뿐만 아니라 처분자산집단도 포함된다. 매각예정비유동자산은 재무상태표에 별도로 표시하여야 한다.

다음은 무형자산의 자산인식요건을 나열한 것이다. 이를 제외한 나머지 요건을 서술하시오.

① 무형자산을 사용하거나 판매하기 위해 그 자산을 완성할 수 있는 기술적 실현 가능성
② 무형자산을 완성하여 사용하거나 판매하려는 기업의 의도
③ 무형자산을 사용하거나 판매할 수 있는 기업의 능력
④ 무형자산이 미래경제적효익을 창출하는 방법. 그중에서도 특히 무형자산의 산출물이나 무형자산 자체를 거래하는 시장이 존재함을 제시할 수 있거나 무형자산을 내부적으로 사용할 것이라면 그 유용성을 제시할 수 있다.

정답 및 해설

⑤ 무형자산의 개발을 완료하고 그것을 판매하거나 사용하는 데 필요한 기술적·재정적 자원 등의 입수 가능성
⑥ 개발 과정에서 발생한 무형자산 관련 지출을 신뢰성 있게 측정할 수 있는 기업의 능력

02 논술평가

2023년 기출문제

| 주제 1 |

국내 탄소배출권 가격은 2020년 이후 하락세를 보이는 등 한국은 유럽연합 등 외국에 비해 가격 수준이 낮다. 이러한 하락세는 온실가스 감축 촉진이라는 제도 본연의 취지와 맞지 않으며, 온실가스 감축을 위한 기업의 투자 의욕 또한 떨어뜨린다. 탄소배출권 거래제가 경제에 끼칠 수 있는 영향과 대응 방안에 대해 논하시오.

주요 내용 예시

① 탄소배출권(CERs)은 온실가스의 배출 권리를 명시한 일종의 유가증권으로서 매매가 가능하다. 탄소배출권 판매 국가·기업은 판매로 수익을 창출할 수 있고, 배출권 구입 국가·기업은 배출량 감축 비용보다 낮은 금액으로 배출권을 구입해 온실가스 감축 비용을 절약할 수 있다.
② 한국은 탄소배출권 거래제를 2015년부터 시행하고 있으며, 한국거래소가 배출권시장을 개설·운영하고 있다. 정부는 매년 업체별 할당량과 감축 목표를 제시하고 목표를 이행하지 못한 기업에 과징금을 부과하는 방식으로 거래를 유도한다.

③ 탄소배출권 거래제 등의 탄소중립 정책이 경제에 끼치는 영향을 분석한 여러 연구 결과들은 긍정적 또
는 부정적 효과 사이에서 다양한 견해를 제시하고 있다. 고용유발 효과가 큰 저탄소산업이 확대되면서
대체로 긍정적인 영향이 기대되지만, 산업구조 전환 과정에서 생산 규모가 축소되는 업종에서는 일시
적으로 실업이 크게 늘어날 가능성도 상존한다. 또한 화석연료 및 연관 제품의 가격 인상을 자극해 물
가가 상승하겠지만, 인플레이션 압력이 크게 높아지지는 않을 것으로 보인다.
④ 탄소배출권 거래제로 인해 공공투자 확대와 저탄소산업 활성화를 통한 긍정적 효과는 물론 고탄소산업
위축 등 부정적 효과가 전망된다. 신재생에너지·청정에너지와 관련한 제조업 생산활동을 촉진하고 지
속 가능한 제조업 생태계 조성에 이바지할 수 있으나, 고탄소산업에 속한 기업의 생산비 증가, 제품가
격 인상, 제품생산 감소 등을 유발함으로써 생산활동이 위축될 수 있는 것이다. 또한 국가별로 보면
산업구조, 기후변화 대응 정도 등에 따라 경제성장 효과의 편차는 크게 나타날 것이다.
⑤ 국제유가는 탄소중립 정책의 진전으로 장기적으로는 석유시장의 위축과 하향세가 예상되지만, 단기적
으로는 에너지 구성 전환 과정에서 일시적 수급 불균형이 발생하면서 강세를 보일 가능성도 있다. 또한
대체에너지 전환이 완전하지 않은 단계에서 신규 유전에 대한 투자가 급감한다면 원유 수급 불균형이
단기적 유가 급등을 초래할 수도 있다.

[대응 방안]
① 탄소배출권 거래제가 갖는 기후변화 예방 효익이 분명한 만큼 저탄소 경제구조 전환을 위한 국제사회
의 노력이 앞으로도 계속될 것으로 전망된다. 다만, 산업구조와 기술 수준 차이 등으로 국가마다 경제
적 영향이 다르므로 기술협력 등을 통해 이를 최소화할 방안을 마련해야 한다.
② 한국은 탄소배출권 거래제 운용을 위한 하드웨어(인프라)는 갖추었으나, 탄소거래의 활성화, 탄소배출
권 제도를 보완하는 다양한 탄소저감 정책의 운용 등 소프트웨어는 아직 부족하다. 제도 개선과 거래
활성화를 이루려면 먼저 국내 탄소배출권 가격 변동이 산업 생산활동에 직접적으로 영향을 끼칠 수 있
게 해야 하는데, 이를 위해서는 탄소배출권 거래가 활성화되어 가격의 정보 효율성을 높여야 한다.
③ 탄소배출권 거래시장의 정보 효율성을 높이려면 장내거래 중심으로 시장을 운영해야 하므로 장내거래
의무화, 유동성 보강 및 매매 회전율 제고 방안을 강구해야 한다. 또한 배출권 실수요자(할당 대상 업
체)를 중심으로 시장이 운영되고 있어 거래 규모 확대가 제한적인 현실을 감안해 정형화된 탄소 선물상
품을 거래소(KRX)에 상장하고 기관 및 개인투자자, 글로벌 헤지펀드 및 투자은행 등 다양한 주체들의
시장 참여 촉진 방안을 마련해야 한다. 아울러 이러한 개선 정책 마련의 주체인 금융당국의 지혜와 장
기적·일관적 추진이 중요한 시점이다.
④ 탄소배출권 거래제도 중심의 탄소배출 저감 정책도 보강해야 한다. 2015년 도입 이후 탄소배출권 거래
제가 실제 탄소배출량 저감에 크게 이바지하지 못한 현실을 고려해 탄소세 등과 같은 추가적인 제도
도입도 검토해야 하는 것이다. 이를 위해 영국, 캐나다 등 탄소세를 시행하고 있는 주요국들의 선례를
벤치마킹해 시행착오는 최소화하고 실효성은 높은 개선책을 도출해야 한다.
⑤ 한국은 중화학공업 등 고탄소산업 비중이 주요국보다 높은 점을 감안해 저탄소 경제구조로의 전환을
서두르는 한편, 친환경산업을 적극 육성해 새로운 성장동력으로 삼아야 한다. 산업 부문의 개별 민간기
업 차원에서는 배출량 저감을 위해 에너지 이용 효율의 개선, 기존 연료를 저탄소 연료로 전환하는
CCUS(탄소 포집·활용·저장) 기술 도입, 산업 공정의 혁신적 개선 등 다양한 탄소배출 감소 방안을
적용해야 한다. 다만, 산업 부문의 탄소 저감 기술은 기술 개발, 실증화, 상용화 전체 과정이 쉽게 이루
어지지 않으므로 중장기적인 비전을 가지고 지속적으로 추진해야 한다.

| 주제 2 |

정부와 국회, 학계 등에서 국민연금 개혁 논의가 한창이고, 개혁의 당위성·필요성에는 다수의 국민이 공감함에도 불구하고 실제로 개혁이 효과적으로 추진될 수 있을지 확언하기 어려운 실정이다. 국민연금 개혁을 둘러싼 현재 상황을 진단하고, 대응 방안에 대해 논하시오.

주요 내용 예시

① 우리나라 공적연금 제도의 심각한 재정 불안정 문제는 출산율 저하, 평균수명 증가 등의 급속한 고령화 뿐만 아니라 납부보험료 대비 과도한 수준의 연금을 받도록 설계된(저소득 가입자에 지나치게 유리함) 구조에서 원인을 찾을 수 있다. 기금 고갈 예상 시기는 2055년으로 앞당겨지고 기금이 소진되어 적립금이 남아있지 않은 미래 세대의 보험료 부담은 1.5%p 늘어났다.

② 정부는 국민연금 개혁을 위해 재정의 안정화, 노후소득 보장, 세대 간 형평성 등의 3대 개혁 원칙을 제시했다. 이러한 국민연금 제도 개혁의 목표는 '재정의 안정성 제고, 연금 급여의 적정성 확보, 연금 수급의 사각지대 해소, 국민연금과 특수직역 연금 간의 형평성 제고' 등으로 간추릴 수 있다. 다만, 개혁 목표 간에 이해상충이 발생할 소지가 있기에 목표별로 차별화된 다양한 대안을 고려해야 한다. 아울러 정부는 "제5차 국민연금 종합운영계획(안)"에서 재원 마련을 위해 기금투자수익률을 현재보다 1%p 이상 높이는 방안을 제시했다.

③ 국민연금 개혁과 관련해 재정 안정론과 노후소득 강화론 사이의 논쟁이 심화되고 있다. 재정 안정론은 재정 고갈을 최대한 방어하기 위해 보험료율 인상, 연금 지급 개시 연령의 상향 조정을 통해 안정적인 기금 확보가 중요하다고 주장한다. 반면에 노후소득 강화론은 소득대체율 상향 조정을 통해 부족한 노후소득을 지원(연금수령액 증대)할 수 있는 방안을 우선적으로 고려해야 한다고 주장한다.

④ 국민연금의 구조적 개혁안으로 국민연금의 급부금 산식을 균등 부분과 소득비례 부분으로 분리해 균등 부분은 기초연금과 통합하고 국민연금을 완전히 소득비례연금으로 전환해 재정 안정성을 확보하는 방안이 검토 가능하지만, 이러한 방안은 기존 연금 부채의 처리 문제, 수급계층의 반발 등 여러 장해물이 예상된다.

⑤ 제도 틀 자체를 바꾸는 구조적 개혁이 어렵다면, 적립금의 고갈을 필연적으로 초래할 수밖에 없는 기존의 '덜 내고 더 받는' 것에서 '더 내고 덜 받는' 방향으로의 '모수 개혁(Parametric Reform)'이 불가피하다. 여기에서 모수 개혁은 현행 제도의 보험료율, 소득대체율(생애 평균소득 대비 노후에 받게 될 연금액의 비율)을 국민들이 감내할 수 있는 최적의 조합으로 조율하는 것을 말하며, '더 내는'은 보험료율의 인상을, '덜 받는'은 수급 개시 연령을 늦추는 것을 가리킨다. 이러한 모수 개혁은 연금재정 수입의 확충으로 고갈을 막기 위한 보험료율 인상(2023년 9% → 2040년 18%), 평균수명 연장에 따른 연금 수급 개시 연령 상향 조정(2023년 63세 → 2048년 68세), 연금수령액 증대로 노후소득 지원을 위한 소득대체율 상향 조정(2023년 42.5% → 2025년 45~50%) 등의 단계적 변화에 초점을 맞추고 있다.

[대응 방안]

① 공적연금은 세대 간 부양을 전제로 하기에 개혁의 주안점은 세대 간 형평성이다. 그러나 적립금의 고갈과 부과 방식으로의 전환(2055년)을 전제로 하는 개혁안이 세대 간 갈등을 완화하기 어려운 것은 절대 인구가 감소하고 인구구조가 고령화되고 있기 때문이다. 인구 변화에 매우 취약한 부과 방식 연금 제도는 연금 제도를 둘러싼 세대 간 갈등의 원인이 될 수 있다.

② 국민연금의 적립금은 1,000조 원에 달하기 때문에 기금을 모두 소진시키고 부과 방식으로 전환하기보다는 일정 수준의 적립금을 영구히 유지하는 재정 방식을 재설계하기에 보다 유리한 상황이다. 이에 성공적으로 평가받는 캐나다 국민연금의 정상상태 부분적립 방식을 참고한다면 한국도 수용 가능한 수준의 보험료 인상과 합리적 수준의 운용수익률 제고를 통해 정상상태 적립을 달성할 수 있을 것이다. 이처럼 외국의 연금 개혁 선례를 정밀 분석해 실효성을 극대화하고 시행착오는 최소화할 수 있는 개혁안을 도출해야 한다.

③ 모수 개혁의 소득대체율 문제는 세대 간 형평성과도 밀접하게 연관되어 있어 신중하게 접근해야 하고, 이 외에 연금수급액을 증대시키는 방안도 마련해야 한다. 또한 연금 관련 세제 혜택 강화, 수령 방식의 연금화 유도 등을 통해 사적연금의 소득대체율을 높여 총 소득대체율[(공적연금)+(사적연금)]의 개선을 유도해야 한다. 아울러 국민연금의 장기 재정 목표를 구체화하는 한편, 연금 간 형평성 문제, 국민연금과 기초연금 간의 이해상충 가능성 등을 고려해 국민연금·기초연금·특수직역연금을 포괄하는 통합적인 구조적 개혁안을 강구해야 한다. 따라서 국민연금 개혁을 달성하려면 모수 개혁은 물론 기초연금·사적연금 등과 연계한 구조적 개혁을 병행할 필요성이 높다.

2021년 기출문제

| 주제 1 |

저출산 문제와 관련하여 최근 다변화된 여러 가정의 형태에 대해 설명하고, 이에 따라 금융시장은 어떻게 변화해야 하는지 대응 방안에 대해 논하시오.

주요 내용 예시

① 합계출산율(15 ~ 49세의 가임 여성이 평생 낳는 자녀의 수)이 2.1명 이하로 감소해 현상 유지가 가능한 인구대체 수준보다 낮은 상태를 저출산으로 판단한다(OECD). 한국은 합계출산율이 1984년 2.06명, 2001년 1.3명으로 집계되어 초저출산 국가가 되었다.

② 저출산 현상의 심화로 인해 우리 사회는 1 ~ 2인 가구로의 변화가 급속히 진행되고 있다. 이러한 시류를 반영해 '빈둥지 노인, 나홀로족, 기러기 가족, 반려족, 딩크족' 등의 신조어가 쓰이고 있다. 먼저 빈둥지 노인(독거노인)은 성인이 된 자녀를 출가시키고 배우자와 사별해 혼자 지내는 노인으로, 2020년 현재 독거노인 가구 수는 1,589,371가구, 65세 이상 인구 가운데 독거노인의 비율은 19.6%로 증가 추세이다(통계청). 두 번째로 '나홀로족'은 부모로부터 경제적 독립을 했으나 미혼인 20 ~ 30대 가구를 가리킨다. 세 번째로 '기러기 가족'은 학업·직장 등의 이유로 다른 가족 구성원과 떨어져 홀로 지내는 가구를 뜻한다. 네 번째로 '견우와 직녀족(주말부부)'은 직장 등의 이유로 배우자와 떨어져 지내는 가구를 말한다. 다섯 번째로 '반려족'은 다른 가족 구성원 대신 반려동물을 가족처럼 여기며 독자적인 생계를 꾸리는 가구로, 주로 자녀가 모두 출가한 노인층과 1인 가구가 반려족에 속한다. 여섯 번째로 '딩크족(DINK族)'은 Double Income No Kids, 즉 의도적으로 자녀를 두지 않는 맞벌이 부부를 가리키는데, 자녀가 없는 기혼 여성은 88만 1,000명이며, 이 가운데 52.8%(46만 5,000명)는 향후 출산 계획이 없다고 응답했다(2021년 11월, 통계청).

③ 1인 가구의 증가는 기회 요인으로 여겨지기도 한다. 1인 가구 증가 현상을 인구 정체에 따른 구매력 저하를 상쇄하는 기회로 삼으려는 마케팅 전략의 변화가 산업 전반에서 가속화되고 있는 것이다. 1인 가구의 증가는 원룸·셰어형 주택, 부분임대주택 등의 주거 부문, 1인용 밥솥·소파·텐트 등의 가전·가구·여가 부문, 소용량 음식·간편식 포장, 1인용 칸막이 식당 등의 음식·외식 부문 등 산업 전반에서 새로운 상품의 출시를 촉진한다. 또한 여가·레저 활동 주도 계층 변화, 교육 제도 재편, 건강·식품산업, 의약품·의료서비스·금융서비스·레저·노인주택산업 등의 성장과 산업구조 변화가 촉진될 수 있다. 이처럼 1인 가구를 대상으로 이루어지는 경제활동을 '솔로 이코노미' 또는 '1코노미'라고 부르기도 한다.

[대응 방안]
① 금융회사는 ESG 경영 실천 차원에서 장학 사업을 실시하고 정부·지자체와 협력해 어린이집을 건립하는 등 다자녀 가정의 보육·교육에 대한 지원을 강화함으로써 여성의 사회 진출과 경제활동을 도와 저출산 극복에 이바지한다.
② 아동수당의 지급 대상이 되는 아동의 연령 범위를 확대하고 지급액 또한 인상하는 등 아동수당 수급 규모를 확대한다. 이때 금융당국 등 정부기관은 규제 완화는 물론 지원 정책을 적극적으로 시행할 필요가 높다.
③ 금융회사는 저출산, 1인 가구 증가, 초고령사회 등으로의 변화에 발맞춰 예금·적금·연금·보험 등의 특화 상품·서비스의 출시 비율을 높임으로써 경쟁력과 수익성을 높여야 한다. 이 또한 금융당국의 규제 완화와 지원이 필수적이다.
④ 건강·의료에 특화된 헬스케어·웰빙 사업은 '저출산으로의 변화'에 대응할 수 있는 성장 동력으로 꼽힌다. 예컨대, 금융회사들은 정보통신(IT) 기업과 제휴해 건강을 관리하는 것은 물론 운동으로 적립한 포인트를 현금처럼 활용할 수 있는 애플리케이션을 선보이고 있다.
⑤ 일과 가정의 양립을 일상화하고, 결혼·출산·양육에 대한 부담을 덜어줄 수 있는 정책을 실행하는 데 있어 프랑스·독일·스웨덴·영국 등의 유럽과 미국·일본 등 외국의 저출산 대응 정책 사례를 참고해 시행착오를 줄이는 한편 실효성을 극대화해야 한다.

| 주제 2 |

ESG 경영이 글로벌 화두로 부상한 상황에서 ESG 경영에 대한 정의를 내리고, 금융회사의 ESG 경영이 필요한 이유를 논하시오. 또한 금융회사가 ESG 경영을 실현하기 위한 방안과 이를 지원하기 위한 금융당국의 역할에 대해 논하시오.

주요 내용 예시

① ESG는 'Environment, Social, Governance', 즉 환경·사회·지배구조 등 기업의 비재무적인 요소를 뜻하며, ESG 경영은 보다 장기적인 측면에서 친환경적이고 사회적인 책임경영과 투명경영을 통해 지속 가능한 발전을 추구하는 경영 활동을 뜻한다.

② 기후 변화와 환경에 대한 위기 의식이 전 세계적으로 널리 확산되면서 재무적 성과 지표로만 기업을 평가하는 기존의 전통적인 관점에서 벗어나 비재무적 혹은 무형의 가치의 중요성을 인식하는 경향이 일반화됨에 따라 ESG 경영의 필요성에 대한 공감대가 확립되었다. 이에 따라 기업은 장기적으로 사회 전반에 이익이 되는 경영을 하라는 요구를 받고 있다.

③ ESG 경영에 대한 사회적 요구에 따라 제품·서비스가 환경에 끼치는 영향과 기업의 사회적 책임을 고려해 구매하는 소비자들이 증가하고 있다. 또한 기관투자자·연기금·금융기관 등은 ESG 경영에 문제가 있는 기업에 대한 투자·대출 등을 제한하고 있으며, 신용평가기관들은 ESG 관련 위험을 기업 신용평가에 반영하고 있고, 각국 정부 또한 ESG 경영 공시를 의무화하는 한편 환경보호와 관련한 세금을 징수하는 등 ESG 경영을 회피할 수 없는 시대가 되었다.

④ ESG는 기업에게 친환경 사업 등 새로운 사업 기회를 제공하며, 이러한 사업에 대한 정부의 금융 지원 또한 많아지고 있다. 또한 기업은 ESG 경영을 잘하는 기업을 투자 대상으로 하는 자금을 유치하고, ESG 경영을 통한 비용 절감과 브랜드 가치 강화를 이룰 수 있다. 아울러 ESG를 추구하는 인재들을 유치하고 임직원들의 동기 유발을 촉진할 수 있다. 이처럼 ESG는 기업에게 새로운 성장 동력이 될 수 있다.

[대응 방안]

① 금융회사는 자사의 성과를 평가할 때 기업 가치와 지속 가능성에 영향을 끼치는 친환경(E), 사회적 책임경영(S), 투명한 지배구조로의 개선(G) 등의 비재무적 요소를 계량화하고 평가에 반영해 기업 가치의 제고와 지속 가능한 발전을 이룰 수 있다.

② 금융회사는 친환경(E) 측면에서 탄소중립·RE100 등 환경보전 캠페인 동참, ESG 관련 금융상품 출시 비율 확대, 환경보전에 이바지하는 산업군에 대한 투자·대출 확대, 외부기관과의 친환경 경영 업무협약 등을 시행할 수 있다.

③ 금융회사는 사회적 책임경영(S) 측면에서 ESG 경영을 실천하는 기업에 대한 인센티브와 ESG 진단·컨설팅 제공, 서민·소상공인·중소기업 등 상대적으로 열등한 위치에 있는 금융 취약 계층을 위한 금융 지원, 소외 계층을 위한 기부·봉사활동 등의 사회공헌, 메세나 사업과 장학 사업, 사내 안전보건 관리체계 구축·강화 및 복리후생 개선과 인재 육성으로 ESG 역량 강화 등을 추진할 수 있다.

④ 금융회사는 투명한 지배구조로의 개선(G) 측면에서 지속 가능 경영을 관리하는 조직 체계의 전문성·투명성·실효성의 강화 정책, ESG 관련 대출과 투자 실적 및 직원 교육 현황 등의 모든 ESG 데이터를 수집·관리하고 투명하게 공개하는 플랫폼 구축, 자금세탁 방지와 정보 보안성, 리스크 관리의 강화, 윤리경영과 다양성 보장 및 차별 금지 강화 등과 이를 위한 임직원 교육 등을 실시할 수 있다.

⑤ 금융당국은 책임운영 기관으로서 금융회사가 국내외의 금융 환경에 적절히 대응하는 것은 물론 변화를 주도할 수 있도록 ESG 경영 활동 공시 기준을 현실에 맞게 끊임없이 개선하는 한편 ESG 채권 인증·평가 가이드라인 등 관련 법과 제도를 지속적으로 정비해야 한다. 이때 적용 대상 기업, 공시 항목·기준 등을 현실에 맞게 보다 구체화하는 것은 물론 시장에 끼치는 충격이 최소화되도록 정책의 예측 가능성을 제고함으로써 안정적인 변화를 유도해야 한다. 또한 이와 관련한 금융회사의 의견을 수렴해 정책에 반영할 수 있도록 소통 창구를 정례화하는 한편 ESG와 관련한 국내외의 논의에 효과적으로 대응하기 위해 관련 업무를 전담하는 조직과 자문기구를 마련함으로써 금융회사의 ESG 경영 활동을 지원해야 한다. 아울러 유럽연합(EC), 호주, 일본 등 해외 ESG 관련 기구의 운용 동향을 면밀히 분석해 시행 착오의 발생 가능성을 차단해야 한다.

2020년 기출문제

| 주제 1 |

불법사금융 문제의 원인과 대응 방안에 대해 논하시오.

주요 내용 예시

법정 최고금리가 인하됨에 따라 최고금리가 낮아지면 대부업체들은 신용도 낮은 사람부터 대출 대상에서 제외하는데, 대부업에 등록된 업체의 경우 조달금리가 높고 저신용자에게 떼이는 돈을 고려한 대손 비용과 관리비·대출 중개 수수료 등 지출이 많기 때문에 대부업계는 구조적으로 수지타산을 맞추려면 최소 대출 금리가 20%를 넘어야 한다는 입장이다. 이에 따라 신용이 건전한 고객에게만 대출해 줄 수밖에 없으며, 여기에서 밀려난 저신용 취약계층은 돈 빌릴 곳이 없게 되어 불법 사채시장으로 내몰릴 수밖에 없다. 이러한 불법 사채시장 금리는 대개 100% 이상으로 매우 높다. 그러다 보니 저신용자가 싼 금리로 돈을 빌릴 수 있는 길은 좁아지고, 턱없는 고금리로 서민들의 고통을 키우는 사금융이 더욱 기승을 부릴 것은 불 보듯 뻔하다. 서민금융연구원은 최고금리가 기존 24%에서 20%로 낮아지면 대부업체 이용자의 이자 감소액이 연간 최대 1,560억 원인 반면, 사금융으로 밀려난 저신용자 부담액은 최소 5,205억 원에서 최대 2조 원까지 늘어난다고 주장했다. 취약계층의 피해가 더 커지는 결과이다. 지난 2018년 2월에도 법정 최고금리를 27.9%에서 24%로 낮췄다. 고금리 채무자 다수가 이자 경감 혜택을 받지만, 20%가량은 금융 이용에 제한을 받고 상당수가 불법 사금융 시장으로 내몰렸다는 게 금융당국의 조사 결과이다.

[대응 방안]
① 불법 사금융 관리·감독 강화 및 불법 사금융의 초과이익 환수 시행
② 취약계층에 대한 법률 절차 지원 및 법률 지원 전담팀 설치
③ 햇살론과 같은 고금리 대안 금융상품 개발 진행

| 주제 2 |

코로나19로 인한 사생활 침해와 개인정보 문제에 대한 상반되는 의견을 각각 펼치고, 둘을 해결할 수 있는 해결 방안을 제시하시오.

주요 내용 예시

[찬성]

특수한 질병 재난 상황 하에 감염자의 동선 및 확진 여부 공개는 시민의 안전과 편의 및 알 권리 충족을 이유로 공개해야 한다.

[반대]

지자체별로 개인정보 공개 범위가 다르고, 확진 환자 사생활이 공개되는 경우가 생기면서 개인정보가 과도하게 침해된다.

전염병에 대한 방역 자체보다 특정 집단에 대한 정치적 계산, 혹은 경제적 파장의 고려 등으로 사용되는 지점이 있다.

정부가 제공하는 단편적 정보지만, 금세 조각조각이 맞춰질 수 있어 온라인상에는 당사자의 신원을 지칭할 여지가 있다.

[해결 방안]

① 전자출입명부 이용 확대를 추진한다. QR코드 기반 전자출입명부는 개인정보 유출에 상대적으로 안전하며, QR코드 출입명부는 시설 방문 정보(방문일시·시설이름 등)와 이용자 정보(방문일시·이용자 이름·휴대전화 번호 등)가 한국사회보장정보원과 QR코드 발급기관에 분산 보관되고, 보관된 정보는 확진자 발생 시 역학 조사에 활용되나, 생성 4주 후에 자동 파기되기 때문에 안전하게 관리할 수 있다.

② QR코드 사용이 익숙하지 않은 노령자층을 위해 전화만 걸면 자동으로 방문 정보가 기록되는 '발신자 전화번호 출입관리' 방식을 확대 적용한다.

③ 출입자 명부 관리에 대한 법령과 명확한 가이드라인을 제정하고, 안내 문자 전담팀을 구성하여 감염 방역에 정밀성을 높여 개인정보 유출에 보완을 더한다.

| 주제 1 |

한계기업 및 자영업자의 어려움에 대한 해결 방안에 대해 논하시오.

주요 내용 예시

한계기업은 벌어들인 돈으로 이자 비용도 감당하지 못하는 상태가 일정 기간 지속되는 기업을 말하며, 코로나19 이후 많은 한계기업이 속출하고 있다.

① 정부는 소상공인이 대출 신청 전에 신용등급을 확인하고 자신에게 적합한 대출 기관을 방문하도록 유도하여 소상공인시장진흥공단에 집중되지 않고 기업은행과 시중은행으로 업무가 분산되도록 해야 한다. 정부는 이러한 계획이 차질 없이 진행되도록 사후 조치를 바로 시행하여 적기에 자금이 공급될 수 있도록 해야 한다.

② 기업은행과 시중은행의 대출이 정부의 기대대로 이루어지는지 점검해야 하며, 대출 만기 연장, 이자 상환 유예 등도 예정대로 진행되는지 확인하고 독려해야 한다. 정책자금의 부실화에 대한 우려보다는 신속한 자금 공급에 중점을 두어 정책자금을 운용해야 하며, 적극적인 협력을 통해 민간 금융기관의 역량을 활용해야 한다.

③ 추가적인 자금 수요에 대한 대비책도 마련해야 한다. 국내외 코로나19 확산 추세가 단기간에 진정될 가능성이 크지 않고, 진정 국면에 접어든 이후에도 소상공인의 어려움이 해소되기는 어려울 것이기 때문에 정책자금에 대한 수요는 계속 확대될 수 있다. 금리 인하를 통한 이자율 부담을 낮추고 법인세 및 소득세 납부 기간을 유예해야 한다.

④ 세제 지원, 사회보험료 지원을 확대해야 하며 코로나19로 인해 피해를 본 소상공인에 대한 재정지원이 필요하다. 코로나19 사태가 단기간에 진정될 가능성이 높지 않고, 진정된 이후에도 경기회복이 쉽지 않을 전망이기 때문에 소상공인에 대한 재정지원의 필요성은 상당 기간 커질 수 있다. 재정 여건을 고려하여 직접 지원의 대상과 규모를 결정해야 하겠지만, 최소한 정부의 지원 없이 버티기 어려운 소상공인에 대한 재정지원은 신속하게 이루어져야 한다. 지원 대상 선정에 따른 행정 비용을 고려하여 지원 대상을 정하여야 하며, 소득이나 세금을 성실하게 신고하고 납부한 소상공인이 먼저 지원받을 수 있도록 할 필요가 있다.

⑤ 정부와 지방자치단체가 마련한 대책에도 불구하고, 코로나19로 인한 위기를 극복하지 못하고 폐업하는 소상공인에 대한 대책도 필요하다. 지금은 위기 극복을 위한 지원에 집중해야 하지만, 위기 국면이 지난 후 급격하게 증가할 수 있는 폐업 소상공인의 취업과 재기, 생계유지 등을 지원해야 한다.

| 주제 2 |

불완전 판매의 이유에 대해 논하시오.

주요 내용 예시

불완전판매란 고객에게 금융상품을 팔 때 상품에 대한 기본 내용과 투자 위험성 등에 대한 충분한 안내 없이 판매하는 것을 의미한다.

불완전 판매의 원인은 회사 평판 관리에 치중한 민원처리와 보험설계사의 수수료 체계에 있다고 본다. 회사의 평판은 보험상품 판매에 큰 영향을 미친다. 따라서 민원이 발생하면 보험회사 스스로 이를 합의 취하하려고 노력하게 되고, 취하가 되지 않으면 SNS, 언론, 금감원 등으로 민원이 확대되는 것을 방지하기 위해 '좋은 게 좋은 거'라고 가급적 고객의 요청을 수용하려 한다. 이러한 회사의 대응은 온라인을 통해 전파돼 고객들이 동일 유형의 민원을 지속해서 제기하는 실마리가 되며 문제행동 소비자를 양산하는 역할을 하게 된다. 이러한 문제행동 소비자의 양산은 금융당국의 민원 처리 방향이나 언론의 보도 행태에도 많은 영향을 받는다.

보험설계사의 수수료가 특정 상품과 유지 기간에 집중되는 현상, 비선형적으로 확대되는 수수료 체계, 과도한 평가 경쟁, 시책 등도 불완전판매의 유인책 역할을 한다. 즉, 잘못된 회사 평판 정책과 보험설계사 수수료 정책은 종신보험을 연금보험이나 확정 이율의 저축상품으로 혹은 공시이율이나 투자수익률에 따라 변동되는 이율을 일정 기간 보장하는 상품으로 판매하게 하는 요인이 된다.

따라서 보험회사는 법과 원칙대로 정확하게 민원을 처리하려는 의식을 갖고 민원처리 프로세스나 매뉴얼 등을 확립하고, 자신의 이익만을 관철하려는 문제행동 소비자에 대해 원칙에서 벗어난 민원 처리를 하지 말아야 한다. 또한 불완전 판매의 유인이 되는 인센티브 정책이 있는지를 면밀히 검토해 민원 유발 요소를 사전에 차단하는 노력을 기울여야 한다.

PART4
채용 가이드

블라인드 채용 소개

1. 블라인드 채용이란?

채용 과정에서 편견이 개입되어 불합리한 차별을 야기할 수 있는 출신지, 가족관계, 학력, 외모 등의 편견요인은 제외하고, 직무능력만을 평가하여 인재를 채용하는 방식입니다.

2. 블라인드 채용의 필요성

- 채용의 공정성에 대한 사회적 요구
  - 누구에게나 직무능력만으로 경쟁할 수 있는 균등한 고용기회를 제공해야 하나, 아직도 채용의 공정성에 대한 불신이 존재
  - 채용상 차별금지에 대한 법적 요건이 권고적 성격에서 처벌을 동반한 의무적 성격으로 강화되는 추세
  - 시민의식과 지원자의 권리의식 성숙으로 차별에 대한 법적 대응 가능성 증가
- 우수인재 채용을 통한 기업의 경쟁력 강화 필요
  - 직무능력과 무관한 학벌, 외모 위주의 선발로 우수인재 선발기회 상실 및 기업경쟁력 약화
  - 채용 과정에서 차별 없이 직무능력중심으로 선발한 우수인재 확보 필요
- 공정한 채용을 통한 사회적 비용 감소 필요
  - 편견에 의한 차별적 채용은 우수인재 선발을 저해하고 외모·학벌 지상주의 등의 심화로 불필요한 사회적 비용 증가
  - 채용에서의 공정성을 높여 사회의 신뢰수준 제고

3. 블라인드 채용의 특징

편견요인을 요구하지 않는 대신 직무능력을 평가합니다.

블라인드 채용 = 편견유발 요인제외 + 직무능력 중심평가

※ 직무능력중심 채용이란?
기업의 역량기반 채용, NCS기반 능력중심 채용과 같이 직무수행에 필요한 능력과 역량을 평가하여 선발하는 채용방식을 통칭합니다.

4. 블라인드 채용의 평가요소

직무수행에 필요한 지식, 기술, 태도 등을 과학적인 선발기법을 통해 평가합니다.

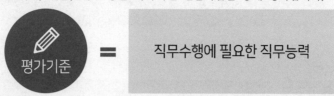

평가기준 = 직무수행에 필요한 직무능력

※ 과학적 선발기법이란?
직무분석을 통해 도출된 평가요소를 서류, 필기, 면접 등을 통해 체계적으로 평가하는 방법으로 입사지원서, 자기소개서, 직무수행능력평가, 구조화 면접 등이 해당됩니다.

5. 블라인드 채용 주요 도입 내용

• 입사지원서에 인적사항 요구 금지
  – 인적사항에는 출신지역, 가족관계, 결혼여부, 재산, 취미 및 특기, 종교, 생년월일(연령), 성별, 신장 및 체중, 사진, 전공, 학교명, 학점, 외국어 점수, 추천인 등이 해당
  – 채용 직무를 수행하는 데 있어 반드시 필요하다고 인정될 경우는 제외
    예 특수경비직 채용 시 : 시력, 건강한 신체 요구
      연구직 채용 시 : 논문, 학위 요구 등
• 블라인드 면접 실시
  – 면접관에게 응시자의 출신지역, 가족관계, 학교명 등 인적사항 정보 제공 금지
  – 면접관은 응시자의 인적사항에 대한 질문 금지

6. 블라인드 채용 도입의 효과성

• 구성원의 다양성과 창의성이 높아져 기업 경쟁력 강화
  – 편견을 없애고 직무능력 중심으로 선발하므로 다양한 직원 구성 가능
  – 다양한 생각과 의견을 통하여 기업의 창의성이 높아져 기업경쟁력 강화
• 직무에 적합한 인재선발을 통한 이직률 감소 및 만족도 제고
  – 사전에 지원자들에게 구체적이고 상세한 직무요건을 제시함으로써 허수 지원이 낮아지고, 직무에 적합한 지원자 모집 가능
  – 직무에 적합한 인재가 선발되어 직무이해도가 높아져 업무효율 증대 및 만족도 제고
• 채용의 공정성과 기업이미지 제고
  – 블라인드 채용은 사회적 편견을 줄인 선발 방법으로 기업에 대한 사회적 인식 제고
  – 채용과정에서 불합리한 차별을 받지 않고 실력에 의해 공정하게 평가를 받을 것이라는 믿음을 제공하고, 지원자들은 평등한 기회와 공정한 선발과정 경험

02 서류전형 가이드

01 채용공고문

1. 채용공고문의 변화

기존 채용공고문	변화된 채용공고문
• 취업준비생에게 불충분하고 불친절한 측면 존재 • 모집분야에 대한 명확한 직무관련 정보 및 평가기준 부재 • 해당분야에 지원하기 위한 취업준비생의 무분별한 스펙 쌓기 현상 발생	• NCS 직무분석에 기반한 채용공고를 토대로 채용전형 진행 • 지원자가 입사 후 수행하게 될 업무에 대한 자세한 정보 공지 • 직무수행내용, 직무수행 시 필요한 능력, 관련된 자격, 직업기초능력 제시 • 지원자가 해당 직무에 필요한 스펙만을 준비할 수 있도록 안내
• 모집부문 및 응시자격 • 지원서 접수 • 전형절차 • 채용조건 및 처우 • 기타사항	• 채용절차 • 채용유형별 선발분야 및 예정인원 • 전형방법 • 선발분야별 직무기술서 • 우대사항

2. 지원 유의사항 및 지원요건 확인

채용 직무에 따른 세부사항을 공고문에 명시하여 지원자에게 적격한 지원 기회를 부여함과 동시에 채용과정에서의 공정성과 신뢰성을 확보합니다.

구성	내용	확인사항
모집분야 및 규모	고용형태(인턴 계약직 등), 모집분야, 인원, 근무지역 등	채용직무가 여러 개일 경우 본인이 해당되는 직무의 채용규모 확인
응시자격	기본 자격사항, 지원조건	지원을 위한 최소자격요건을 확인하여 불필요한 지원을 예방
우대조건	법정·특별·자격증 가점	본인의 가점 여부를 검토하여 가점 획득을 위한 사항을 사실대로 기재
근무조건 및 보수	고용형태 및 고용기간, 보수, 근무지	본인이 생각하는 기대수준에 부합하는지 확인하여 불필요한 지원을 예방
시험방법	서류·필기·면접전형 등의 활용방안	전형방법 및 세부 평가기법 등을 확인하여 지원전략 준비
전형일정	접수기간, 각 전형 단계별 심사 및 합격자 발표일 등	본인의 지원 스케줄을 검토하여 차질이 없도록 준비
제출서류	입사지원서(경력·경험기술서 등), 각종 증명서 및 자격증 사본 등	지원요건 부합 여부 및 자격 증빙서류 사전에 준비
유의사항	임용취소 등의 규정	임용취소 관련 법적 또는 기관 내부 규정을 검토하여 해당여부 확인

직무기술서란 직무수행의 내용과 필요한 능력, 관련 자격, 직업기초능력 등을 상세히 기재한 것으로 입사 후 수행하게 될 업무에 대한 정보가 수록되어 있는 자료입니다.

1. 채용분야

설명

NCS 직무분류 체계에 따라 직무에 대한 「대분류 – 중분류 – 소분류 – 세분류」 체계를 확인할 수 있습니다. 채용 직무에 대한 모든 직무기술서를 첨부하게 되며 실제 수행 업무를 기준으로 세부적인 분류정보를 제공합니다.

채용분야	분류체계			
사무행정	대분류	중분류	소분류	세분류
분류코드	02. 경영·회계·사무	03. 재무·회계	01. 재무	01. 예산
				02. 자금
			02. 회계	01. 회계감사
				02. 세무

2. 능력단위

설명

직무분류 체계의 세분류 하위능력단위 중 실질적으로 수행할 업무의 능력만 구체적으로 파악할 수 있습니다.

능력단위	(예산)	03. 연간종합예산수립 05. 확정예산 운영	04. 추정재무제표 작성 06. 예산실적 관리
	(자금)	04. 자금운용	
	(회계감사)	02. 자금관리 05. 회계정보시스템 운용 07. 회계감사	04. 결산관리 06. 재무분석
	(세무)	02. 결산관리 07. 법인세 신고	05. 부가가치세 신고

3. 직무수행내용

설명

세분류 영역의 기본정의를 통해 직무수행내용을 확인할 수 있습니다. 입사 후 수행할 직무내용을 구체적으로 확인할 수 있으며, 이를 통해 입사서류 작성부터 면접까지 직무에 대한 명확한 이해를 바탕으로 자신의 희망직무 인지 아닌지, 해당 직무가 자신이 알고 있던 직무가 맞는지 확인할 수 있습니다.

직무수행내용	(예산) 일정기간 예상되는 수익과 비용을 편성, 집행하며 통제하는 일
	(자금) 자금의 계획 수립, 조달, 운용을 하고 발생 가능한 위험 관리 및 성과평가
	(회계감사) 기업 및 조직 내·외부에 있는 의사결정자들이 효율적인 의사결정을 할 수 있도록 유용한 정보를 제공, 제공된 회계정보의 적정성을 파악하는 일
	(세무) 세무는 기업의 활동을 위하여 주어진 세법범위 내에서 조세부담을 최소화시키는 조세전략을 포함하고 정확한 과세소득과 과세표준 및 세액을 산출하여 과세당국에 신고·납부하는 일

4. 직무기술서 예시

태도	(예산) 정확성, 분석적 태도, 논리적 태도, 타 부서와의 협조적 태도, 설득력
	(자금) 분석적 사고력
	(회계 감사) 합리적 태도, 전략적 사고, 정확성, 적극적 협업 태도, 법률준수 태도, 분석적 태도, 신속성, 책임감, 정확한 판단력
	(세무) 규정 준수 의지, 수리적 정확성, 주의 깊은 태도
우대 자격증	공인회계사, 세무사, 컴퓨터활용능력, 변호사, 워드프로세서, 전산회계운용사, 사회조사분석사, 재경관리사, 회계관리 등
직업기초능력	의사소통능력, 문제해결능력, 자원관리능력, 대인관계능력, 정보능력, 조직이해능력

5. 직무기술서 내용별 확인사항

항목	확인사항
모집부문	해당 채용에서 선발하는 부문(분야)명 확인 예 사무행정, 전산, 전기
분류체계	지원하려는 분야의 세부직무군 확인
주요기능 및 역할	지원하려는 기업의 전사적인 기능과 역할, 산업군 확인
능력단위	지원분야의 직무수행에 관련되는 세부업무사항 확인
직무수행내용	지원분야의 직무군에 대한 상세사항 확인
전형방법	지원하려는 기업의 신입사원 선발전형 절차 확인
일반요건	교육사항을 제외한 지원 요건 확인(자격요건, 특수한 경우 연령)
교육요건	교육사항에 대한 지원요건 확인(대졸 / 초대졸 / 고졸 / 전공 요건)
필요지식	지원분야의 업무수행을 위해 요구되는 지식 관련 세부항목 확인
필요기술	지원분야의 업무수행을 위해 요구되는 기술 관련 세부항목 확인
직무수행태도	지원분야의 업무수행을 위해 요구되는 태도 관련 세부항목 확인
직업기초능력	지원분야 또는 지원기업의 조직원으로서 근무하기 위해 필요한 일반적인 능력사항 확인

1. 입사지원서의 변화

기존지원서		능력중심 채용 입사지원서
직무와 관련 없는 학점, 개인신상, 어학점수, 자격, 수상경력 등을 나열하도록 구성	VS	해당 직무수행에 꼭 필요한 정보들을 제시할 수 있도록 구성

기존지원서	능력중심 채용 입사지원서	
직무기술서	인적사항	성명, 연락처, 지원분야 등 작성 (평가 미반영)
직무수행내용	교육사항	직무지식과 관련된 학교교육 및 직업교육 작성
요구지식 / 기술	자격사항	직무관련 국가공인 또는 민간자격 작성
관련 자격증	경력 및 경험사항	조직에 소속되어 일정한 임금을 받거나(경력) 임금 없이(경험) 직무와 관련된 활동 내용 작성
사전직무경험		

2. 교육사항

- 지원분야 직무와 관련된 학교 교육이나 직업교육 혹은 기타교육 등 직무에 대한 지원자의 학습 여부를 평가하기 위한 항목입니다.
- 지원하고자 하는 직무의 학교 전공교육 이외에 직업교육, 기타교육 등을 기입할 수 있기 때문에 전공 제한 없이 직업교육과 기타교육을 이수하여 지원이 가능하도록 기회를 제공합니다.
  (기타교육 : 학교 이외의 기관에서 개인이 이수한 교육과정 중 지원직무와 관련이 있다고 생각되는 교육내용)

구분	교육과정(과목)명	교육내용	과업(능력단위)

3. 자격사항

- 채용공고 및 직무기술서에 제시되어 있는 자격 현황을 토대로 지원자가 해당 직무를 수행하는 데 필요한 능력을 가지고 있는지를 평가하기 위한 항목입니다.
- 채용공고 및 직무기술서에 기재된 직무관련 필수 또는 우대자격 항목을 확인하여 본인이 보유하고 있는 자격사항을 기재합니다.

자격유형	자격증명	발급기관	취득일자	자격증번호

4. 경력 및 경험사항

- 직무와 관련된 경력이나 경험 여부를 표현하도록 하여 직무와 관련한 능력을 갖추었는지를 평가하기 위한 항목입니다.
- 해당 기업에서 직무를 수행함에 있어 필요한 사항만을 기록하게 되어 있기 때문에 직무와 무관한 스펙을 갖추지 않아도 됩니다.
- 경력 : 금전적 보수를 받고 일정기간 동안 일했던 경우
- 경험 : 금전적 보수를 받지 않고 수행한 활동

※ 기업에 따라 경력 / 경험 관련 증빙자료 요구 가능

구분	조직명	직위 / 역할	활동기간(년 / 월)	주요과업 / 활동내용

Tip

입사지원서 작성 방법

○ 경력 및 경험사항 작성
- 직무기술서에 제시된 지식, 기술, 태도와 지원자의 교육사항, 경력(경험)사항, 자격사항과 연계하여 개인의 직무역량에 대해 스스로 판단 가능

○ 인적사항 최소화
- 개인의 인적사항, 학교명, 가족관계 등을 노출하지 않도록 유의

> 부적절한 입사지원서 작성 사례
> - 학교 이메일을 기입하여 학교명 노출
> - 거주지 주소에 학교 기숙사 주소를 기입하여 학교명 노출
> - 자기소개서에 부모님이 재직 중인 기업명, 직위, 직업을 기입하여 가족관계 노출
> - 자기소개서에 석·박사 과정에 대한 이야기를 언급하여 학력 노출
> - 동아리 활동에 대한 내용을 학교명과 더불어 언급하여 학교명 노출

1. 자기소개서의 변화

- 기존의 자기소개서는 지원자의 일대기나 관심 분야, 성격의 장·단점 등 개괄적인 사항을 묻는 질문으로 구성되어 지원자가 자신의 직무능력을 제대로 표출하지 못합니다.
- 능력중심 채용의 자기소개서는 직무기술서에 제시된 직업기초능력(또는 직무수행능력)에 대한 지원자의 과거 경험을 기술하게 함으로써 평가 타당도의 확보가 가능합니다.

1. 우리 회사와 해당 지원 직무분야에 지원한 동기에 대해 기술해 주세요.
2. 자신이 경험한 다양한 사회활동에 대해 기술해 주세요.
3. 지원 직무에 대한 전문성을 키우기 위해 받은 교육과 경험 및 경력사항에 대해 기술해 주세요.
4. 인사업무 또는 팀 과제 수행 중 발생한 갈등을 원만하게 해결해 본 경험이 있습니까? 당시 상황에 대한 설명과 갈등의 대상이 되었던 상대방을 설득한 과정 및 방법을 기술해 주세요.
5. 과거에 있었던 일 중 가장 어려웠던(힘들었던) 상황을 고르고, 어떤 방법으로 그 상황을 해결했는지를 기술해 주세요.

자기소개서 작성 방법

① 자기소개서 문항이 묻고 있는 평가 역량 추측하기

> 예시
>
> • 팀 활동을 하면서 갈등 상황 시 상대방의 니즈나 의도를 명확히 파악하고 해결하여 목표 달성에 기여했던 경험에 대해서 작성해 주시기 바랍니다.
> • 다른 사람이 생각해내지 못했던 문제점을 찾고 이를 해결한 경험에 대해 작성해 주시기 바랍니다.

② 해당 역량을 보여줄 수 있는 소재 찾기(시간×역량 매트릭스)

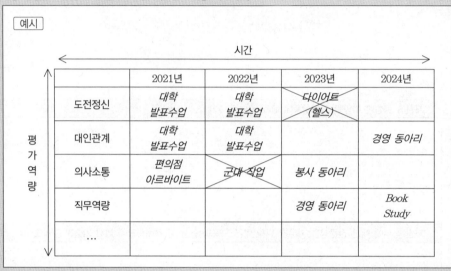

예시

시간

평가역량	2021년	2022년	2023년	2024년
도전정신	대학 발표수업	대학 발표수업	~~다이어트 (헬스)~~	
대인관계	대학 발표수업	대학 발표수업		경영 동아리
의사소통	편의점 아르바이트	~~군대 작업~~	봉사 동아리	
직무역량			경영 동아리	Book Study
…				

③ 자기소개서 작성 Skill 익히기
• 두괄식으로 작성하기
• 구체적 사례를 사용하기
• '나'를 중심으로 작성하기
• 직무역량 강조하기
• 경험 사례의 차별성 강조하기

CHAPTER

03 인성검사 소개 및 모의테스트

01 인성검사 유형

인성검사는 지원자의 성격특성을 객관적으로 파악하고 그것이 각 기업에서 필요로 하는 인재상과 가치에 부합하는가를 평가하기 위한 검사입니다. 인성검사는 KPDI(한국인재개발진흥원), K-SAD(한국사회적성개발원), KIRBS(한국행동과학연구소), SHR(에스에이치알) 등의 전문기관을 통해 각 기업의 특성에 맞는 검사를 선택하여 실시합니다. 대표적인 인성검사의 유형에는 크게 다음과 같은 세 가지가 있으며, 채용 대행업체에 따라 달라집니다.

1. KPDI 검사

조직적응성과 직무적합성을 알아보기 위한 검사로 인성검사, 인성역량검사, 인적성검사, 직종별 인적성 검사 등의 다양한 검사 도구를 구현합니다. KPDI는 성격을 파악하고 정신건강 상태 등을 측정하고, 직무 검사는 해당 직무를 수행하기 위해 기본적으로 갖추어야 할 인지적 능력을 측정합니다. 역량검사는 특정 직무 역할을 효과적으로 수행하는 데 직접적으로 관련 있는 개인의 행동, 지식, 스킬, 가치관 등을 측정합니다.

2. KAD(Korea Aptitude Development) 검사

K-SAD(한국사회적성개발원)에서 실시하는 적성검사 프로그램입니다. 개인의 성향, 지적 능력, 기호, 관심, 흥미도를 종합적으로 분석하여 적성에 맞는 업무가 무엇인가 파악하고, 직무수행에 있어서 요구되는 기초능력과 실무능력을 분석합니다.

3. SHR 직무적성검사

직무수행에 필요한 종합적인 사고 능력을 다양한 적성검사(Paper and Pencil Test)로 평가합니다. SHR의 모든 직무능력검사는 표준화 검사입니다. 표준화 검사는 표본집단의 점수를 기초로 규준이 만들어진 검사이므로 개인의 점수를 규준에 맞추어 해석·비교하는 것이 가능합니다. S(Standardized Tests), H(Hundreds of Version), R(Reliable Norm Data)을 특징으로 하며, 직군·직급별 특성과 선발 수준에 맞추어 검사를 적용할 수 있습니다.

인성검사는 특히 면접질문과 관련성이 높습니다. 면접관은 지원자의 인성검사 결과를 토대로 질문을 하기 때문입니다. 일관적이고 이상적인 답변을 하는 것이 가장 좋지만, 실제 시험은 매우 복잡하여 전문가라 해도 일정 성격을 유지하면서 답변을 하는 것이 힘듭니다. 또한, 인성검사에는 라이 스케일(Lie Scale) 설문이 전체 설문 속에 교묘하게 섞여 들어가 있으므로 겉치레적인 답을 하게 되면 회답태도의 허위성이 그대로 드러나게 됩니다. 예를 들어 '거짓말을 한 적이 한 번도 없다.'에 '예'로 답하고, '때로는 거짓말을 하기도 한다.'에 '예'라고 답하여 라이 스케일의 득점이 올라가게 되면 모든 회답의 신빙성이 사라지고 '자신을 돋보이게 하려는 사람'이라는 평가를 받을 수 있으므로 주의해야 합니다. 따라서 모의테스트를 통해 인성검사의 유형과 실제 시험 시 어떻게 문제를 풀어야 하는지 연습해 보고 체크한 부분 중 자신의 단점과 연결되는 부분은 면접에서 질문이 들어왔을 때 어떻게 대처해야 하는지 생각해 보는 것이 좋습니다.

03   유의사항

1. 기업의 인재상을 파악하라!

인성검사를 통해 개인의 성격 특성을 파악하고 그것이 기업의 인재상과 가치에 부합하는지를 평가하는 시험이기 때문에 해당 기업의 인재상을 먼저 파악하고 시험에 임하는 것이 좋습니다. 모의테스트에서 인재상에 맞는 가상의 인물을 설정하고 문제에 답해 보는 것도 많은 도움이 됩니다.

2. 일관성 있는 대답을 하라!

짧은 시간 안에 다양한 질문에 답을 해야 하는데, 그 안에는 중복되는 질문이 여러 번 나옵니다. 이때 앞서 자신이 체크했던 대답을 잘 기억해뒀다가 일관성 있는 답을 하는 것이 중요합니다.

3. 모든 문항에 대답하라!

많은 문제를 짧은 시간 안에 풀려다 보니 다 못 푸는 경우도 종종 생깁니다. 하지만 대답을 누락하거나 끝까지 다 못했을 경우 좋지 않은 결과를 가져올 수도 있으니 최대한 주어진 시간 안에 모든 문항에 답할 수 있도록 해야 합니다.

※ 모의테스트는 질문 및 답변 유형 연습을 위한 것으로 실제 시험과 다를 수 있습니다.
※ 인성검사는 정답이 따로 없는 유형의 검사이므로 결과지를 제공하지 않습니다.

번호	내용	예	아니요
001	나는 솔직한 편이다.	☐	☐
002	나는 리드하는 것을 좋아한다.	☐	☐
003	법을 어겨서 말썽이 된 적이 한 번도 없다.	☐	☐
004	거짓말을 한 번도 한 적이 없다.	☐	☐
005	나는 눈치가 빠르다.	☐	☐
006	나는 일을 주도하기보다는 뒤에서 지원하는 것을 선호한다.	☐	☐
007	앞일은 알 수 없기 때문에 계획은 필요하지 않다.	☐	☐
008	거짓말도 때로는 방편이라고 생각한다.	☐	☐
009	사람이 많은 술자리를 좋아한다.	☐	☐
010	걱정이 지나치게 많다.	☐	☐
011	일을 시작하기 전 재고하는 경향이 있다.	☐	☐
012	불의를 참지 못한다.	☐	☐
013	처음 만나는 사람과도 이야기를 잘 한다.	☐	☐
014	때로는 변화가 두렵다.	☐	☐
015	나는 모든 사람에게 친절하다.	☐	☐
016	힘든 일이 있을 때 술은 위로가 되지 않는다.	☐	☐
017	결정을 빨리 내리지 못해 손해를 본 경험이 있다.	☐	☐
018	기회를 잡을 준비가 되어 있다.	☐	☐
019	때로는 내가 정말 쓸모없는 사람이라고 느낀다.	☐	☐
020	누군가 나를 챙겨주는 것이 좋다.	☐	☐
021	자주 가슴이 답답하다.	☐	☐
022	나는 내가 자랑스럽다.	☐	☐
023	경험이 중요하다고 생각한다.	☐	☐
024	전자기기를 분해하고 다시 조립하는 것을 좋아한다.	☐	☐

PART 4

025	감시받고 있다는 느낌이 든다.	☐	☐
026	난처한 상황에 놓이면 그 순간을 피하고 싶다.	☐	☐
027	세상엔 믿을 사람이 없다.	☐	☐
028	잘못을 빨리 인정하는 편이다.	☐	☐
029	지도를 보고 길을 잘 찾아간다.	☐	☐
030	귓속말을 하는 사람을 보면 날 비난하고 있는 것 같다.	☐	☐
031	막무가내라는 말을 들을 때가 있다.	☐	☐
032	장래의 일을 생각하면 불안하다.	☐	☐
033	결과보다 과정이 중요하다고 생각한다.	☐	☐
034	운동은 그다지 할 필요가 없다고 생각한다.	☐	☐
035	새로운 일을 시작할 때 좀처럼 한 발을 떼지 못한다.	☐	☐
036	기분 상하는 일이 있더라도 참는 편이다.	☐	☐
037	업무능력은 성과로 평가받아야 한다고 생각한다.	☐	☐
038	머리가 맑지 못하고 무거운 느낌이 든다.	☐	☐
039	가끔 이상한 소리가 들린다.	☐	☐
040	타인이 내게 자주 고민상담을 하는 편이다.	☐	☐

※ 모의테스트는 질문 및 답변 유형 연습을 위한 것으로 실제 시험과 다를 수 있습니다.
※ 인성검사는 정답이 따로 없는 유형의 검사이므로 결과지를 제공하지 않습니다.

※ 이 성격검사의 각 문항에는 서로 다른 행동을 나타내는 네 개의 문장이 제시되어 있습니다. 이 문장들을 비교하여, 자신의 평소 행동과 가장 가까운 문장을 'ㄱ' 열에 표기하고, 가장 먼 문장을 'ㅁ' 열에 표기하십시오.

01 나는 _____

	ㄱ	ㅁ
A. 실용적인 해결책을 찾는다.	☐	☐
B. 다른 사람을 돕는 것을 좋아한다.	☐	☐
C. 세부 사항을 잘 챙긴다.	☐	☐
D. 상대의 주장에서 허점을 잘 찾는다.	☐	☐

02 나는 _____

	ㄱ	ㅁ
A. 매사에 적극적으로 임한다.	☐	☐
B. 즉흥적인 편이다.	☐	☐
C. 관찰력이 있다.	☐	☐
D. 임기응변에 강하다.	☐	☐

03 나는 _____

	ㄱ	ㅁ
A. 무서운 영화를 잘 본다.	☐	☐
B. 조용한 곳이 좋다.	☐	☐
C. 가끔 울고 싶다.	☐	☐
D. 집중력이 좋다.	☐	☐

04 나는 _____

	ㄱ	ㅁ
A. 기계를 조립하는 것을 좋아한다.	☐	☐
B. 집단에서 리드하는 역할을 맡는다.	☐	☐
C. 호기심이 많다.	☐	☐
D. 음악을 듣는 것을 좋아한다.	☐	☐

PART 4

05 나는 _____

	ㄱ	ㅁ
A. 타인을 늘 배려한다.	☐	☐
B. 감수성이 예민하다.	☐	☐
C. 즐겨하는 운동이 있다.	☐	☐
D. 일을 시작하기 전에 계획을 세운다.	☐	☐

06 나는 _____

	ㄱ	ㅁ
A. 타인에게 설명하는 것을 좋아한다.	☐	☐
B. 여행을 좋아한다.	☐	☐
C. 정적인 것이 좋다.	☐	☐
D. 남을 돕는 것에 보람을 느낀다.	☐	☐

07 나는 _____

	ㄱ	ㅁ
A. 기계를 능숙하게 다룬다.	☐	☐
B. 밤에 잠이 잘 오지 않는다.	☐	☐
C. 한 번 간 길을 잘 기억한다.	☐	☐
D. 불의를 보면 참을 수 없다.	☐	☐

08 나는 _____

	ㄱ	ㅁ
A. 종일 말을 하지 않을 때가 있다.	☐	☐
B. 사람이 많은 곳을 좋아한다.	☐	☐
C. 술을 좋아한다.	☐	☐
D. 휴양지에서 편하게 쉬고 싶다.	☐	☐

09 나는 _____

	ㄱ	ㅁ
A. 뉴스보다는 드라마를 좋아한다.	☐	☐
B. 길을 잘 찾는다.	☐	☐
C. 주말엔 집에서 쉬는 것이 좋다.	☐	☐
D. 아침에 일어나는 것이 힘들다.	☐	☐

10 나는 _____

	ㄱ	ㅁ
A. 이성적이다.	☐	☐
B. 할 일을 종종 미룬다.	☐	☐
C. 어른을 대하는 게 힘들다.	☐	☐
D. 불을 보면 매혹을 느낀다.	☐	☐

11 나는 _____

	ㄱ	ㅁ
A. 상상력이 풍부하다.	☐	☐
B. 예의 바르다는 소리를 자주 듣는다.	☐	☐
C. 사람들 앞에 서면 긴장한다.	☐	☐
D. 친구를 자주 만난다.	☐	☐

12 나는 _____

	ㄱ	ㅁ
A. 나만의 스트레스 해소 방법이 있다.	☐	☐
B. 친구가 많다.	☐	☐
C. 책을 자주 읽는다.	☐	☐
D. 활동적이다.	☐	☐

PART 4

04 면접전형 가이드

01 면접유형 파악

1. 면접전형의 변화

기존 면접전형에서는 일상적이고 단편적인 대화나 지원자의 첫인상 및 면접관의 주관적인 판단 등에 의해서 입사 결정 여부를 판단하는 경우가 많았습니다. 이러한 면접전형은 면접 내용의 일관성이 결여되거나 직무 관련 타당성이 부족하였고, 면접에 대한 신뢰도에 영향을 주었습니다.

기존 면접(전통적 면접)		능력중심 채용 면접(구조화 면접)
• 일상적이고 단편적인 대화 • 인상, 외모 등 외부 요소의 영향 • 주관적인 판단에 의존한 총점 부여 ⇩ • 면접 내용의 일관성 결여 • 직무관련 타당성 부족 • 주관적인 채점으로 신뢰도 저하	VS	• 일관성 　- 직무관련 역량에 초점을 둔 구체적 질문 목록 　- 지원자별 동일 질문 적용 • 구조화 　- 면접 진행 및 평가 절차를 일정한 체계에 의해 구성 • 표준화 　- 평가 타당도 제고를 위한 평가 Matrix 구성 　- 척도에 따라 항목별 채점, 개인 간 비교 • 신뢰성 　- 면접진행 매뉴얼에 따라 면접위원 교육 및 실습

2. 능력중심 채용의 면접 유형

① 경험 면접
- 목적 : 선발하고자 하는 직무 능력이 필요한 과거 경험을 질문합니다.
- 평가요소 : 직업기초능력과 인성 및 태도적 요소를 평가합니다.

② 상황 면접
- 목적 : 특정 상황을 제시하고 지원자의 행동을 관찰함으로써 실제 상황의 행동을 예상합니다.
- 평가요소 : 직업기초능력과 인성 및 태도적 요소를 평가합니다.

③ 발표 면접
- 목적 : 특정 주제와 관련된 지원자의 발표와 질의응답을 통해 지원자 역량을 평가합니다.
- 평가요소 : 직무수행능력과 인지적 역량(문제해결능력)을 평가합니다.

④ 토론 면접
- 목적 : 토의과제에 대한 의견수렴 과정에서 지원자의 역량과 상호작용능력을 평가합니다.
- 평가요소 : 직무수행능력과 팀워크를 평가합니다.

1. 경험 면접

① 경험 면접의 특징
- 주로 직업기초능력에 관련된 지원자의 과거 경험을 심층 질문하여 검증하는 면접입니다.
- 직무능력과 관련된 과거 경험을 평가하기 위해 심층 질문을 하며, 이 질문은 지원자의 답변에 대하여 '꼬리에 꼬리를 무는 형식'으로 진행됩니다.

> - 능력요소, 정의, 심사 기준
>   - 평가하고자 하는 능력요소, 정의, 심사기준을 확인하여 면접위원이 해당 능력요소 관련 질문을 제시합니다.
> - Opening Question
>   - 능력요소에 관련된 과거 경험을 유도하기 위한 시작 질문을 합니다.
> - Follow-up Question
>   - 지원자의 경험 수준을 구체적으로 검증하기 위한 질문입니다.
>   - 경험 수준 검증을 위한 상황(Situation), 임무(Task), 역할 및 노력(Action), 결과(Result) 등으로 질문을 구분합니다.

경험 면접의 형태

[면접관 1]　[면접관 2]　[면접관 3]

[면접관 1]　[면접관 2]　[면접관 3]

[지원자]
〈일대다 면접〉

[지원자 1]　[지원자 2]　[지원자 3]
〈다대다 면접〉

② 경험 면접의 구조

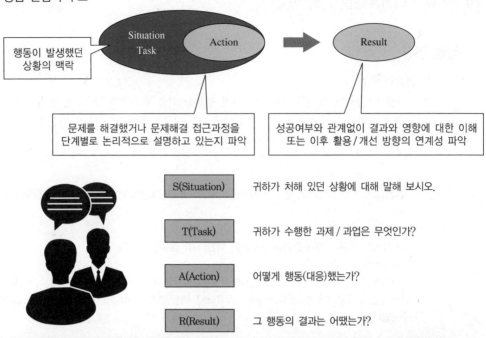

행동이 발생했던
상황의 맥락

문제를 해결했거나 문제해결 접근과정을
단계별로 논리적으로 설명하고 있는지 파악

성공여부와 관계없이 결과와 영향에 대한 이해
또는 이후 활용／개선 방향의 연계성 파악

S(Situation) 귀하가 처해 있던 상황에 대해 말해 보시오.

T(Task) 귀하가 수행한 과제／과업은 무엇인가?

A(Action) 어떻게 행동(대응)했는가?

R(Result) 그 행동의 결과는 어땠는가?

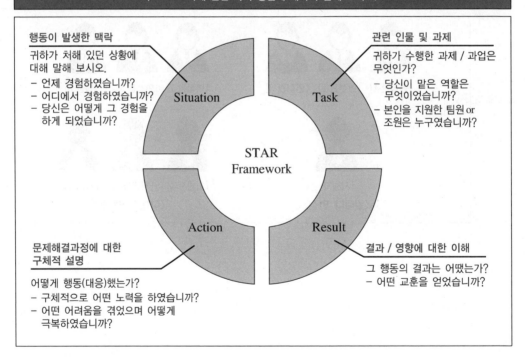

(   )에 관한 과거 경험에 대하여 말해 보시오.

행동이 발생한 맥락
귀하가 처해 있던 상황에
대해 말해 보시오.
– 언제 경험하였습니까?
– 어디에서 경험하였습니까?
– 당신은 어떻게 그 경험을
  하게 되었습니까?

Situation

관련 인물 및 과제
귀하가 수행한 과제／과업은
무엇인가?
– 당신이 맡은 역할은
  무엇이었습니까?
– 본인을 지원한 팀원 or
  조원은 누구였습니까?

Task

STAR
Framework

Action

Result

문제해결과정에 대한
구체적 설명
어떻게 행동(대응)했는가?
– 구체적으로 어떤 노력을 하였습니까?
– 어떤 어려움을 겪었으며 어떻게
  극복하였습니까?

결과／영향에 대한 이해
그 행동의 결과는 어땠는가?
– 어떤 교훈을 얻었습니까?

③ 경험 면접 질문 예시(직업윤리)

시작 질문	
1	남들이 신경 쓰지 않는 부분까지 고려하여 절차대로 업무(연구)를 수행하여 성과를 낸 경험을 구체적으로 말해 보시오.
2	조직의 원칙과 절차를 철저히 준수하며 업무(연구)를 수행한 것 중 성과를 향상시킨 경험에 대해 구체적으로 말해 보시오.
3	세부적인 절차와 규칙에 주의를 기울여 실수 없이 업무(연구)를 마무리한 경험을 구체적으로 말해 보시오.
4	조직의 규칙이나 원칙을 고려하여 성실하게 일했던 경험을 구체적으로 말해 보시오.
5	타인의 실수를 바로잡고 원칙과 절차대로 수행하여 성공적으로 업무를 마무리하였던 경험에 대해 말해 보시오.

후속 질문		
상황 (Situation)	상황	구체적으로 언제, 어디에서 경험한 일인가?
		어떤 상황이었는가?
	조직	어떤 조직에 속해 있었는가?
		그 조직의 특성은 무엇이었는가?
		몇 명으로 구성된 조직이었는가?
	기간	해당 조직에서 얼마나 일했는가?
		해당 업무는 몇 개월 동안 지속되었는가?
	조직규칙	조직의 원칙이나 규칙은 무엇이었는가?
임무 (Task)	과제	과제의 목표는 무엇이었는가?
		과제에 적용되는 조직의 원칙은 무엇이었는가?
		그 규칙을 지켜야 하는 이유는 무엇이었는가?
	역할	당신이 조직에서 맡은 역할은 무엇이었는가?
		과제에서 맡은 역할은 무엇이었는가?
	문제의식	규칙을 지키지 않을 경우 생기는 문제점 / 불편함은 무엇인가?
		해당 규칙이 왜 중요하다고 생각하였는가?
역할 및 노력 (Action)	행동	업무 과정의 어떤 장면에서 규칙을 철저히 준수하였는가?
		어떻게 규정을 적용시켜 업무를 수행하였는가?
		규정은 준수하는 데 어려움은 없었는가?
	노력	그 규칙을 지키기 위해 스스로 어떤 노력을 기울였는가?
		본인의 생각이나 태도에 어떤 변화가 있었는가?
		다른 사람들은 어떤 노력을 기울였는가?
	동료관계	동료들은 규칙을 철저히 준수하고 있었는가?
		팀원들은 해당 규칙에 대해 어떻게 반응하였는가?
		규칙에 대한 태도를 개선하기 위해 어떤 노력을 하였는가?
		팀원들의 태도는 당신에게 어떤 자극을 주었는가?
	업무추진	주어진 업무를 추진하는 데 규칙이 방해되진 않았는가?
		업무수행 과정에서 규정을 어떻게 적용하였는가?
		업무 시 규정을 준수해야 한다고 생각한 이유는 무엇인가?

결과 (Result)	평가	규칙을 어느 정도나 준수하였는가?	
		그렇게 준수할 수 있었던 이유는 무엇이었는가?	
		업무의 성과는 어느 정도였는가?	
		성과에 만족하였는가?	
		비슷한 상황이 온다면 어떻게 할 것인가?	
	피드백	주변 사람들로부터 어떤 평가를 받았는가?	
		그러한 평가에 만족하는가?	
		다른 사람에게 본인의 행동이 영향을 주었다고 생각하는가?	
	교훈	업무수행 과정에서 중요한 점은 무엇이라고 생각하는가?	
		이 경험을 통해 느낀 바는 무엇인가?	

2. 상황 면접

① 상황 면접의 특징

직무 관련 상황을 가정하여 제시하고 이에 대한 대응능력을 직무관련성 측면에서 평가하는 면접입니다.

- 상황 면접 과제의 구성은 크게 2가지로 구분
  - 상황 제시(Description) / 문제 제시(Question or Problem)
- 현장의 실제 업무 상황을 반영하여 과제를 제시하므로 직무분석이나 직무전문가 워크숍 등을 거쳐 현장성을 높임
- 문제는 상황에 대한 기본적인 이해능력(이론적 지식)과 함께 실질적 대응이나 변수 고려능력(실천적 능력) 등을 고르게 질문해야 함

상황 면접의 형태

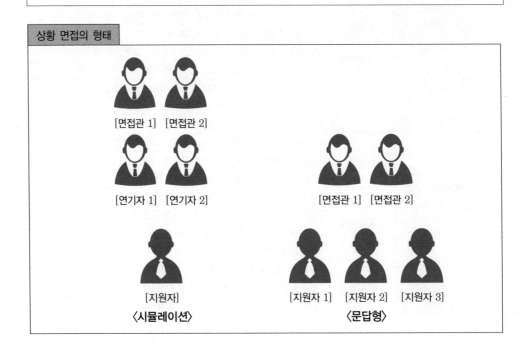

[면접관 1] [면접관 2]

[연기자 1] [연기자 2]　　　　　　[면접관 1] [면접관 2]

[지원자]　　　　　　[지원자 1] [지원자 2] [지원자 3]

〈시뮬레이션〉　　　　　　〈문답형〉

② 상황 면접 예시

상황 제시	인천공항 여객터미널 내에는 다양한 용도의 시설(사무실, 통신실, 식당, 전산실, 창고 면세점 등)이 설치되어 있습니다.	실제 업무 상황에 기반함
	금년에 소방배관의 누수가 잦아 메인 배관을 교체하는 공사를 추진하고 있으며, 당신 은 이번 공사의 담당자입니다.	배경 정보
	주간에는 공항 운영이 이루어져 주로 야간에만 배관 교체 공사를 수행하던 중, 시공하 는 기능공의 실수로 배관 연결 부위를 잘못 건드려 고압배관의 소화수가 누출되는 사고가 발생하였으며, 이로 인해 인근 시설물에 누수에 의한 피해가 발생하였습니다.	구체적인 문제 상황
문제 제시	일반적인 소방배관의 배관연결(이음)방식과 배관의 이탈(누수)이 발생하는 원인 에 대해 설명해 보시오.	문제 상황 해결을 위한 기본 지식 문항
	담당자로서 본 사고를 현장에서 긴급히 처리하는 프로세스를 제시하고, 보수완료 후 사후적 조치가 필요한 부분 및 재발방지 방안에 대해 설명해 보시오.	문제 상황 해결을 위한 추가 대응 문항

3. 발표 면접

① 발표 면접의 특징
- 직무관련 주제에 대한 지원자의 생각을 정리하여 의견을 제시하고, 발표 및 질의응답을 통해 지원 자의 직무능력을 평가하는 면접입니다.
- 발표 주제는 직무와 관련된 자료로 제공되며, 일정 시간 후 지원자가 보유한 지식 및 방안에 대한 발표 및 후속 질문을 통해 직무적합성을 평가합니다.

- 주요 평가요소
  – 설득적 말하기 / 발표능력 / 문제해결능력 / 직무관련 전문성
- 이미 언론을 통해 공론화된 시사 이슈보다는 해당 직무분야에 관련된 주제가 발표면접의 과제로 선정되 는 경우가 최근 들어 늘어나고 있음
- 짧은 시간 동안 주어진 과제를 빠른 속도로 분석하여 발표문을 작성하고 제한된 시간 안에 면접관에게 효과적인 발표를 진행하는 것이 핵심

발표 면접의 형태

[면접관 1] [면접관 2]

[면접관 1] [면접관 2]

[지원자]

〈개별 과제 발표〉

[지원자 1] [지원자 2] [지원자 3]

〈팀 과제 발표〉

※ 면접관에게 시각적 효과를 사용하여 메시지를 전달하는 쌍방향 커뮤니케이션 방식
※ 심층면접을 보완하기 위한 방안으로 최근 많은 기업에서 적극 도입하는 추세

② 발표 면접 예시

1. 지시문

> 당신은 현재 A사에서 직원들의 성과평가를 담당하고 있는 팀원이다. 인사팀은 지난주부터 사내 조직문화관련 인터뷰를 하던 도중 성과평가제도에 관련된 개선 니즈가 제일 많다는 것을 알게 되었다. 이에 팀장님은 인터뷰 결과를 종합하려 성과평가제도 개선 아이디어를 A4용지에 정리하여 신속 보고할 것을 지시하셨다. 당신에게 남은 시간은 1시간이다. 자료를 준비하는 대로 당신은 팀원들이 모인 회의실에서 5분 간 발표할 것이며, 이후 질의응답을 진행할 것이다.

2. 배경자료

> <성과평가제도 개선에 대한 인터뷰>
>
> 최근 A사는 회사 사세의 급성장으로 인해 작년보다 매출이 두 배 성장하였고, 직원 수 또한 두 배로 증가하였다. 회사의 성장은 임금, 복지에 대한 상승 등 긍정적인 영향을 주었으나 업무의 불균형 및 성과보상의 불평등 문제가 발생하였다. 또한 수시로 입사하는 신입직원과 경력직원, 퇴사하는 직원들까지 인원들의 잦은 변동으로 인해 평가해야 할 대상이 변경되어 현재의 성과평가제도로는 공정한 평가가 어려운 상황이다.
>
> [생산부서 김상호]
> 우리 팀은 지난 1년 동안 생산량이 급증했기 때문에 수십 명의 신규인력이 급하게 채용되었습니다. 이 때문에 저희 팀장님은 신규 입사자들의 이름조차 기억 못할 때가 많이 있습니다. 성과평가를 제대로 하고 있는지 의문이 듭니다.
>
> [마케팅 부서 김흥민]
> 개인의 성과평가의 취지는 충분히 이해합니다. 그러나 현재 평가는 실적기반이나 정성적인 평가가 많이 포함되어 있어 객관성과 공정성에는 의문이 드는 것이 사실입니다. 이러한 상황에서 평가제도를 재수립하지 않고, 인센티브에 계속 반영한다면, 평가제도에 대한 반감이 커질 것이 분명합니다.
>
> [교육부서 홍경민]
> 현재 교육부서는 인사팀과 밀접하게 일하고 있습니다. 그럼에도 인사팀에서 실시하는 성과평가제도에 대한 이해가 부족한 것 같습니다.
>
> [기획부서 김경호 차장]
> 저는 저의 평가자 중 하나가 연구부서의 팀장님인데, 일 년에 몇 번 같이 일하지 않는데 어떻게 저를 평가할 수 있을까요? 특히 연구팀은 저희가 예산을 배정하는데, 저에게는 좋지만….

4. 토론 면접

① 토론 면접의 특징
- 다수의 지원자가 조를 편성해 과제에 대한 토론(토의)을 통해 결론을 도출해가는 면접입니다.
- 의사소통능력, 팀워크, 종합인성 등의 평가에 용이합니다.

> - 주요 평가요소
>   - 설득적 말하기, 경청능력, 팀워크, 종합인성
> - 의견 대립이 명확한 주제 또는 채용분야의 직무 관련 주요 현안을 주제로 과제 구성
> - 제한된 시간 내 토론을 진행해야 하므로 적극적으로 자신 있게 토론에 임하고 본인의 의견을 개진할 수 있어야 함

토론 면접의 형태

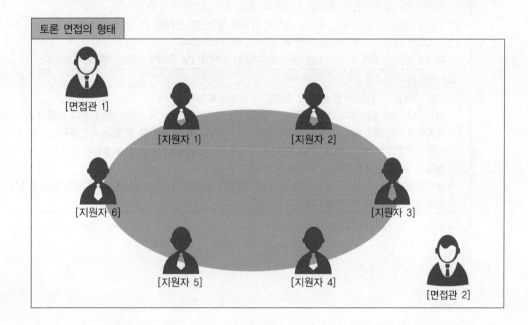

② 토론 면접 예시

고객 불만 고충처리

1. 들어가며

최근 우리 상품에 대한 고객 불만의 증가로 고객고충처리 TF가 만들어졌고 당신은 여기에 지원해 배치받았다. 당신의 업무는 불만을 가진 고객을 만나서 애로사항을 듣고 처리해 주는 일이다. 주된 업무로는 고객의 니즈를 파악해 방향성을 제시해 주고 그 해결책을 마련하는 일이다. 하지만 경우에 따라서 고객의 주관적인 의견으로 인해 제대로 된 방향으로 의사결정을 하지 못할 때가 있다. 이럴 경우 설득이나 논쟁을 해서라도 의견을 관철시키는 것이 좋을지 아니면 고객의 의견대로 진행하는 것이 좋을지 결정해야 할 때가 있다. 만약 당신이라면 이러한 상황에서 어떤 결정을 내릴 것인지 여부를 자유롭게 토론해 보시오.

2. 1분 자유 발언 시 준비사항

• 당신은 의견을 자유롭게 개진할 수 있으며 이에 따른 불이익은 없습니다.

• 토론의 방향성을 이해하고, 내용의 장점과 단점이 무엇인지 문제를 명확히 말해야 합니다.

• 합리적인 근거에 기초하여 개선방안을 명확히 제시해야 합니다.

• 제시한 방안을 실행 시 예상되는 긍정적·부정적 영향요인도 동시에 고려할 필요가 있습니다.

3. 토론 시 유의사항

• 토론 주제문과 제공해드린 메모지, 볼펜만 가지고 토론장에 입장할 수 있습니다.

• 사회자의 지정 또는 발표자가 손을 들어 발언권을 획득할 수 있으며, 사회자의 통제에 따릅니다.

• 토론회가 시작되면, 팀의 의견과 논거를 정리하여 1분간의 자유발언을 할 수 있습니다. 순서는 사회자가 지정합니다. 이후에는 자유롭게 상대방에게 질문하거나 답변을 하실 수 있습니다.

• 핸드폰, 서적 등 외부 매체는 사용하실 수 없습니다.

• 논제에 벗어나는 발언이나 지나치게 공격적인 발언을 할 경우, 위에서 제시한 유의사항을 지키지 않을 경우 불이익을 받을 수 있습니다.

1. 면접 Role Play 편성

- 교육생끼리 조를 편성하여 면접관과 지원자 역할을 교대로 진행합니다.
- 지원자 입장과 면접관 입장을 모두 경험해 보면서 면접에 대한 적응력을 높일 수 있습니다.

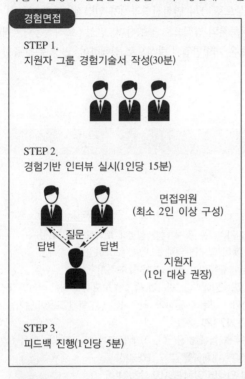

경험면접

STEP 1.
지원자 그룹 경험기술서 작성(30분)

STEP 2.
경험기반 인터뷰 실시(1인당 15분)

면접위원
(최소 2인 이상 구성)

질문
답변   답변

지원자
(1인 대상 권장)

STEP 3.
피드백 진행(1인당 5분)

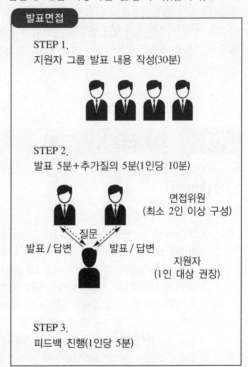

발표면접

STEP 1.
지원자 그룹 발표 내용 작성(30분)

STEP 2.
발표 5분+추가질의 5분(1인당 10분)

면접위원
(최소 2인 이상 구성)

질문
발표 / 답변   발표 / 답변

지원자
(1인 대상 권장)

STEP 3.
피드백 진행(1인당 5분)

Tip

면접 준비하기
1. 면접 유형 확인 필수
   - 기업마다 면접 유형이 상이하기 때문에 해당 기업의 면접 유형을 확인하는 것이 좋음
   - 일반적으로 실무진 면접, 임원면접 2차례에 거쳐 면접을 실시하는 기업이 많고 실무진 면접과 임원 면접에서 평가 요소가 다르기 때문에 유형에 맞는 준비방법이 필요
2. 후속 질문에 대한 사전 점검
   - 블라인드 채용 면접에서는 주요 질문과 함께 후속 질문을 통해 지원자의 직무능력을 판단
     → STAR 기법을 통한 후속 질문에 미리 대비하는 것이 필요

금융감독원 면접 기출질문

금융감독원의 면접전형은 2차 필기전형 합격자를 대상으로, 1차 면접전형과 2차 면접전형으로 나누어 이루어진다. 실무 면접인 1차 면접전형은 개별면접과 집단토론의 방식으로 진행하며, 인성·조직적응력·직무수행능력 등을 평가한다. 또한 임원 면접인 2차 면접전형은 개별면접의 방식으로 진행하며, 인성 등을 종합적으로 평가한다.

01 1차 면접(실무 면접)

1. 개별면접

- 프로젝트를 실패했던 경험이 있다면 그중에 가장 기억나는 것 하나를 설명해 보시오. [2024년]
- 실무에 필요한 지식을 쌓기 위해 특별히 노력한 것이 있으면 말해 보시오. [2024년]
- 금융감독원에 최종 입사하게 된다면 어느 부서에서 근무하고 싶습니까? [2024년]
- 금융감독원의 조직은 국(局) 아래에 팀(Team)이 있는 형태이다. 귀하가 작성한 보고서에 대한 팀장과 국장의 의견이 첨예하게 대립하고 있어 보고서를 수정해야 하는데, 팀장과 국장 사이에서 의견 조율이 불가능한 상황이라면 이들 중 누구의 의견을 더 존중하겠는가? [2024년]
- 금융감독원은 보통 3 ~ 4명이 한 팀을 이루어 업무를 함께 추진한다. 이때 동료가 더 주목받는 일을 하기 위해 귀하에게 사소한 일을 떠넘기려 한다면 어떻게 대처하겠는가? [2024년]
- 금융감독원에 입사하기 위해 특별히 노력한 것이 있다면 말해 보시오. [2024년]
- 면접 스터디를 했는가? 그렇다면 얼마나 자주 만났으며, 배운 것이 있다면 무엇인가? [2024년]
- 본인만의 스트레스 해소 방법이 있다면 말해 보시오. [2024년]
- 마지막으로 하고 싶은 말이 있다면 해 보시오. [2024년]
- 최근에 읽었던 보도 자료의 내용에 대해 설명해 보시오.
- 그룹 내에서 무언가를 주도적으로 해 본 경험에 대해 말해 보시오.
- 싫은 소리를 해야 하는 상황에서 본인만의 대응 방법을 말해 보시오.
- 상사의 부당한 지시에 대한 본인만의 대응 방법을 말해 보시오.
- 갈등 상황에 놓였던 경험과 이를 해결했던 경험에 대해 말해 보시오.
- 살면서 힘들었던 경험에 대해 말해 보시오.
- 인간관계에서 본인의 장점에 대해 말해 보시오.
- 금융감독원의 주요 사업에 대해 설명해 보시오.
- 본인의 업무 외에 다른 업무가 주어진다면 어떻게 할 것인가?
- 1분 안에 자기소개를 간단히 해 보시오.
- 본인이 생각하는 금융이란 무엇인지 말해 보시오.
- 약속을 잘 지킨다고 하였는데, 못 지키는 경우는 없었는가?

- 금융감독원 직원으로서의 소명은 무엇이라고 생각하는지 말해 보시오.
- 상사와 의견이 다를 경우 어떻게 할 것인가? 또한 그 의견이 틀렸다는 것을 알았을 때는 어떻게 할 것인가?
- 금융감독원이 어떤 일을 하는 곳인지 알고 있는가?
- 회사 업무와 회사 교육이 겹쳐 둘 중 하나를 선택해야 한다면 어떻게 할 것인가?
- 금융감독원의 비전이나 미션에 대해 설명해 보시오.
- 금융감독원에 입사하게 된다면 어떤 일을 하고 싶은지 말해 보시오.
- 서민금융상품을 접해 본 경험이 있는가? 경험이 있다면 어떤 생각이 들었는가?
- 금융감독원에 지원하게 된 동기를 말해 보시오.
- 사회공헌활동 중 가장 기억에 남는 것과 그 이유를 말해 보시오.
- "악법도 법이다."라는 명제에 대한 본인의 의견을 말해 보시오.
- 고생을 해 본 적이 없는 것 같은데, 직장생활에 잘 적응할 수 있겠는가?
- 가장 기억에 남는 여행지와 그 이유를 말해 보시오.
- 금융권에 지망했는데, 왜 자격증을 따지 않았는가?

2. 집단토론

- 부동산 PF 관련 TF의 일원이 되었다고 가정하여 현 상황에 대해 분석하고, 최악의 상황을 예상하여 이에 대해 토론하시오.
- 회사 내 소통 활성화 방안에 대해 토론하시오.
- 공공성 강화를 위한 방안에 대해 토론하시오.
- 직장생활을 오래하다 보면 번아웃 증후군과 같은 현상을 경험하게 된다. 이 상황에서 어떻게 대처할 것인지 토론하시오.
- 핀테크 시대에 금융감독원이 나아갈 올바른 길에 대해 토론하시오.
- 1박 2일 동안 금융 관련 캠프를 기획하여 타임테이블을 짜고, 이에 대해 토론하시오.
- 페미니즘에 대해 토론하시오.
- 보호무역주의와 자유무역주의에 대해 토론하시오.
- 동물실험에 대한 찬반 여부를 토론하시오.
- 사내소통방안에 대해 토론하시오.
- 마감 기한이 정해져 있는 일을 처리하는 자세에 대해 토론하시오.

- 금융감독원의 홈페이지에서 개선해야 할 점이 무엇인지 말해 보시오.
- 4차 산업혁명에 맞춰 금융감독원이 나아가야 할 방향에 대해 말해 보시오.
- Z세대를 유입하기 위해 필요한 금융감독원의 운영 방법에 대해 말해 보시오.
- 본인은 안정을 더 선호하는지, 변화를 더 선호하는지 말해 보시오.
- 금융감독원에 지원하게 된 이유가 무엇인지 말해 보시오.
- 금융감독원에서 본인이 기여할 수 있는 점이 무엇인지 말해 보시오.
- 단기적 혹은 장기적인 목표에 대해 말해 보시오.
- 금융감독원에서 비윤리적 요소가 있는 프로젝트를 진행하게 된다면 어떻게 할 것인가?
- 원하지 않는 직무로 배치된다면 어떻게 할 것인가?
- 금융감독원에서 가장 가고 싶은 쪽과 그 이유를 말해 보시오.
- 팀 프로젝트를 진행할 때 가장 신경 써야 하는 부분과 그 이유를 말해 보시오.
- 금융감독원이 무슨 일을 하는지 알고 있다면 이에 대해 자세하게 설명해 보시오.
- PC에서 DMZ서버 구간 그리고 DMZ서버에서 내부 서버까지의 보안에 대해 어떻게 이루어지는지 설명해 보시오.
- 영어 감수자가 없어도 될 만큼 스스로의 영어 실력에 자신하고 있는가?

MEMO

MEMO

답안채점 ● 성적분석 서비스

모바일 OMR

 → → → → → → → →

| 도서 내 모의고사 우측 상단에 위치한 QR코드 찍기 | 로그인 하기 | '시작하기' 클릭 | '응시하기' 클릭 | 나의 답안을 모바일 OMR 카드에 입력 | '성적분석 & 채점결과' 클릭 | 현재 내 실력 확인하기 |

도서에 수록된 모의고사에 대한
객관적인 결과(정답률, 순위)를
종합적으로 분석하여 제공합니다.

※OMR 답안채점 / 성적분석 서비스는 등록 후 30일간 사용 가능합니다.

시대에듀

공기업 취업을 위한 NCS
직업기초능력평가 시리즈

NCS부터 전공까지 완벽 학습 "통합서" 시리즈

공기업 취업의 기초부터 차근차근! 취업의 문을 여는 **Master Key!**

NCS 영역 및 유형별 체계적 학습 "집중학습" 시리즈

영역별 이론부터 유형별 모의고사까지! 단계별 학습을 통한 **Only Way!**

S

2025
최신판

금융
감독원

통합기본서

편저 | SDC(Sidae Data Center)

정답 및 해설

판매량
1위
금융감독원
YES24

기출복원문제부터
대표기출유형 및
모의고사까지

한 권으로
마무리!

SDC

SDC는 시대에듀 데이터 센터의 약자로
약 30만 개의 NCS · 적성 문제 데이터를
바탕으로 최신 출제경향을 반영하여
문제를 출제합니다.

시대에듀

Add+

2024년 하반기 주요 공기업
NCS 기출복원문제

01	02	03	04	05	06	07	08	09	10	11	12	13	14	15	16	17	18	19	20
④	③	⑤	③	③	③	④	④	③	⑤	③	④	②	①	③	④	⑤	④	③	④
21	22	23	24	25	26	27	28	29	30	31	32	33	34	35	36	37	38	39	40
⑤	③	②	⑤	⑤	③	③	③	①	①	③	①	②	①	④	③	④	④	④	④
41	42	43	44	45	46	47	48	49	50										
②	③	⑤	③	①	④	④	⑤	②	⑤										

01

정답 ④

쉼이란 대화 도중에 잠시 침묵하는 것을 말한다. 쉼을 사용하는 대표적인 경우는 다음과 같다.
• 이야기의 전이 시(흐름을 바꾸거나 다른 주제로 넘어갈 때)
• 양해, 동조, 반문의 경우
• 생략, 암시, 반성의 경우
• 여운을 남길 때
위와 같은 목적으로 쉼을 활용함으로써 논리성, 감정 제고, 동질감 등을 확보할 수 있다.
반면, 연단공포증은 면접이나 발표 등 청중 앞에서 이야기할 때 가슴이 두근거리고, 입술이 타고, 식은땀이 나고, 얼굴이 달아오르는 생리적인 현상으로, 쉼과는 관련이 없다. 연단공포증은 90% 이상의 사람들이 호소하는 불안이므로 극복하기 위해서는 연단공포증에 대한 걱정을 떨쳐내고 이러한 심리 현상을 잘 통제하여 의사 표현하는 것을 연습해야 한다.

02

정답 ③

미국의 심리학자인 도널드 키슬러는 대인관계 의사소통 방식을 체크리스트로 평가하여 8가지 유형으로 구분하였다. 이 중 친화형은 따뜻하고 배려심이 깊으며, 타인과의 관계를 중시하는 유형이다. 또한 협동적이고 조화로운 성격으로, 자기희생적인 경향이 강하다.

키슬러의 대인관계 의사소통 유형
• 지배형 : 자신감이 있고 지도력이 있으나 논쟁적이고 독단이 강하여 대인 갈등을 겪을 수 있으므로 타인의 의견을 경청하고 수용하는 자세가 필요하다.
• 실리형 : 이해관계에 예민하고 성취 지향적으로 경쟁적인 데다 자기중심적이어서 타인의 입장을 배려하고 관심을 갖는 자세가 필요하다.
• 냉담형 : 이성적인 의지력이 강하고 타인의 감정에 무관심하며 피상적인 대인관계를 유지하므로 타인의 감정 상태에 관심을 가지고 긍정적인 감정을 표현하는 것이 필요하다.
• 고립형 : 혼자 있는 것을 선호하고 사회적 상황을 회피하며 지나치게 자신의 감정을 억제하므로 대인관계의 중요성을 인식하고 타인에 대한 비현실적인 두려움의 근원을 성찰하는 것이 필요하다.
• 복종형 : 수동적이고 의존적이며 자신감이 없으므로 적극적인 자기표현과 주장이 필요하다.
• 순박형 : 단순하고 솔직하며 자기주관이 부족하므로 자기주장을 하는 노력이 필요하다.
• 친화형 : 따뜻하고 인정이 많고 자기희생적이나 타인의 요구를 거절하지 못하므로 타인과의 정서적인 거리를 유지하는 노력이 필요하다.
• 사교형 : 외향적이고 인정받으려는 욕구가 강하며, 타인에 대한 관심이 많아서 간섭하는 경향이 있고 흥분을 잘 하므로 심리적 안정과 지나친 인정 욕구에 대한 성찰이 필요하다.

03

정답 ⑤

철도사고는 달리는 도중에도 발생할 수 있으므로 먼저 인터폰을 통해 승무원에게 사고를 알리고, 열차가 멈춘 후에 안내방송에 따라 비상핸들이나 비상콕크를 돌려 문을 열고 탈출해야 한다. 만일 화재가 발생했을 경우에는 승무원에게 사고를 알리고 곧바로 119에도 신고를 해야 한다.

오답분석
① 침착함을 잃고 패닉에 빠지게 되면, 적절한 행동요령에 따라 대피하기 어렵다. 따라서 사고 현장에서 대피할 때는 승무원의 안내에 따라 질서 있게 대피해야 한다.
② 화재사고 발생 시 승객들은 여유가 있을 경우 전동차 양 끝에 비치된 소화기로 초기 진화를 시도해야 한다.
③ 역이 아닌 곳에서 열차가 멈췄을 경우 감전의 위험이 있으므로 반드시 승무원의 안내에 따라 반대편 선로의 열차 진입에 유의하며 대피 유도등을 따라 침착하게 비상구로 대피해야 한다.
④ 전동차에서 대피할 때는 부상자, 노약자, 임산부 등 탈출이 어려운 사람부터 먼저 대피할 수 있도록 배려하고 도와주어야 한다.

04

정답 ③

하향식 읽기 모형은 독자의 배경지식을 바탕으로 글의 맥락을 먼저 파악하는 읽기 전략이다. ③의 경우 제품 설명서를 통해 세부 기능과 버튼별 용도를 파악하고 기계를 작동시켰으므로 상향식 읽기를 수행한 사례이다. 제품 설명서를 하향식으로 읽는다면 제품 설명서를 읽기 전 제품을 보고 배경지식을 바탕으로 어떤 기능이 있는지 예측하고, 해당 기능을 수행하는 세부 방법을 제품 설명서를 통해 찾아봐야 한다.

오답분석
① 회의의 주제에 대한 배경지식을 가지고 회의 안건을 예상한 후 회의 자료를 파악하였으므로 하향식 읽기 모형에 해당한다.
② 헤드라인을 먼저 읽어 배경지식을 바탕으로 전체적인 내용을 파악하고 상세 내용을 읽었으므로 하향식 읽기 모형에 해당한다.
④ 요리에 대한 경험과 지식을 바탕으로 요리 과정을 파악하였으므로 하향식 읽기 모형에 해당한다.
⑤ 해당 분야에 대한 기본적인 지식을 바탕으로 서문이나 목차를 통해 책의 전체적인 흐름을 파악하였으므로 하향식 읽기 모형에 해당한다.

05

정답 ③

농도가 15%인 소금물 200g의 소금의 양은 $200 \times \frac{15}{100} = 30$g이고, 농도가 20%인 소금물 300g의 소금의 양은 $300 \times \frac{20}{100} = 60$g이다. 따라서 두 소금물을 섞었을 때의 농도는 $\frac{30+60}{200+300} \times 100 = \frac{90}{500} \times 100 = 18$%이다.

06

정답 ③

동성끼리 인접하지 않아야 하므로 남직원과 여직원은 모두 번갈아 앉아야 한다. 이때 여직원 D의 자리를 기준으로 남직원 B가 옆에 앉는 경우를 다음과 같이 나눌 수 있다.
• 첫 번째, 여섯 번째 자리에 여직원 D가 앉는 경우
  남직원 B가 여직원 D 옆에 앉는 경우는 1가지뿐으로, 남은 자리에 남직원, 여직원이 번갈아 앉아 경우의 수는 $2 \times 1 \times 2! \times 2! = 8$가지이다.
• 두 번째, 세 번째, 네 번째, 다섯 번째 자리에 여직원 D가 앉는 경우
  각 경우에 대하여 남직원 B가 여직원 D 옆에 앉는 경우는 2가지이다. 남은 자리에 남직원, 여직원이 번갈아 앉으므로 경우의 수는 $4 \times 2 \times 2! \times 2! = 32$가지이다.
따라서 구하고자 하는 경우의 수는 $8 + 32 = 40$가지이다.

07

제시된 수열은 홀수 항일 때 +12, +24, +48, … 이고, 짝수 항일 때 +20인 수열이다.
따라서 (　)=13+48=61이다.

08

2022년에 중학교에서 고등학교로 진학한 학생의 비율은 99.7%이고, 2023년에 중학교에서 고등학교로 진학한 학생의 비율은 99.6%이다. 따라서 진학한 비율이 감소하였으므로 중학교에서 고등학교로 진학하지 않은 학생의 비율은 증가하였음을 알 수 있다.

오답분석
① 중학교의 취학률이 가장 낮은 해는 97.1%인 2020년이다. 이는 97% 이상이므로 중학교의 취학률은 매년 97% 이상이다.
② 매년 초등학교의 취학률이 가장 높다.
③ 고등교육기관의 취학률은 2020년 이후로 계속해서 70% 이상을 기록하였다.
⑤ 고등교육기관의 취학률이 가장 낮은 해는 2016년이고, 고등학교의 상급학교 진학률이 가장 낮은 해 또한 2016년이다.

09

오답분석
① B기업의 매출액이 가장 많은 때는 2024년 3월이지만, 그래프에서는 2024년 4월의 매출액이 가장 많은 것으로 나타났다.
② 2024년 2월에는 A기업의 매출이 더 많지만, 그래프에서는 B기업이 더 많은 것으로 나타났다.
④ A기업의 매출액이 가장 적은 때는 2024년 4월이지만, 그래프에서는 2024년 3월의 매출액이 가장 적은 것으로 나타났다.
⑤ A기업과 B기업의 매출액의 차이가 가장 큰 때는 2024년 1월이지만, 그래프에서는 2024년 5월과 6월의 매출액 차이가 더 큰 것으로 나타났다.

10

스마트 팜 관련 정부 사업 참여 경험은 K사의 강점 요인이다. 또한 정부의 적극적인 지원은 스마트 팜 시장 성장에 따른 기회 요인이다. 따라서 스마트 팜 관련 정부 사업 참여 경험을 바탕으로 정부의 적극적인 지원을 확보하는 것은 내부의 강점을 통해 외부의 기회 요인을 극대화하는 SO전략에 해당한다.

오답분석
①·②·③·④ 외부의 기회를 이용하여 내부의 약점을 보완하는 WO전략에 해당한다.

11

A~F 모두 문맥을 무시하고 일부 문구에만 집착하여 뜻을 해석하고 있으므로 '과대해석의 오류'를 범하고 있다. 과대해석의 오류는 전체적인 상황이나 맥락을 고려하지 않고 특정 단어나 문장에만 집착하여 의미를 해석하는 오류로, 글의 의미를 지나치게 확대하거나 축소하여 생각하고, 문자 그대로의 의미에만 너무 집착하여 다른 가능성이나 해석을 배제하게 되는 논리적 오류이다.

오답분석
① 무지의 오류 : '신은 존재하지 않는다가 증명되지 않았으므로 신은 존재한다.'처럼 증명되지 않았다고 해서 그 반대의 주장이 참이라고 생각하는 오류이다.
② 연역법의 오류 : '조류는 날 수 있다. 펭귄은 조류이다. 따라서 펭귄은 날 수 있다.'처럼 잘못된 삼단논법에 의해 발생하는 논리적 오류이다.
④ 허수아비 공격의 오류 : '저 사람은 과거에 거짓말을 한 적이 있으니 이번에 일어난 사기 사건의 범인이다.'처럼 개별적 인과관계를 입증하지 않고 전혀 상관없는 별개의 논리를 만들어 공격하는 논리적 오류이다.
⑤ 권위나 인신공격에 의존한 논증 : '제정신을 가진 사람이면 그런 주장을 할 수가 없다.'처럼 상대방의 주장 대신 인격을 공격하거나, '최고 권위자인 A교수도 이런 말을 했습니다.'처럼 자신의 논리적인 약점을 권위자를 통해 덮으려는 논리적 오류이다.

12

A ~ E열차의 운행시간 단위를 시간 단위로, 평균 속력의 단위를 시간당 운행거리로 통일하여 정리하면 다음과 같다.

구분	운행시간	평균 속력	운행거리
A열차	900분=15시간	50m/s=(50×60×60)m/h=180km/h	15×180=2,700km
B열차	10시간 30분=10.5시간	150km/h	10.5×150=1,575km
C열차	8시간	55m/s=(55×60×60)m/h=198km/h	8×198=1,584km
D열차	720분=12시간	2.5km/min=(2.5×60)km/h=150km/h	12×150=1,800km
E열차	10시간	2.7km/min=(2.7×60)m/h=162km/h	10×162=1,620km

따라서 C열차의 운행거리는 네 번째로 길다.

13

K대학교 기숙사 운영위원회는 단순히 '기숙사에 문제가 있다.'라는 큰 문제에서 벗어나 식사, 시설, 통신환경이라는 3가지 주요 문제를 파악하고 문제별로 다시 세분화하여 더욱 구체적으로 인과관계 및 구조를 파악하여 분석하고 있다. 따라서 제시문에서 나타난 문제해결 절차는 '문제 도출'이다.

문제해결 절차 5단계
1. 문제 인식 : 해결해야 할 전체 문제를 파악하여 우선순위를 정하고 선정 문제에 대한 목표를 명확히 하는 단계
2. 문제 도출 : 선정된 문제를 분석하여 해결해야 할 것이 무엇인지를 명확히 하는 단계로, 현상에 대한 문제를 분해하여 인과관계 및 구조를 파악하는 단계
3. 원인 분석 : 파악된 핵심 문제에 대한 분석을 통해 근본 원인을 도출해 내는 단계
4. 해결안 개발 : 문제로부터 도출된 근본 원인을 효과적으로 해결할 수 있는 최적의 해결 방안을 수립하는 단계
5. 실행 및 평가 : 해결안 개발을 통해 만들어진 실행 계획을 실제 상황에 적용하는 단계로, 해결안을 통해 문제의 원인들을 제거해 나가는 단계

14

공공사업을 위해 투입된 세금을 본래의 목적에 사용하지 않고 무단으로 다른 곳에 쓴 상황이므로 '예정되어 있는 곳에 쓰지 아니하고 다른 데로 돌려서 씀'을 의미하는 '전용(轉用)'이 가장 적절한 단어이다.

오답분석
② 남용(濫用) : 일정한 기준이나 한도를 넘어서 함부로 씀
③ 적용(適用) : 알맞게 이용하거나 맞추어 씀
④ 활용(活用) : 도구나 물건 따위를 충분히 잘 이용함
⑤ 준용(遵用) : 그대로 좇아서 씀

15

시조새는 비대칭형 깃털을 가진 최초의 동물로, 현대의 날 수 있는 조류처럼 바람을 맞는 곳의 깃털은 짧고 뒤쪽은 긴 형태로 이루어졌으며, 이와 같은 비대칭형 깃털이 양력을 제공하여 짧은 거리의 활강을 가능하게 하였다. 따라서 비행을 하기 위한 시조새의 신체 조건은 날개의 깃털이 비대칭 구조로 형성되어 있는 것이다.

오답분석
① 제시문에서 언급하지 않은 내용이다.
②·④ 세 개의 갈고리 발톱과 척추뼈가 꼬리까지 이어지는 구조는 공룡의 특징을 보여주는 신체 조건이다.
⑤ 시조새는 현대 조류처럼 가슴뼈가 비행에 최적화된 형태로 발달되지 않았다고 언급하고 있다.

16

제시문은 서양의학에 중요한 영향을 준 히포크라테스와 갈레노스를 소개하고 있다. 히포크라테스는 자연적 관찰을 통해 의사를 과학적인 기반 위의 직업으로 만들었으며, 히포크라테스 선서와 같이 전문직업으로서의 윤리적 기준을 마련한 서양의학의 상징이라고 소개하고 있으며, 갈레노스는 실제 해부와 임상 실험을 통해 의학 이론을 증명하고 방대한 저술을 남겨 후대 의학 발전에 큰 영향을 주었음을 설명하고 있다. 따라서 '히포크라테스와 갈레노스가 서양의학에 끼친 영향과 중요성'이 제시문의 주제이다.

오답분석
① 갈레노스의 의사로서의 이력은 언급하고 있지만, 생애에 대해 구체적으로 밝히는 글은 아니다.
② 갈레노스가 해부와 실험을 통해 의학 이론을 증명하였음을 설명할 뿐이며, 해부학의 발전 과정에 대해 설명하는 글은 아니다.
③ 히포크라테스 선서는 히포크라테스가 서양의학에 남긴 중요한 윤리적 기준이지만, 이를 중심으로 설명하는 글은 아니다.
⑤ 히포크라테스와 갈레노스 모두 4체액설과 같은 부분에서는 현대 의학과는 거리가 있었음을 밝히고 있다.

17

'비상구'는 '화재나 지진 따위의 갑작스러운 사고가 일어날 때에 급히 대피할 수 있도록 특별히 마련한 출입구'이다. 따라서 이와 가장 비슷한 단어는 '갇힌 곳에서 빠져나가거나 도망하여 나갈 수 있는 출구'를 의미하는 '탈출구'이다.

오답분석
① 진입로 : 들어가는 길
② 출입구 : 나갔다가 들어왔다가 하는 어귀나 문
③ 돌파구 : 가로막은 것을 쳐서 깨뜨려 통과할 수 있도록 뚫은 통로나 목
④ 여울목 : 여울물(강이나 바다 따위의 바닥이 얕거나 폭이 좁아 물살이 세게 흐르는 곳의 물)이 턱진 곳

18

A열차의 속력을 V_a, B열차의 속력을 V_b라 하고, 터널의 길이를 l, 열차의 전체 길이를 x라 하자.

A열차가 터널을 진입하고 빠져나오는 데 걸린 시간은 $\frac{l+x}{V_a}=14$초이다. B열차가 A열차보다 5초 늦게 진입하고 5초 빠르게 빠져나왔으므로 터널을 진입하고 빠져나오는 데 걸린 시간은 14-5-5=4초이다. 그러므로 $\frac{l+x}{V_b}=4$초이다.

따라서 같은 거리를 빠져나오는 데 A열차는 14초, B열차는 4초가 걸렸으므로 B열차는 A열차보다 3.5배 빠르다.

19

A팀은 5일마다, B팀은 4일마다 회의실을 사용하므로 두 팀이 회의실을 사용하고자 하는 날은 20일마다 겹친다. 첫 번째 겹친 날에 A팀이 먼저 사용했으므로 20일 동안 A팀이 회의실을 사용한 횟수는 4회이다. 두 번째 겹친 날에는 B팀이 사용하므로 40일 동안 A팀이 회의실을 사용한 횟수는 7회이고, 세 번째로 겹친 날에는 A팀이 회의실을 사용하므로 60일 동안 A팀은 회의실을 11회 사용하였다. 이를 표로 정리하면 다음과 같다.

겹친 횟수	첫 번째	두 번째	세 번째	네 번째	다섯 번째	…	$(n-1)$번째	n번째
회의실 사용 팀	A팀	B팀	A팀	B팀	A팀	…	A팀	B팀
A팀의 회의실 사용 횟수	4회	7회	11회	14회	18회	…		

겹친 날을 기준으로 A팀은 9회, B팀은 8회를 사용하였으므로 다음으로는 B팀이 회의실을 사용할 순서이다. 이때, B팀이 m번째로 회의실을 사용할 순서라면 A팀이 이때까지 회의실을 사용한 횟수는 $7m$회이다. 따라서 B팀이 겹친 날을 기준으로 회의실을 8회까지 사용하였고, 9번째로 사용할 순서이므로 이때까지 A팀이 회의실을 사용한 횟수는 최대 7×9=63회이다.

20

마지막 조건에 따라 광물 B는 인회석이고, 광물 B로 광물 C를 긁었을 때 긁힘 자국이 생기므로 광물 C는 인회석보다 무른 광물이다. 한편, 광물 A로 광물 C를 긁었을 때 긁힘 자국이 생기므로 광물 A는 광물 C보다 단단하고, 광물 A로 광물 B를 긁었을 때 긁힘 자국이 생기지 않으므로 광물 A는 광물 B보다는 무른 광물이다. 따라서 가장 단단한 광물은 B이며, 그다음으로 A, C 순으로 단단하다.

오답분석
① 광물 C는 인회석보다 무른 광물이므로 석영이 아니다.
② 광물 A는 인회석보다 무른 광물이지만, 방해석인지는 확인할 수 없다.
③ 가장 무른 광물은 C이다.
⑤ 광물 B는 인회석이므로 모스 굳기 단계는 5단계이다.

21

J공사의 지점 근무 인원이 71명이므로 가용 인원수가 부족한 B오피스는 제외된다. 또한 시설 조건에서 스튜디오와 회의실이 필요하다고 했으므로 스튜디오가 없는 D오피스도 제외된다. 나머지 A, C, E오피스는 모두 교통 조건을 충족하므로 임대비용만 비교하면 된다. A, C, E오피스의 5년 임대비용은 다음과 같다.
• A오피스 : 600만×71×5=213,000만 원 → 21억 3천만 원
• C오피스 : 3,600만×12×5=216,000만 원 → 21억 6천만 원
• E오피스 : (3,800만×12×0.9)×5=205,200만 원 → 20억 5천 2백만 원
따라서 사무실 이전 조건을 바탕으로 가장 저렴한 공유 오피스인 E오피스로 이전할 것이다.

22

에너지바우처를 신청하기 위해서는 소득기준과 세대원 특성기준을 모두 충족해야 한다. C는 생계급여 수급자이므로 소득기준을 충족하고, 65세 이상이므로 세대원 특성기준도 충족한다. 그러나 C의 경우 보장시설인 양로시설에 거주하는 보장시설 수급자이므로 지원 제외 대상이다. 따라서 C는 에너지바우처를 신청할 수 없다.

오답분석
① A의 경우 의료급여 수급자이므로 소득기준을 충족하고, 7세 이하의 영유아가 있으므로 세대원 특성기준도 충족한다. 따라서 에너지바우처를 신청할 수 있다.
② B의 경우 교육급여 수급자이므로 소득기준을 충족하고, 한부모가족이므로 세대원 특성기준도 충족한다. 또한 4인 이상 세대에 해당하므로 바우처 지원금액은 716,300원으로 70만 원 이상이다.
④ 동절기 에너지바우처 지원방법은 요금차감과 실물카드 2가지 방법이 있다. 이 중 D의 경우 연탄보일러를 이용하고 있으므로 실물카드를 받아 연탄을 직접 결제하는 방식으로 지원받아야 한다.
⑤ E의 경우 생계급여 수급자이므로 소득기준을 충족하고, 희귀질환을 앓고 있는 어머니가 세대원으로 있으므로 세대원 특성기준도 충족한다. 또한 2인 세대에 해당하므로 하절기 바우처 지원금액인 73,800원이 지원된다. 이때, 하절기는 전기요금 고지서에서 요금을 자동으로 차감해 주므로 전기비에서 73,800원이 차감될 것이다.

23

A가족과 B가족 모두 소득기준과 세대원 특성기준이 에너지바우처 신청기준을 충족한다. A가족의 경우 5명이므로 총 716,300원을 지원받을 수 있다. 그러나 이미 연탄쿠폰을 발급받았으므로 동절기 에너지바우처는 지원받을 수 없다. 따라서 하절기 지원금액인 117,000원을 지원받는다. B가족의 경우 2명이므로 총 422,500원을 지원받을 수 있으며, 지역난방을 이용 중이므로 하절기와 동절기 모두 요금차감의 방식으로 지원받는다. 따라서 두 가족의 에너지바우처 지원 금액은 117,000+422,500=539,500원이다.

24

제시된 프로그램은 'result'의 초기 값을 0으로 정의한 후 'result' 값이 2를 초과할 때까지 하위 명령을 실행하는 프로그램이다. 이때 'result' 값을 1 증가시킨 후 그 값을 출력하고, 다시 1을 빼므로 0 → 1 → 1 출력 → 0 → 1 → 1 출력 → 0 → 1 → 1 출력 → ⋯ 과정을 무한히 반복하게 된다. 따라서 1이 무한히 출력된다.

25

정답 ⑤

ROUND 함수는 인수를 지정한 자릿수로 반올림한 값을 구하는 함수로, 「=ROUND(인수, 자릿수)」로 표현한다. 이때 자릿수는 다음과 같이 나타낸다.

만의 자리	천의 자리	백의 자리	십의 자리	일의 자리	소수점 첫째 자리	소수점 둘째 자리	소수점 셋째 자리
-4	-3	-2	-1	0	1	2	3

따라서 「=ROUND(D2, -1)」는 [D2] 셀에 입력된 117.3365의 값을 십의 자리로 반올림하여 나타내므로, 출력되는 값은 120이다.

26

정답 ③

제시문은 ADHD의 원인과 치료 방법에 대한 글이다. 첫 번째 문단에서는 ADHD가 유전적 원인에 의해 발생한다고 설명하고, 두 번째 문단에서는 환경적 원인에 의해 발생한다고 설명하고 있다. 이를 종합하면 ADHD가 다양한 원인이 복합적으로 작용하는 질환임을 알 수 있다. 또한 빈칸 뒤에서도 다양한 원인에 부합하는 맞춤형 치료와 환경 조성이 필요하다고 하였으므로 빈칸에 들어갈 내용으로 가장 적절한 것은 ③이다.

27

정답 ③

~율/률의 앞 글자가 'ㄱ' 받침을 가지고 있으므로 '출석률'이 옳은 표기이다.

> **~율과 ~률의 구별**
> • ~율 : 앞 글자의 받침이 없거나 받침이 'ㄴ'인 경우 → 비율, 환율, 백분율
> • ~률 : 앞 글자의 받침이 있는 경우(단, 'ㄴ' 받침 제외) → 능률, 출석률, 이직률, 합격률

28

정답 ③

남성 합격자 수와 여성 합격자 수의 비율이 2 : 3이므로 여성 합격자는 48명이다.
남성 불합격자 수와 여성 불합격자 수가 모두 a명이라 하면 다음과 같이 정리할 수 있다.

(단위 : 명)

구분	합격자	불합격자	전체 지원자
남성	$2b=32$	a	$a+2b$
여성	$3b=48$	a	$a+3b$

남성 전체 지원자 수는 $(a+32)$명이고, 여성 전체 지원자 수는 $(a+48)$명이다.
$(a+32) : (a+48)=6 : 7$
→ $6 \times (a+48)=7 \times (a+32)$
→ $a=(48 \times 6)-(32 \times 7)$
∴ $a=64$
따라서 전체 지원자 수는 $2a+5b=(64 \times 2)+(16 \times 5)=128+80=208$명이다.

29

A씨는 2023년에는 9개월 동안 K공사에 근무하였다. (건강보험료)=(보수월액)×(건강보험료율)이고, 2023년 1월 1일 이후 (장기요양보험료)=(건강보험료)× $\dfrac{(장기요양보험료율)}{(건강보험료율)}$ 이므로 (장기요양보험료)=(보수월액)×(건강보험료율)× $\dfrac{(장기요양보험료율)}{(건강보험료율)}$ 이다. 그러므로 (보수월액)= $\dfrac{(장기요양보험료)}{(장기요양보험료율)}$ 이다.

따라서 A씨의 2023년 장기요양보험료는 35,120원이므로 보수월액은 $\dfrac{35,120}{0.9082\%} = \dfrac{35,120}{0.9082} \times 100 ≒ 3,866,990$ 원이다.

30

'가명처리'란 개인정보의 일부를 삭제하거나 일부 또는 전부를 대체하는 등의 방법으로 추가 정보가 없이는 특정 개인을 알아볼 수 없도록 처리하는 것을 말한다(개인정보보호법 제2조 제1의2호).

오답분석
② 개인정보보호법 제2조 제3호
③ 개인정보보호법 제2조 제1호 가목
④ 개인정보보호법 제2조 제2호

31

「=COUNTIF(범위,조건)」 함수는 조건을 만족하는 범위 내 인수의 개수를 셈하는 함수이다. 이때, 열 전체에 적용하려면 해당 범위에서 숫자를 제외하면 된다. 따라서 B열에서 값이 100 이하인 셀의 개수를 구하는 함수는 「=COUNTIF(B:B,"<=100")」 이다.

32

• (A) : 초등학생의 한 달 용돈의 합계는 B열부터 E열까지 같은 행에 있는 금액의 합이다. 따라서 옳은 함수는 「=SUM(B2:E2)」이다.
• (B) : 한 달 용돈이 150,000원 이상인 학생 수는 [F2] 셀부터 [F7] 셀까지 금액이 150,000원 이상인 셀의 개수로 구할 수 있다. 따라서 옳은 함수는 「=COUNTIF(F2:F7,">=150,000")」이다.

33

빅데이터 분석을 기획하고자 할 때는 먼저 범위를 설정한 다음 프로젝트를 정의해야 한다. 그 후에 수행 계획을 수립하고 위험 계획을 수립해야 한다.

34

㉠ 짜깁기 : 기존의 글이나 영화 따위를 편집하여 하나의 완성품으로 만드는 일
㉡ 뒤처지다 : 어떤 수준이나 대열에 들지 못하고 뒤로 처지거나 남게 되다.

오답분석
• 짜집기 : '짜깁기'의 비표준어형
• 뒤쳐지다 : 물건이 뒤집혀서 젖혀지다.

35

정답 ④

공문서에서 날짜를 작성할 때 날짜 다음에 괄호를 사용할 경우에는 마침표를 찍지 않아야 한다.

> **공문서 작성 시 유의사항**
> • 한 장에 담아내는 것이 원칙이다.
> • 마지막엔 반드시 '끝'자로 마무리한다.
> • 날짜 다음에 괄호를 사용할 경우에는 마침표를 찍지 않는다.
> • 복잡한 내용은 항목별로 구분한다('-다음-', 또는 '-아래-').
> • 대외문서이며 장기간 보관되는 문서이므로 정확하게 기술한다.

36

정답 ③

영서가 1시간 동안 빚을 수 있는 만두의 수를 x개, 어머니가 1시간 동안 빚을 수 있는 만두의 수를 y개라 할 때 다음 식이 성립한다.

$\frac{2}{3}(x+y)=60 \cdots \bigcirc$

$y=x+10 \cdots \bigcirc$

$\bigcirc \times \frac{3}{2}$에 $\bigcirc$을 대입하면

$x+(x+10)=90$

$\rightarrow 2x=80$

$\therefore x=40$

따라서 영서는 혼자서 1시간 동안 40개의 만두를 빚을 수 있다.

37

정답 ④

• 1,000 이상 10,000 미만

맨 앞과 맨 뒤의 수가 같은 경우는 $1 \sim 9$의 수가 올 수 있으므로 9가지이고, 각각의 경우에 따라 두 번째 수와 네 번째 수로 $0 \sim 9$의 수가 올 수 있으므로 경우의 수는 10가지이다. 그러므로 모든 네 자리 대칭수의 개수는 $9 \times 10=90$개이다.

• 10,000 이상 50,000 미만

맨 앞과 맨 뒤의 수가 같은 경우는 1, 2, 3, 4의 수가 올 수 있으므로 4가지이고, 각각의 경우에 따라 두 번째 수와 네 번째 수로 $0 \sim 9$의 수가 올 수 있으므로 경우의 수는 10가지, 그 각각의 경우에 따라 세 번째에 올 수 있는 수 또한 $0 \sim 9$의 수가 올 수 있으므로 경우의 수는 10가지이다. 그러므로 $10,000 \sim 50,000$ 사이의 대칭수의 개수는 $4 \times 10 \times 10=400$개이다.

따라서 1,000 이상 50,000 미만의 모든 대칭수의 개수는 $90+400=490$개이다.

38

정답 ④

어떤 자연수의 모든 자릿수의 합이 3의 배수일 때, 그 자연수는 3의 배수이다. 그러므로 $2+5+\square$의 값이 3의 배수일 때, $25\square$는 3의 배수이다. $2+5=7$이므로, $7+\square$의 값이 3의 배수가 되도록 하는 $\square$의 값은 2, 5, 8이다. 따라서 가능한 모든 수의 합은 $2+5+8=15$이다.

39

정답 ④

바이올린(V), 호른(H), 오보에(O), 플루트(F) 중 첫 번째 조건에 따라 호른과 바이올린을 묶었을 때 가능한 경우는 $3!=6$가지로 다음과 같다.

• (HV) – O – F
• (HV) – F – O
• F – (HV) – O
• O – (HV) – F

- $F - O - (HV)$
- $O - F - (HV)$

이때 두 번째 조건에 따라 오보에는 플루트 왼쪽에 위치하지 않으므로 $(HV) - O - F$, $O - F - (HV)$ 2가지는 제외된다. 따라서 왼쪽에서 두 번째 칸에는 바이올린, 호른, 오보에만 위치할 수 있으므로 플루트는 배치할 수 없다.

40

사회적 기업은 수익 창출을 통해 자립적인 운영을 추구하고, 사회적 문제 해결과 경제적 성장을 동시에 달성하려는 특징을 가진 기업 모델로, 영리 조직에 해당한다.

> **영리 조직과 비영리 조직**
> - 영리 조직 : 이윤 추구를 주된 목적으로 하는 집단으로, 일반적인 사기업이 해당된다.
> - 비영리 조직 : 사회적 가치 실현을 위해 공익을 추구하는 집단으로 자선단체, 의료기관, 교육기관, 비정부기구(NGO) 등이 해당된다.

41

(영업이익률)$=\dfrac{(영업이익)}{(매출액)} \times 100$이고, 영업이익을 구하기 위해서는 매출총이익을 먼저 계산해야 한다. 따라서 2022년 4분기의 매출총이익은 $60 - 80 = -20$십억 원이고, 영업이익은 $-20 - 7 = -27$십억 원이므로 영업이익률은 $-\dfrac{27}{60} \times 100 = -45\%$이다.

42

5km/h의 속력으로 움직이는 무빙워크로 이동하는 데 36초가 걸렸으므로 무빙워크의 거리 x는 다음과 같다.

$$x[\text{km}] = 36 \times \frac{5}{3,600} = 0.05\text{km}$$

무빙워크 위에서 시간당 4km의 속력으로 걸을 때의 속력은 $5 + 4 = 9$km/h이므로 이동하는 데 걸리는 시간 y는 다음과 같다.

$$y[\text{h}] = \frac{0.05}{9}\text{ 시간}$$

1시간은 3,600초이므로 시간 y를 초 단위로 구하면 다음과 같다.

$$y[\text{s}] = \frac{0.05}{9} \times 3,600 = 20\text{초}$$

따라서 무빙워크 위에서 같은 방향으로 걸어 이동할 때 걸리는 시간은 20초이다.

43

제시된 순서도는 result 값이 6을 초과할 때까지 2씩 증가하고, result 값이 6을 초과하면 그 값을 출력하는 순서도이다. 따라서 result 값이 5일 때 2를 더하여 $5 + 2 = 7$이 되어 6을 초과하므로 출력되는 값은 7이다.

44

방문 사유 → 파손 관련(NO) → 침수 관련(NO) → 데이터 복구 관련(YES) → ◎ 출력 → STOP
따라서 출력되는 도형은 ◎이다.

45

상품코드의 맨 앞 자릿수가 '9'이므로 2 ~ 7번째 자릿수의 이진코드 변환 규칙은 'ABBABA'를 따른다. 이를 변환하면 다음과 같다.

3	8	7	6	5	5
A	B	B	A	B	A
0111101	0001001	0010001	0101111	0111001	0110001

따라서 주어진 수를 이진코드로 바르게 변환한 것은 ①이다.

46

안전 스위치를 누르는 동안에만 스팀이 나온다고 하였으므로 안전 스위치를 누르는 등의 외부 입력이 없다면 스팀은 발생하지 않는다.

[오답분석]
① 기본형 청소구로 카펫를 청소하면 청소 효율이 떨어질 뿐이며, 카펫 청소는 가능하다고 언급되어 있다.
② 스팀 청소 완료 후 충분히 식지 않은 상태에서 통을 분리하면 뜨거운 물이 새어 나와 화상의 위험이 있다고 언급되어 있다.
③ 기본형 청소구의 돌출부를 누른 상태에서 잡아당기면 좁은 흡입구를 꺼낼 수 있다고 언급되어 있다.
⑤ 스팀 청소구의 물통에 물을 채우는 작업, 걸레판에 걸레를 부착하는 작업 모두 반드시 전원을 분리한 상태에서 진행해야 한다고 언급되어 있다.

47

바닥에 물이 남는다면 스팀 청소구를 좌우로 자주 기울이지 않도록 주의하거나 젖은 걸레를 교체해야 한다.

48

팀 목표를 달성하도록 팀원을 격려하는 환경을 조성하기 위해서는 동료의 피드백이 필요하다. 긍정이든 부정이든 피드백이 없다면 팀원들은 개선을 이루거나 탁월한 성과를 내고자 하는 노력을 게을리하게 된다.

> **동료의 피드백을 장려하는 4단계**
> 1. 간단하고 분명한 목표와 우선순위를 설정하라.
> 2. 행동과 수행을 관찰하라.
> 3. 즉각적인 피드백을 제공하라.
> 4. 뛰어난 수행성과에 대해 인정하라.

49

업무적으로 내적 동기를 유발하기 위해서는 업무 관련 교육을 꾸준히 하여야 한다.

내적 동기를 유발하는 방법
- 긍정적 강화법 활용하기
- 새로운 도전의 기회 부여하기
- 창의적인 문제해결법 찾기
- 자신의 역할과 행동에 책임감 갖기
- 팀원들을 지도 및 격려하기
- 변화를 두려워하지 않기
- 지속적인 교육 실시하기

50

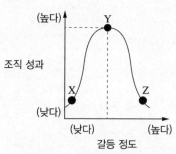

갈등 정도와 조직 성과에 대한 그래프에서 갈등이 X점 수준일 때에는 조직 내부의 의욕이 상실되고 환경의 변화에 대한 적응력도 떨어져 조직 성과가 낮아진다. 갈등이 Y점 수준일 때에는 갈등의 순기능이 작용하여 조직 내부에 생동감이 넘치고 변화 지향적이며 문제해결능력이 발휘되어 조직 성과가 높아진다. 반면, 갈등이 Z점 수준일 때에는 오히려 갈등의 역기능이 작용하여 조직 내부에 혼란과 분열이 발생하고 조직 구성원들이 비협조적이 되어 조직 성과는 낮아지게 된다.

MEMO

PART 1

직업기초능력

대표기출유형 01 기출응용문제

01
정답 ③

테크핀의 발전 원인에는 국내의 높은 IT 인프라, 전자상거래 확산, 규제 완화 등이 있다.

오답분석
① 테크핀은 금융보다 기술을 강조한다.
② 핀테크는 금융기관이, 테크핀은 ICT 기업이 주도한다.
④ 핀테크와 테크핀의 부정적인 영향으로 혜택의 불균형이 있다.

02
정답 ②

'피터팬 증후군이라는 말로 표현되기도 하였으나, 이와 달리 키덜트는 ~ 긍정적인 이미지를 가지고 있다.'라는 내용을 통해 '피터팬 증후군'과 '키덜트' 두 단어를 혼용하여 사용하지 않음을 알 수 있다.

오답분석
① '키덜트는 각박한 현대인의 생활 속에서 마음 한구석에 어린이의 심상을 유지하는 사람들로 긍정적인 이미지를 가지고 있다.'라는 문장을 통해 키덜트와 현대 사회가 밀접한 관련이 있음을 짐작할 수 있다.
③ '키덜트들은 이를 통해 얻은 영감이나 에너지가 일에 도움이 된다고 말한다.'라는 내용에서 찾을 수 있다.
④ '기업들은 키덜트족(族)을 타깃으로 하는 상품과 서비스를 만들어내고 있으며'를 통해 시장의 수요자임을 알 수 있다.

03
정답 ①

'등대공장'은 등대가 어두운 밤하늘에 빛을 밝혀 배를 안내하듯 제조업의 미래를 이끄는 공장을 일컫는다. 즉, 공장의 역할을 등대에 비유하여 표현한 것일 뿐이며, 등대공장이 등대와 같은 역할을 하는 것은 아니다.

04
정답 ①

'자원의 가치는 지역과 문화에 따라 달라진다.'는 것은 자원의 상대성에 대한 설명이다. 제시문은 유럽과 신대륙 간 필요한 자원의 가치에 따라 교환이 일어나고 있는 상황을 설명하고 있다.

오답분석
②는 자원의 유한성, ③은 자원의 가변성, ④는 자원의 희소성에 대한 설명이다.

05
정답 ②

제시문의 마지막 문단에서 '그리고 병원균이나 곤충, 선충에 기생하는 종들을 사용한 생물 농약은 유해 병원균이나 해충을 직접 공격하기도 한다.'라고 하였으므로 ②는 적절하지 않다.

06

정답 ①

평균 비용이 한계 비용보다 큰 경우, 공공요금을 평균 비용 수준에서 결정하면 수요량이 줄면서 거래량이 따라 줄고, 결과적으로 생산량도 감소한다. 이는 사회 전체의 관점에서 볼 때 자원이 효율적으로 배분되지 못하는 상황이다.

오답분석

②는 첫 번째 문단, ③은 두 번째 문단, ④는 마지막 문단에서 확인할 수 있다.

대표기출유형 02   기출응용문제

01

정답 ④

제시문은 블록체인 기술에 대한 설명과 원리 및 장단점을 소개하고 있다. 그러므로 가장 먼저 블록체인 기술에 대해 소개하는 (라) 문단이 와야 한다. 이어서 블록체인 기술의 원리 중 블록에 대해 설명하는 (가) 문단과 블록에 적용되는 암호화 기술인 해싱에 대해 설명하는 (다) 문단이 이어지는 것이 적절하다. 마지막으로 블록체인 기술의 장점을 정리하고 그 한계점을 제시한 (나) 문단이 이어지는 것이 적절하다.

02

정답 ②

(가) 문단에서는 전자상거래 시장에서 소셜 커머스 열풍이 불고 있다는 내용을 소개하고 국내 소셜 커머스 현황을 제시하고 있다. (다) 문단은 소셜 커머스가 주로 SNS를 이용해 공동 구매자를 모으는 것에서 그 명칭이 유래되었다고 언급하며, (나) 문단은 소셜 쇼핑과 개인화된 쇼핑 등 소셜 커머스의 유형과 향후 전망을 제시하였다.

03

정답 ②

제시문은 관객이 영화를 보면서 흐름을 지각하는 것을 제대로 설명하지 못하는 동일시 이론에 대해 문제를 제기하고 이를 칸트의 무관심성을 통해 설명할 수 있다고 제시한다. 이어서 관객이 영화의 흐름을 생동감 있게 체험할 수 있는 이유로 '방향 공간'과 '감정 공간'을 제시하고 이에 대한 설명을 한 뒤 이것이 관객이 영화를 지각할 수 있는 원리가 될 수 있음을 정리하며 마치고 있는 글이다. 따라서 '(나) 영화를 보면서 흐름을 지각하는 것을 제대로 설명하지 못하는 '동일시 이론' → (가) 영화 흐름의 지각에 대해 설명할 수 있는 칸트의 '무관심성' → (라) 영화의 생동감을 체험할 수 있게 하는 '방향 공간' → (마) 영화의 생동감을 체험할 수 있게 하는 또 다른 이유인 '감정 공간' → (다) 관객이 영화를 지각하는 과정에 대한 정리'로 나열되어야 한다.

04

정답 ③

제시된 문장은 청화백자가 무엇인지에 대한 설명으로 도입부 역할을 하고 있다. 다음에 이어질 내용으로 청화백자의 기원을 설명하는 (라) 문단이 적절하며, 다음으로 (라) 문단에서 제시한 원대의 청화백자를 설명하는 (가) 문단이 적절하다. 그리고 이러한 청화백자가 조선시대에 들어온 배경을 설명하는 (다) 문단이, 마지막으로 이러한 조선시대 청화백자의 특징을 설명하는 (나) 문단이 적절하다.

05

정답 ①

제시문은 인간의 도덕적 자각과 사회적 의미를 강조하는 윤리인 '충'과 '서'가 있음을 알리고, 각각의 의미를 설명하는 내용의 글이다. 따라서 '(가) 인간의 도덕적 자각과 사회적 실천을 강조하는 윤리인 '충서' → (다) '충'의 의미 → (나) '서'의 의미 → (라) '서'가 의미하는 역지사지의 상태' 순으로 나열되어야 한다.

06
④

먼저 귀납에 대해 설명하고 있는 (나) 문단이 오는 것이 적절하며, 특성으로 인한 귀납의 논리적 한계가 나타난다는 (라) 문단이 그다음으로 오는 것이 자연스럽다. 이후 이러한 한계에 대한 흄의 의견인 (다) 문단과 구체적인 흄의 주장과 이에 따라 귀납의 정당화 문제에 대해 설명하는 (가) 문단이 차례로 오는 것이 적절하다.

대표기출유형 03 기출응용문제

01
정답 ③

프리드먼의 항상소득 가설은 일시적인 소득을 임시소득으로 보며, 소비에 직접적인 영향을 주지 않는다고 보았다.

오답분석

①·② 프리드먼의 항상소득 가설에 대한 설명이다.
④ 프리드먼의 항상소득 가설에 따르면 재난지원금은 임시소득으로 소비에 고려되지 않는다.

02
정답 ④

제시문에 따르면 일반적으로 사람들은 콘텐츠를 선택하기에 앞서 미디어를 결정한다. 보기의 '○○○ 휘날리며'는 동일한 콘텐츠를 바탕으로 책과 연극·영화라는 다양한 미디어로 표현되었지만, 흥행에 성공한 것은 영화였다. 즉, 대중들은 동일한 콘텐츠임에도 불구하고 영화라는 미디어로 표현된 '○○○ 휘날리며'를 선택한 것이다. 따라서 동일한 콘텐츠더라도 어떤 미디어를 선택하느냐에 따라 대중의 선호가 달라질 수 있다고 해석할 수 있다.

오답분석

① 아무리 우수한 콘텐츠를 가지고 있더라도 미디어의 발전이 없다면 콘텐츠는 표현의 한계를 가질 수밖에 없다.
② 미디어의 차이가 콘텐츠를 수용하는 대중의 태도 차이로 나타난다.
③ 콘텐츠가 아무리 좋아도 미디어 기술이 없으면 콘텐츠는 대중적인 반향을 불러일으킬 수 없고 부가가치를 창출할 수도 없다. 따라서 콘텐츠 개발에 못지않게 미디어의 발전이 부각되어야야 한다.

03
정답 ④

ⓒ 시장적 의사 결정 과정은 항상 모든 당사자의 완전 합의에 의해서 거래가 이루어지므로 옳은 내용이다.
ⓒ 정치적 의사 결정 과정에서는 다수결에 따라 의사가 결정되며, 반대의 의견을 가진 소수도 결정이 이루어진 뒤에는 그 결정에 따라야 한다. 따라서 소수의 의견이 무시될 수 있다는 문제점이 있다.

오답분석

㉠ 시장적 의사 결정에서는 경제력과 비례하여 차별적인 결정권을 가지지만, 정치적 의사 결정에서는 경제력과 관계없이 똑같은 정도의 결정권을 가지므로 옳지 않다.

04
정답 ③

도킨스에 따르면 인간 개체는 유전자라는 진정한 주체의 매체에 지나지 않게 된다. 이러한 생각에는 살아가고 있는 구체적 생명체를 경시하게 되는 논리가 잠재되어 있다. 따라서 무엇이 진정한 주체인가에 대한 물음이 필자의 문제 제기로 적절하다.

05

정답 ②

제시문은 윤리적 상대주의가 참이라는 결론을 내리기 위한 논증이다. 어떤 행위에 대한 문화 간의 지속적인 시비 논란(윤리적 판단)은 사람들의 윤리적 기준 차이에 의하여 한 문화 안에서 시대마다 다르기도 하고, 동일한 문화와 시대 안에서도 다를 수 있다. 그러므로 올바른 윤리적 기준은 그것을 적용하는 사람에 따라 상대적이고 윤리적 상대주의가 참이라는 논증이다. 따라서 이 논증의 반박은 '절대적 기준에 의한 보편적 윤리 판단은 존재한다.'가 되어야 한다. 그러나 ②는 '윤리적 판단이 항상 서로 다른 것은 아니다.'라는 내용이다. 제시문에서도 윤리적 판단이 '~ 다르기도 하다.', '다른 윤리적 판단을 하는 경우를 볼 수 있다.'고 했지 '항상 다르다.'고는 하지 않았으므로 ②는 반박으로 적절하지 않다.

06

정답 ③

제시문에서는 한국 사람들이 자기보다 우월한 사람들을 준거집단으로 삼기 때문에 이로 인한 상대적 박탈감으로 행복감이 낮다고 설명하고 있으므로 이를 반증하는 사례를 통해 반박해야 한다. 만약 자신보다 우월한 사람들을 준거집단으로 삼으면서도 행복감이 낮지 않는 나라가 있다면 이에 대한 반박이 되므로 ③이 반박으로 적절하다.

07

정답 ④

화폐 통용을 위해서는 화폐가 유통될 수 있는 시장이 성장해야 하고, 농업생산력이 발전해야 한다. 그러나 서민들은 물품화폐를 더 선호하였고, 일부 계층에서만 금속화폐가 유통되었다. 따라서 광범위한 동전 유통이 실패한 것이다. 화폐 수요량에 따른 공급은 금속화폐가 일상생활에서 널리 유통된 이후의 조선 후기에 해당하는 내용이다.

대표기출유형 04 │ 기출응용문제

01

정답 ③

우리나라가 지식 기반 산업 위주의 사회로 바뀌면서 내부 노동시장에 의존하던 인력 관리 방식이 외부 노동시장에서의 채용으로 변화함에 따라 지식 격차에 의한 소득 불평등과 국가 간 경제적 불평등 현상이 심화되고 있다고 말하고 있다.

오답분석

① 정보통신 기술을 통해, 전 지구적 노동시장이 탄생하여 기업을 비롯한 사회 조직들이 국경을 넘어 인력을 충원하고 재화와 용역을 구매하고 있다고 언급했다. 하지만 이러한 국가 간 노동 인력의 이동이 가져오는 폐해에 대해서는 언급하고 있지 않다.
② 지식 기반 경제로의 이행은 지식 격차에 의한 소득 불평등 심화 현상을 일으킨다. 하지만 이것에 대한 해결책은 언급하고 있지 않다.
④ 사회 불평등 현상은 지식 기반 산업 위주로 변화하는 국가에서 나타나거나 나라와 나라 사이에서 나타나기도 한다. 제시문에 언급한 내용이지만 전체 주제를 포괄하지 못하므로 제목으로 적절하지 않다.

02

정답 ④

(라) 문단에서는 부패를 없애기 위한 정부의 제도적 노력에도 불구하고 반부패정책 대부분이 효과가 없었음을 이야기하고 있다. 따라서 부패인식지수의 개선 방안이 아니라 '정부의 부패인식지수 개선에 대한 노력의 실패'가 (라) 문단의 주제로 적절하다.

03

정답 ④

제시문은 인간은 직립보행을 계기로 후각이 생존에 상대적으로 영향을 덜 주게 되면서 시각을 발달시키는 대신 후각을 현저히 퇴화시켰다는 사실을 설명하고 있다. 다만, 후각은 여전히 감정과 긴밀히 연계되어 있고, 관련 기억을 불러일으킨다는 사실을 언급하며 마무리하고 있다. 따라서 인간은 후각을 부수적인 기능으로 남겨두었다는 것이 제시문의 요지로 적절하다.

04

첫 번째 문단은 임신 중 고지방식 섭취로 인한 자식의 생식기에 종양 발생 가능성에 대한 연구 결과를 이야기하고 있고, 두 번째 문단은 사지 절단 수술로 인해 심장병으로 사망할 가능성에 대한 조사 결과를 이야기하고 있다. 따라서 제시문의 주제는 '의외의 질병 원인과 질병 사이의 상관관계'가 적절하다.

05

정답 ①

제시문은 고전 범주화 이론에 바탕을 두고 있는 성분 분석 이론이 단어의 의미를 충분히 설명하지 못한다는 것을 말하고 있는 글이지 '새' 자체가 주제인 것은 아니다. 따라서 제시문의 주제로 적절한 것은 '고전 범주화 이론의 한계'이다.

오답분석
②·③ '새'가 계속 언급되는 것은 고전적인 성분 분석의 예로서 언급되는 것이기 때문에 주제가 될 수 없다.
④ 성분 분석 이론의 바탕은 고전 범주화 이론이고, 이는 너무 포괄적이기 때문에 주제가 될 수 없다.

06

정답 ④

제시문에서는 대기업과 중소기업 간의 상생경영의 중요성을 강조하고 있다. 기존에는 대기업이 시혜적 차원에서 중소기업에게 베푸는 느낌이 강했지만, 현재는 협력사의 경쟁력 향상이 곧 기업의 성장으로 이어질 것으로 보고, 상생경영의 중요성을 높이고 있다. 대기업이 지원해준 업체의 기술력 향상으로 더 큰 이득을 보상받는 등 상생협력이 대기업과 중소기업 모두에게 효과적임을 알 수 있다. 따라서 '시혜적 차원에서의 대기업 지원의 중요성'은 기사의 제목으로 적절하지 않다.

대표기출유형 05 │ 기출응용문제

01

정답 ④

빈칸 뒤의 문장은 최근 선진국에서는 스마트 팩토리로 인해 해외로 나간 자국 기업들이 다시 본국으로 돌아오는 현상인 '리쇼어링'이 가속화되고 있다는 내용이다. 즉, 스마트 팩토리의 발전이 공장의 위치를 해외에서 본국으로 변화시키고 있으므로 빈칸에 들어갈 내용으로는 ④가 가장 적절하다.

02

정답 ③

탄소배출권 거래제는 의무감축량을 초과 달성했을 경우 초과분을 거래할 수 있는 제도이다. 따라서 온실가스의 초과 달성분을 구입 혹은 매매할 수 있음을 추측할 수 있으며, 빈칸 이후 문단에서도 탄소배출권을 일종의 현금화가 가능한 자산으로 언급함으로써 이러한 추측을 돕고 있다. 따라서 ③이 빈칸에 들어갈 말로 가장 적절하다.

오답분석
① 청정개발 체제에 대한 설명이다.
② 제시문에는 탄소배출권 거래제가 가장 핵심적인 유연성 체제라고는 언급되어 있지 않다.
④ 탄소배출권 거래제가 탄소배출권이 사용되는 배경이라고는 볼 수 있으나, 다른 감축의무국가를 도움으로써 탄소배출권을 얻을 수 있다는 내용은 제시문에서 확인할 수 없다.

03

빈칸의 앞 문단에서 '보손 입자는 페르미온과 달리 파울리의 배타 원리를 따르지 않는다. 따라서 같은 에너지 상태를 지닌 입자라도 서로 겹쳐서 존재할 수 있다. 만져지지 않는 에너지 덩어리인 셈이다.'라고 하였고, 빈칸 다음 문장에서 '빛은 실험을 해보면 입자의 특성을 보이지만, 질량이 없고 물질을 투과하며 만져지지 않는다.'라고 하였다. 또한 마지막 문장에서 '포논은 광자와 마찬가지로 스핀이 0인 보손 입자다.'라고 하였으므로 광자는 스핀이 0인 보손 입자라는 것을 알 수 있다. 따라서 빈칸에 들어갈 내용으로는 ①이 적절하다.

[오답분석]
② 광자가 파울리의 배타 원리를 따른다면, 파울리의 배타 원리에 따라 페르미온 입자로 이뤄진 물질은 우리가 손으로 만질 수 있어야 한다. 그러나 광자는 질량이 없고 물질을 투과하며 만져지지 않는다고 하였으므로 적절하지 않은 내용이다.
③ '포논은 광자와 마찬가지로 스핀이 0인 보손 입자다.'라는 문장에서 광자는 스핀 상태에 따라 분류할 수 있는 입자임을 알 수 있다.
④ 스핀이 2분의 1의 홀수배인 입자들은 페르미온이라고 하였고, 광자는 스핀이 0인 보손 입자이므로 적절하지 않은 내용이다.

04

제시문에 따르면 우리는 작품을 감상할 때 작품이 지닌 의미보다 작품의 맥락과 내용에 대한 지식에 의존한다. 따라서 빈칸에는 의미가 중요하다는 내용이 들어가야 한다.

05

제시문은 '직업안전보건국이 제시한 1ppm의 기준이 지나치게 엄격하다고 판결하였다.'와 '직업안전보건국은 노동자를 생명의 위험이 될 수 있는 화학 물질에 노출시키는 사람들이 그 안전성을 입증해야 한다.'의 논점의 대립이다. 따라서 빈칸에는 ②와 같이 '벤젠의 노출 수준이 1ppm을 초과할 경우 노동자의 건강에 실질적으로 위험하다는 것을 직업안전보건국이 입증해야 한다.'는 내용이 오는 것이 적절하다.

06

• 첫 번째 빈칸 : 빈칸 뒤 문장에서 과도한 지방 섭취는 안 좋다는 내용을 통해 지방에 대한 안 좋은 이야기가 나와야 함을 알수 있다. 따라서 ⓒ이 적절하다.
• 두 번째 빈칸 : 빈칸 뒤 문장을 보면 '이러한 축적 능력'이라는 어구가 보인다. 따라서 빈칸에는 축적 능력에 대한 내용이 있어야한다. 따라서 ⓒ이 적절하다.
• 세 번째 빈칸 : 빈칸 앞 문장에서는 살아남은 자들의 후손인 현대인들이 달거나 기름진 음식을 본능적으로 좋아하게 된 것은 진화의 당연한 결과이고, 뒤 문장에서는 지방이 풍부한 음식을 찾는 경향은 지나치게 지방을 축적하게 하여 결국 부작용으로 이어진다고 했다. 그러므로 빈칸에는 진화가 부작용으로 이어졌다는 내용이 들어가야 한다. 따라서 ㉠이 적절하다.

07

빈칸 뒤에서는 고전 미학과 근대 미학이 각각 추구하는 이념과 대상에 대해 예를 들어 설명하고 있다. 따라서 빈칸에는 미학이 추구하는 이념과 대상도 '시대에 따라 다름'을 언급하는 내용이 들어가야 한다.

대표기출유형 01   기출응용문제

01

정답 ①

월복리 적금 상품의 연이율이 2.4%이므로 월이율은 $\dfrac{0.024}{12}=0.002=0.2\%$이다.

• 월초에 100만 원씩 24개월간 납입할 때 만기 시 원리합계

$$\frac{100\times1.002\times(1.002^{24}-1)}{1.002-1}=\frac{100\times1.002\times(1.049-1)}{0.002}=2,454.9만\ 원$$

• 월초에 200만 원씩 12개월간 납입할 때 만기 시 원리합계

$$\frac{200\times1.002\times(1.002^{12}-1)}{1.002-1}=\frac{200\times1.002\times(1.024-1)}{0.002}=2,404.8만\ 원$$

따라서 차이는 $2,454.9-2,404.8=50.1$만 원이다.

02

정답 ③

각 신호등이 켜지는 간격은 다음과 같다.

• 첫 번째 신호등 : $6+10=16$초
• 두 번째 신호등 : $8+4=12$초

따라서 16과 12의 최소공배수는 48이며, 동시에 불이 켜지는 순간은 48초 후이다.

03

정답 ④

3학년, 2학년, 1학년의 학생 수를 각각 x명, $2x$명, $4x$명이라 하면 다음과 같다.

$$(전체\ 평균)=\frac{4x\times20+2x\times13+x\times20}{4x+2x+x}=\frac{(80+26+20)x}{7x}=18점이다.$$

04

정답 ②

처음 속력을 $x\,\text{km/h}$(단, $x>0$)라 하면, 차에 이상이 생긴 후 속력은 $0.5x\,\text{km/h}$이다. 이때 총 걸린 시간이 1시간 30분이므로 식을 세우면 다음과 같다.

$$\frac{60}{x}+\frac{90}{0.5x}=\frac{3}{2}\ \rightarrow\ 60+180=\frac{3}{2}x$$

$$\therefore\ x=160$$

따라서 고장이 나기 전 처음 차의 속력은 160km/h이다.

05

주어진 정보를 표로 정리하면 다음과 같다.

구분	뮤지컬 좋아함	뮤지컬 좋아하지 않음	합계
남학생	24	26	50
여학생	16	14	30
합계	40	40	80

따라서 뮤지컬을 안 좋아하는 사람을 골랐을 때, 그 사람이 여학생일 확률은 $\dfrac{14}{40} = \dfrac{7}{20}$ 이다.

06

정답 ③

B지역 유권자의 수를 x명(단, $x>0$)이라고 하면 A지역 유권자의 수는 $4x$명이다.

- A지역 찬성 유권자 수 : $4x \times \dfrac{3}{5} = \dfrac{12}{5}x$명
- B지역 찬성 유권자 수 : $\dfrac{1}{2}x$명

따라서 A, B 두 지역 유권자의 헌법 개정 찬성률은 $\dfrac{\frac{12}{5}x + \frac{1}{2}x}{4x+x} \times 100 = \dfrac{\frac{29}{10}x}{5x} \times 100 = 58\%$이다.

07

정답 ①

A기계, B기계가 1분 동안 생산하는 비누의 수를 각각 x, y개라 하면

$5(x+4y)=100 \cdots \text{㉠}$

$4(2x+3y)=100 \cdots \text{㉡}$

두 식을 정리하면

$x+4y=20 \cdots \text{㉠}'$

$2x+3y=25 \cdots \text{㉡}'$

㉠$'$, ㉡$'$을 연립하면

$5y=15$, $y=3 \rightarrow x=8$

따라서 A기계 3대와 B기계 2대를 동시에 가동하여 비누 100개를 생산하는 데 걸리는 시간은

$\dfrac{100}{(8 \times 3)+(3 \times 2)} = \dfrac{100}{30} = \dfrac{10}{3}$ 시간이다.

08

정답 ③

전체 8명에서 4명을 선출하는 경우의 수에서 남자만 4명을 선출하는 경우를 제외하면 된다.

${}_8\mathrm{C}_4 - {}_5\mathrm{C}_4 = \dfrac{8 \times 7 \times 6 \times 5}{4 \times 3 \times 2 \times 1} - \dfrac{5 \times 4 \times 3 \times 2}{4 \times 3 \times 2 \times 1} = 70-5 = 65$가지

09

정답 ③

K기업의 전 직원을 x명이라고 하자. 찬성한 직원은 $0.8x$명이고, 그중 남직원은 $0.8x \times 0.7 = 0.56x$명이다.

구분	찬성	반대	합계
남자	$0.56x$	$0.04x$	$0.6x$
여자	$0.24x$	$0.16x$	$0.4x$
합계	$0.8x$	$0.2x$	x

따라서 여직원 한 명을 뽑았을 때, 유연근무제에 찬성한 직원일 확률은 $\dfrac{0.24x}{0.4x} = \dfrac{3}{5}$이다.

01

평균 통화시간이 $6 \sim 9$분인 여성의 수는 $400 \times \dfrac{18}{100} = 72$명이다. 반면 평균 통화시간이 12분 초과인 남성의 수는 $600 \times \dfrac{10}{100} = 60$명이다. 따라서 여성의 수는 남성의 수보다 $\dfrac{72}{60} = 1.2$배 많다.

02

2015년부터 2024년까지 10년 동안의 지진 발생 건수를 적은 순서로 나열하면 3, 4, 5, 6, 7, 7, 8, 10, 11, 12이다. 변량은 10개, 짝수이므로 중앙값은 2개의 중간 값을 2로 나눈다. 따라서 중앙값은 $\dfrac{7+7}{2} = 7$건이다.

03

가중평균은 원값에 해당되는 가중치를 곱한 총합을 가중치의 합으로 나눈 것을 말한다. A의 가격을 a만 원이라고 가정하여 가중평균에 대한 식을 구하면 다음과 같다.

$$\frac{(a \times 30) + (70 \times 20) + (60 \times 30) + (65 \times 20)}{30 + 20 + 30 + 20} = 66 \rightarrow \frac{30a + 4,500}{100} = 66 \rightarrow 30a = 6,600 - 4,500 \rightarrow a = \frac{2,100}{30} \rightarrow a = 70$$

따라서 빈칸에 들어갈 수치는 70이다.

04

(기대효과)=(조달단가)×(구매 효용성)이므로 물품별 기대효과는 다음과 같다.

구분	A	B	C	D	E	F	G	H
기대효과	3×1=3	4×0.5=2	5×1.8=9	6×2.5=15	7×1=7	8×1.75=14	10×1.9=19	16×2=32

여기서 조달단가 20억 원 이내 조합의 기대효과 중 최댓값을 고르면 조달단가가 20억 원인 경우와 19억 원인 경우의 조합을 구한다.

조달단가 합	조합	기대효과
20억 원	H+B	32+2=34
	G+E+A	19+7+3=29
	G+D+B	19+15+2=36
	F+E+C	14+7+9=30
	F+C+B+A	14+9+2+3=28
	E+D+B+A	7+15+2+3=27
19억 원	H+A	32+3=35
	G+D+A	19+15+3=37
	G+C+B	19+9+2=30
	F+E+B	14+7+2=23
	F+D+C	14+15+9=38
	E+C+B+A	7+9+2+3=21

따라서 더 이상 큰 조합은 없으므로 F+D+C 조합일 때의 기대효과 총합 38이 최댓값이다.

05

정답 ④

자료의 개수가 홀수일 때 중앙값은 가장 가운데 오는 수이지만, 자료의 개수가 짝수일 때, 중앙에 있는 2개 값이 중앙값이 된다. 12, 13, 15, 17, 17, 20 중 중앙값은 15와 17의 평균인 16이다. 최빈값은 17점이 두 번 나오므로 17점이 최빈값이 된다. 따라서 중앙값은 16점이며, 최빈값은 17점이다.

06

정답 ③

20명의 통근시간을 오름차순으로 나열하면 다음과 같다.

이름	J	I	E	F	P	O	D	T	G	S
시간(분)	14	19	21	25	25	28	30	30	33	33
이름	N	R	M	B	C	A	L	K	Q	H
시간(분)	36	37	39	41	44	45	48	50	52	55

중위값은 자료의 개수가 짝수이면, $\frac{n}{2}$번째와 $\frac{n}{2}+1$번째 값의 평균으로 계산한다. 따라서 10번째 S직원의 통근시간 33분과 11번째 N직원의 통근시간 36분의 평균은 $\frac{33+36}{2}=34.5$분이다.

대표기출유형 03 기출응용문제

01

정답 ②

오답분석

ⓒ 환율 상승률이 가장 큰 해는 절상률의 (−)값이 가장 큰 해를 의미하고, 환율 하락률이 가장 작은 해는 절상률의 (+)값이 가장 작은 해를 의미하기 때문에 쉽게 찾을 수 있다. 환율 하락률이 가장 작은 해는 2024년이다.
ⓒ 달러에 대한 엔화의 절하율이 더 크기 때문에 엔화에 대한 원화의 통화 가치는 커진 것이고(평가 절상), 따라서 엔화 대비 원화 환율은 하락하였다.

02

정답 ④

H은행은 시설 및 직원 서비스 부분과 지점·ATM 이용 편리성 부분에서 가장 낮은 점수를 보이고 있다.

오답분석

① A~H은행의 금융상품 다양성 부분의 평균점수는 3.24점이며, A, B, D은행이 평균점수보다 높다.
② 지점·ATM 이용 편리성 부분에서 가장 높은 점수의 은행은 D은행(3.59점)이며, 이자율·수수료 부분의 점수가 가장 높은 은행은 A은행(3.57점)이다.
③ 평가항목 중 A~H은행의 평균점수가 가장 낮은 항목은 금융상품 다양성(평균점수 3.24점) 부분이다.

03

정답 ④

2020년과 2024년에는 출생아 수와 사망자 수의 차이가 20만 명이 되지 않는다.

04

B은행의 창구 이용, 자동화 기기의 총 수수료 평균은 약 933원으로 다른 은행들보다 크다.

오답분석
① 자동화 기기 마감 전 수수료가 700원 이상인 은행은 A·B·I·K·N은행으로 총 5곳이다.
② '운영하지 않음'을 제외한 A~R은행의 창구 이용 수수료의 평균은 약 756원이다.
③ '면제'를 제외한 A~R은행의 자동화 기기 마감 전 수수료 평균은 600원이며, 마감 후 수수료 평균은 770원이다.

05

정답 ③

2024년 시급과 수강생 만족도를 참고하여 2025년 강사별 시급 및 2024년과 2025년의 시급 차이를 구하면 다음과 같다.

강사	2025년 시급	(2025년 시급)-(2024년 시급)
A	$55,000(1+0.05)=57,750$원	$57,750-55,000=2,750$원
B	$45,000(1+0.05)=47,250$원	$47,250-45,000=2,250$원
C	$54,600(1+0.1)=60,060$원 → 60,000원 (∵ 시급의 최대)	$60,000-54,600=5,400$원
D	$59,400(1+0.05)=62,370$원 → 60,000원 (∵ 시급의 최대)	$60,000-59,400=600$원
E	48,000원	$48,000-48,000=0$원

따라서 2024년과 2025년 시급 차이가 가장 큰 강사는 C이다.

오답분석
① 강사 E의 2024년 시급은 48,000원이다.
② 2025년 강사 D의 시급과 강사 C의 시급은 60,000원으로 같다.
④ 2024년 강사 C의 시급 인상률을 $a\%$라고 하자.

$$52,000\left(1+\frac{a}{100}\right)=54,600 \rightarrow 520a=2,600 \rightarrow a=5$$

즉, 2024년 강사 C의 시급 인상률은 5%이므로, 2023년 수강생 만족도 점수는 4.0점 이상 4.5점 미만이다.

06

정답 ②

경증 환자 중 남자 환자의 비율은 $\frac{31}{50}$이고, 중증 환자 중 남자 환자의 비율은 $\frac{34}{50}$이므로 경증 환자 비율이 더 낮다.

07

정답 ④

전체 가입자 중 여자 가입자 수의 비율은 $\frac{9,804,482}{21,942,806}\times100 \fallingdotseq 44.7\%$이다.

오답분석
① 남자 사업장가입자 수는 8,059,994명이며, 남자 지역가입자 수의 2배인 $3,861,478\times2=7,722,956$명보다 많다.
② 전체 여자 가입자 수인 9,804,482명에서 여자 사업장가입자 수인 5,775,011명을 빼면 4,029,471명이다. 따라서 여자 사업장가입자 수가 이를 제외한 항목의 여자 가입자 수를 모두 합친 것보다 많다.
③ 전체 지역가입자 수는 전체 사업장가입자 수의 $\frac{7,310,178}{13,835,005}\times100 \fallingdotseq 52.8\%$이다.

08

기원이의 체중이 11kg 증가하면 71+11=82kg이다. 이 경우 비만도는 $\frac{82}{73.8}\times100≒111\%$이므로 과체중에 도달한다.

따라서 기원이가 과체중이 되기 위해서는 11kg 이상 체중이 증가하여야 한다.

[오답분석]

① • 혜지의 표준체중 : $(158-100)\times0.9=52.2$kg
 • 기원이의 표준체중 : $(182-100)\times0.9=73.8$kg

③ • 혜지의 비만도 : $\frac{58}{52.2}\times100≒111\%$

 • 기원이의 비만도 : $\frac{71}{73.8}\times100≒96\%$

 • 용준이의 표준체중 : $(175-100)\times0.9=67.5$kg

 • 용준이의 비만도 : $\frac{96}{67.5}\times100≒142\%$

 90% 이상 110% 이하면 정상체중이므로 3명의 학생 중 정상체중인 학생은 기원이뿐이다.

④ 용준이가 정상체중 범주에 속하려면 비만도가 110% 이하여야 한다.

 $\frac{x}{67.5}\times100\leq110\% \rightarrow x\leq74.25$

 즉, 현재 96kg에서 정상체중이 되기 위해서는 약 22kg 이상 감량을 해야 한다.

09

정답 ③

신재생 에너지의 경우, 석탄 에너지에 비해 진입 시 추가확충 필요자금은 더 적지만, 진입 후 흑자전환에 소요되는 기간은 2년 더 길다.

[오답분석]

① 국내 최종에너지원별 소비량을 보면, 열 에너지 부문의 시장규모는 제시된 기간 중 매월 신재생 에너지에 비해 더 작다.

② 규제 완화 정도 점수가 낮을수록 제도적 장애물에 자주 부딪힐 것이므로 해당 점수가 가장 낮은 열 에너지 부문이 규제로 인한 문제를 가장 많이 겪을 것이다.

④ 1위 기업의 현재 시장점유율이 더 높은 천연가스 에너지 부문에 진입 시 초기 점유율 확보가 더 어려울 것이다.

대표기출유형 04 기출응용문제

01

정답 ④

수연이가 여행 전 800달러를 살 때 지불한 원화는 우대환율 70%를 적용하여 계산하면 다음과 같다.

구분	9월 14일	9월 15일	합계
적용 환율	$1,152-(1,152-1,140)\times0.7$ $=1,143.6$원/달러	$1,155-(1,155-1,145)\times0.7$ $=1,148$원/달러	–
지불 금액	$1,143.6\times500=571,800$원	$1,148\times300=344,400$원	916,200원

CHAPTER 02 수리능력 • **27**

여행 후 10월 16일부터 20일까지 현찰을 팔 때 우대환율이 20% 추가되어 90%가 적용된다. 날짜별 우대환율 90%를 적용한 후 800달러를 원화로 환전하면 다음과 같다.

구분	10월 16일	10월 19일	10월 20일
적용 환율	$1,146+(1,158-1,146)\times0.9$ $=1,156.8$원/달러	$1,140+(1,150-1,140)\times0.9$ $=1,149$원/달러	$1,131+(1,143-1,131)\times0.9$ $=1,141.8$원/달러
지불 금액	$1,156.8\times800=925,440$원	$1,149\times800=919,200$원	$1,141.8\times800=913,440$원

- 10월 16일 : 925,440-916,200=9,240원 이익
- 10월 19일 : 919,200-916,200=3,000원 이익
- 10월 20일 : 916,200-913,440=2,760원 손해

따라서 수연이가 800달러를 원화로 환전할 때 날짜별 손익을 바르게 나열한 것은 ④이다.

02 정답 ③

- (가) : 2024년 3분기 금융 부분의 전체 민원 건수 중 해결 건수는 $102\times0.96=98$건이다. 2024년 4분기 금융 부분 민원 해결 건수는 전 분기의 $\frac{5}{7}$ 이므로 $98\times\frac{5}{7}=70$건이다. 그러므로 (가)는 $\frac{70}{72}\times100\fallingdotseq97$%이다.

- (나) : 2024년 4분기 서비스 부분 민원 해결 건수가 97건이고, 해결률이 금융 부분의 민원 해결률과 같으므로 전체 민원 건수 (나)는 $\frac{97}{0.97}=100$건이다.

- (다) : 2024년 3분기 총민원 건수 해결률 (다)는 $\frac{(\text{해결된 민원 건수의 합})}{(\text{총 민원 건수})}\times100=\frac{98+20}{102+20}\times100\fallingdotseq97$%이다.

따라서 (가)+(나)+(다)=97+100+97=294이다.

03 정답 ④

명목 GDP는 당해 생산량과 당해 가격을 곱한 값들의 합으로 구할 수 있다.
(2023년 명목 GDP)=400벌×124,000원+450벌×24,000원+380벌×38,000원=74,840,000원
GDP 디플레이터는 실질 GDP 대비 명목 GDP의 비율이다. 또한 실질 GDP는 기준 연도의 가격으로 당해 생산량을 곱하여 구한다.
(실질 GDP)=250벌×124,000원+480벌×24,000원+500벌×38,000원=61,520,000원
(명목 GDP)=250벌×132,000원+480벌×22,000원+500벌×41,000원=64,060,000원

$(\text{GDP 디플레이터})=\frac{(\text{명목 GDP})}{(\text{실질 GDP})}\times100\%=\frac{64,060,000}{61,520,000}\times100\%\fallingdotseq104.1\%$

따라서 2023년 명목 GDP는 74,840,000원이며, 2024년 GDP 디플레이터는 104.1%이다.

04 정답 ④

K씨는 15t 화물트럭을 이용하므로 K씨의 차종은 4종에 해당하며, 4종의 킬로미터당 주행요금은 62.9원이다. 이를 바탕으로 K씨의 고속도로 통행요금을 구하면 다음과 같다.
- 서울 → 영천
  - 개방식 6차로 비용 : $720+180\times(62.9\times1.2)=14,306.4\fallingdotseq14,306$원
  - 폐쇄식 4차로 비용 : $900+150.4\times62.9=10,360.16\fallingdotseq10,360$원
- 영천 → 부산 : $(900\times0.5)+44.4\times(62.9\times0.5)=1,846.38\fallingdotseq1,846$원

따라서 K씨가 지불해야 할 고속도로 통행요금은 14,306+10,360+1,846=26,512원이다.

05

정답 ②

업체당 평균고용인원은 반월시화공단이 $\frac{195,635}{12,548} ≒ 15.6$명, 울산공단이 $\frac{101,677}{1,116} ≒ 91.1$명이므로 그 차이는 75.5명이다.

06

정답 ③

• 1인 1일 사용량에서 영업용 사용량이 차지하는 비중 : $\frac{80}{282} \times 100 ≒ 28.37\%$

• 1인 1일 가정용 사용량의 하위 두 항목이 차지하는 비중 : $\frac{20+13}{180} \times 100 ≒ 18.33\%$

07

정답 ③

2024년 방송산업 종사자 수는 모두 32,443명이다. '2024년 추세'에서는 지상파(지상파DMB 포함)만 언급하고 있으므로 다른 분야의 인원은 고정되어 있다. 지상파 방송사(지상파DMB 포함)는 전년보다 301명이 늘어났으므로 2023년 방송산업 종사자 수는 32,443－301＝32,142명이다.

대표기출유형 05 기출응용문제

01

정답 ④

마지막 문단에 제시된 영업용으로 등록된 특수차의 수에 따라 2021 ~ 2024년 전년 대비 증가량 중 2021년과 2024년의 전년 대비 증가량이 제시된 보고서보다 높다. 따라서 ④는 옳지 않은 그래프이다.

구분	2021년	2022년	2023년	2024년
증가량	59,281－57,277 ＝2,004대	60,902－59,281 ＝1,621대	62,554－60,902 ＝1,652대	62,946－62,554 ＝392대

02

정답 ④

4월 전월 대비 수출액은 감소했고, 5월 전월 대비 수출액은 증가했는데, 반대로 나타나 있다.

03

정답 ④

내수 현황을 누적으로 나타내었으므로 옳지 않다.

오답분석

① · ② 제시된 자료를 통해 알 수 있다.
③ 신재생에너지원별 고용인원 비율을 구하면 다음과 같다.

• 태양광 : $\frac{8,698}{16,177} \times 100 ≒ 54\%$ • 풍력 : $\frac{2,369}{16,177} \times 100 ≒ 15\%$

• 폐기물 : $\frac{1,899}{16,177} \times 100 ≒ 12\%$ • 바이오 : $\frac{1,511}{16,177} \times 100 ≒ 9\%$

• 기타 : $\frac{1,700}{16,177} \times 100 ≒ 10\%$

대표기출유형 01 기출응용문제

01
정답 ④

세 번째와 일곱 번째 조건에 의해 자전거 동호회에 참여한 직원은 남성 직원 1명이다. 또한 다섯 번째 조건에 의해 과장과 부장은 자전거 동호회 또는 영화 동호회에 참여하게 된다. 그중에서 여덟 번째 조건에 의해 부장은 영화 동호회에 참여하기 때문에 과장은 자전거 동호회에 참여하므로 자전거 동호회에 참여한 직원의 성별은 남성이고 직급은 과장이다. 네 번째 조건에 의해 여성 직원 1명이 영화 동호회에 참여하므로 영화 동호회에 참여한 직원의 성별은 여성이고 직급은 부장이다. 남은 동호회는 농구 · 축구 · 야구 · 테니스 동호회이고 여섯 번째 조건에 의해 참여 인원이 없는 동호회가 2개이므로 어떤 동호회의 참여 인원은 2명이다. 아홉 번째 조건에 의해 축구에 참여한 직원의 성별은 남성이고, 여덟 번째 조건에 의해 야구 동호회에 참여한 직원의 성별은 여성이고 직급은 주임이다. 또한 일곱 번째 조건에 의해 야구 동호회에 참여한 직원 수는 1명이므로 남은 축구 동호회에 참여한 직원은 2명이고, 성별은 남성이며 직급은 각각 대리와 사원이다.

02
정답 ②

• 11일까지의 날짜 중, A가 근무하는 날은 주말인 1일, 7일, 8일이다.
• C가 근무하는 날은 5일, 9일이다.
• D는 어제인 2일에 근무를 하였으며 격일로 당직근무를 하므로 4일, 10일에 당직근무를 한다. 6일은 금요일이고 8일은 일요일이므로 당직근무를 하지 않는다.
• 남은 일자는 3일, 6일, 11일로, 이 3일은 B가 당직근무를 한다.
이를 달력에 정리하면 다음과 같다.

일	월	화	수	목	금	토
1(A)	2(D)	3(B)	4(D)	5(C)	6(B)	7(A)
8(A)	9(C)	10(D)	11(B)			

따라서 1월 11일 당직근무를 하는 사람은 B이다.

03
정답 ③

을과 무의 진술이 모순되므로 둘 중 한 명은 참, 다른 한 명은 거짓이다. 여기서 을의 진술이 참일 경우 갑의 진술도 거짓이 되어 두 명이 거짓을 진술한 것이 되므로 문제의 조건에 위배된다. 따라서 을의 진술이 거짓, 무의 진술이 참이다. 그러므로 A강좌는 을이, B와 C강좌는 갑과 정이, D강좌는 무가 담당하고, 병은 강좌를 담당하지 않는다.

04

정답 ①

B보다 시대가 앞선 유물은 두 개이다.

1	2	3	4
		B	

나머지 명제를 도식화하면 'C - D, C - A, B - D'이므로 정리하면 다음과 같다.

1	2	3	4
C	A	B	D

05

정답 ①

'김팀장이 이번 주 금요일에 월차를 쓴다.'를 A, '최대리가 이번 주 금요일에 월차를 쓴다.'를 B, '강사원의 프로젝트 마감일은 이번 주 금요일이다.'를 C라고 하면 제시된 명제는 A → ~B → C이므로 대우 ~C → B → ~A가 성립한다. 따라서 '강사원의 프로젝트 마감일이 이번 주 금요일이 아니라면, 김팀장은 이번 주 금요일에 월차를 쓰지 않을 것이다.'는 반드시 참이 된다.

06

정답 ④

판단의 준거가 되는 명제와 그에 대한 대우를 만들어보면 다음과 같다.
I. [명제] A가 채택되면 B도 채택된다.
　 [대우] B가 채택되지 않으면 A도 채택되지 않는다.
II. [명제] A가 채택되지 않으면 D와 E 역시 채택되지 않는다.
　 [대우] D나 E가 채택되면 A가 채택된다.
III. [명제] B가 채택된다면 C가 채택되거나 A는 채택되지 않는다.
　 [대우] C가 채택되지 않고 A가 채택되면 B는 채택되지 않는다.
IV. [명제] D가 채택되지 않는다면 A는 채택되지만 C는 채택되지 않는다.
　 [대우] A가 채택되지 않거나 C가 채택되면 D가 채택된다.
위와 같은 판단 명제를 종합하면 'A업체'가 모든 사안과 연결되는 것을 알 수 있다.
A가 채택되는 경우와 되지 않는 경우를 보면 다음과 같다.
1) A가 채택되는 경우 : A・B・C・D는 확실히 채택되고, E는 불분명함
2) A가 채택되지 않는 경우 : 모순이 생기므로 제외함(∵ IV에서 A가 채택되지 않으면 D가 채택된다고 했는데 이것은 II에서 A가 채택되지 않으면 D 역시 채택되지 않는다고 한 명제와 모순된다)
따라서 A가 채택되어야 하고, 이 경우 A・B・C・D 4곳은 확실히 채택된다.

대표기출유형 02　기출응용문제

01

정답 ③

• A부서는 빔 프로젝터가 있는 가, 마 회의실 중 하나를 사용할 것이다. 그러나 마 회의실은 오후에 사용이 불가능하므로, A부서는 가 회의실을 사용한다.
• B부서는 화상회의 시스템을 갖춘 나, 라 회의실 중 7명 이상을 수용하고 오후 4시부터 6시까지 이용이 가능한 라 회의실을 사용한다.
• C부서는 화이트보드가 있는 나, 다 회의실 중 총 7명을 수용할 수 있는 다 회의실을 사용한다.
• D부서는 빔 프로젝터를 사용할 수 있고 오전 중 3시간 반 동안 사용이 가능한 회의실인 마 회의실을 사용한다.

02

6월 달력에서 제시된 부서 중요업무를 제외하고 남은 날에 휴가를 신청할 수 있다.

6월 달력						
일요일	월요일	화요일	수요일	목요일	금요일	토요일
				1	2	3
4	5	6	7	8	9	10
11	12	13	14	15	16	17
18	19	20	21	22	23	24
25	26	27	28	29	30	

주말 및 공휴일에는 휴가를 사용하지 않으므로 이에 해당하는 날을 제외한다.
다음으로 회의를 진행하는 매주 수요일과 금요일, 회식을 진행하는 두 번째 주, 네 번째 주 월요일을 제외한다.
또한 내부품질검증 TF에 참여하는 6월 22 ~ 26일과 본부에서 주관하는 세미나에 참석하는 6월 13 ~ 16일을 제외한다.
따라서 A씨는 부서 중요업무를 제외하고 남은 6월 1, 5, 8, 19, 20, 27, 29일 중 하루에 휴가를 신청할 수 있다.

오답분석
① 6월 12일은 회식 일정이 있어 휴가를 신청할 수 없다.
② 6월 15일은 본부에서 주관하는 세미나에 참석해야 하므로 휴가를 신청할 수 없다.
③ 6월 22일은 내부품질검증 TF에 참여해야 하므로 휴가를 신청할 수 없다.

03

정답 ②

세 도시를 방문하는 방법은 ABC=60, BCD=80, CDE=80, CEF=60, ACF=70, ABD=80, BDE=110, DEF=100, AEF=80, BCE=70, ABF=90, CDF=100, ACD=70, ACE=50, BCF=90 총 15가지 방법이다. 이 중 80km를 초과하지 않는 방법은 BDE, DEF, CDF, BCF, ABF를 제외한 10가지 방법이다.

04

정답 ②

1단계 조사는 그 조사 실시일을 기준으로 3년마다 실시해야 하므로 을단지 주변지역은 2025년 3월 1일에 실시해야 한다.

오답분석
① 2단계 조사는 1단계 조사 판정일 이후 1개월 내에 실시해야 하므로 2024년 12월 31일 전에 실시해야 한다.
③ 환경부장관이 2단계 조사를 실시해야 한다.
④ 병단지 주변지역은 정상 지역으로 판정이 났으므로 2단계 조사를 실시할 필요가 없다.

대표기출유형 03   기출응용문제

01

정답 ①

• 강대리 : 뇌혈관은 중증질환에 해당되고 소득수준도 조건에 해당되기 때문에 이 사업의 지원금을 받을 수 있다.
• 남대리 : 기준중위소득 50% 이하인 의료비가 160만 원 초과 시 의료비를 지원받을 수 있다.

오답분석
• 도대리 : 기준중위소득 200%는 연소득 대비 의료비부담비율을 고려해 개별심사 후 지원받을 수 있다. 이때 재산 과표 5.4억 원을 초과하는 고액재산보유자는 지원이 제외되는데, 도대리의 어머니는 재산이 5.4억 원이므로 심사의 대상이 될 수 있다.
• 박대리 : 중증질환이 아닌 통원 치료는 대상질환에 해당하지 않는다.

02

정답 ②

각 지원자의 영역별 점수를 산정하면 다음과 같다.

구분	나이	평균 학점	공인영어점수	관련 자격증 점수	총점
A지원자	3점	2점	9.2점	6점	20.2점
B지원자	5점	4점	8.1점	0점	17.1점
C지원자	4점	1점	7.5점	6점	18.5점
D지원자	1점	3점	7.8점	9점	20.8점
E지원자	2점	5점	9.6점	3점	19.6점

따라서 C지원자는 4번째로 높은 점수이므로 중국으로 인턴을 간다.

03

정답 ②

변경된 조건에 따라 점수를 산정하면 다음과 같다.

구분	나이	평균 학점	공인영어점수	관련 자격증 점수	총점
A지원자	–	4점	9.2점	4점	17.2점
B지원자	–	4점	8.1점	0점	12.1점
C지원자	–	4점	7.5점	4점	15.5점
D지원자	–	4점	7.8점	6점	17.8점
E지원자	–	5점	9.6점	2점	16.6점

따라서 가장 낮은 점수를 획득한 B지원자가 탈락하므로 희망한 국가로 인턴을 가지 못하는 사람은 B지원자이다.

04

정답 ④

D주임은 좌석이 2다 석으로 정해져 있다. 그리고 팀장은 두 번째 줄에 앉아야 하며, 대리와 이웃하게 앉아야 하므로 A팀장의 자리는 2가 석 혹은 2나 석임을 알 수 있다. A팀장의 옆자리에 앉을 사람은 B대리 혹은 C대리이며, 마지막 조건에 의해 B대리는 창가쪽 자리에 앉아야 한다. 그리고 세 번째 조건에서 주임끼리는 이웃하여 앉을 수 없으므로 D주임을 제외한 E주임과 F주임은 첫 번째 줄 중 사원의 자리를 제외한 1가 석 혹은 1라 석에 앉아야 한다. 따라서 B대리가 앉을 자리는 창가쪽 자리인 2가 석 혹은 2라 석이다.

H사원과 F주임은 함께 앉아야 하므로 이들이 첫 번째 줄 1나 석, 1가 석에 앉거나 1다 석, 1라 석에 앉는 경우가 가능하다. 이러한 요소를 고려하면 다음 4가지 경우만 가능하다.

1)

E주임	G사원	복도	H사원	F주임
A팀장	C대리		D주임	B대리

2)

E주임	G사원	복도	H사원	F주임
B(C)대리	A팀장		D주임	C(B)대리

3)

F주임	H사원	복도	G사원	E주임
A팀장	C대리		D주임	B대리

4)

F주임	H사원	복도	G사원	E주임
B(C)대리	A팀장		D주임	C(B)대리

ㄱ. 3), 4)의 경우를 보면 반례인 경우를 찾을 수 있다.

ㄴ. C대리가 A팀장과 이웃하여 앉으면 라 열에 앉지 않는다.

ㄹ. 1), 3)의 경우를 보면 반례인 경우를 찾을 수 있다.

오답분석

ㄷ. 조건들을 고려하면 1나 석과 1다 석에는 G사원 혹은 H사원만 앉을 수 있고, 1가 석, 1라 석에는 E주임과 F주임이 앉아야 한다. 그런데 F주임과 H사원은 이웃하여 앉아야 하므로 G사원과 E주임은 어떤 경우에도 이웃하게 앉는다.

05

ㄱ. 동지역 종합병원을 방문하였지만, 나이가 65세 이상이므로 본인부담금 비율이 다르게 적용된다. 진료비가 20,000원 초과 25,000원 이하이므로 요양급여비용 총액의 20%를 부담하여 67세 이○○ 씨의 본인부담금은 21,500×0.2=4,300원이다.

ㄴ. P읍에 사는 34세 김□□ 씨는 의원에서 진찰비 12,000원이 나오고, 처방전을 받아 약국에서 총액은 10,000원이었다. 본인부담금 비율은 의원은 총액의 30%, 약국도 30%이므로 김□□ 씨가 지불하는 본인부담금은 (12,000+10,000)×0.3=6,600원이다.

ㄷ. M면 지역 일반병원에 방문한 60세 최△△ 씨의 본인부담금 비율은 총액의 35%이고, 약국은 30%이다. 따라서 최△△ 씨의 본인부담금 총액은 25,000×0.35+60,000×0.3=8,750+18,000=26,750원이다.

따라서 세 사람의 본인부담금은 총 4,300+6,600+26,750=37,650원이다.

06

오답분석

② 법정대리인이 자녀와 함께 방문한 경우 법정대리인의 실명확인증표로 인감증명서를 대체 가능하다.

③ 만 18세인 지성이가 전자금융서비스를 변경하기 위해서는 법정대리인 동의서와 성명・주민등록번호・사진이 포함된 학생증이 필요하다. 학생증에 주민등록번호가 포함되지 않은 경우, 미성년자의 기본증명서가 추가로 필요하다.

④ 법정대리인 신청 시 부모 각각의 동의서가 필요하다.

07

예산이 가장 많이 드는 B사업과 E사업은 사업기간이 3년이므로 최소 1년은 겹쳐야 한다는 것을 기반으로 정리하면 다음과 같다.

사업명 \ 연도 예산	1년 20조 원	2년 24조 원	3년 28.8조 원	4년 34.5조 원	5년 41.5조 원
A		1조 원	4조 원		
B		15조 원	18조 원	21조 원	
C					15조 원
D	15조 원	8조 원			
E			6조 원	12조 원	
실질사용 예산합계	15조 원	24조 원	28조 원	33조 원	

따라서 D사업을 첫해에 시작해야 한다.

08

3만 원 초과 10만 원 이하 소액통원의료비를 청구할 시 진단서 없이 보험금 청구서와 병원영수증, 질병분류기호(질병명)가 기재된 처방전만으로 접수가 가능하다.

01

K기업 보유 전세버스 현황에서 소형 버스(RT)는 RT - 25 - KOR - 18 - 0803, RT - 16 - DEU - 23 - 1501, RT - 25 - DEU - 12 - 0904, RT - 23 - KOR - 07 - 0628, RT - 16 - USA - 09 - 0712로 소형 버스는 총 5대이며, 이 가운데 독일에서 생산된 것은 2대이다. 따라서 이는 소형 버스 전체의 40%를 차지하므로 ③은 옳지 않다.

02

왼쪽으로의 이동을 (-), 오른쪽으로의 이동을 (+)로 표시하면 다음과 같이 설명할 수 있다.

ⅰ) 먼저 A를 살펴보면, 3회차까지의 결괏값이 +3인데 5회차까지의 결괏값도 역시 +3이므로 4회차와 5회차에 비기거나 졌음을 알 수 있다. 그런데 4회차를 보면 A는 바위를 낸 상태이고 B와 D가 가위를 냈으므로 질 수는 없는 상황이다. 따라서 4회차에서 A는 비겼음을 추론할 수 있으며 이를 통해 (나)에는 '보'가 들어가야 함을 알 수 있다. 그리고 이는 4회차에서는 4명의 참가자가 모두 무승부를 기록한 것까지 알 수 있게 한다.

ⅱ) 이제 D를 살펴보면, D는 4회차까지는 3패 후 1무를 기록한 상황이므로 결괏값이 0인데 5회차의 결괏값은 -3이므로 D는 5회차에서 '가위'로 승리했음을 알 수 있다. 결과적으로 5회차에서 A~C는 모두 패한 것이 된다.

ⅲ) 이제 B를 살펴보면, 2회차를 제외한 나머지의 결괏값이 -3인데, 2회차를 반영한 결괏값은 -2이다. 따라서 B는 2회차에서 '바위'로 승리했음을 알 수 있다.

03

서울 지점의 C씨에게 배송할 제품과 경기남부 지점의 B씨에게 배송할 제품에 대한 기호를 모두 기록해야 한다.

- C씨 : MS11EISS
  - 재료 : 연강(MS)
  - 판매량 : 1box(11)
  - 지역 : 서울(E)
  - 윤활유 사용 : 윤활작용(I)
  - 용도 : 스프링(SS)
- B씨 : AHSS00SSST
  - 재료 : 초고강도강(AHSS)
  - 판매량 : 1set(00)
  - 지역 : 경기남부(S)
  - 윤활유 사용 : 밀폐작용(S)
  - 용도 : 타이어코드(ST)

04

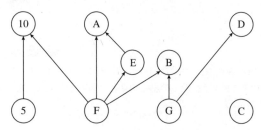

A, B, C를 제외한 빈칸에 적힌 수를 각각 D, E, F, G라고 하자.
F는 10의 약수이고 원 안에는 2에서 10까지의 자연수가 적혀 있으므로 F는 2이다.
10을 제외한 2의 배수는 4, 6, 8이고, A는 E와 F의 공배수이다. 즉, A는 8, E는 4이고, B는 6이다.
6의 약수는 1, 2, 3, 6이므로 G는 3이고 D는 3의 배수이므로 9이며, 남은 7은 C이다.
따라서 A, B, C에 해당하는 수의 합은 8+6+7=21이다.

05

조건에 따라 소괄호 안에 있는 부분을 순서대로 풀이하면 다음과 같다.
'1 A 5'에서 A는 좌우의 두 수를 더하는 것이지만, 더한 값이 10 미만이면 좌우에 있는 두 수를 곱해야 한다. 1+5=6으로 10 미만이므로 두 수를 곱하여 5가 된다.
'3 C 4'에서 C는 좌우의 두 수를 곱하는 것이지만 곱한 값이 10 미만일 경우 좌우에 있는 두 수를 더한다. 이 경우 3×4=12로 10 이상이므로 12가 된다.
중괄호를 풀어보면 '5 B 12'이다. B는 좌우에 있는 두 수 가운데 큰 수에서 작은 수를 빼는 것이지만, 두 수가 같거나 뺀 값이 10 미만이면 두 수를 곱한다. 12-5=7로 10 미만이므로 두 수를 곱해야 한다. 따라서 60이 된다.
'60 D 6'에서 D는 좌우에 있는 두 수 가운데 큰 수를 작은 수로 나누는 것이지만, 두 수가 같거나 나눈 값이 10 미만이면 두 수를 곱해야 한다. 이 경우 나눈 값이 10이 되므로 답은 10이다.

PART 2

최종점검 모의고사

제1회 최종점검 모의고사

01	02	03	04	05	06	07	08	09	10	11	12	13	14	15	16	17	18	19	20
①	①	②	②	③	②	①	②	④	①	①	②	③	④	④	②	②	④	④	②

21	22	23	24	25	26	27	28	29	30	31	32	33	34	35	36	37	38	39	40
③	②	①	④	④	③	④	③	③	④	④	②	②	③	③	②	①	③	③	③

41	42	43	44	45	46	47	48	49	50	51	52	53	54	55	56	57	58	59	60
②	①	②	④	②	③	③	③	①	①	④	④	②	③	②	③	②	②	④	④

61	62	63	64	65	66	67	68	69	70	71	72	73	74	75	76	77	78	79	80
②	④	②	③	③	④	④	②	④	④	①	②	①	③	④	③	①	④	③	②

81	82	83	84	85	86	87	88	89	90										
④	③	④	②	④	④	④	②	④	③										

01 문서 내용 이해 　정답 ①

네 번째 문단에 따르면 2000년대 초 연준의 금리 인하는 국공채에 투자했던 퇴직자들의 소득을 감소시켰고, 노년층에서 정부로, 정부에서 금융업으로 부(富)의 대규모 이동이 이루어져 불평등을 심화시켰다. 따라서 금융업으로부터 정부로 부가 이동하였다는 ①은 글의 내용과 부합하지 않는다.

오답분석

② 마지막 문단에 따르면 2000년대 초 연준이 고용 증대를 기대하고 시행한 저금리 정책은 노동을 자본으로 대체하는 투자를 증대시킴으로써 오히려 실업률이 떨어지지 않는 구조를 만들었다.
③ 세 번째 문단에 따르면 2000년대 초는 대부분의 부문에서 설비 가동률이 낮은 상황이었기 때문에 당시의 저금리 정책이 오히려 주택 시장의 거품을 초래하였다.
④ 두 번째 문단에 따르면 부동산 거품 대응 정책에서는 주택 담보 대출에 대한 규제가 금리 인상보다 더 효과적인 정책이다.

02 내용 추론 　정답 ①

세 번째 문단에서 '금융시장이 통합되어 있으면 지역 내 국가들 사이에 경상수지 불균형이 발생했을 때 자본 이동이 쉽게 일어날 수 있을 것이며, 이에 따라 조정의 압력이 줄어들게 되므로 지역 내 환율 변동의 필요성이 감소하게 된다.'라고 했으나, 시장의 통합에 따른 편익의 계산 방식은 나타나지 않는다.

오답분석

② 세 번째 문단에서 확인할 수 있다.
③·④ 마지막 문단에서 확인할 수 있다.

03 글의 주제 　정답 ②

제시문은 시장집중률의 정의와 측정 방법, 그 의의에 대해 이야기하고 있다.

04 　문단 나열　　　　　　　　　　　　정답　②

수직 계열화에서 사용자 중심으로 산업 패러다임이 변화되고 있음을 제시하는 (나) 문단이 가장 먼저 오는 것이 적절하며, 이어서 가스 경보기를 예로 들어 수평적 연결을 설명하는 (다) 문단이 적절하다. 그 뒤를 이어 이러한 수평적 연결이 사물인터넷 서비스로 새롭게 성장한다는 (가) 문단이, 마지막으로는 다양해지는 사물인터넷 서비스에 대해서 설명하고 있는 (라) 문단이 적절하다.

05 　내용 추론　　　　　　　　　　　　정답　③

제시문에서 스타는 스타 시스템에 의해서 소비자들의 욕망을 부추기고 상품처럼 취급되어 소비되는 존재로서, 자신의 의지에 따라 행위하는 것이 아니라 단지 스타 시스템에 의해 조종되고 있을 뿐이다.

06 　빈칸 삽입　　　　　　　　　　　　정답　②

빈칸을 채우는 문제는 빈칸 앞뒤의 진술에 유의할 필요가 있다. 빈칸 앞에서는 제3세계 환자들과 제약회사 간의 신약 가격에 대한 딜레마를 이야기하며 제3의 대안이 필요하다고 한다. 빈칸 뒤에서는 그 대안이 실현되기 어려운 이유는 '자신의 주머니에 손을 넣어 거기에 필요한 돈을 꺼내는 순간' 알게 될 것이라고 하였으므로 개인 차원의 대안을 제시했음을 추측할 수 있다. 따라서 ②가 적절하다.

07 　문서 수정　　　　　　　　　　　　정답　①

제시문에 따르면 기존의 경제학에서는 인간을 철저하게 합리적이고 이기적인 존재로 보았지만, 행동경제학에서는 인간을 제한적으로 합리적이고 감성적인 존재로 보았다. 따라서 글의 흐름상 ㉠에는 '다른'이 적절하다.

08 　어휘　　　　　　　　　　　　　　정답　②

문맥상 '확증'이 아니라 '확보'가 적절하며, 주로 '안전을 확보하다.'와 '안전성을 확증하다.'로 사용된다.
• 확증(確證) : 확실히 증명함. 또는 그런 증거
• 확보(確保) : 확실히 보증하거나 가지고 있음

[오답분석]
㉠ 발생(發生) : 어떤 일이나 사물이 생겨남
㉢ 구현(具現) : 어떤 내용이 구체적인 사실로 나타나게 함
㉣ 유도(誘導) : 사람이나 물건을 목적한 장소나 방향으로 이끎

09 　맞춤법　　　　　　　　　　　　　정답　④

'알맞다'는 '일정한 기준이나 조건, 정도 따위에 넘치거나 모자라지 않다.'라는 의미의 형용사이므로, 어간 '알맞-'에 '-는'이 아니라 '-은'이 붙어야 한다.

[오답분석]
㉠ '얇은 허리와 팔, 다리'를 '가는 허리와 팔, 다리'로 고쳐야 한다. 다리. 허리·다리·몸통 등 가늘고 긴 물체의 둘레나 너비, 부피 등과 관련하여서는 '가늘다'가 쓰여야 한다.
㉡ '몇일'을 '며칠'로 고쳐야 한다. 어원이 분명하지 아니한 것은 원형을 밝히어 적지 아니하므로(한글맞춤법 제27항 붙임2), '몇일'이 아닌 '며칠'이 되어야 한다. 만약에 '몇+일(日)'이라면 '실질형태소+실질형태소'의 결합이기 때문에 'ㄴ첨가+비음화' 규칙에 따라 '몇일 → 몇닐 → 면닐 → 면닐'이 되어 [면닐]로 소리가 나야 한다(예 잡일[잠닐]). 그러나 [며칠]로 발음하고 있기 때문에 실질형태소 일(日)로 보기 어려우며, 실제로 '며칠'의 옛말 '며츨'은 과거에 존재하다가 지금은 사라진 접미사 '-을'이 붙어서 만들어진 파생어였다는 설도 있다. 따라서 어원이 분명하다고 볼 수 없으므로 소리나는 대로 '며칠'로 적는다.
㉢ '서슴치'를 '서슴지'로 고쳐야 한다. ㉢의 기본형은 '서슴다'로, 본래 '하'가 없는 말이다. 따라서 어간 '서슴-'에 어미 '-지'가 붙어 '서슴지'가 되어야 한다.

10 　문서 내용 이해　　　　　　　　　　　　　　　정답　①

제시문에서 긱 노동자들은 고용주가 누구든 간에 자신의 직업을 독립적인 프리랜서 또는 개인 사업자 형태로 인식한다.

11 　빈칸 삽입　　　　　　　　　　　　　　　　　정답　①

종전에는 연장근로를 소정근로의 연장으로 보았고, 1주의 최대 소정근로시간을 정할 때 기준이 되는 1주를 5일에 입각하여 보았다. 그리고 1주 중 소정근로일을 월요일부터 금요일까지의 5일로 보았기에 이 기간에 하는 근로만이 근로기준법상 소정근로시간의 한도에 포함된다고 해석하였다.

12 　내용 추론　　　　　　　　　　　　　　　　　정답　②

• 을 : 개정 근로기준법에 의하면 월요일부터 목요일까지 매일 10시간씩 일한 사람의 경우는 하루 소정근로시간 8시간에 매일 2시간씩 연장근로를 한 경우이고 월요일 ~ 목요일까지 총 8시간을 연장근로했다. 따라서 월요일부터 목요일까지 총 40시간을 근로했고 주당 근로 가능한 시간은 총 52시간이어서 남은 시간은 12시간이므로 금요일에 허용되는 최대근로시간은 12시간이다.

오답분석

• 갑 : 개정 근로기준법에 의하면 연장근로는 1주일에 총 12시간을 넘을 수 없으므로 만일 1주 중 3일 동안 하루 15시간씩 일한 경우는 1일 소정근로시간 8시간을 제외하면 연장근로는 7시간이 된다. 그리고 3일을 연속 연장근로 7시간씩 했으므로 총 21시간 연장근로가 되어 1주일에 12시간의 연장근로시간을 초과하게 된다.
• 병 : 기존 근로기준법에서도 연장근로가 아닌 한 1일의 근로시간은 8시간을 초과할 수 없다고 법에 규정되어 있기 때문에, 이미 52시간을 근로한 근로자에게 휴일에 1일 8시간을 넘는 근로를 시킬 수 없다. 따라서 만일 근로자가 일요일에 12시간을 일한 경우 그 근로자의 종전 1주일 연장근로가 12시간을 넘기지 않은 경우라면 일요일 근무한 12시간 중 8시간을 초과한 4시간은 연장근로시간이 된다.

13 　문서 내용 이해　　　　　　　　　　　　　　　정답　③

폐기물이 신재생에너지에서 차지하는 비중은 77%로 매우 크지만 신재생에너지가 전체 에너지에서 차지하는 비중은 2.4%에 불과하다.

오답분석

① 신재생에너지 분야를 육성하는 이유는 탄소배출량 감축으로 대표되는 환경보전의 측면과 성장동력 육성이라는 경제성장의 측면을 모두 지니고 있기 때문이다.
② 전체 에너지에서 차지하는 비율을 비교한다는 것은 결국 신에너지와 재생가능에너지 중 어느 것의 비율이 더 큰지를 판단하는 것과 같다. 그런데 신재생에너지의 구성요소 중 재생에너지에 속하는 폐기물이 77%를 차지하고 있어서 나머지를 고려할 필요 없이 재생에너지의 비율이 더 크다.
④ 정부가 신재생에너지의 공급을 위한 다양한 규제 정책을 도입해야 한다고 주장하고 있다.

14 　빈칸 삽입　　　　　　　　　　　　　　　　　정답　④

최초에 부정 청탁을 받았을 때는 명확히 거절 의사를 표현하는 것으로 족하고, 이를 신고할 의무가 생기는 경우는 다시 동일한 부정 청탁을 해 오는 경우이다.

오답분석

① 대가성이 있는 접대도 아니고 직무 관련성도 없으며, 금액 기준을 초과하지도 않는다.
② 직무 관련성이 있는 청탁이므로 청탁금지법상의 금품에 해당한다.
③ A와 C는 X회사라는 공통분모는 있으나 A로부터의 접대는 직무 관련성이 없다고 하였다.

15 　빈칸 삽입　　　　　　　　　　　　　　　　　　　　　　정답　④

제시문은 서구사회의 기독교적 전통이 이에 속하는 이들은 정상적인 존재, 그렇지 않은 이들은 비정상적인 존재로 구분한다고
하였다. 빈칸 앞의 내용은 기독교인들이 적그리스도와 이교도들, 나병과 흑사병에 걸린 환자들을 실제 여부와 무관하게 뒤틀어지고
흉측한 모습으로 형상화했다는 것이다. 따라서 빈칸에 들어갈 내용으로는 이를 요약한 ④가 적절하다.

16 　내용 추론　　　　　　　　　　　　　　　　　　　　　　정답　②

첫 번째 문단에 따르면 철학은 지적 작업에 포함되고 두 번째 문단에 따르면 귀추법은 귀납적 방법이다. 따라서 철학의 일부 논증에
서 귀추법의 사용이 불가피하다는 주장은 모든 지적 작업에서 귀납적 방법의 필요성을 부정하는 견해를 반박한다.

오답분석

ㄱ. ㉠은 귀납적 방법이 철학에서 불필요하다는 견해이므로 과학의 탐구가 귀납적 방법에 의해 진행된다는 주장은 이를 반박한다고
　　볼 수 없다.
ㄷ. ㉠은 철학이라는 지적 작업에서 귀납적 방법의 필요성을, ㉡은 모든 지적 작업에서 귀납적 방법의 필요성을 부정하는 견해이다.
　　따라서 연역 논리와 경험적 가설 모두에 의존하는 지적 작업이 있다는 주장은 ㉡을 반박할 수는 있지만, ㉠은 철학에 한정된
　　주장이므로 이를 반박한다고 볼 수 없다.

17 　글의 주제　　　　　　　　　　　　　　　　　　　　　　정답　②

제시문에서는 돼지를 먹기 위해 먼저 그 돼지를 죽여야 하는 모순된 함축을 부정적으로 바라보고 있으므로, 이것이 제시문 전체를
관통하는 중심 주제라고 할 수 있다.

18 　문단 나열　　　　　　　　　　　　　　　　　　　　　　정답　④

제시문은 나무를 가꾸기 위해 고려해야 하는 사항에 대해 서술하는 글이다. 먼저 나무를 가꾸기 위해 고려해야 할 사항들을 나열하고
그중 제일 먼저 생육 조건에 대해 설명하는 (가)가 첫 부분으로 적절하다. 그 다음으로 나무를 양육할 때 주로 저지르는 실수로
나무 간격을 촘촘하게 심는 것을 언급한 (라)와 그 이유를 설명하는 (다)가 이어지는 것이 자연스럽다. 그리고 (나)는 또 다른 식재
계획 시 주의점에 대해서 이야기하고 있으므로 (다) 뒤에 나열하는 것이 적절한 순서이다.

19 　전개 방식　　　　　　　　　　　　　　　　　　　　　　정답　④

네 번째 문단에서 경쟁 정책의 문제점에 대해 이야기하고 있으나, 구체적인 수치를 언급하고 있지는 않다. 오히려 경쟁으로 인해
소비자가 피해를 보는 구체적인 사례를 통해 경쟁 정책의 문제점을 제시하고 있다.

20 　문서 내용 이해　　　　　　　　　　　　　　　　　　　　정답　②

첫째 문단에서 민이 직접 승인하지 않는 법률은 모두 무효라고 하였으므로 입법권을 갖고 있음을 알 수 있다. 또한 마지막 문단에서
민은 집행권을 행사하는 데 대리자를 내세울 수 있다고 하였으므로 집행권도 가지고 있음을 알 수 있다.

오답분석

① 민이 직접 승인하지 않는 법률은 모두 무효라고 하였으므로 민이 입법권을 가지고 있었다.
③·④ 모든 법은 보편적 선의지의 표명이기 때문에 입법권을 행사하는 데 대표자를 내세울 수 없는 것은 명백하다고 하였다.

21 　내용 추론　　　　　　　　　　　　　　　　　　　　　　정답　③

ㄱ. 탈리도마이드의 사례를 들어 동물 실험 결과 안전성이 입증되었더라도 사람에게는 안전하지 않은 경우가 있다고 하였다.
ㄴ. 페니실린의 경우 일부 설치류에게는 치명적인 독성을 지니지만 사람에게는 널리 사용되는 항생제라고 하였다.
ㄷ. 임상 시험에서 독성이 나타나더라도 내성이 있는 사람에게는 투여 가능한 경우가 있다고 하였다.

오답분석

ㄹ. 제시문에서는 내성이 있는 사람에게 부작용이 나타난 경우는 언급하고 있지 않다.

22 　글의 주제　정답 ②

제시문은 세계 대공황의 원인으로 작용한 '보이지 않는 손'과 그에 대한 해결책으로 새롭게 등장한 케인스의 '유효수요 이론'을 설명하고 있다. 따라서 제시문의 주제로는 '세계 대공황의 원인과 해결책'이 가장 적절하다.

오답분석
① 고전학파 경제학자들이 주장한 '보이지 않는 손'은 세계 대공황의 원인에 해당하는 부분이므로 글 전체의 주제가 될 수 없다.
③ 유효수요 이론은 해결책 중 하나로 언급되었으며, 일부에 지나지 않으므로 글 전체의 주제가 될 수 없다.
④ 세이 법칙의 이론적 배경에 대한 내용은 없다.

23 　내용 추론　정답 ①

제시문은 우유의 긍정적인 측면을 강조하면서, 마지막에는 우유의 효과에 대한 부정적인 견해를 비판하고 있다. 따라서 글의 뒤에 올 내용으로는 우유 섭취를 권장하는 내용이 적절하다.

24 　문단 나열　정답 ④

제시된 문단은 선택적 함묵증을 불안 장애로 분류하고 있다. 그러므로 불안 장애에 대한 구체적인 설명 및 행동을 설명하는 (라) 문단이 이어지는 것이 논리적으로 타당하다. 다음에는 불안 장애인 선택적 함묵증을 치료하기 위한 방안인 (가) 문단이 적절하고, (가) 문단에서의 제시한 치료 방법의 구체적 방안 중 하나인 '미술 치료'를 언급한 (다) 문단이 이어지는 것이 적절하다. 마지막으로 (다) 문단에서 언급한 '미술 치료'가 선택적 함묵증의 증상을 보이는 아동에게 어떠한 영향을 미치는지 언급한 (나) 문단이 이어지는 것이 가장 적절하다.

25 　내용 추론　정답 ④

제시된 기사의 논점은 교과서는 정확한 통계·수치를 인용해야 하며, 잘못된 정보는 바로잡아야 한다는 것이다. 갑, 을, 병은 이러한 논점의 맥락에 맞게 교과서의 오류에 관해 논하고 있다. 그러나 정은 교과서에 실린 원전 폐쇄 찬반 문제를 언급하며, 원전 폐쇄 찬성에 부정적인 의견을 펼치고 있다. 따라서 정의 발언은 기사를 읽고 난 후의 감상으로 적절하지 않다.

26 　빈칸 삽입　정답 ③

- (가) : 빈칸 다음 문장에서 사회의 기본 구조를 통해 이것을 공정하게 분배해야 된다고 했으므로 ⓒ이 가장 적절하다.
- (나) : '원초적 상황'에서 합의 당사자들은 인간의 심리, 본성 등에 대한 지식 등 사회에 대한 일반적인 지식은 알고 있지만, 이것에 대한 정보를 모르는 무지의 베일 상태에 놓인다고 했으므로 사회에 대한 일반적인 지식과 반대되는 개념, 즉 개인적 측면의 정보인 ㉠이 가장 적절하다.
- (다) : 빈칸에 대하여 사회에 대한 일반적인 지식이라고 하였으므로 ⓒ이 가장 적절하다.

27 　빈칸 삽입　정답 ④

제시문은 집단을 중심으로 절차의 정당성을 근거로 한 과도한 권력, 즉 무제한적 민주주의에 대한 비판적인 글이다. 또한 민주주의에 의해 훼손될 수 있는 자유와 권리의 옹호라는 주제에 도달해야 한다. 따라서 이를 언급한 ④가 빈칸에 들어가기에 적절하다.

28 　빈칸 삽입　정답 ③

(다)의 '이처럼 우리가 계승할 민족 문화의 전통으로 여겨지는 것이, ~'로 보아 ③이 (나)와 (다) 사이에 들어가기에 적절함을 알 수 있다.

29 문서 내용 이해 정답 ③

방사성 인을 사용한 것은 인을 구성 요소로 하는 DNA를 추적하기 위한 것일 뿐이고, 인 원자 자체가 유전 정보를 전달하는 것은 아니다. 또한 방사성 동위원소 추적자를 사용한 바이러스 실험을 통해 유전 정보의 전달자는 단백질이 될 수 없으며, 전달자는 DNA인 것으로 밝혀졌다. 따라서 유전 정보가 인을 통해 전달된다는 것은 제시문의 내용으로 적절하지 않다.

30 내용 추론 정답 ④

허시 – 체이스 실험에 의하면 바이러스가 세포에 침투했을 때 바이러스는 다른 세포에 무임승차하여 세포에 악당 유전 정보를 주입한다는 것을 알 수 있다. 그러나 그 유전 정보가 바이러스의 DNA에 들어 있는지 단백질에 들어 있는지는 알 수 없었다. 방사성 동위원소 추적자를 사용해서 바이러스가 침투한 세포들을 추적한 결과, DNA만이 세포 내로 침투하여 유전에 관여함을 알 수 있었다.

오답분석
① 방사성과 무관하게 황이 세포 내에 존재할 수 없다.
② 제시문의 내용과 무관하다.
③ 바이러스가 침투한 세포들을 조사한 결과, 방사성 인은 세포에 주입되어 전달된 반면 황이 포함된 단백질은 그렇지 않은 것으로 드러났다.

31 응용 수리 정답 ④

A회사의 밀가루 무게를 $5x$kg이라고 하면 설탕의 무게는 $4x$kg이다. B회사의 밀가루 무게를 $2y$kg이라고 하면 설탕의 무게는 $y$kg이다. 두 제품을 섞었을 때 비율이 $3:2$이므로 $3(4x+y)=2(5x+2y)$이다. 또한 설탕의 무게가 120kg이므로 $4x+y=120$이다. 두 식을 연립하면 $x=20$, $y=40$이다. 따라서 A회사 제품의 무게는 $5\times20+4\times20=180$kg이다.

32 자료 이해 정답 ②

대부분의 업종에서 2024년 1분기 대비 2024년 4분기의 영업이익이 더 높지만, 철강업에서는 2024년 1분기(10,740억 원)가 2024년 4분기(10,460억 원)보다 높다.

오답분석
① 항공업은 2024년 1분기(−2,880억 원)와 4분기(−2,520억 원) 모두 적자였다가 2025년 1분기(120억 원)에 흑자로 전환되었다.
③ 2025년 1분기 영업이익이 전년 동기(2024년 1분기) 대비 영업이익보다 높은 업종은 반도체(40,020 → 60,420), 통신(5,880 → 8,880), 해운(1,340 → 1,660), 석유화학(9,800 → 10,560), 항공(−2,880 → 120) 등이다.
④ 2025년 1분기 영업이익이 적자가 아닌 업종 중 영업이익이 직전분기(2024년 4분기) 대비 감소한 업종은 건설(19,450 → 16,410), 자동차(16,200 → 5,240), 철강(10,460 → 820) 등이다.

33 자료 이해 정답 ②

2024년 20대 장애인 취업자는 전년 대비 $\dfrac{1,918-1,946}{1,946}\times100 \fallingdotseq -1.4\%$로 3% 미만 감소하였다.

오답분석
① 2017년부터 2024년까지 20대 장애인 취업자 수는 2,233명 → 2,208명 → 2,128명 → 2,096명 → 2,051명 → 1,978명 → 1,946명 → 1,918명으로 매년 감소했다.
③ 2023년은 142명, 2024년은 177명이므로 2024년이 크다.
④ 2019년 $\dfrac{1,510}{9,706}\times100 \fallingdotseq 15.56\%$이고, 2020년 $\dfrac{1,612}{9,826}\times100 \fallingdotseq 16.40\%$이므로 2020년이 더 크다.

34 자료 계산   정답 ③

- 40대 장애인 취업자 수 : (50대 장애인취업자 수)×2=3,330명
- 50대 장애인 취업자 수 : (9,706−2,128−1,510−1,073)÷3=1,665명

35 자료 이해   정답 ③

2022년 50 ∼ 54세 남녀 인구 격차는 23,938명으로, 2024년 15 ∼ 19세 남녀 인구 격차인 43,483명의 55%인 23,916명보다 크다.

오답분석

① 해당 연령의 인구 격차는 2022년에 46,855명, 2023년에 47,203명, 2024년에 47,019명으로, 2023년에는 전년 대비 증가하였지만, 2024년에는 감소하였다.
② 2023년 0 ∼ 9세 남자 인구는 1,681,791명으로, 0 ∼ 9세 여자 인구인 1,617,689명보다 5% 이상 많은 값인 1,698,573명보다 작다.
④ 2022년부터 2024년까지 남자 기대수명이 가장 긴 해는 2024년이나, 30 ∼ 34세 남녀 인구 격차가 가장 큰 해는 2023년이다.

36 자료 변환   정답 ②

분모가 작아질수록, 분자가 커질수록 분수는 커지므로 전년 대비 종목 수가 감소할수록, 주식 수가 증가할수록 종목당 평균 주식 수는 많아진다. 반대로 분모가 커질수록, 분자가 작아질수록 분수는 작아지므로 전년 대비 종목 수가 증가할수록, 주식 수가 감소할수록 종목당 평균 주식 수는 적어진다. 변환된 그래프의 단위는 백만 주이고, 주어진 자료에는 주식 수의 단위가 억 주이므로 이를 주의하여 종목당 평균 주식 수를 구하면 다음과 같다.

구분	2014	2015	2016	2017	2018	2019	2020	2021	2022	2023	2024
종목당 평균 주식 수 (백만 주)	9.39	12.32	21.07	21.73	22.17	30.78	27.69	27.73	27.04	28.25	31.13

이를 토대로 전년 대비 증감 추세를 나타내면 다음과 같다.

구분	2014	2015	2016	2017	2018	2019	2020	2021	2022	2023	2024
전년 대비 변동 추이	−	증가	증가	증가	증가	증가	감소	증가	감소	증가	증가

이와 동일한 추세를 보이는 그래프는 ②이다.

37 자료 변환   정답 ①

오답분석

② 2016년 모든 연령대 흡연율이 자료보다 낮다.
③ 30 ∼ 39세와 50 ∼ 59세 흡연율이 바뀌었다.
④ 2024년 모든 연령대 흡연율이 자료보다 높다.

38 자료 계산   정답 ③

2024년 전체 실적은 45+50+48+42=185억 원이며, 1 ∼ 2분기와 3 ∼ 4분기의 실적들의 비중을 각각 구하면 다음과 같다.

- 1 ∼ 2분기 비중 : $\dfrac{45+50}{185}\times100 ≒ 51.4\%$

- 3 ∼ 4분기 비중 : $\dfrac{48+42}{185}\times100 ≒ 48.6\%$

다만, 두 비중의 합은 100%이므로 비율 하나만 계산하고, 나머지는 100%에서 빼면 빠르게 풀 수 있다.

39 응용 수리

감의 개수를 x개라고 하자. 사과는 $(20-x)$개이므로 다음 식이 성립한다.

$400x + 700 \times (20-x) \leq 10,000 \rightarrow 14,000 - 300x \leq 10,000$

$\therefore x \geq \dfrac{40}{3} \fallingdotseq 13.333$

따라서 감은 최소 14개를 사야 한다.

40 자료 이해

쓰레기 1kg당 처리비용은 400원으로 동결 상태이다. 오히려 쓰레기 종량제 봉투 가격이 인상될수록 K신도시의 쓰레기 발생량과 쓰레기 관련 예산 적자가 급격히 감소하는 것을 볼 수 있다.

41 응용 수리

강 B에서 A로 올라가는 데 걸린 시간을 $2.4x$시간이라 하면, 내려오는 데 걸린 시간은 x시간이다.

$2.4x + x + \dfrac{24}{60} = 5 + \dfrac{30}{60} \rightarrow 24x + 10x + 4 = 50 + 5 \rightarrow 34x = 51$

$\therefore x = 1.5$

따라서 올라가는 데 걸린 시간은 $2.4 \times 1.5 = 3.6$시간이고, 내려오는 데 걸린 시간은 1.5시간이다.

A에서 B까지의 거리를 $a$km, 흐르지 않는 물에서 보트의 속력을 $b$km/h라 하면 다음과 같다.

$1.5 \times (b+5) = a \rightarrow 1.5b + 7.5 = a \cdots \bigcirc$

정지한 보트는 0.4시간 동안 물에 의해 떠내려가므로

$3.2 \times (b-5) = a + 5 \times 0.4 \rightarrow 3.2b - 18 = a \cdots \bigcirc$

$\bigcirc$과 $\bigcirc$을 연립하면

$1.5b + 7.5 = 3.2b - 18 \rightarrow 1.7b = 25.5 \rightarrow b = 15$

따라서 흐르지 않는 물에서 보트의 속력은 15km/h이다.

42 자료 이해

㉠ • 1시간 미만 운동하는 3학년 남학생 수 : 87명
　• 4시간 이상 운동하는 1학년 여학생 수 : 46명
㉡ 제시된 자료에서 남학생 중 1시간 미만 운동하는 남학생의 비율이 여학생 중 1시간 미만 운동하는 여학생의 비율보다 각 학년에서 모두 낮음을 확인할 수 있다.

오답분석

㉢ 남학생과 여학생 모두 학년이 높아질수록 3시간 이상 4시간 미만 운동하는 학생의 비율은 낮아진다. 그러나 남학생과 여학생 모두 학년이 높아질수록 4시간 이상 운동하는 학생의 비율은 높아지므로 옳지 않은 설명이다.
㉣ 3학년 남학생의 경우 3시간 이상 4시간 미만 운동하는 학생의 비율은 4시간 이상 운동하는 학생의 비율보다 낮다.

43 자료 이해

20대 신규 확진자 수가 10대 신규 확진자 수보다 적은 지역은 3월에 E, F, H지역, 4월은 A, G, H지역으로 각각 3개 지역이다.

오답분석

① C, G지역의 3월과 4월의 10대 미만 신규 확진자 수는 각각 동일하다.
③ 3월 신규 확진자 수가 세 번째로 많은 지역은 C지역(228명)으로, C지역의 4월 신규 확진자 수가 가장 많은 연령대는 60대(26명)이다.

④ H지역의 4월 신규 확진자 수는 93명으로 4월 전체 신규 확진자 수인 121+78+122+95+142+196+61+93+54=962명에서 차지하는 비율은 $\frac{93}{962}\times100 ≒ 9.7\%$로 10% 미만이다. 또한 4월 전체 신규 확진자 수의 10%는 962×0.1=96.2명으로, H지역의 4월 신규 확진자 수인 93명보다 많다.

44 자료 이해   정답 ④

2024년 10월 전체 자동차 월매출 총액을 x억 원이라 하자.
J자동차의 10월 매출액과 시장점유율을 이용해 10월 전체 자동차 월매출 총액을 구하면
$\frac{27}{x}\times100=0.8 \rightarrow x=2,700÷0.8=3,375$
따라서 2024년 10월 K국의 전체 자동차 매출 총액은 4,000억 원 미만이다.

오답분석
① 2024년 C자동차의 9월 매출액을 a억 원(단, $a≠0$)이라고 하자.
   2024년 C자동차의 10월 매출액은 285억 원이고, 전월 대비 증가율은 50%이므로 $a(1+0.5)=285$
   ∴ $a=190$
   즉, 2024년 9월 C자동차의 매출액은 200억 원 미만이다.
② 2024년 10월 매출액 상위 6개 자동차의 9월 매출액을 구하면 다음과 같다.
   • A자동차 : 1,139÷(1+0.6)≒711.88억 원
   • B자동차 : 1,097÷(1+0.4)≒783.57억 원
   • C자동차 : 285÷(1+0.5)=190억 원
   • D자동차 : 196÷(1+0.5)≒130.67억 원
   • E자동차 : 154÷(1+0.4)=110억 원
   • F자동차 : 149÷(1+0.2)≒124.17억 원
   즉, 2024년 9월 매출액 상위 5개 자동차의 순위는 'B자동차 - A자동차 - C자동차 - D자동차 - F자동차 - E자동차'이다. 따라서 옳지 않은 설명이다.
③ 2024년 I자동차 누적매출액 자료를 살펴보면 I자동차의 1월부터 5월까지 누적매출액을 알 수 없으므로 6월 매출액은 정확히 구할 수 없다. 다만, 6월 누적매출액을 살펴보았을 때, 6월 매출액의 범위는 0원≤(6월 매출액)≤5억 원임을 알 수 있다. 2024년 I자동차의 7~9월 월매출액을 구하면 다음과 같다.
   • 7월 월매출액 : 9-5=4억 원
   • 8월 월매출액 : 24-9=15억 원
   • 9월 월매출액 : 36-24=12억 원
   따라서 2024년 6~9월 중 I자동차의 월매출액이 가장 큰 달은 8월이다.

45 자료 이해   정답 ②

제시된 자료에 의하면 수도권은 서울과 인천・경기를 합한 지역을 의미한다. 따라서 전체 마약류 단속 건수 중 수도권의 마약류 단속 건수의 비중은 22.1+35.8=57.9%이다.

오답분석
① • 대마 단속 전체 건수 : 167건
   • 코카인 단속 전체 건수 : 65건
   65×3=195>167이므로 옳지 않은 설명이다.
③ 코카인 단속 건수가 없는 지역은 강원, 충북, 제주로 3곳이다.
④ • 대구・경북 지역의 향정신성의약품 단속 건수 : 138건
   • 광주・전남 지역의 향정신성의약품 단속 건수 : 38건
   38×4=152>138이므로 옳지 않은 설명이다.

46 자료 이해 정답 ③

ⓛ 2023년과 2024년은 농·임업 생산액과 화훼 생산액 비중이 전년 대비 모두 증가했으므로 화훼 생산액 또한 증가했음을 알 수 있다. 나머지 2019 ~ 2022년의 화훼 생산액을 구하면 다음과 같다.

- 2019년 : $39,663 \times 0.28 = 11,105.64$십억 원
- 2020년 : $42,995 \times 0.277 ≒ 11,909.62$십억 원
- 2021년 : $43,523 \times 0.294 ≒ 12,795.76$십억 원
- 2022년 : $43,214 \times 0.301 ≒ 13,007.41$십억 원

따라서 화훼 생산액은 매년 증가한다.

ⓔ 2019년의 GDP를 a억 원, 농업과 임업의 부가가치를 각각 x억 원, y억 원이라고 하자.

- 2019년 농업 부가가치의 GDP 대비 비중 : $\dfrac{x}{a} \times 100 = 2.1\% \rightarrow x = 2.1 \times \dfrac{a}{100}$

- 2019년 임업 부가가치의 GDP 대비 비중 : $\dfrac{y}{a} \times 100 = 0.1\% \rightarrow y = 0.1 \times \dfrac{a}{100}$

2019년 농업 부가가치와 임업 부가가치의 비는 $x : y = 2.1 \times \dfrac{a}{100} : 0.1 \times \dfrac{a}{100} = 2.1 : 0.1$이다.

즉, 매년 농업 부가가치와 임업 부가가치의 비는 GDP 대비 비중의 비로 나타낼 수 있다.
농·임업 부가가치 현황 자료를 살펴보면 2019년, 2020년, 2022년과 2021년, 2023년, 2024년 GDP 대비 비중이 같음을 확인할 수 있다. 비례배분을 이용해 매년 농·임업 부가가치에서 농업 부가가치가 차지하는 비중을 구하면 다음과 같다.

- 2019년, 2020년, 2022년 : $\dfrac{2.1}{2.1+0.1} \times 100 ≒ 95.45\%$

- 2021년, 2023년, 2024년 : $\dfrac{2.0}{2.0+0.2} \times 100 ≒ 90.91\%$

따라서 옳은 설명이다.

[오답분석]

ⓜ 농·임업 생산액이 전년보다 적은 해는 2022년이다. 그러나 2022년 농·임업 부가가치는 전년보다 많다.
ⓒ 같은 해의 곡물 생산액과 과수 생산액은 비중을 이용해 비교할 수 있다.
　2021년의 곡물 생산액 비중은 15.6%, 과수 생산액 비중은 40.2%이고 40.2×0.5=20.1>15.6이므로 옳지 않은 설명이다.

47 자료 변환 정답 ③

2024년 공기업 여성 합격자 수는 2,087명인데 해당 자료는 전체의 25%라고 되어 있으므로 2024년 전체 공기업 합격자 수인 9,070명의 25%를 계산해 보면 2,267.5명이다.

48 자료 계산 정답 ③

- 2020년 대비 2021년 사고 척수의 증가율 : $\dfrac{2,362-1,565}{1,565} \times 100 ≒ 50.9\%$

- 2020년 대비 2021년 사고 건수의 증가율 : $\dfrac{2,101-1,330}{1,330} \times 100 ≒ 58.0\%$

49 자료 계산 정답 ①

연도별 사고 건수당 인명피해의 인원수를 구하면 다음과 같다.

- 2020년 : $\dfrac{710}{1,330} ≒ 0.53$명/건
- 2021년 : $\dfrac{395}{2,101} ≒ 0.19$명/건
- 2022년 : $\dfrac{411}{2,307} ≒ 0.18$명/건
- 2023년 : $\dfrac{523}{2,582} ≒ 0.20$명/건
- 2024년 : $\dfrac{455}{2,671} ≒ 0.17$명/건

따라서 사고 건수당 인명피해의 인원수가 가장 많은 연도는 2020년이다.

50 　자료 계산　정답 ①

92m^2의 6억 원 초과 9억 원 이하 주택의 표준세율은 $0.02+0.002+0.002=0.024$이므로 거래금액을 x원이라고 하자.
$x\times(1+0.024)=670,000,000 \rightarrow 1.024x=670,000,000$
$\therefore x\fallingdotseq 654,290,000(\because$ 만 원 단위 미만 절사$)$
따라서 아파트의 거래금액은 65,429만 원이다.

51 　자료 이해　정답 ④

사망자가 30명 이상인 사고를 제외한 나머지 사고는 A, C, D, F이다. 네 사고를 화재규모와 복구비용이 많은 순으로 각각 나열하면 다음과 같다.
• 화재규모 : $A-D-C-F$
• 복구비용 : $A-D-C-F$
따라서 옳은 설명이다.

오답분석
① 터널길이가 긴 순, 사망자가 많은 순으로 사고를 각각 나열하면 다음과 같다.
　• 터널길이 : $A-D-B-C-F-E$
　• 사망자 수 : $E-B-C-D-A-F$
　따라서 터널길이와 사망자 수는 관계가 없다.
② 화재규모가 큰 순, 복구기간이 긴 순으로 사고를 각각 나열하면 다음과 같다.
　• 화재규모 : $A-D-C-E-B-F$
　• 복구기간 : $B-E-F-A-C-D$
　따라서 화재규모와 복구기간의 길이는 관계가 없다.
③ 사고 A를 제외하고 복구기간이 긴 순, 복구비용이 많은 순으로 사고를 각각 나열하면 다음과 같다.
　• 복구기간 : $B-E-F-C-D$
　• 복구비용 : $B-E-D-C-F$
　따라서 옳지 않은 설명이다.

52 　자료 이해　정답 ④

총무부서 직원은 총 $250\times0.16=40$명이다. 2023년과 2024년의 독감 예방접종 여부가 총무부서에 대한 자료라면, 총무부서 직원 중 2023년과 2024년의 예방접종자 수의 비율 차는 $56-38=18\%\text{p}$이다. 따라서 $40\times0.18\fallingdotseq7$명 증가하였다.

오답분석
① 2023년 독감 예방접종자 수는 $250\times0.38=95$명, 2024년 독감 예방접종자 수는 $250\times0.56=140$명이다. 따라서 2023년에는 예방접종을 하지 않았지만 2024년에는 예방접종을 한 직원은 총 $140-95=45$명이다.
② 2023년의 예방접종자 수는 95명이고, 2024년의 예방접종자 수는 140명이다. 따라서 $\dfrac{140-95}{95}\times100\fallingdotseq47\%\text{p}$ 증가했다.
③ 2023년에 예방접종을 하지 않은 직원들을 대상으로 2024년의 독감 예방접종 여부를 조사한 자료라고 하면, 2023년과 2024년 모두 예방접종을 하지 않은 직원은 총 $250\times0.62\times0.44\fallingdotseq68$명이다.

53 　자료 이해　정답 ②

월간 용돈을 5만 원 미만으로 받는 비율은 중학생 89.4%, 고등학생 60%로 중학생이 고등학생보다 높다.

오답분석
① 용돈을 받는 남학생과 여학생의 비율은 각각 82.9%, 85.4%이다. 따라서 여학생이 더 높다.
③ 고등학교 전체 인원을 100명이라 한다면 그중 용돈을 받는 학생은 약 80.8명이다. 80.8명 중에 용돈을 5만 원 이상 받는 학생의 비율은 40%이므로 $80.8\times0.4\fallingdotseq32.3$명이다.
④ 전체에서 금전출납부의 기록, 미기록 비율은 각각 30%, 70%이다. 따라서 기록하는 비율이 더 낮다.

54 [응용 수리]

정답 ③

청소년의 영화 티켓 가격은 $12,000 \times 0.7 = 8,400$원이다.

청소년, 성인을 각각 x명, $(9-x)$명이라고 하면 다음과 같다.

$12,000 \times (9-x) + 8,400 \times x = 90,000$

$\rightarrow -3,600x = -18,000$

$\therefore x = 5$

55 [통계 분석]

정답 ②

A ~ E의 평균은 모두 70점으로 같으며 분산은 다음과 같다.

A : $\dfrac{(60-70)^2 + (70-70)^2 + (75-70)^2 + (65-70)^2 + (80-70)^2}{5} = 50$

B : $\dfrac{(50-70)^2 + (90-70)^2 + (80-70)^2 + (60-70)^2 + (70-70)^2}{5} = 200$

C : $\dfrac{(70-70)^2 + (70-70)^2 + (70-70)^2 + (70-70)^2 + (70-70)^2}{5} = 0$

D : $\dfrac{(70-70)^2 + (50-70)^2 + (90-70)^2 + (100-70)^2 + (40-70)^2}{5} = 520$

E : $\dfrac{(85-70)^2 + (60-70)^2 + (70-70)^2 + (75-70)^2 + (60-70)^2}{5} = 90$

표준편차는 분산의 양의 제곱근이므로, 표준편차를 큰 순서대로 나열한 것과 분산을 큰 순서대로 나열한 것은 같다. 따라서 표준편차가 큰 순서대로 나열하면 D>B>E>A>C이다.

56 [자료 이해]

정답 ③

㉠ 제시된 자료를 보면 2024년에 공개경쟁채용을 통해 채용이 이루어진 공무원 구분은 5급, 7급, 9급, 연구직으로 총 4개이다.

㉡ • 2024년 우정직 채용 인원 : 599명
  • 2024년 7급 채용 인원 : 1,148명
  $1,148 \div 2 = 574 < 599$이므로 옳은 설명이다.

㉣ • 2025년 9급 공개경쟁채용 인원 : $3,000(1+0.1) = 3,300$명
  • 2026년 9급 공개경쟁채용 인원 : $3,300(1+0.1) = 3,630$명
  • 2026년 9급 공개경쟁채용 인원의 2024년 대비 증가폭 : $3,630 - 3,000 = 630$명
  나머지 채용 인원은 2024년과 동일하게 유지하여 채용한다고 하였으므로, 2026년 전체 공무원 채용 인원은 $9,042 + 630 = 9,672$명이다. 따라서 2026년 전체 공무원 채용 인원 중 9급 공개경쟁채용 인원의 비중은 $\dfrac{3,630}{9,672} \times 100 ≒ 37.53\%$이다.

[오답분석]

㉢ 5급, 7급, 9급의 경우 공개경쟁채용 인원이 경력경쟁채용 인원보다 많다. 그러나 연구직의 경우 공개경쟁채용 인원은 경력경쟁채용 인원보다 적다.

57 [자료 이해]

정답 ②

㉠ 연도별 지하수 평균수위 자료를 통해 확인할 수 있다.

㉡ 2024년 지하수 온도가 가장 높은 곳은 영양입암 관측소이고 온도는 27.1°C이다. 따라서 2024년 지하수 평균수온과의 차이는 $27.1 - 14.4 = 12.7$°C이다.

[오답분석]

㉢ 2024년 지하수 전기전도도가 가장 높은 곳은 양양손양 관측소이고 전기전도도는 38,561.0μS/cm이다.
$38,561.0 \div 516 ≒ 74.73$이므로 2024년 지하수 전기전도도가 가장 높은 곳의 지하수 전기전도도는 평균 전기전도도의 76배 미만이다.

58 자료 이해 　　　　　　　　　　　　　　　　　　　　　　　　　　　　　　　　　　　　　정답 ②

금형 업종의 경우, 사무소 형태로 진출한 현지 자회사 법인의 비율이 가장 높다.

오답분석

① 단독법인 형태의 소성가공 업종의 수는 $30 \times 0.381 = 11.43$개로, 10개 이상이다.

③ 표면처리 업종의 해외 현지 자회사 법인 중 유한회사의 형태인 업종은 $133 \times 0.024 = 3.192$곳으로, 2곳 이상이다.

④ 전체 업종 중 용접 업종의 해외 현지 자회사 법인의 비율은 $\frac{128}{387} \times 100 = 33\%$로, 30% 이상이다.

59 자료 계산 　　　　　　　　　　　　　　　　　　　　　　　　　　　　　　　　　　　　　정답 ④

• (가)$=723-(76+551)=96$ 　　　　　　　　　　• (나)$=824-(145+579)=100$
• (다)$=887-(131+137)=619$ 　　　　　　　　　• (라)$=114+146+688=948$
∴ (가)$+$(나)$+$(다)$+$(라)$=96+100+619+948=1,763$

60 자료 이해 　　　　　　　　　　　　　　　　　　　　　　　　　　　　　　　　　　　　　정답 ④

보전관리지역 지가변동률 대비 농림지역 지가변동률의 비율은 경기도가 $\frac{3.04}{2.1} \times 100 = 144.8\%$, 강원도가 $\frac{2.49}{1.23} \times 100 = 202.4\%$
이다. 따라서 강원도가 더 높으므로 옳다.

오답분석

① 부산광역시의 경우 전년 대비 공업지역의 지가는 감소하였으나, 농림지역의 지가는 변동이 없었다.

② 전라북도 상업지역의 지가변동률은 충청북도 주거지역의 지가변동률보다 $\frac{1.83-1.64}{1.64} \times 100 = 12\%$ 더 높다.

③ 대구광역시 공업지역의 지가변동률과 경상남도 보전관리지역의 지가변동률 차이는 $|-0.97-1.77|=2.74\%$p이다.

61 명제 추론 　　　　　　　　　　　　　　　　　　　　　　　　　　　　　　　　　　　　　정답 ②

첫 번째 조건과 세 번째 조건의 대우(E가 근무하면 B도 근무한다)를 통해 A가 근무하면 E와 B가 근무한다는 결론이 도출된다.
두 번째 조건과 네 번째 조건에서 B가 근무하면 D는 근무하지 않고, C와 F도 근무하지 않는다는 결론이 도출된다.
따라서 두 조는 (A, B, E), (C, D, F)이며, D와 E는 같은 날에 근무할 수 없다.

62 명제 추론 　　　　　　　　　　　　　　　　　　　　　　　　　　　　　　　　　　　　　정답 ④

먼저 각 부처가 포럼에 참석한다고 가정하여 이를 정하면 다음과 같다.
• a : 산업단지처가 포럼에 참석한다. 　　　　　　• b : 기술심사처가 포럼에 참석한다.
• c : 사업계획실이 포럼에 참석한다. 　　　　　　• d : 총무고객처가 포럼에 참석한다.
• e : 공공분양사업처가 포럼에 참석한다. 　　　　• f : 비상계획실이 포럼에 참석한다.
• g : 스마트도시개발처가 포럼에 참석한다.
a~g를 바탕으로 주어진 조건은 다음과 같이 정리할 수 있다.
1) a → ~b(b → ~a) 　　　　　　　　　　　　　　2) c → ~d
3) e → f 　　　　　　　　　　　　　　　　　　　4) ~g → ~b
5) g, e, b 중 하나 이상은 참석할 수 없다. 　　　　6) ~e → b
7) ~b → c
a → ~b이므로 여섯 번째 조건의 대우(~b → e)와 세 번째 조건에 따라 a → ~b → e → f가 되며, 일곱 번째 조건과 두 번째 조건에 따라 ~b → c → ~d가 성립한다. 따라서 산업단지처가 포럼에 참석하면 사업계획실과 공공분양처, 비상계획실이 포럼에 참석하며, 기술심사처와 총무고객처는 포럼에 참석하지 않는다. 이때 기술심사처가 포럼에 참석하지 않으므로 공공분양사업처와 기술심사처, 스마트도시개발처 중 하나의 부처 이상은 참석할 수 없다는 다섯 번째 조건만으로는 스마트도시개발처의 포럼 참석 여부를 알 수 없다.

63 상황 판단

갑, 을, 병 직원의 공정순서에 따른 시간을 표로 나타내면 다음과 같다. 선행공정에 따른 순서가 알맞고, A공정이 동시에 진행되지 않으므로 가장 적절한 생산 공정 순서이다. 표에 제시된 숫자는 공정의 소요시간을 나타낸다.

구분	1	2	3	4	5	6	7	8
갑	E		D		C		B	A		
을			C		E		D		B	A		
병				E		D		B		C		A

오답분석

① 을과 병 직원의 A공정이 30분 겹치므로 불가능하다.

구분	1	2	3	4	5	6	7	8
갑	B	E		A		D			C			
을		B		C		E		D		A		
병				C		B		E		A		D

③ 갑 직원은 D공정이 선행공정인 E공정보다 먼저 배치되었고, 을 직원은 A, D공정이 각각 선행공정인 B, E공정보다 먼저 배치되었다.

④ 을과 병 직원의 A공정이 동시에 진행되므로 불가능하다.

구분	1	2	3	4	5	6	7	8
갑		C		E		B		A		D			
을		B		E		A		D			C		
병				B		A		E			C		D

---

64 자료 해석

서울역에서 출발하는 열차별 세미나 장소 도착까지 이동시간은 다음과 같다.

- A380 : 사무실에서 서울역까지 이동시간이 19분이므로 서울역에 도착하는 시각은 9시 19분이다. 따라서 9시 10분에 출발하는 열차는 탈 수 없다.
- A410 : 9시 22분에 출발하는 열차에 탑승하면 10시 18분에 대전역에 도착하므로 10시 20분에 출발하는 셔틀버스를 탈 수 있다. 이때 세미나 장소에 도착하는데 걸리는 시간은 25분이므로 세미나 장소에 도착하는 시각은 10시 45분이다. 따라서 서울역에서 세미나장소까지 1시간 23분 걸린다.
- A498 : 9시 35분에 출발하는 열차에 탑승하면 10시 30분에 대전역에 도착하므로 10시 30분에 출발하는 셔틀버스를 탈 수 있다. 이때 세미나 장소에 도착하는데 걸리는 시간은 25분이므로 세미나 장소에 도착하는 시각은 10시 55분이다. 따라서 서울역에서 세미나장소까지 1시간 20분 걸린다.
- A504 : 9시 45분에 출발하는 열차에 탑승하면 10시 40분에 대전역에 도착하지만, 셔틀버스를 타면 11시를 넘어 도착하여 세미나에 참석할 수 없다.

따라서 서울역에서 세미나 장소까지 이동시간이 가장 빠른 열차는 1시간 20분 걸리는 A498열차이다.

---

65 자료 해석

각 항공편에 따른 도착 시각 및 이에 따른 출발 허용시각은 다음과 같다.

- K110 : 사무실에서 김포공항까지 이동시간이 38분이므로 9시 정각에 출발하여도 김포공항에 도착하는 시각은 9시 38분이다. 따라서 9시 이후에 출발한다면 9시 28분에 출발하는 비행기를 탑승할 수 없다.
- K138 : 9시 40분에 출발하는 비행기에 탑승하면 청주공항에 9시 58분에 도착하므로 10시 출발 셔틀버스에 탑승할 수 있다. 이때 도착시각은 10시 45분이다. 따라서 K138에 탑승하려면 9시 40분보다 38분 전인 9시 2분에 출발하여야 한다.
- K210 : 9시 45분에 출발하는 비행기에 탑승하면 청주공항 도착 시각은 10시 10분이므로 10시 15분 셔틀버스에 탑승할 수 있다. 이때 도착시각은 11시이다. 따라서 K210에 탑승하려면 9시 45분보다 38분 전인 9시 7분에 출발하여야 한다.

따라서 늦어도 9시 7분에 출발하여 청주공항에서 K210을 탑승해야 세미나에 늦지 않게 도착할 수 있다.

66 자료 해석

A조의 발표기간 3일 중 마지막 발표는 11일이므로, 다음 순서인 C조는 그 다음날인 12일에는 발표를 시작할 수 없다. 또한 그 다음 수업일은 화요일인 16일이나, 첫 번째날과 두 번째날의 발표는 연속하여 하여야 하지만 17일이 창립기념일이므로 발표는 18일에 시작하여야 한다. 따라서 C조는 18일, 19일에 발표를 하고, 마지막 날의 발표를 다음 수업일인 23일에 하게 된다. 그러므로 B조는 그 다음날인 24일을 제외하고 가장 빠른 발표가능일인 25일, 26일에 발표를 하고, 마지막 발표는 30일에 하게 된다.

67 규칙 적용

창고의 코드번호 20832TKA9916L17을 암호화하면 다음과 같다.

암호화 방법	변환 결과
위치코드와 연도코드의 위치를 바꾼다.	9916TKA20832L17
연도코드와 유형코드 문자의 배치를 역순으로 나열한다.	6199AKT20832L17
처리코드의 숫자에 15를 더한다.	6199AKT20832L32

따라서 20832TKA9916L17을 암호화하면 6199AKT20832L32이다.

68 규칙 적용

암호화한 코드번호 4189ABB80910A44를 암호화 규칙에 따라 해독하면 다음과 같다.

암호화 방법	해독 결과
처리코드의 숫자에 15를 뺀다.	4189ABB80910A29
연도코드와 유형코드 문자의 배치를 역순으로 나열한다.	9814BBA80910A29
위치코드와 연도코드의 위치를 바꾼다.	80910BBA9814A29

따라서 4189ABB80910A44의 원본 코드번호는 80910BBA9814A29이다.

69 규칙 적용

암호화한 코드번호 6199XUI2083281K를 수정된 암호화 규칙에 따라 해독하면 다음과 같다.

암호화 방법	해독 결과
연도코드와 변환한 2.의 처리코드 문자의 배치를 역순으로 나열한다.	9916XUI20832K18
처리코드의 숫자에 15를 뺀다.	9916XUI20832K03
위치코드와 연도코드의 위치를 바꾼다.	20832XUI9916K03

따라서 6199XUI2083281K의 원본 코드번호는 20832XUI9916K03이다.

70 자료 해석

F카드사는 전월 52만 원을 사용했을 때 Z통신사에 대한 할인액이 15,000원으로 가장 많다.

[오답분석]
① X통신사 이용 시 가장 많은 통신비를 할인받을 수 있는 제휴카드사는 C카드사(22,000원)이다.
② 전월 33만 원을 사용했을 경우 Y통신사에 대한 할금액은 G카드사는 1만 원, D카드사는 9,000원임을 알 수 있다.
③ C카드사는 전월 카드 1회 사용 시 5,000원 할인 가능하다.

71 　상황 판단

정답 ①

먼저 총비행시간이 편도로 8시간 이내이면서 직항 노선이 있는 곳을 살펴보면 두바이, 모스크바, 홍콩으로 후보군을 압축할 수 있다. 다음으로 연차가 하루밖에 남지 않은 상황에서 최대한 길게 휴가를 다녀오기 위해서는 화요일 혹은 목요일 중 하루를 연차로 사용해야 하는데 어떤 경우이든 5일의 연휴가 가능하게 된다. 따라서 세훈이는 두바이(4박 5일), 모스크바(6박 8일), 홍콩(3박 4일) 중 모스크바는 연휴 기간을 넘어서므로 제외하고 두바이와 홍콩 중 여행 기간이 더 긴 두바이로 여행을 다녀올 것이다.

72 　명제 추론

정답 ②

주어진 조건에 따라 K가 해야 할 일의 순서를 배치해보면 다음 표와 같이 두 가지 경우가 가능하다.

1)

월	화	수	목	금	토	일
d	c	f	a	i	b	h

2)

월	화	수	목	금	토	일
d	c	a	f	i	b	h

따라서 K가 화요일에 하게 될 일은 c이다.

73 　자료 해석

정답 ①

제시된 조건에 따라 각각의 컴퓨터에 점수를 부여하면 다음과 같다.

컴퓨터 ＼ 항목	램 메모리 용량	하드 디스크 용량	가격	총점
A	0	50	200	250
B	100	0	100	200
C	0	100	0	100
D	100	50	0	150

항목별 점수의 합이 가장 큰 컴퓨터를 구입한다고 하였으므로 K씨는 A컴퓨터를 구입하게 된다.

74 　명제 추론

정답 ④

제시된 조건을 종합해 보면 E, F, G는 3층에, C, D, I는 2층에, A, B, H는 1층에 투숙해 있는 것을 알 수 있으며, 다음과 같이 2가지 경우로 정리가 가능하다.

• 경우 1

G			F	E
I			C	D
H	B		A	

• 경우 2

G			E	F
		C	D	I
B		A		H

따라서 2가지 경우 모두 G는 301호에 투숙하게 되므로 항상 참이다.

오답분석

① · ③ 경우 2에만 해당되므로 항상 참인 것은 아니다.
② 경우 1에만 해당되므로 항상 참인 것은 아니다.

ㄴ. 갑이 1장만 당첨되고, 을이 응모한 3장 모두가 당첨되는 경우에 갑이 받는 사과의 개수가 최소가 된다. 이 경우에 갑은 25개 $\left(=\dfrac{100}{4}\times1\right)$의 사과를 받게 되므로 옳다.

ㄷ. 당첨된 직원이 한 명뿐이라면 그 직원이 모든 사과(100개)를 받게 되므로 옳다.

오답분석

ㄱ. 갑이 응모한 3장 모두가 당첨되고 을이 1장만 당첨된 경우에 갑이 받는 사과의 개수가 최대가 된다. 이 경우에 갑은 75개 $\left(=\dfrac{100}{4}\times3\right)$의 사과를 받게 되므로 옳지 않다.

ⅰ) 먼저 두 번째 조건을 통해 D~F는 모두 20대임을 알 수 있으며, 이에 따라 A~G 중 나이가 가장 많은 사람은 G라는 것을 확인할 수 있다. 따라서 세 번째 조건에 의해 G는 왕자의 부하가 아니다.

ⅱ) 다음으로 네 번째 조건을 살펴보면 이미 C, D, G의 3명이 여자인 상황에서 남자가 여자보다 많다고 하였으므로 A, B, E, F의 4명이 모두 남자임을 알 수 있다. 여기까지의 내용을 정리하면 다음과 같다.

친구	나이	성별	국적
A	37세	남자	한국
B	28세	남자	한국
C	22세	여자	중국
D	20대	여자	일본
E	20대	남자	중국
F	20대	남자	한국
G	38세	여자	중국

ⅲ) 마지막 조건을 살펴보면, 국적이 동일한 2명이 왕자의 부하이므로 단 한 명인 일본인 D는 부하가 될 수 없으며, 왕자의 두 부하는 성별이 서로 다르다고 하였는데 한국인 A, B, F는 모두 남자이므로 역시 부하가 될 수 없다. 마지막으로 남은 C와 E가 중국 국적이면서 성별이 다른 상황이므로 이들이 왕자의 부하임을 알 수 있다.

주어진 조건을 논리기호화하면 다음과 같다.
ⅰ) 혁신역량강화 → ~조직문화
ⅱ) ~일과 가정 → 미래가치교육
ⅲ) 혁신역량강화, 미래가치교육 중 1
ⅳ) 조직문화, 전략적 결정, 공사융합전략 중 2
ⅴ) 조직문화

• K대리가 조직문화에 참여하므로 ⅰ)의 대우인 '조직문화 → ~혁신역량강화'에 따라 혁신역량강화에 참여하지 않는다. 따라서 ⅲ)에 따라 미래가치교육에 참여한다.
• 일과 가정의 경우 참여와 불참 모두 가능하지만, K대리는 최대한 참여하므로 일과 가정에 참여한다.
• ⅳ)에 따라 전략적 결정, 공사융합전략 중 한 가지 프로그램에 참여할 것임을 알 수 있다.

따라서 K대리는 조직문화, 미래가치교육, 일과 가정 그리고 전략적 결정 혹은 공사융합전략에 참여하므로 최대 4개의 프로그램에 참여한다.

오답분석

② K대리의 전략적 결정 참여 여부와 일과 가정 참여 여부는 상호 무관하다.
③ K대리는 혁신역량강화에 참여하지 않으며, 일과 가정 참여 여부는 알 수 없다.
④ K대리는 조직문화에 참여하므로 ⅳ)에 따라 전략적 결정과 공사융합전략 중 한 가지에만 참여 가능하다.

78 명제 추론

조건을 논리기호에 따라 나타내어 간소화하면 다음과 같다.
- 기획지원부 → ~통계개발부
- 해외기술부, 전략기획실, 인재개발부 중 2곳 이상
- 비서실 → ~전략기획실
- 인재개발부 → 통계개발부
- 대외협력부, 비서실 중 1곳
- 비서실

마지막 조건에 따르면 비서실은 선정되며, 세 번째 조건에 따라 전략기획실은 선정되지 않는다. 그러면 두 번째 조건에 따라 해외기술부와 인재개발부는 반드시 선정되어야 한다. 또한 인재개발부가 선정되면 네 번째 조건에 따라 통계개발부도 선정된다. 이때 첫 번째 조건의 대우가 '통계개발부 → ~기획지원부'이므로 기획지원부는 선정되지 않는다. 마지막으로 다섯 번째 조건에 따라 대외협력부는 선정되지 않는다. 따라서 국제협력사업 10주년을 맞아 행사에 참여할 부서로 선정된 곳은 비서실, 인재개발부, 해외기술부, 통계개발부이므로 ④는 옳지 않다.

79 규칙 적용

가입연도가 2021년이므로 코드 생성방법은 방법 1을 따른다.
자료의 순서와 방법을 반대로 하면 A가 입력한 비밀번호를 알 수 있다.
4. 알파벳 소문자(a~n)를 한글 자음(ㄱ~ㅎ) 순서대로 치환하여 입력한다. 그 외 알파벳 소문자는 그대로 유지한다. → 한글 자음 순서대로 알파벳 소문자를 치환하여 입력한다.
   #53ㅅㅡㅌㅠㄷㅗ → #53gㅡㅣㅠㄷㅗ
3. 특수문자는 모두 @로 치환하여 입력한다. 단, @는 #으로 치환한다. → @는 특수문자로 치환하고, #은 @로 치환한다.
   #53gㅡㅣㅠㄷㅗ → @53gㅡㅣㅠㄷㅗ
2. 자음 중 된소리가 있는 것만 된소리로 치환하고 된소리인 것은 아닌 것으로 치환하며, 된소리가 없는 것은 그대로 입력한다. → 된소리 해당사항 없음
1. 숫자 1~9는 순서대로 한글 모음인 ㅏ, ㅑ, ㅓ, ㅕ, ㅗ, ㅛ, ㅜ, ㅠ, ㅡ로 각각 치환하여 입력하고, 숫자 0은 그대로 입력한다. → 한글 모음(ㅏ~ㅡ) 순서대로 숫자 1~9를 치환하여 입력한다.
   @53gㅡㅣㅠㄷㅗ → @53gㅡl8c5

따라서 A가 입력한 비밀번호는 '@53gㅡl8c5'이다.

80 규칙 적용

2020년에 가입한 사람의 암호화 방법은 방법 1과 같으므로 순서대로 정리하면 다음과 같다.
1. 숫자 1~9는 순서대로 한글 모음인 ㅏ, ㅑ, ㅓ, ㅕ, ㅗ, ㅛ, ㅜ, ㅠ, ㅡ로 각각 치환하여 입력하고, 숫자 0은 그대로 입력한다.
   ㅎㅏㄹㅁㅓ05HaPPy114105Hhanㅐㄲ → ㅎㅏㄹㅁㅓ0ㅗHaPPyㅏㅏㅕㅗ0ㅗHhanㅐㄲ
2. 자음 중 된소리가 있는 것(ㄱ, ㄷ, ㅂ, ㅅ, ㅈ)에서 된소리가 아닌 것은 된소리로 치환하고(ㄱ → ㄲ), 된소리인 것은 된소리가 아닌 것으로 치환한다(ㄲ → ㄱ). 단, 된소리가 없는 자음은 그대로 입력한다.
   ㅎㅏㄹㅁㅓ0ㅗHaPPyㅏㅏㅕㅗ0ㅗHhanㅐㄲ → ㅎㅏㄹㅁㅓ0ㅗHaPPyㅏㅏㅕㅗ0ㅗHhanㅐㄱ
3. 특수문자는 모두 @로 치환하여 입력한다. 단, @는 #으로 치환한다. → 해당사항 없음
4. 알파벳 소문자(a~n)를 한글 자음(ㄱ~ㅎ) 순서대로 치환하여 입력한다. 그 외 알파벳 소문자는 그대로 유지한다.
   ㅎㅏㄹㅁㅓ0ㅗHaPPyㅏㅏㅕㅗ0ㅗHhanㅐㄱ → ㅎㅏㄹㅁㅓ0ㅗHㄱPPyㅏㅏㅕㅗ0ㅗHㅇㄱㅎㅐㄱ

따라서 2020년에 가입한 사람의 암호화 코드는 'ㅎㅏㄹㅁㅓ0ㅗHㄱPPyㅏㅏㅕㅗ0ㅗHㅇㄱㅎㅐㄱ'으로, 이 중 알파벳 소문자의 개수는 'y' 1개이다.

81 규칙 적용

2022년 가입자의 방법 2를 통한 암호화 코드를 구하면 다음과 같다.

@Lu290ㄱㅌㅛ!! → @Lu2U0ㄱㅌㅛ!! → XLu2U0ㄱㅌㅛXX → XlU2U0ㄱㅌㅛXX

2020년 가입자의 방법 1을 통한 암호화 코드를 구하면 다음과 같다.

@Lu290ㄱㅌㅛ!! → @Luㅑㅓ0ㄱㅌㅛ!! → @Luㅑㅓ0ㄲㅌㅛ!! → #Luㅑㅓ0ㄲㅌㅛ@@ → #Luㅑㅓ0ㄲㅌㅛ@@

따라서 각각 'XlU2U0ㄱㅌㅛXX, #Luㅑㅓ0ㄲㅌㅛ@@'이다.

82 자료 해석

첫 번째 조건에 의하면 내구연한이 8년 이상인 소화기는 폐기처분해야 한다. 2024년 7월 1일을 기준으로 하였을 때, 제조연도가 2015년, 2016년인 소화기는 처분대상이 되므로 총 39개이며, 폐기처분 비용은 10,000×39=390,000원이 발생된다.

두 번째 조건에 의하면 지시압력계가 노란색이거나 빨간색이면 신형 소화기로 교체처분을 해야 한다. 2017 ~ 2019년 노란색으로 표시된 소화기는 총 5개이며, 빨간색으로 표시된 소화기는 3개이다. 그러므로 교체비용은 50,000×(5+3)=400,000원이 발생된다.

세 번째 조건에 의하면 소화기는 최소한 60개 이상 보유하여야 한다. 2017 ~ 2019년의 소화기가 51개이므로 9개의 신형 소화기를 새로 구매해야 한다. 그러므로 구매비용은 50,000×9=450,000원이 발생된다.

따라서 최종적으로 발생된 전체비용은 390,000+400,000+450,000=1,240,000원이다.

83 상황 판단

행사장 방문객은 시계 반대 방향으로 돌면서 전시관을 관람한다. 400명의 방문객이 출입하여 제1전시관에서 100명이 관람한다면 나머지 300명은 관람하지 않고 지나치게 된다. 따라서 A지역에서 홍보판촉물을 나눠 줄 수 있는 대상자는 300명이 된다. 그리고 B지역은 A지역을 걸쳐서 오는 300명과 제1전시관을 관람하고 나온 100명의 인원이 합쳐지는 장소이므로 총 400명을 대상으로 홍보판촉물을 나눠 줄 수 있다. 이를 토대로 모든 지역을 고려해 보면 각 전시관과의 출입구가 합류되는 B, D, F지역에서 가장 많은 사람들에게 홍보판촉물을 나눠줄 수 있다.

84 자료 해석

A호텔 연꽃실은 2시간 이상 사용할 경우 추가비용이 발생하고, 수용 인원도 부족하다. B호텔 백합실은 1시간 초과 대여가 불가능하며, C호텔 매화실은 이동수단을 제공하지만 수용 인원이 적절하지 않다. 나머지 C호텔 튤립실과 D호텔 장미실을 비교했을 때, C호텔의 튤립실은 예산초과로 예약할 수 없으므로 이대리는 대여료와 수용 인원의 조건이 맞는 D호텔 연회장을 예약하면 된다. 따라서 이대리가 지불해야 하는 예약금은 D호텔 대여료 150만 원의 10%인 15만 원이다.

85 자료 해석

예산이 200만 원으로 증액되었을 때, 가능한 연회장은 C호텔 튤립실과 D호텔 장미실이다. 예산 내에서 더 저렴한 연회장을 선택해야 한다는 내용이 없고, 이동수단이 제공되는 연회장을 우선적으로 고려해야 하므로 이대리는 C호텔 튤립실을 예약할 것이다.

86 규칙 적용

'KS90101-2'는 아동용 10kg 이하의 자전거로, 109동 101호 입주민이 2번째로 등록한 자전거이다.

[오답분석]

① 등록순서를 제외한 일련번호는 7자리로 구성되어야 하며, 종류와 무게 구분 번호의 자리가 서로 바뀌어야 한다.

② 등록순서를 제외한 일련번호는 7자리로 구성되어야 한다.

③ 자전거 무게를 구분하는 두 번째 자리에는 L, M, S 중 하나만 올 수 있다.

87 규칙 적용

정답 ④

마지막의 숫자는 동일 세대주가 자전거를 등록한 순서를 나타내므로 해당 자전거는 2번째로 등록한 자전거임을 알 수 있다. 따라서 자전거를 2대 이상 등록한 입주민의 자전거이다.

오답분석

① 'T'를 통해 산악용 자전거임을 알 수 있다.
② 'M'을 통해 자전거의 무게는 10kg 초과 20kg 미만임을 알 수 있다.
③ 104동 1205호에 거주하는 입주민의 자전거이다.

88 규칙 적용

정답 ②

발급방식상 뒤 네 자리는 아이디가 아닌 개인정보와 관련이 있다. 따라서 아이디를 구하기 위해서는 뒤 네 자리를 제외한 문자를 통해 구해야 한다.

• 'HW688'에서 방식 1의 역순을 적용하면 HW688 → hw688
• 'hw688'에서 방식 2의 역순을 적용하면 hw688 → hwaii

따라서 직원 A의 아이디는 'hwaii'임을 알 수 있다.

89 규칙 적용

정답 ④

1. 아이디의 알파벳 자음 대문자는 소문자로, 알파벳 자음 소문자는 대문자로 치환한다.
   JAsmIN → jASMIn
2. 아이디의 알파벳 중 모음 A, E, I, O, U, a, e, i, o, u를 각각 1, 2, 3, 4, 5, 6, 7, 8, 9, 0으로 치환한다.
   jASMIn → j1SM3n
3·4. 1과 2의 내용 뒤에 덧붙여 본인 성명 중 앞 두 자리와 본인 생일 중 일자를 덧붙여 입력한다.
   j1SM3n → j1SM3n김리01

90 규칙 적용

정답 ③

규칙상 알파벳 모음만 숫자로 치환되므로 홀수가 몇 개인지 구하기 위해서는 전체를 치환하는 것보다 모음만 치환하는 것이 효율적이다. 제시된 문장에서 모음을 정리하면 IE i oo O o e IE이다. 이어서 규칙 2를 적용하면 IE i oo O o e IE → 32 8 99 4 9 7 320이다. 따라서 홀수는 모두 6개이다.

01	02	03	04	05	06	07	08	09	10	11	12	13	14	15	16	17	18	19	20
②	③	②	④	②	③	③	①	④	②	②	④	②	②	③	③	①	④	④	③

21	22	23	24	25	26	27	28	29	30	31	32	33	34	35	36	37	38	39	40
④	③	②	④	④	④	②	①	④	②	①	②	②	④	②	④	④	②	③	③

41	42	43	44	45	46	47	48	49	50	51	52	53	54	55	56	57	58	59	60
④	②	④	④	④	④	③	①	③	②	③	④	①	④	②	①	④	④	④	④

61	62	63	64	65	66	67	68	69	70	71	72	73	74	75	76	77	78	79	80
②	②	④	②	②	①	④	④	③	④	②	④	③	③	③	④	④	②	④	③

81	82	83	84	85	86	87	88	89	90										
②	③	②	④	①	②	②	②	③	③										

01 　내용 추론 　　　　　　　　　　　　　　　　　　정답 ②

매몰 비용은 이미 지불한 비용에 대한 노력을 계속하려는 경향이며, 커플링이 강할 때 높게 나타난다고 했다. ②는 이러한 두 가지 조건을 모두 충족하고 있다.

02 　내용 추론 　　　　　　　　　　　　　　　　　　정답 ③

열린 혁신은 '기관 자체의 역량뿐 아니라 외부의 아이디어를 받아들이고 결합함으로써, 당면한 문제를 해결하고 사회적 가치를 창출하는 일련의 활동'을 볼 때, C사원의 언급은 적절하지 않다.

오답분석

① 열린 혁신의 세 번째 선행 조건에 명시되어 있다.
② 열린 혁신의 첫 번째 선행 조건에 의거해 수요자의 입장에서 사업을 바라보는 것이다.
④ 열린 혁신의 두 번째 선행 조건에 명시되어 있다.

03 　글의 제목 　　　　　　　　　　　　　　　　　　정답 ②

제시문은 5060 세대에 대해 설명하는 글로, 기존에는 5060 세대들이 사회로부터 배척당하였다면 최근에는 사회적인 면이나 경제적인 면에서 그 위상이 높아졌고, 이로 인해 마케팅 전략 또한 변화될 것이라고 보고 있다. 따라서 글의 제목으로는 ②가 가장 적절하다.

04 　문단 나열 　　　　　　　　　　　　　　　　　　정답 ④

(나)의 첫 문장에 나타난 '위와 같은 급격한 성장'에 관련된 이야기는 주어진 문단에서만 나온다. 따라서 주어진 문단 뒤에는 (나) 문단이 위치해야 한다. (나) 문단의 마지막 질문에 대한 답은 (마) 문단이고, (마) 문단 마지막에 '역선택'이 처음 나오므로, 역선택의 정의를 언급하고 있는 (가) 문단이 뒤에 오는 것이 자연스럽다. 또한 (라)에서 온라인 쇼핑에 대한 생산자와 소비자의 인식 변화를 촉구하고 있고, (다)에서 그에 따른 소비자와 생산자의 윈윈 전략을 소개하고 있다. 따라서 (나) - (마) - (가) - (라) - (다) 순서로 문단이 나열되어야 한다.

05 내용 추론 정답 ②

제시문은 유명인의 중복 광고 출연으로 인한 부정적인 효과에 대해 설명하고 있다. 따라서 사람들이 유명인과 브랜드 이미지를 연관 짓지 않는다는 주장을 반박으로 내세울 수 있다.

오답분석

① 제시문의 내용과 일치하는 주장이다.

③・④ 유명인의 중복 출연으로 인한 부정적인 효과를 말하고 있다.

06 빈칸 삽입 정답 ③

빈칸 뒤가 '따라서'로 연결돼 있으므로, '사회적 제도의 발명이 필수적이다.'를 결론으로 낼 수 있는 논거가 들어가야 한다.

07 문서 수정 정답 ③

한글 맞춤법 규정에 따르면 '초점(焦點)'의 경우 고유어가 들어 있지 않으므로 사이시옷이 들어가지 않는다. 따라서 '초점'이 옳은 표기이다. 두 음절로 된 한자어 중에 사이시옷을 인정하는 것은 '곳간(庫間), 셋방(貰房), 숫자(數字), 찻간(車間), 툇간(退間), 횟수(回數)' 등의 6개뿐이다.

08 어휘 정답 ①

제시문에 따르면 인공지능은 컴퓨터가 인간과 같이 인간의 지능 활동을 수행하는 것을 의미한다. 따라서 ㉠에는 컴퓨터가 인간의 지능 활동을 본뜨거나 본받는다는 의미의 '모방(模倣)'이 적절하다.

• 모방(模倣) : 다른 것을 본뜨거나 본받음

• 창조(創造) : 전에 없던 것을 처음으로 만듦

오답분석

㉡ 응용(應用) : 어떤 이론이나 이미 얻은 지식을 구체적인 개개의 사례나 다른 분야의 일에 적용하여 이용함

㉢ 비약적(飛躍的) : 지위나 수준 따위가 갑자기 빠른 속도로 높아지거나 향상되는 것

㉣ 관련(關聯) : 둘 이상의 사람, 사물, 현상 따위가 서로 관계를 맺어 매여 있음. 또는 그 관계

09 맞춤법 정답 ④

사람의 생각으로 비추어 볼 때 짐작할 수 없는 신비한 것을 뜻하는 단어의 옳은 표기법은 '불가사이'가 아니라 '불가사의(不可思議)'이다.

오답분석

㉠ '자리매김하다'는 사회적 인식이나 사람들의 의식 속에서 제법 자리를 차지하고 있는 것으로 옳은 표기이다.

㉡ '북새통'은 수많은 사람들이 한 곳에 모여 매우 떠들썩하게 있는 것을 의미하는 것으로 옳은 표기이다.

㉢ '낚싯대'는 물고기를 낚을 때 쓰는 낚시 도구를 의미하는 것으로 옳은 표기이다.

10 문서 내용 이해 정답 ②

메기 효과는 과학적으로 검증되지 않았지만 적정 수준의 경쟁이 발전을 이룬다는 시사점을 가지고 있다고 하였으므로 낭설에 불과하다는 ②는 글의 내용을 이해한 것으로 옳지 않다.

오답분석

① 두 번째 문단의 거미와 메뚜기 실험에서 죽은 메뚜기로 인해 토양까지 황폐화되었음을 볼 때, 거대 기업의 출현은 해당 시장의 생태계까지 파괴할 수 있음을 알 수 있다.

③ 마지막 문단에서 성장 동력을 발현시키기 위해서는 규제 등의 방법으로 적정 수준의 경쟁을 유지해야 한다고 서술하고 있다.

④ 세 번째 문단에서 메기 효과는 한국, 중국 등 고도 경쟁사회에서 널리 사용되고 있다고 서술하고 있다.

11 문서 내용 이해

정답 ②

국방 서비스에 대한 비용을 지불하지 않았더라도 누군가의 소비가 다른 사람의 소비 가능성을 줄어들게 하지 않으므로 비경합적으로 소비될 수 있다.

오답분석

① 배제적이라는 것은 재화나 용역의 이용 가능 여부를 대가의 지불 여부에 따라 달리하는 것이다.
③ 여객기 좌석 수가 한정되어 있다면 원하는 모든 사람들이 그 여객기를 이용할 수 없으므로 경합적으로 소비될 수 있다.
④ 국방 서비스의 사례를 통해 무임승차가 가능한 재화 또는 용역이 과소 생산되는 문제가 발생함을 알 수 있다.

12 글의 주제

정답 ④

일상적 행위의 대부분이 무의식으로 연결되어 있는데, 구체적으로는 언어 사용과 사유 모두가 무의식, 즉 자동화된 프로그램에 의해 나타난다고 하였다.

오답분석

① 인간의 사고 능력과 언어 능력의 연관성을 입증하는 글이 아니다.
② 사례로 든 내용에 불과할 뿐 이것이 중심 내용이라고 보기는 어렵다.
③ 정보가 인간의 우뇌에 저장되어 있는 것과 좌뇌에 저장되어 있는 것이 서로 독립적임을 입증하는 것이 아니다.

13 내용 추론

정답 ②

기계화・정보화의 부정적인 측면을 부각시키고 있는 제시문을 통해 기계화・정보화가 인간의 삶의 질 개선에 기여하고 있음을 경시한다고 지적할 수 있다.

14 내용 추론

정답 ②

첩보 위성은 임무를 위해 낮은 궤도를 비행해야 하므로 높은 궤도로 비행시키면 수명은 길어질 수 있으나 임무의 수행 자체가 어려워질 수 있다.

15 내용 추론

정답 ③

제시문의 마지막 문장에서 '매체를 통해서보다 자주 접속하는 사람들을 통해 언어 변화가 진전된다.'라고 언급했으므로 글의 논지를 이끌 수 있는 첫 문장으로 ③이 가장 적절하다.

16 문서 내용 이해

정답 ③

마지막 문단에서 알 수 있듯이 체감 경쟁이 가장 치열한 것은 과점 시장이다.

17 내용 추론

정답 ①

과점 시장은 체감 경쟁이 가장 심한 시장의 형태이다.

18 빈칸 삽입

정답 ④

• (가) : 개혁주의자들은 중국의 정신을 서구의 물질과 구별되는 특수한 것으로 내세운 것이므로 ⓒ이 적절하다.
• (나) : 개혁주의자들은 서구의 문화를 받아들이는 데는 동의하면서도 무분별하게 모방하는 것에 대해 반대하는 입장이므로 ㉠이 적절하다.
• (다) : 정치 부분에서는 사회주의를 유지한 가운데 경제 부분에서 시장경제를 선별적으로 수용하자는 입장이다. 즉, 기본 골격은 사회주의를 유지하면서 시장경제(자본주의)를 이용하는 것이므로 ⓛ이 적절하다.

19 내용 추론
정답 ④

마지막 문단을 통해 '국내 치유농업은 아직 초보적인 단계에 머물러 있을 뿐만 아니라 농업과 직접적인 관련이 적고 자연을 활용하는 수준'으로 서비스를 제공하고 있음을 알 수 있다.

20 문서 내용 이해
정답 ③

두 번째 문단에 따르면 농업경제의 역사에서 정원이 갖는 의미는 시대와 지역에 따라 매우 달랐으나, 여성들의 입장은 지역적인 편차가 없었으므로 ③은 적절하지 않다.

21 빈칸 삽입
정답 ④

보기는 20대 여성 환자가 많은 이유에 대한 설명으로, 20대 여성 환자가 많다는 사실이 거론된 후에 나오는 것이 자연스럽다. (라)의 앞부분에 그러한 사실이 열거되어 있으므로 (라)에 들어가는 것이 적절하다.

22 빈칸 삽입
정답 ③

빈칸 앞의 접속부사 '따라서'에 집중해야 한다. 빈칸에는 '공공미술이 아무리 난해해도 대중과의 소통 가능성이 늘 열려 있다.'는 내용을 근거로 하여 추론할 수 있는 결론이 와야 문맥상 자연스럽다. 따라서 공공미술에서 예술의 자율성이 소통의 가능성과 대립하지 않는다는 ③이 가장 적절하다.

23 문서 내용 이해
정답 ②

제11조 제1항에 해당하는 내용이다.

오답분석
① 응급조치에 소요된 비용에 대해서는 주어진 제시문에서 확인할 수 없다. 따라서 '갑'이 부담하는지 알 수 없다.
③ 제12조 제1항에서 '을'이 미리 긴급조치를 취할 수 있지만, 즉시 '갑'에게 통지해야 한다.
④ 제11조 제2항에서 설계상의 하자나 '갑'의 요구에 의한 작업으로 인한 재해에 대해서는 '을'의 책임은 없다.

24 문서 내용 이해
정답 ④

G기업은 데이터센터에 대해서 철저한 보안을 유지하다가 2012년 10월 처음으로 자사의 홈페이지를 통해 데이터센터 내부를 공개했다. G기업의 '스트리트뷰'를 이용하면 미국 노스캐롤라이나주 르노어시에 위치한 G기업 데이터센터 내부를 방문할 수 있다.

25 내용 추론
정답 ④

제시문은 '미국의 양적완화로 인한 경제 가치의 변화와 그에 따른 우리 경제의 변화 요인'이 핵심 내용이고, 문항들은 우리나라의 변화 추이로 이에 따른 명제를 설정한다. 이에 따라 핵심 명제는 '미국이 양적완화를 중단하면 미국 금리가 상승한다.'에 따른 우리나라의 변동 사항, 즉 '우리나라 금리가 상승하고 가계부채 문제가 심화되며 국내 소비는 감소한다.'이다.
'우리나라 경제는 대외 의존도가 높기 때문에 경제의 주요 지표들이 개선되기 위해서는 수출이 감소하면 안 된다.'를 전제로 도출한 명제인 '수출이 증가하지 않으면 지표들이 개선되지 않는다.'와 '달러 환율이 하락하면 우리나라의 수출이 감소한다.'를 통합하면 '달러 환율이 하락하면 지표들이 개선되지 않는다.'가 되기 때문에 이의 대우인 ④는 반드시 참이 된다.

오답분석
① 제시문의 '달러 환율이 하락하면 우리나라의 수출이 감소한다.'에 상반되므로 참이 아니다.
② 제시문의 명제인 '미국이 양적완화를 중단하면 가계부채 문제가 심화된다.'의 역이므로 반드시 참이라고 할 수 없다.
③ 제시문의 명제인 '우리나라에 대한 외국인 투자가 증가하면 경제의 전망이 어두워진다.'의 명제와 어긋나므로 참이 아니다.

26 전개 방식

제시된 기준에 따라 논제를 나누거나 묶은 부분은 나와 있지 않다.

[오답분석]

① '전화와 직접적인 대면과는 어떠한 차이가 있는가?'라는 물음에 대해 답변하는 방식으로 논의를 전개하고 있다.
② 자녀의 전화 사용과 관련된 일상의 예가 나타난다.
③ 전화가 직접적인 대면과 어떠한 차이가 있는지에 대해 논의를 전개하고 있다.

27 한자성어

정답 ①

제시문에서 '보통의 현상이 되고 있다.'는 '같은 현상이나 일이 한두 번이나 한둘이 아니고 많음'을 나타내는 문장으로, 사자성어로는 '비일비재(非一非再)'로 표현할 수 있다.

[오답분석]

② 우공이산(愚公移山) : 쉬지 않고 꾸준하게 한 가지 일만 열심히 하면 마침내 큰일을 이룰 수 있음을 비유한 말이다.
③ 새옹지마(塞翁之馬) : 인생에 있어서 길흉화복은 항상 바뀌어 미리 헤아릴 수 없다는 뜻이다.
④ 권토중래(捲土重來) : 한번 싸움에 패하였다가 다시 힘을 길러 쳐들어오는 일, 또는 어떤 일에 실패한 뒤 다시 힘을 쌓아 그 일에 재차 착수하는 일을 나타내는 말이다.

28 빈칸 삽입

정답 ④

• (가) : 첫 번째, 두 번째 문단은 완전국가에서 귀족정치 체제, 과두(寡頭) 체제로 퇴화하는 내용을 단계별로 제시하고 있다. 또 (가) 뒤의 문장이 그 첫 단계를 언급하고 있으므로 빈칸에는 '타락해 가는 네 가지 국가 형태'에 대한 개괄적인 진술이 와야 한다. 따라서 ⓒ이 적절하다.
• (나) : 정치가의 야심과 명예욕에 대해 설명하고 있으므로 ⓔ이 적절하다.
• (다) : 민주에 대한 플라톤의 기술(記述)을 설명하고 있으므로 '민주 체제에 대한 플라톤의 기술'을 언급하고 있는 ⓐ이 적절하다.

29 문서 내용 이해

정답 ②

[오답분석]

①은 제9조 제5항, ③은 제9조 제4항, ④는 제9조 제3항에 따라 적절하지 않은 내용이다.

30 내용 추론

정답 ①

마지막 문단을 통해 유산의 위험이 있다면 안정기까지 최대한 주의를 해야 함을 알 수 있다. 따라서 보기에서 적절한 것은 1개이다.

31 응용 수리

정답 ①

A가 합격할 확률은 $\frac{1}{3}$ 이고 B가 합격할 확률은 $\frac{3}{5}$ 이다.

따라서 A, B 둘 다 합격할 확률은 $\frac{1}{3} \times \frac{3}{5} = \frac{3}{15} = \frac{1}{5} = 20\%$ 이다.

32 자료 이해

정답 ②

ㄷ. 전체 대비 일반고의 논술 사교육 금액 비율은 $\frac{1,017}{6,525} \times 100 ≒ 15.59\%$ 이며 전체 대비 중학교의 컴퓨터 사교육 금액 비율인 $\frac{218}{1,154} \times 100 ≒ 18.89\%$ 보다 낮다.

ㄱ. 2024년 초등학교의 국어 사교육 금액은 5,098억 원이며, 고등학교의 음악과 미술 사교육 금액의 합인 2,828+2,982=5,810
억 원보다 적다.
ㄴ. 초등학교의 국어·영어·수학의 사교육 금액의 합은 5,098+25,797+16,591=47,486억 원이며, 고등학교의 국어·영어·
수학의 사교육 금액의 합인 7,300+16,725+22,211=46,236억 원보다 많다.
ㄹ. 초등학교와 고등학교의 영어 사교육 금액의 차이는 25,797-16,725=9,072억 원으로 수학 사교육의 금액의 차이인 22,211-
16,591=5,620억 원보다 많다.

33 자료 이해 정답 ③

2019년부터 공정자산총액과 부채총액의 차를 순서대로 나열하면 952, 1,067, 1,383, 1,127, 1,864, 1,908이다.

① 2022년에는 자본총액이 전년 대비 감소했다.
② 직전 해에 비해 당기순이익이 가장 많이 증가한 해는 2023년이다.
④ 2019년과 2020년을 비교하면, 분모 증가율은 $\dfrac{1,067-952}{952}=\dfrac{115}{952}≒\dfrac{1}{8}$ 이고, 분자 증가율은 $\dfrac{481-464}{464}=\dfrac{17}{464}≒\dfrac{1}{27}$ 이다.
따라서 2020년에는 비중이 감소했다.

34 자료 계산 정답 ②

2019년부터 2024년까지의 당기순이익을 매출액으로 나눈 수치는 다음과 같다.
• 2019년 : 170÷1,139≒0.15
• 2020년 : 227÷2,178≒0.1
• 2021년 : 108÷2,666≒0.04
• 2022년 : (-266)÷4,456≒-0.06
• 2023년 : 117÷3,764≒0.03
• 2024년 : 65÷4,427≒0.01
따라서 2019년의 수치가 가장 크므로 다음 해인 2020년의 투자 규모가 가장 크다.

35 자료 변환 정답 ②

연도별 누적 막대그래프로, 각 지역의 적설량이 올바르게 나타나 있다.

① 적설량의 단위는 'm'가 아니라 'cm'이다.
③ 수원과 강릉의 2021년, 2022년 적설량 수치가 서로 바뀌었다.
④ 그래프의 가로축을 지역으로 수정해야 한다.

36 자료 이해 정답 ④

일반 체류자보다 시민권자가 많은 국가는 중국·일본·캐나다·덴마크·러시아·스위스이며, 각 국가의 영주권자는 모두 300명
이상이다.

① 영주권자가 없는 국가는 인도·라오스·몽골·미얀마·네팔·태국·터키·베트남이며, 이 나라들의 일반 체류자 수의 총합은
11,251+3,042+2,132+3,842+769+19,995+2,951+172,684=216,666명으로 중국의 일반 체류자 수인 300,332명보
다 작다.
② 영주권자가 시민권자의 절반보다 많은 국가는 프랑스이며, 프랑스의 총 재외동포 수는 8,961+6,541+13,665=29,167명으로
3만 명보다 적다.

③ 재외동포 수가 가장 많은 국가는 시민권자가 200만 명이 넘는 중국이다. 중국은 시민권자와 일반 체류자의 수가 각각 1위를 차지하지만, 영주권자는 프랑스(6,541명)가 1위이다.

37 자료 계산 정답 ④

1980년 전체 재배면적을 x라 하면, 2024년 전체 재배면적은 $1.25x$이다.
- 1980년 과실류 재배면적 : $0.018x$
- 2024년 과실류 재배면적 : $0.086 \times 1.25x = 0.1075x$

따라서 재배면적은 $\dfrac{0.1075x - 0.018x}{0.018x} \times 100 ≒ 500\%$ 증가했다.

38 자료 변환 정답 ②

중국의 의료 빅데이터 시장 규모의 전년 대비 성장률을 구하면 다음과 같다.

구분	2015년	2016년	2017년	2018년	2019년	2020년	2021년	2022년	2023년	2024년
성장률(%)	–	56.3	90.0	60.7	93.2	64.9	45.0	35.0	30.0	30.0

따라서 옳은 그래프는 ②이다.

39 응용 수리 정답 ③

2주 동안 듣는 강연은 총 5회이다. 그러므로 금요일 강연이 없는 주의 월요일에 첫 강연을 들었다면 5주 차 월요일 강연을 듣기 전까지 10개의 강연을 듣게 된다. 5주 차 월요일, 수요일 강연을 듣고 6주 차 월요일의 강연이 13번째 강연이 된다.
따라서 6주 차 월요일이 13번째 강연을 듣는 날이므로 8월 1일 월요일을 기준으로 35일 후가 된다. 8월은 31일까지 있어서 $1+35-31=5$일, 즉 9월 5일이 된다.

40 자료 이해 정답 ③

20대의 대중교통 이용률은 2019년이 $42+6+31=79\%$, 2024년이 $29+14+27=70\%$로 그 차이는 $79-70=9\%p$이고, 30대의 대중교통 이용률은 2019년이 $22+10+18=50\%$, 2024년이 $17+13+6=36\%$로 그 차이는 $50-36=14\%p$이다.

오답분석
① 20대의 2019년 대비 2024년 출퇴근 방법별 이용률은 도보는 7%에서 11%로, 자전거는 3%에서 5%로, 자가용은 11%에서 14%로, 택시는 6%에서 14%로 증가한 반면, 버스는 42%에서 29%로, 지하철은 31%에서 27%로 감소하였다.
② 20대와 60대 이상은 2019년과 2024년 모두 출퇴근 이용률이 가장 높은 방법은 버스로 동일하며, 30대부터 50대까지는 자가용으로 동일하다.
④ 자전거의 이용 비율은 다른 출퇴근 이용 비율에 비해 항상 가장 낮다.

41 응용 수리 정답 ④

- B비커의 설탕물 100g을 A비커의 설탕물과 섞은 후 각 비커의 설탕의 양
  - A비커 : $\left(\dfrac{x}{100} \times 300 + \dfrac{y}{100} \times 100 \right)$g
  - B비커 : $\left(\dfrac{y}{100} \times 500 \right)$g
- A비커의 설탕물 100g을 B비커의 설탕물과 섞은 후 각 비커의 설탕의 양
  - A비커 : $\left(\dfrac{3x+y}{400} \times 300 \right)$g
  - B비커 : $\left(\dfrac{y}{100} \times 500 + \dfrac{3x+y}{400} \times 100 \right)$g

설탕물을 모두 옮긴 후 두 비커에 들어 있는 설탕물의 농도는

$$\frac{\dfrac{3x+y}{400}\times 300}{300}\times 100=5 \cdots ㉠$$

$$\frac{\dfrac{y}{100}\times 500+\dfrac{3x+y}{400}\times 100}{600}\times 100=9.5 \cdots ㉡$$

㉡에 ㉠을 대입하여 정리하면 $5y+5=57 \rightarrow y=\dfrac{52}{5}$, $x=\dfrac{20-\dfrac{52}{5}}{3}=\dfrac{16}{5}$ 이다.

따라서 $10x+10y=10\times\dfrac{16}{5}+10\times\dfrac{52}{5}=32+104=136$이다.

42 통계 분석   정답 ②

• 18개 지역 날씨의 총합 : $(-3.4)+(-2.4)+(-2.0)+(0.6)+(7.9)+(4.1)+(0.6)+(-2.3)+(-1.2)+(2.5)+(1.1)+(-1.7)$
$+(-3.2)+(0.6)+(-4.9)+(1.6)+(3.2)+(3.4)=4.5℃$

• 18개 지역 날씨의 평균 : $\dfrac{4.5}{18}=0.25℃$

• 18개 지역의 중앙값 : $0.6℃$

따라서 평균값과 중앙값의 차는 $0.6-0.25=0.35$이다.

43 자료 계산   정답 ④

각 연령대를 기준으로 남성과 여성의 인구비율을 계산하면 다음과 같다.

구분	남성	여성
0 ~ 14세	$\dfrac{323}{627}\times 100 ≒ 51.5\%$	$\dfrac{304}{627}\times 100 ≒ 48.5\%$
15 ~ 29세	$\dfrac{453}{905}\times 100 ≒ 50.1\%$	$\dfrac{452}{905}\times 100 ≒ 49.9\%$
30 ~ 44세	$\dfrac{565}{1,110}\times 100 ≒ 50.9\%$	$\dfrac{545}{1,110}\times 100 ≒ 49.1\%$
45 ~ 59세	$\dfrac{630}{1,257}\times 100 ≒ 50.1\%$	$\dfrac{627}{1,257}\times 100 ≒ 49.9\%$
60 ~ 74세	$\dfrac{345}{720}\times 100 ≒ 47.9\%$	$\dfrac{375}{720}\times 100 ≒ 52.1\%$
75세 이상	$\dfrac{113}{309}\times 100 ≒ 36.6\%$	$\dfrac{196}{309}\times 100 ≒ 63.4\%$

따라서 남성 인구가 40% 이하인 연령대는 75세 이상(36.6%)이며, 여성 인구가 50% 초과 60% 이하인 연령대는 60 ~ 74세(52.1%)
이다.

44 응용 수리   정답 ④

조건에서 a, b, c의 나이를 식으로 표현하면 $a\times b\times c=2,450$, $a+b+c=46$이다.

세 명의 나이의 곱을 소인수분해하면 $a\times b\times c=2,450=2\times 5^2\times 7^2$이다.

2,450의 약수 중에서 19 ~ 34세 나이를 구하면 25세이므로 甲의 동생 a는 25세이다.

그러므로 아들과 딸 나이의 합은 $b+c=21$이다.

甲과 乙 나이의 합은 $21\times 4=84$가 되며, 甲은 乙과 동갑이거나 乙보다 연상이라고 했으므로 乙의 나이는 42세 이하이다.

45 　자료 이해 　　　　　　　　　　　　　　　　　　　　정답 ④

월 급여가 300만 원 미만인 직원은 $1{,}200 \times (0.18 + 0.35) = 636$명, 월 급여가 350만 원 이상인 직원은 $1{,}200 \times (0.12 + 0.11) = 276$명으로 $\frac{636}{276} \fallingdotseq 2.30$배이다. 따라서 2.5배 미만이다.

오답분석

① 직원 중 4년제 국내 수도권 지역 대학교 졸업자 수는 $1{,}200 \times 0.35 \times 0.45 = 189$명으로, 전체 직원의 $\frac{189}{1{,}200} \times 100 = 15.75\%$로 15% 이상이다.
② 고등학교 졸업의 학력을 가진 직원은 $1{,}200 \times 0.12 = 144$명, 월 급여 300만 원 미만인 직원은 $1{,}200 \times (0.18 + 0.35) = 636$명이다. 이 인원이 차지하는 비율은 $\frac{144}{636} \times 100 \fallingdotseq 22.6\%$이다.
③ 4년제 대학교 졸업 이상의 학력을 가진 직원은 $1{,}200 \times 0.35 = 420$명, 월 급여 300만 원 이상인 직원은 $1{,}200 \times (0.24 + 0.12 + 0.11) = 564$명이다. 이 인원이 차지하는 비율은 $\frac{420}{564} \times 100 \fallingdotseq 74.46\%$로 78% 이하이다.

46 　자료 계산 　　　　　　　　　　　　　　　　　　　　정답 ④

국내 소재 대학 및 대학원 졸업자는 $1{,}200 \times (0.17 + 0.36) + 1{,}200 \times 0.35 \times (0.25 + 0.45 + 0.1) = 972$명으로, 이들의 25%는 $972 \times 0.25 = 243$명이다.

월 급여 300만 원 이상인 직원은 $1{,}200 \times (0.24 + 0.12 + 0.11) = 564$명이므로, 이들이 차지하는 비율은 $\frac{243}{564} \times 100 \fallingdotseq 43\%$이다.

47 　자료 이해 　　　　　　　　　　　　　　　　　　　　정답 ③

ⓒ (교원 1인당 원아 수)$= \frac{(원아\ 수)}{(교원\ 수)}$이다. 따라서 교원 1인당 원아 수가 적어지는 것은 원아 수 대비 교원 수가 늘어나기 때문이다.
ⓔ 제시된 자료만으로는 알 수 없다.

오답분석

ⓐ 유치원 원아 수는 감소, 증가가 뒤섞여 나타나므로 옳은 설명이다.
ⓑ 취원율은 2018년 26.2%를 시작으로 매년 증가하고 있다.

48 　자료 계산 　　　　　　　　　　　　　　　　　　　　정답 ①

2023년 3개 기관의 전반적 만족도의 합은 $6.9 + 6.7 + 7.6 = 21.2$이고, 2024년 3개 기관의 임금과 수입 만족도의 합은 $5.1 + 4.8 + 4.8 = 14.7$이다. 따라서 2023년 3개 기관의 전반적 만족도의 합은 2024년 3개 기관의 임금과 수입 만족도의 합의 $\frac{21.2}{14.7} \fallingdotseq 1.4$배이다.

49 　자료 이해 　　　　　　　　　　　　　　　　　　　　정답 ③

2024년에 기업, 공공연구기관의 임금과 수입 만족도는 전년 대비 증가하였으나, 대학의 임금과 수입 만족도는 감소했으므로 ③은 옳지 않은 설명이다.

오답분석

① 2023년, 2024년 현 직장에 대한 전반적 만족도는 대학 유형에서 가장 높은 것을 확인할 수 있다.
② 2024년 근무시간 만족도에서는 공공연구기관과 대학의 만족도가 6.2로 동일한 것을 확인할 수 있다.
④ 사내분위기 측면에서 2023년과 2024년 공공연구기관의 만족도는 5.8로 동일한 것을 확인할 수 있다.

50 자료 이해 정답 ②

- 수도권 지역에서 경기가 차지하는 비중
 93,252(서울)＋16,915(인천)＋68,124(경기)＝178,291천 명

 $\rightarrow \dfrac{68,124}{178,291}\times100 ≒ 38.21\%$

- 수도권 지역에서 인천이 차지하는 비중

 $\rightarrow \dfrac{16,915}{178,291}\times100 ≒ 9.49\%$

 9.49×4＝37.96%＜38.21%

따라서 수도권 지역에서 경기가 차지하는 비중은 인천이 차지하는 비중의 4배 이상이다.

[오답분석]

① 의료인력이 수도권 지역 특히 서울, 경기에 편중되어 있으므로 불균형 상태를 보이고 있다.
③ 서울과 경기를 제외한 나머지 지역 중 의료인력수가 가장 많은 지역은 부산(28,871천 명)이고, 가장 적은 지역은 세종(575천 명)이다. 부산과 세종의 의료인력의 차는 28,296천 명으로, 이는 경남(21,212천 명)보다 크다.
④ 제시된 자료에 의료인력별 수치가 나와 있지 않으므로 의료인력수가 많을수록 의료인력 비중이 고르다고 말할 수는 없다.

51 응용 수리 정답 ③

처음 판매된 면도기 가격을 x원이라고 하자.
상점 A의 최종 판매 가격은 처음 판매된 가격에서 15＋15＝30%가 할인된 가격인 $0.7x$원이다.
이 가격이 상점 B의 처음 할인가인 $0.8x$원에서 추가로 $y\%$ 더 할인했을 때, 가격이 같거나 더 저렴해야 하기 때문에

$0.7x \geq 0.8x\times(1-y) \rightarrow y \geq \dfrac{1}{8}$

따라서 최소 12.5%가 더 할인되어야 한다.

52 자료 이해 정답 ④

아시아주 전체 크루즈 이용객의 수는 미주 전체 크루즈 이용객의 수의 $\dfrac{1,548}{2,445}\times100 ≒ 63\%$이다.

[오답분석]

① 여성 크루즈 이용객 수가 가장 많은 국가는 미국이며, 미국의 전체 크루즈 이용객 중 남성 이용객 수의 비율을 구하면

 $\dfrac{757}{1,588}\times100 ≒ 47.6\%$이므로 50% 이하이다.

② 브라질 국적의 남성 크루즈 이용객의 수는 16명으로, 인도네시아 국적의 남성 크루즈 이용객 수인 89명의 $\dfrac{16}{89}\times100 ≒ 18\%$이다.

③ 멕시코보다 여성 크루즈 이용객 수와 남성 크루즈 이용객 수가 모두 많은 국가는 미국뿐이다.

53 자료 계산 정답 ①

- 남자의 고등학교 진학률 : $\dfrac{861,517}{908,388}\times100 ≒ 94.8\%$
- 여자의 고등학교 진학률 : $\dfrac{838,650}{865,323}\times100 ≒ 96.9\%$

54 자료 계산 정답 ④

공립 중학교의 남녀별 졸업자 수는 제시되지 않았으므로 계산할 수 없다.

55 자료 변환

정답 ②

남녀 국회의원의 여야별 SNS 이용자 구성비 중 여자의 경우 여당이 $(22 \div 38) \times 100 ≒ 57.9\%$이고, 야당은 $(16 \div 38) \times 100 ≒ 42.1\%$이므로 잘못된 그래프이다.

오답분석

① 국회의원의 여야별 SNS 이용자 수는 각각 145명, 85명이다.

③ 야당 국회의원의 당선 횟수별 SNS 이용자 구성비는 85명 중 초선 36명, 2선 28명, 3선 14명, 4선 이상 7명이므로, 각각 계산해보면 42.4%, 32.9%, 16.5%, 8.2%이다.

④ 2선 이상 국회의원의 정당별 SNS 이용자는 A당 63명, B당 44명, C당 5명이다.

56 자료 이해

정답 ①

회화(영어·중국어) 중 한 과목을 수강하고 지르박을 수강하면 2과목 수강이 가능하고, 지르박을 수강하지 않고 차차차와 자이브를 수강하면 최대 3과목 수강이 가능하다.

오답분석

② 자이브의 강좌시간이 3시간 30분으로 가장 길다.

③ 중국어 회화의 한 달 수강료는 60,000÷3=20,000원이고, 차차차의 한 달 수강료는 150,000÷3=50,000원이므로 한 달 수강료는 70,000원이다.

④ 차차차의 강좌시간은 12:30 ~ 14:30이고, 자이브의 강좌시간은 14:30 ~ 18:00이므로 둘 다 수강할 수 있다.

57 자료 이해

정답 ④

졸업 후 창업하는 학생들은 총 118+5+5+1+37=166명이며, 이 중 특성화고 졸업생은 37명이다. 따라서 졸업 후 창업하는 졸업생들 중 특성화고 졸업생이 차지하는 비율은 $\frac{37}{166} \times 100 ≒ 22.3\%$이다.

오답분석

① 일반고 졸업생 중 대학에 진학하는 졸업생 수는 6,773명, 특성화고 졸업생 중 대학에 진학하는 졸업생 수는 512명이다. 따라서 일반고 졸업생 중 대학에 진학하는 졸업생 수는 특성화고 졸업생 중 대학에 진학하는 졸업생 수보다 $\frac{6,773}{512} ≒ 13.2$배 많다.

② 졸업 후 군입대를 하거나 해외 유학을 가는 졸업생들은 297+5+3+6+86=397명이며, 이 중 과학고·외고·국제고와 마이스터고 졸업생들은 5+6=11명이다. 따라서 졸업 후 군 입대를 하거나 해외 유학을 가는 졸업생들 중 과학고·외고·국제고와 마이스터고 졸업생들이 차지하는 비율은 $\frac{11}{397} \times 100 ≒ 2.8\%$이다.

③ 진로를 결정하지 못한 졸업생의 수가 가장 많은 학교유형은 일반고이다.

58 자료 이해

정답 ③

ⓒ 졸업 후 취업한 인원은 457+11+3+64+752=1,287명이므로 1,200명을 넘었다.

ⓔ 특성화고 졸업생 중 진로를 결정하지 못한 졸업생 수는 260명, 대학에 진학한 졸업생 수는 512명이다. 따라서 특성화고에서 진로를 결정하지 못한 졸업생은 대학에 진학한 졸업생의 수의 $\frac{260}{512} \times 100 ≒ 50.8\%$이다.

오답분석

㉠ 마이스터고와 특성화고의 경우 대학에 진학한 졸업생 수보다 취업한 졸업생 수가 더 많았다.

ⓒ 일반고 졸업생 중 취업한 졸업생 수는 457명으로, 창업한 졸업생 수의 4배인 118×4=472명보다 적으므로 옳지 않은 설명이다.

59 응용 수리   정답 ④

원금을 a원, 연 이자율을 r, 기간을 n년이라고 가정하면, 연복리 예금의 경우 n년 후 받을 수 있는 총금액은 $a(1+r)^n$원이다.
K씨가 연 3%인 연복리 예금상품에 4,300만 원을 넣고 금액이 2배가 될 때를 구하는 방정식은 다음과 같다.

$$4,300\times(1+0.03)^n=4,300\times2 \rightarrow (1+0.03)^n=2 \rightarrow n\log1.03=\log2 \rightarrow n=\frac{\log2}{\log1.03}=\frac{0.3}{0.01}$$

$$\therefore n=30$$

따라서 K씨가 만기 시 금액으로 원금의 2배를 받는 것은 30년 후이다.

60 자료 이해   정답 ④

- 1974년 대비 1984년의 도시 인구수 증가율 : $\frac{16,573-6,816}{6,816}\times100 ≒ 143\%$
- 1974년 대비 1984년의 농촌 인구수 감소율 : $\frac{28,368-18,831}{28,368}\times100 ≒ 34\%$

따라서 1974년 대비 1984년 도시 인구수는 100% 이상 증가하였고, 농촌 인구수는 25% 이상 감소하였다.

오답분석
① 1974년과 1984년에는 도시 인구수가 농촌 인구수보다 적었으나, 1994년부터 도시 인구수가 농촌 인구수보다 많아졌다.
② 6,816×4=27,264<28,368이므로 1974년의 농촌 인구수는 도시 인구수의 4배 이상이다.
③ 2014년 대비 2024년의 도시 인구수는 감소하였고(36,784>33,561), 농촌 인구수는 증가하였다(12,402<12,415).

61 명제 추론   정답 ②

세 번째 조건에 따라 K씨는 익산을 반드시 방문하므로 이에 근거하여 논리식을 전개하면 다음과 같다.
- 네 번째 조건의 대우 : 익산 → 대구
- 첫 번째 조건 : 대구 → ~경주
- 다섯 번째 조건 : ~경주 → 대전∧전주
- 두 번째 조건 : 전주 → ~광주

따라서 K씨는 익산·대구·대전·전주를 방문하고, 광주·경주를 방문하지 않는다.

62 명제 추론   정답 ②

네 번째 조건에 따라 청경채는 반드시 포함되므로 이에 근거하여 논리식을 전개하면 다음과 같다.
- 두 번째 조건의 대우 : 청경채 → 무순
- 여섯 번째 조건 : 무순 → ~배
- 세 번째 조건 : 무순 → ~당근
- 다섯 번째 조건 : ~당근 → ~바나나
- 첫 번째 조건 : ~바나나 → 사과

따라서 김대리의 식단에는 청경채·무순·사과가 포함되고, 배·당근·바나나는 포함되지 않는다.

63 명제 추론   정답 ④

제시된 조건을 식으로 표현하면 다음과 같다.
- 첫 번째 조건의 대우 : A → C
- 네 번째 조건의 대우 : C → ~E
- 두 번째 조건 : ~E → B
- 세 번째 조건의 대우 : B → D

위의 조건식을 정리하면 A → C → ~E → B → D이므로 주말 여행에 참가하는 사람은 A, B, C, D 4명이다.

64 정답 ②

① 자사의 유통 및 생산 노하우가 부족하다고 판단하였으므로 적절하지 않다.
③ 판단 자료를 살펴보면, 경쟁사 중 상위 업체가 하위 업체와의 격차를 확대하기 위해서 파격적인 가격 정책을 펼치고 있다고 하였으므로 적절하지 않다.
④ 디지털마케팅 전략을 구사하기에 역량이 미흡하다고 판단하였으므로 적절하지 않다.

65 상황 판단 정답 ②

우선 아랍에미리트에는 해외 EPS센터가 없으므로 제외한다. 또한 한국 기업이 100개 이상 진출해 있어야 한다는 두 번째 조건으로 인도네시아와 중국으로 후보를 좁힐 수 있으나 '우리나라 사람들의 해외취업을 위한 박람회'이므로 성공적인 박람회 개최를 위해선 취업까지 이어지는 것이 중요하다. 중국의 경우 청년 실업률은 높지만 경쟁력 부분에서 현지 기업의 80% 이상이 우리나라 사람을 고용하기를 원하므로 중국 청년 실업률과는 별개로 우리나라 사람들의 취업이 쉽게 이루어질 수 있음을 알 수 있다. 따라서 중국이 적절하다.

66 자료 해석 정답 ①

음료의 종류별로 부족한 팀 수를 구하면 다음과 같다.
• 이온음료 : 총무팀(1팀)
• 탄산음료 : 총무팀, 개발팀, 홍보팀, 고객지원팀(4팀)
• 에너지음료 : 개발팀, 홍보팀, 고객지원팀(3팀)
• 캔 커피 : 총무팀, 개발팀, 영업팀, 홍보팀, 고객지원팀(5팀)
음료 구매 시 각 음료의 최소 구비 수량의 1.5배를 구매해야 하므로 이온음료는 9캔, 탄산음료는 18캔, 에너지음료는 15캔, 캔 커피는 45캔씩 구매해야 한다. 그러므로 구매해야 하는 전체 음료의 수는 다음과 같다.
• 이온음료 : $9 \times 1 = 9$캔
• 탄산음료 : $18 \times 4 = 72$캔
• 에너지음료 : $15 \times 3 = 45$캔
• 캔 커피 : $45 \times 5 = 225$캔
따라서 음료는 정해진 묶음으로만 판매하므로 이온음료는 12캔, 탄산음료는 72캔, 에너지음료는 48캔, 캔 커피는 240캔을 구매해야 한다.

67 자료 해석 정답 ④

먼저 제시된 조건에 따라 선택할 수 없는 관광 코스를 제외할 수 있다.
• 4일 이상 관광하되 5일을 초과하면 안 되므로, 기간이 4일 미만인 B코스를 제외한다.
• 비용이 30만 원을 초과하고, 참여인원이 30명 초과인 C코스를 제외한다.
한편, D코스를 K카드로 결제할 때의 비용은 10% 할인을 적용받아 $332,000 \times 0.9 = 298,800$원으로 30만 원 미만이다. 따라서 A코스와 D코스 중 경유지가 더 많은 D코스를 선택하는 것이 적절하다.

68 자료 해석 정답 ④

A ~ D학생이 얻는 점수는 다음과 같다.
• A : 기본 점수 80점에 오탈자 33건이므로 5점 감점, 전체 글자 수 654자이므로 3점 추가, A등급 2개와 C등급 1개이므로 15점 추가하여 총 $80-5+3+15=93$점이다.
• B : 기본 점수 80점에 오탈자 7건이므로 0점 감점, 전체 글자 수 476자이므로 0점 추가, B등급 3개이므로 5점 추가하여 총 $80+5=85$점이다.

- C : 기본 점수 80점에 오탈자 28건이므로 4점 감점, 전체 글자 수 332자이므로 10점 감점, B등급 2개와 C등급 1개이므로 0점 추가하여 총 $80-4-10=66$점이다.
- D : 기본 점수 80점에 오탈자 25건이므로 4점 감점, 전체 글자 수가 572자이므로 0점 추가, A등급 3개이므로 25점 추가하여 총 $80-4+25=101$점이다.

따라서 점수가 가장 높은 학생은 D이다.

69 규칙 적용 정답 ③

수도권은 서울과 인천·경기인데, 이 학생이 재학 중인 캠퍼스는 GS로 서울캠퍼스이므로 옳다.

오답분석

① 학생 A가 2023년도에 입학하였지만, 2022년에 첫 수능을 응시하였는지는 알 수 없다.
② 같은 이름이 2명 이상일 경우, 임의로 이름 뒤에 숫자를 기입하여 구분한다고 되어 있으므로 학생 A가 2라고 표기되어 있더라도 '재하'라는 이름이 더 있을 수 있다.
④ 학생코드로는 학생 A의 성이 ㅅ(S)으로 시작하는 것만 알 수 있을 뿐이며, 그 이상은 알 수 없다.

70 규칙 적용 정답 ④

- 갑은 2022년 가을, K대학 수시전형 지원을 하였지만 탈락하였다. 그러나 같은 해 수능을 응시하고 정시전형을 지원한 결과 최종합 격을 하게 되어 2023년 K대학 인천캠퍼스 의예과에 입학하였다. 즉, 갑은 최종적으로 2022년 정시전형을 지원하여 2023년도 인천캠퍼스 의예과에 입학하였다. → 23YGIME
- 갑은 여성이다. → W
- 갑의 이름은 이주영이며, 같은 해 입학자 중 '주영'이라는 이름을 가진 사람은 갑뿐이다. → Ljuyoung
- 갑은 2024년 기준으로 휴학 중이다. → -AB

따라서 갑의 2024년 학생코드는 '23YGIMEWLjuyoung-AB'이다.

71 규칙 적용 정답 ②

자료에 맞게 학생코드를 입력한 것은 '21YGIMOMMria-IN' 1개이다.

오답분석

- 19XGSDEWKhayeon-IM : 재학여부에 IM이란 코드는 자료에서 찾을 수 없다.
- 20ZGKMMWHyisoo-GR : 전공학과 중 MM코드를 가진 학과는 자료에서 찾을 수 없다.
- 23ZGIRAWKhanha0-AB : 같은 이름이 없을 경우에는 이름 뒤에 숫자를 기입하지 않고, 같은 이름이 2명 이상이라면 이름 뒤에 1부터 숫자를 기입한다.

72 명제 추론 정답 ④

- 다섯 번째 조건에 따라 K대리는 밀양을 방문한다.
- 여섯 번째 조건의 대우명제는 '밀양을 방문하면 동래를 방문하지 않는다.'이다. 이에 따라 동래는 방문하지 않는다.
- 세 번째 조건의 대우명제에 따라 목포도 방문하지 않는다.
- 첫 번째 조건에 따라 K대리는 목포를 제외하고 양산, 세종을 방문해야 한다.
- 두 번째 조건의 대우명제에 따라 성남을 방문하지 않는다.
- 네 번째 조건에 따라 익산을 방문한다.

따라서 K대리는 양산·세종·익산·밀양은 방문하고, 성남·동래·목포는 방문하지 않는다. 이에 따라 옳은 설명을 한 사람은 세리와 진경뿐이다.

73 ◀ 명제 추론

정답 ③

제시된 조건에 따르면 밀크시슬을 월요일에 섭취하는 경우와 목요일에 섭취하는 경우로 정리할 수 있다.

구분	월	화	수	목	금
경우 1	밀크시슬	비타민B	비타민C	비타민E	비타민D
경우 2	비타민B	비타민E	비타민C	밀크시슬	비타민D

따라서 수요일에는 항상 비타민C를 섭취한다.

오답분석

① 월요일에는 비타민B 또는 밀크시슬을 섭취한다.
② 화요일에는 비타민E 또는 비타민B를 섭취한다.
④ 경우 1에서는 비타민E를 비타민C보다 나중에 섭취한다.

74 ◀ 창의적 사고

정답 ③

문제해결을 위한 방법으로 소프트 어프로치, 하드 어프로치, 퍼실리테이션(Facilitation)이 있다. 그중 마케팅 부장은 연구소 소장과 기획팀 부장 사이에서 의사결정에 서로 공감할 수 있도록 도와주는 일을 하고 있다. 또한 상대의 입장에서 공감을 하며, 서로 타협점을 좁혀 생산적인 결과를 도출할 수 있도록 대화를 하고 있다. 따라서 마케팅 부장이 취하는 문제해결 방법은 '퍼실리테이션'이다.

오답분석

① 소프트 어프로치 : 대부분의 기업에서 볼 수 있는 전형적인 스타일로, 조직 구성원들은 같은 문화적 토양으로 가지고 이심전심으로 서로를 이해하려 하며, 직접적인 표현보다 무언가를 시사하거나 암시를 통한 의사전달로 문제를 해결하는 방법이다.
② 하드 어프로치 : 다른 문화적 토양을 가지고 있는 구성원을 가정하고, 서로의 생각을 직설적으로 주장하며 논쟁이나 협상을 하는 방법으로 사실과 원칙에 근거한 토론이다.
④ 비판적 사고 : 어떤 주제나 주장 등에 대해 적극적으로 분석하고 종합하며 평가하는 능동적인 사고로 어떤 논증, 추론, 증거, 가치를 표현한 사례를 타당한 것으로 받아들일 것인지 결정을 내릴 때 요구되는 사고력이다.

75 ◀ 창의적 사고

정답 ③

기존 커피믹스가 잘 팔리고 있어 새로운 것에 도전하지 않는 것으로 보인다. 또한 기존에 가지고 있는 커피를 기준으로 틀에 갇혀 블랙커피 커피믹스는 만들기 어렵다는 부정적인 시선으로 보고 있기 때문에 '발상의 전환'이 필요하다.

오답분석

① 전략적 사고 : 지금 당면하고 있는 문제와 해결 방법에만 국한되어 있지 말고, 상위 시스템 및 다른 문제와 관련이 있는지 생각해 봐야 한다.
② 분석적 사고 : 전체를 각각의 요소로 나누어 그 요소의 의미를 도출한 다음 우선순위를 부여하고 구체적인 문제해결 방법을 실행하는 것이다.
④ 내·외부자원의 효과적 활용 : 문제해결 시 기술·재료·방법·사람 등 필요한 자원 확보 계획을 수립하고, 내·외부자원을 활용하는 것을 말한다.

76 ◀ 규칙 적용

정답 ④

A가 등록한 수업은 봄 학기로 1월에 시작하여 3개월간 진행된다. 각 학기는 다음 학기와 겹치지 않으므로 봄 학기는 3월에 끝난다.

오답분석

① 등록번호 맨 앞 두 자리가 CH라고 표기되어 있으므로 중국어이다.
② 회화반과 시험반은 수강 전 모의시험을 본다고 했으므로 옳은 설명이다.
③ 모의시험의 성적 상위 50%는 LEVEL1반으로, 하위 50%는 LEVEL2반으로 나눈다고 하였으므로 LEVEL1반에 속하는 A는 상위권이라고 볼 수 있다.

77 규칙 적용

S강사의 강의정보를 수강생 등록번호 순으로 정리하면 다음과 같다.
- 영어(UU) – 회화반(1) – 상위반 LEVEL1(01) – 오프라인반(B) – 여름 학기(SUM)
- 스페인어(SP) – 회화반(1) – 상위반 LEVEL1(01) – 오프라인반(B) – 여름 학기(SUM)
- 스페인어(SP) – 시험반(2) – 상위반 LEVEL1(01) – 오프라인반(B) – 겨울 학기(WIN)

수강시간에 대한 언급은 따로 없으므로 오전반(R)과 오후반(G)은 구분하지 않는다. 따라서 가능한 모든 강의를 나타내면 다음과 같다.
UU101BSUMR, UU101BSUMG, SP101BSUMR, SP101BSUMG, SP201BWINR, SP201BWING
'SP201BSUMG'는 시험반이며, 여름 학기 수업이므로 해당하지 않는다.

78 규칙 적용

FR300BSPRG : FR(프랑스어) – 3(강사양성반) – 00(LEVEL0) – B(오프라인반) – SPR(봄 학기) – G(오후반)

오답분석

㉠ SP00HSUMR : 수강생 등록번호는 총 10자리로, 9자리인 ㉠은 사용할 수 없다.
㉢ EN300HSPRR : 맨 앞 두 자리는 언어 종류를 구분을 하는 자리로, EN을 나타내는 것은 없다.
㉣ IT202HWINR : 온라인반은 오후반만 운영한다고 했으므로 6번째 자리가 온라인반(H)을 나타낸다면 마지막 자리는 오후반(G)만 가능하다.
㉤ GE100HFALG : 회화반은 LEVEL1반과 LEVEL2반만 존재하므로 LEVEL0반이 될 수 없다.

79 명제 추론

A ~ E의 진술을 차례대로 살펴보면, A는 B보다 먼저 탔으므로 서울역 또는 대전역에서 승차하였다. 이때, A는 자신이 C보다 먼저 탔는지 알지 못하므로 C와 같은 역에서 승차하였음을 알 수 있다. 다음으로 B는 A와 C보다 늦게 탔으므로 첫 번째 승차역인 서울역에서 승차하지 않았으며, C는 가장 마지막에 타지 않았으므로 마지막 승차 역인 울산역에서 승차하지 않았다. 한편, D가 대전역에서 승차하였으므로 같은 역에서 승차하는 A와 C는 서울역에서 승차하였음을 알 수 있다. 또한 마지막 역인 울산역에서 혼자 승차하는 경우에만 자신의 정확한 탑승 순서를 알 수 있으므로 자신의 탑승 순서를 아는 E가 울산역에서 승차하였다. 이를 표로 정리하면 다음과 같다.

구분	서울역		대전역		울산역
탑승객	A	C	B	D	E

따라서 'E는 울산역에서 승차하였다.'는 항상 참이 된다.

오답분석

① A는 서울역에서 승차하였다.
② B는 대전역, C는 서울역에서 승차하였으므로 서로 다른 역에서 승차하였다.
③ C는 서울역, D는 대전역에서 승차하였으므로 서로 다른 역에서 승차하였다.

80 자료 해석

ㄱ. 인천에서 중국을 경유해서 베트남으로 가는 경우에는 (210,000+310,000)×0.8=416,000원이 들고, 싱가포르로의 직항의 경우에는 580,000원이 든다. 따라서 164,000원이 더 저렴하다.
ㄷ. 갈 때는 직항으로 가는 것이 가장 저렴하여 341,000원 소요되고, 올 때도 직항이 가장 저렴하여 195,000원이 소요되므로, 최소 총비용은 536,000원이다.

오답분석

ㄴ. 왕복으로 태국은 298,000+203,000=501,000원, 싱가포르는 580,000+304,000=884,000원, 베트남은 341,000+195,000 =536,000원이 소요되기 때문에 가장 비용이 적게 드는 태국을 선택할 것이다.

 정답 ②

직항이 중국을 경유하는 것보다 소요 시간이 적으므로 직항 경로별 소요 시간을 도출하면 다음과 같다.

여행지	경로	왕복 소요 시간
베트남	인천 → 베트남(5시간 20분) 베트남 → 인천(2시간 50분)	8시간 10분
태국	인천 → 태국(5시간) 태국 → 인천(3시간 10분)	8시간 10분
싱가포르	인천 → 싱가포르(4시간 50분) 싱가포르 → 인천(3시간)	7시간 50분

따라서 K씨는 소요 시간이 가장 짧은 싱가포르로 여행을 갈 것이며, 7시간 50분이 소요될 것이다.

82 명제 추론 **정답** ③

세 번째 조건과 네 번째 조건을 기호로 나타내면 다음과 같다.
- D → ~E
- ~E → ~A

각각의 대우 E → ~D와 A → E에 따라 A → E → ~D가 성립하므로 A를 지방으로 발령한다면 E도 지방으로 발령하고, D는 지방으로 발령하지 않는다. 이때, 회사는 B와 D에 대하여 같은 결정을 하고, C와 E에 대하여는 다른 결정을 하므로 B와 C를 지방으로 발령하지 않는다.
따라서 A가 지방으로 발령된다면 지방으로 발령되지 않는 직원은 B, C, D 총 3명이다.

83 자료 해석 **정답** ②

수원에서 134km 떨어진 강원도로 여행을 가는 데 필요한 연료량과 연료비는 다음과 같다.

구분	필요 연료량	연료비
A자동차	134÷7≒19kW	19×300=5,700원
B자동차	134÷6≒22kW	22×300=6,600원
C자동차	134÷18≒7L	7×1,780=12,460원
D자동차	134÷20≒6L	6×1,520=9,120원

K씨의 가족 구성원은 8명이므로 B자동차를 이용할 경우 6인승 이상의 차를 렌트해야 하지만, 나머지 차는 4인승 또는 5인승이므로 같이 빌릴 수 없다. 따라서 B자동차를 제외한 A, C, D자동차 중 2대를 렌트해야 하며, 대여비는 같으므로 세 자동차 중 연료비가 저렴한 A자동차와 D자동차를 렌트한다.

84 상황 판단 **정답** ④

세레나데 & 봄의 제전은 55% 할인된 가격인 27,000원에서 10%가 티켓 수수료로 추가된다고 했으니 2,700원을 더한 29,700원이 총 결제가격이다. 따라서 티켓판매 수량이 1,200장이니 총수익은 35,640,000원이다.

[오답분석]
① 판매 자료에 티켓이 모두 50% 이상 할인율을 가지고 있어 할인율이 크다는 생각을 할 수 있다.
② 티켓 판매가 부진해 소셜커머스도 반값 이상의 할인을 한다는 생각은 충분히 할 수 있는 생각이다.
③ 백조의 호수의 경우 2월 5일~2월 10일까지 6일이라는 가장 짧은 기간 동안 티켓을 판매했지만, 1,787장으로 가장 높은 판매량을 기록하고 있다. 설 연휴와 더불어 휴일에 티켓 수요가 늘 것을 예상해 일정을 짧게 잡아 단기간에 빠르게 판매량을 높인 것을 유추할 수 있다.

85 규칙 적용

고객관리코드 순으로 내용을 정리하면 다음과 같다.
간병보험 상품(NC) – 해지환급금 미지급(N) – 남성(01) – 납입기간·납입주기 일시납(0000) – 보장기간 100세(10)
따라서 남성의 고객관리코드는 'NCN01000010'이다.

86 규칙 적용

고객관리코드 순서로 내용을 정리하면 다음과 같다.
• 충치 치료와 관련된 보험 내용이므로 치아보험으로 보는 것이 적절하다. → TO
• 해지환급금은 지급받되 지급률은 최대한 낮게 한다 하였으므로 30% 지급이 가장 적절하다. → R
• 성별은 언급되어 있지 않기에 여성, 남성 모두 가능하다. → 01 또는 10
• 치아보험의 경우, 보험기간은 최대 20년까지 가능하다. A는 보장기간과 납입기간을 같게 한다고 했으므로 모두 20년이며, 납입주기는 연납이다. → 200102
따라서 고객 A의 고객관리코드는 'TOR01200102' 또는 'TOR10200102'이다.

87 규칙 적용

• 먼저 보험기간에 대한 제약이 없는 보험 상품은 종합보험·암보험·어린이보험·간병보험이므로, 치아보험(TO)과 생활보장보험(LF)을 가입한 고객을 지우면 다음과 같다.

SYY01100102	NCP01201202	CCQ10151202	LFR10151220
CCR10000008	SYR01151203	BBN10100108	SYY01101209
LFP10101220	TOQ01000001	NCY01101208	BBQ01201209
TOY10200120	CCQ10000010	CCR01301210	SYN10200110

• 다음으로 해지환급금의 일부만을 지급받는다 하였으므로, 전체를 지급받거나(Y) 지급받지 않는(N) 고객을 지우면 다음과 같다.

SYY01100102	NCP01201202	CCQ10151202	LFR10151220
CCR10000008	SYR01151203	BBN10100108	SYY01101209
LFP10101220	TOQ01000001	NCY01101208	BBQ01201209
TOY10200120	CCQ10000010	CCR01301210	SYN10200110

• 마지막으로 납입기간이 보장기간보다 짧은 월납 고객이 추석선물 지급 대상이므로, 연납(01) 또는 일시불(00)인 고객을 제외한다.

SYY01100102	NCP01201202	CCQ10151202	LFR10151220
CCR10000008	SYR01151203	BBN10100108	SYY01101209
LFP10101220	TOQ01000001	NCY01101208	BBQ01201209
TOY10200120	CCQ10000010	CCR01301210	SYN10200110

남은 고객 중에서 납입기간과 보장기간을 비교하면 다음과 같다.

NCP01201202	: 납입기간 20년=보장기간 20년
CCQ10151202	: 납입기간 15년<보장기간 20년
SYR01151203	: 납입기간 15년<보장기간 30년
BBQ01201209	: 납입기간 20년≤보장기간 90세까지
CCR01301210	: 납입기간 30년≤보장기간 100세까지

따라서 80 ~ 100세까지 보장은 납입기간이 보장기간보다 짧은지 같은지 알 수 없으므로 납입기간이 보장기간보다 짧은 고객은 2명이다.

88 명제 추론

정답 ②

예금 업무를 보려는 사람들의 대기 순번과 공과금 업무를 보려는 사람들의 대기 순번은 별개로 카운트된다. A는 예금 업무이고, A보다 B가 늦게 발권하였으나 대기번호는 A보다 빠른 4번이므로 B는 공과금 업무를 보려고 한다는 사실을 알 수 있다. 그리고 1인당 업무 처리시간은 모두 동일하게 주어지므로 주어진 조건들을 표로 정리하면 다음과 같다.

예금 창구		공과금 창구	
대기번호 2번	업무진행 중	대기번호 3번	업무진행 중
대기번호 3번	–	대기번호 4번	B
대기번호 4번	–	대기번호 5번	C
대기번호 5번	E	대기번호 6번	–
대기번호 6번	A	대기번호 7번	–
대기번호 –번	D	대기번호 8번	–

따라서 B－C－E－A－D 순서로 업무를 보게 된다.

89 자료 해석

정답 ③

유지보수인 양천구와 영등포구의 사업이 개발구축으로 잘못 적혔다.

오답분석
① 강서구와 서초구의 사업기간이 1년 미만이다.
② 강서구의 사업금액이 5.6억 원으로, 6억 원 미만이다.
④ 사업금액이 가장 많은 사업은 양천구이고, 사업기간이 2년 미만인 사업은 마포구이므로 서로 다르다.

90 자료 해석

정답 ③

기현이가 휴대폰 구매 시 고려하는 사항의 순위에 따라 제품의 평점을 정리하면 다음과 같다.

구분	A사	B사	C사	D사
디자인	4	3	4	4
카메라 해상도	4	제외	4	4
가격	3	제외	3	3
A/S 편리성	2	제외	4	4
방수	제외	제외	5	3

먼저 디자인 항목에서 가장 낮은 평점이 가장 먼저 B사 제품은 제외된다. 카메라 해상도와 가격 항목에서는 A사, C사, D사 제품의 평점이 모두 동일하지만, A/S 편리성 항목에서 A사 제품의 평점이 C사와 D사에 비해 낮으므로 A사 제품이 제외된다. 다음으로 고려하는 방수 항목에서는 C사가 D사보다 평점이 높으므로 결국 기현이는 C사의 휴대폰을 구매할 것이다.

NCS 금융감독원 1차 필기전형 답안카드

성 명

지원 분야

문제지 형별기재란

( )형 Ⓐ Ⓑ

수험번호

⓪ ① ② ③ ④ ⑤ ⑥ ⑦ ⑧ ⑨
⓪ ① ② ③ ④ ⑤ ⑥ ⑦ ⑧ ⑨
⓪ ① ② ③ ④ ⑤ ⑥ ⑦ ⑧ ⑨
⓪ ① ② ③ ④ ⑤ ⑥ ⑦ ⑧ ⑨
⓪ ① ② ③ ④ ⑤ ⑥ ⑦ ⑧ ⑨
⓪ ① ② ③ ④ ⑤ ⑥ ⑦ ⑧ ⑨
⓪ ① ② ③ ④ ⑤ ⑥ ⑦ ⑧ ⑨

감독위원 확인

(인)

문번	답란	문번	답란	문번	답란	문번	답란	문번	답란
1	① ② ③ ④	21	① ② ③ ④	41	① ② ③ ④	61	① ② ③ ④	81	① ② ③ ④
2	① ② ③ ④	22	① ② ③ ④	42	① ② ③ ④	62	① ② ③ ④	82	① ② ③ ④
3	① ② ③ ④	23	① ② ③ ④	43	① ② ③ ④	63	① ② ③ ④	83	① ② ③ ④
4	① ② ③ ④	24	① ② ③ ④	44	① ② ③ ④	64	① ② ③ ④	84	① ② ③ ④
5	① ② ③ ④	25	① ② ③ ④	45	① ② ③ ④	65	① ② ③ ④	85	① ② ③ ④
6	① ② ③ ④	26	① ② ③ ④	46	① ② ③ ④	66	① ② ③ ④	86	① ② ③ ④
7	① ② ③ ④	27	① ② ③ ④	47	① ② ③ ④	67	① ② ③ ④	87	① ② ③ ④
8	① ② ③ ④	28	① ② ③ ④	48	① ② ③ ④	68	① ② ③ ④	88	① ② ③ ④
9	① ② ③ ④	29	① ② ③ ④	49	① ② ③ ④	69	① ② ③ ④	89	① ② ③ ④
10	① ② ③ ④	30	① ② ③ ④	50	① ② ③ ④	70	① ② ③ ④	90	① ② ③ ④
11	① ② ③ ④	31	① ② ③ ④	51	① ② ③ ④	71	① ② ③ ④		
12	① ② ③ ④	32	① ② ③ ④	52	① ② ③ ④	72	① ② ③ ④		
13	① ② ③ ④	33	① ② ③ ④	53	① ② ③ ④	73	① ② ③ ④		
14	① ② ③ ④	34	① ② ③ ④	54	① ② ③ ④	74	① ② ③ ④		
15	① ② ③ ④	35	① ② ③ ④	55	① ② ③ ④	75	① ② ③ ④		
16	① ② ③ ④	36	① ② ③ ④	56	① ② ③ ④	76	① ② ③ ④		
17	① ② ③ ④	37	① ② ③ ④	57	① ② ③ ④	77	① ② ③ ④		
18	① ② ③ ④	38	① ② ③ ④	58	① ② ③ ④	78	① ② ③ ④		
19	① ② ③ ④	39	① ② ③ ④	59	① ② ③ ④	79	① ② ③ ④		
20	① ② ③ ④	40	① ② ③ ④	60	① ② ③ ④	80	① ② ③ ④		

NCS 금융감독원 1차 필기전형 답안카드

	①	②	③	④
1	①	②	③	④
2	①	②	③	④
3	①	②	③	④
4	①	②	③	④
5	①	②	③	④
6	①	②	③	④
7	①	②	③	④
8	①	②	③	④
9	①	②	③	④
10	①	②	③	④
11	①	②	③	④
12	①	②	③	④
13	①	②	③	④
14	①	②	③	④
15	①	②	③	④
16	①	②	③	④
17	①	②	③	④
18	①	②	③	④
19	①	②	③	④
20	①	②	③	④

	①	②	③	④
21	①	②	③	④
22	①	②	③	④
23	①	②	③	④
24	①	②	③	④
25	①	②	③	④
26	①	②	③	④
27	①	②	③	④
28	①	②	③	④
29	①	②	③	④
30	①	②	③	④
31	①	②	③	④
32	①	②	③	④
33	①	②	③	④
34	①	②	③	④
35	①	②	③	④
36	①	②	③	④
37	①	②	③	④
38	①	②	③	④
39	①	②	③	④
40	①	②	③	④

	①	②	③	④
41	①	②	③	④
42	①	②	③	④
43	①	②	③	④
44	①	②	③	④
45	①	②	③	④
46	①	②	③	④
47	①	②	③	④
48	①	②	③	④
49	①	②	③	④
50	①	②	③	④
51	①	②	③	④
52	①	②	③	④
53	①	②	③	④
54	①	②	③	④
55	①	②	③	④
56	①	②	③	④
57	①	②	③	④
58	①	②	③	④
59	①	②	③	④
60	①	②	③	④

	①	②	③	④
61	①	②	③	④
62	①	②	③	④
63	①	②	③	④
64	①	②	③	④
65	①	②	③	④
66	①	②	③	④
67	①	②	③	④
68	①	②	③	④
69	①	②	③	④
70	①	②	③	④
71	①	②	③	④
72	①	②	③	④
73	①	②	③	④
74	①	②	③	④
75	①	②	③	④
76	①	②	③	④
77	①	②	③	④
78	①	②	③	④
79	①	②	③	④
80	①	②	③	④

	①	②	③	④
81	①	②	③	④
82	①	②	③	④
83	①	②	③	④
84	①	②	③	④
85	①	②	③	④
86	①	②	③	④
87	①	②	③	④
88	①	②	③	④
89	①	②	③	④
90	①	②	③	④

※ 본 답안지는 마킹연습용 모의 답안지입니다.

성 명

지원 분야

문제지 형별기재란

형 ( ) Ⓐ Ⓑ

수 험 번 호

| ⓪ ① ② ③ ④ ⑤ ⑥ ⑦ ⑧ ⑨ |
| ⓪ ① ② ③ ④ ⑤ ⑥ ⑦ ⑧ ⑨ |
| ⓪ ① ② ③ ④ ⑤ ⑥ ⑦ ⑧ ⑨ |
| ⓪ ① ② ③ ④ ⑤ ⑥ ⑦ ⑧ ⑨ |
| ⓪ ① ② ③ ④ ⑤ ⑥ ⑦ ⑧ ⑨ |
| ⓪ ① ② ③ ④ ⑤ ⑥ ⑦ ⑧ ⑨ |
| ⓪ ① ② ③ ④ ⑤ ⑥ ⑦ ⑧ ⑨ |

감독위원 확인

(인)

2025 최신판 시대에듀 금융감독원 통합기본서

개정4판1쇄 발행	2025년 06월 20일 (인쇄 2025년 05월 22일)
초 판 발 행	2021년 09월 20일 (인쇄 2021년 08월 12일)
발 행 인	박영일
책 임 편 집	이해욱
편 저	SDC(Sidae Data Center)
편 집 진 행	여연주 · 오세혁
표지디자인	조혜령
편집디자인	유가영 · 장성복
발 행 처	(주)시대고시기획
출 판 등 록	제10-1521호
주 소	서울시 마포구 큰우물로 75 [도화동 538 성지 B/D] 9F
전 화	1600-3600
팩 스	02-701-8823
홈 페 이 지	www.sdedu.co.kr

I S B N	979-11-383-9412-3 (13320)
정 가	25,000원

금융감독원

통합기본서

최신 출제경향 전면 반영

NEXT STEP

시대에듀가 합격을 준비하는
당신에게 제안합니다.

성공의 기회
시대에듀를 잡으십시오.

시대에듀

기회란 포착되어 활용되기 전에는 기회인지조차 알 수 없는 것이다.

– 마크 트웨인 –